América Latina

La Obra de Che Guevara

Estos libros forman parte de una Serie que la editorial Ocean Press y el Centro de Estudios Che Guevara publicarán con el objetivo de dar a conocer el pensamiento y la obra del Che. La Serie tiene la intención de presentarnos la obra de Che por el Che, con claves que faciliten un mejor entendimiento, y que sobre todo, permita al lector acercarse a un Che culto e incisivo, irónico y apasionado, terrenal y testimoniante, es decir, vivo.

Justicia global
Liberación y socialismo

Punta del Este
Proyecto alternativo de desarrollo para América Latina

América Latina
Despertar de un continente

El gran debate
Sobre la economía en Cuba 1963-64

Che Guevara presente
Una antología mínima

Che desde la memoria
Los dejo ahora conmigo mismo: el que fui

El socialismo y el hombre en Cuba

Notas de viaje
Diario en motocicleta

Notas críticas sobre la economía política

Lecturas para una reflexión

América Latina

Despertar de un Continente

CHE GUEVARA

Editado por María del Carmen Ariet García

La foto de la cubierta fue tomada por Che Guevara en México, 1955
Derechos © 2003 Centro de Estudios Che Guevara
Cubierta: Sean Walsh

La Editorial quiere expresar su agradecimiento al periodista argentino Diego Vidal por su entusiasmo y a la Dra Ligia Trujillo sicopedagoga cubana quien nos apoyó con humildad y sabiduría.

ISBN 1-876175-71-0
Primera edición 2003
Segunda impresión 2005
Impreso en Canadá

PUBLICADO POR OCEAN PRESS

Australia: GPO Box 3279, Melbourne, Victoria 3001, Australia
Fax: (61-3) 9329 5040 Tel: (61-3) 9326 4280
E-mail: info@oceanbooks.com.au

EEUU: PO Box 1186, Old Chelsea Stn., New York, NY 10113-1186, USA

Cuba: Calle 7 #33610, Tarará, La Habana, Cuba
Email: oceanhav@enet.cu

DISTRIBUIDORES DE OCEAN PRESS

EEUU y Canadá: **Consortium Book Sales and Distribution**
Tel: 1-800-283-3572 www.cbsd.com

Gran Bretaña y Europa: **Pluto Books**
E-mail: pluto@plutobooks.com

Australia y Nueva Zelanda: **Palgrave Macmillan**
E-mail: customer.service@macmillan.com.au

Cuba y América Latina: **Ocean Press**
E-mail: oceanhav@enet.cu

info@oceanbooks.com.au
www.oceanbooks.com.au

INDICE

PARTE II
América Latina por dentro
1956–1965

1956–1958
Guerra de liberación en Cuba

1959

1960

NOTA EDITORIAL

Conocer América toda se convirtió en una especie de obsesión para el joven Ernesto Guevara de la Serna, desde que en una noche cordobesa de principios de la década del 50, con sus amigos los Granado soñara en ese fascinante viaje.

La idea se iba sustituyendo por nuevos planes y acompañantes, hasta que al término de 1951, final convertido en preludio, se hizo realidad en compañía de Alberto Granado.

El recorrido se realizó en una moto, a quien le tocó albergar a dos viajeros exigentes, émulos del Quijote y su fiel Rocinante, aunque esta vez sin igual suerte, pues se rompió apenas comenzado el trayecto.

Sin embargo, no importaron tropiezos, ni dudas, ni motos abandonadas en la génesis del viaje, en esa terquedad de juventud, pues la ansiada marcha se convirtió para Ernesto en la primicia de una pasión que sólo fue capaz de desaparecer cuando físicamente se le privó de continuar la ruta.

La presente Antología lleva al lector de la mano, a través de un ordenamiento cronológico y de diversos estilos, por tres etapas que conforman la mayor parte del ideario y el pensamiento de Che sobre América Latina:

1950–1956: Encuentro con América Latina
1956–1965: América Latina por dentro
1965–1967: América unida: internacionalismo revolucionario

En todas las etapas se encuentran momentos sobresalientes, inquietudes y pruebas llevadas al límite, sin embargo, la constancia, la perseverancia y una voluntad de acero se reiteran y multiplican hasta culminar en una obra, que como podrá apreciar el lector, los acerca a la trayectoria íntegra y coherente de una vida que permanentemente pensó en el mejoramiento humano y en hacer de América la Patria Grande anhelada por Bolívar y Martí.

El presente volumen, forma parte de la Serie que de conjunto realizan el Centro de Estudios Che Guevara de La Habana, y la editorial Ocean Press de Australia, para dar a conocer el Pensamiento y la Obra de Che, a través de sus propias palabras.

Por primera vez se presenta un Che desde su juventud hasta la gesta de Bolivia, su visión, conceptos y teoría sobre América Latina y sus pueblos, para los cuales vivió y vivirá eternamente.

Los Editores

PROLOGO

Mi boca narra lo que mis ojos le contaron...

Chapurreando un verso de Sábato... con el eterno placer que siempre sintiera por la poesía, haciéndola su inveterada compañera, Ernesto Guevara de la Serna comienza su viaje iniciático de *terco aventurero,* en enero de 1950, para conocer su Argentina natal, pero esta vez por el norte, esa que lo aproxima a una realidad que conocía de soslayo y que no había tenido oportunidad de captar con detenimiento.

Quizás desde que imaginara un recorrido por América Latina, se sintiera atraído por esta primera iniciativa de deuda no saldada y a la vez tan indispensable. Pocas páginas se conservan de esa experiencia, pero bastan las que se conocen para adentrarnos en su mundo tan íntimo, cargado de ensueño y filosofía, dispuesto a acercarse de forma tangible a la realidad para avanzar, a partir de ese momento, en una búsqueda incesante de su verdad, de esa verdad que lo llevará infinitamente a lo largo de su existencia, a tratar de palpar el sentido real del pueblo, del que confesara que sólo es posible conocerlo al intimar con él, aún cuando no estuviera en condiciones de emitir juicios más concretos.

Miles de kilómetros caminados por tierras áridas, hermosas o no, le sirvieron para percatarse de una constante que lo seguiría de por vida, su visión del atraso a que es sometida la inmensa mayoría de la población por el solo hecho de no ocupar una posición privilegiada en la sociedad y estar condenada a la pobreza y a la indefensión.

Apenas un año lo separa de su primer viaje por el continente, el que sin dudas dejaría huellas permanentes y que recordaría cada vez que voluntaria o involuntariamente pensara en América. En ese breve *lapsus*, su conciencia social avanzaba a pasos agigantados, tratando de escudriñar en su entorno y más allá del mismo, cuanto era posible conocer para alcanzar un camino que satisficiera sus intereses y deseos. Se le ve enrolado de enfermero en barcos que lo llevan por tierras del Caribe y de sanitario en la zona del puerto de Buenos Aires, vivencias, que aun cuando no haya dejado plasmadas en escritos, el hecho de haberlas experimentado, le nutrieron y sirvieron para decidirse a emprender caminos y búsquedas más profundas.

Esta vez la empresa es mayor y muy arriesgada, recorrer en moto una parte considerable de América. No lo haría en solitario, sino que lo acompañaría un par hecho a su medida, su amigo Alberto Granado, capaz de compartir sus quimeras y perseguir propósitos similares.

Hasta dónde alcanzó este viaje relieves imperecederos, se puede apreciar a través de esa costumbre tan ineludible en Ernesto, escribir todo lo que sus *ojos le contaron*. Relatos, que sin proponérselo, describen y descubren, en un estilo muy propio —precursor del cronista que siempre fue—, realidades y verdades que lo llevan de la mano por tierras desconocidas, sugerentes y sugestivas y que lo harán cambiar más de lo que creyó.

... a lo mejor sobre diez caras posibles solo vi una [...] mi boca narra lo que mis ojos le contaron... Chile, Perú, Colombia, Venezuela, esencias de un mismo fin, que lo conducen para penetrar en verdades intuidas pero no corroboradas. No importa que confesara sus limitaciones para contar lo que percibió, lo que llega al lector es suficiente para entender búsquedas y propósitos y poder afirmar con cuanta objetividad y precisión emitió juicios tan certeros.

Desde Chile una constante, la denuncia ante la injusticia: primero en lo que conocía con más detalles, la medicina, después con los mineros y en un escalón más alto con una familia de mineros comunistas, con los que se sintió *más hermanado que nunca*. Ante tanta injusticia sentencia lo esencial del cambio, motivado por la nula gestión de los gobiernos y la despiadada explotación a que eran sometidos los humildes, con un aditamento que sorprende, en estas sus primeras apreciaciones de índole políticas, la necesidad de sacudirse *al incómodo amigo yanqui* si en verdad se desea alcanzar un nacionalismo soberano e independiente.

Perú posee un significado superior, porque sumado a sus juicios anteriores, penetra en un problema hasta entonces desconocido, el tema indígena. El impacto de la barbarie del conquistador frente a la riqueza monumental de una cultura cercenada, la más poderosa expresión de la civilización indígena, lo llevan primero a apreciar directamente la inmensidad y vastedad de su arquitectura y cultura, para en su justa medida penetrar en el cruel sometimiento de una conquista intolerante, que solo perseguía la colonización de hombres en aras de sus intereses metropolitanos y feudales, parasitarios y transculturadores.

El día de su cumpleaños, a seis meses de haber iniciado el recorrido, en el relato titulado *San Guevara,* invocación irónica al peronismo, se pueden evaluar los diversos modos en que ya es capaz de calificar y sentir a América Latina, unida como única forma de integración, bajo la evocación bolivariana.

Caracas, *la ciudad de la eterna primavera,* es el final del largo bregar que lo conduce a otro problema más desconocido aún, *la visión del negro en vida común con el blanco,* como otra de las caras de la colonización racista y deformante, historia cruel de rivalidades y enfrentamientos que integran las raíces coloniales hasta el siglo XIX y que persisten hasta nuestros días en forma de prejuicios y de colonialismo mental.

El final o el principio, difícil de discernir cuando el autor no precisa de fechas para explicar lo que siente y expresa, sin embargo *Acotación al margen* es síntesis y sugerencia sin importar el orden cronológico, porque todas las narraciones fueron elaboradas después de transcurrido el viaje y por tanto hilvanadas por un hilo imperceptible, de alguien que no trata de demostrar, sino de acentuar algo que era o se estaba convirtiendo en una fuerza mayor, por el momento espiritual, incorpórea, propia del confeso e irónico *ecléctico disertador de doctrinas y psicoanalista de dogmas,* pero que se sabía poseedor de una senda que lo llevaría a luchar por la transformación del mundo.

Las precisiones y las disyuntivas faltaban, sin embargo la reiteración de elementos tales como el pueblo, la conquista del poder, el humanismo —principio recurrente y permanente en toda su trayectoria y obra—, y el latinoamericanismo sólo alcanzables por medio de una revolución, van adquiriendo otras dimensiones que trascienden sus explicaciones iniciales y lo llevan a reafirmar convicciones íntimas, pensar en lanzarse a luchar junto al pueblo aunque medie la muerte y llegue ésta *en perfecta demostración de odio y combate.*

Pasarían años y muchos acontecimientos en su vida para que frases similares fueran escritas con igual sentido; fue preciso que en primer lugar se lanzara a una segunda ojeada a nuestra América, *Otra vez* —título que le daría a su Diario—, con mayores propósitos pero idénticos significados

En julio de 1953, después de culminar sus estudios universitarios, en compañía de otro amigo de juventud, Calica Ferrer, comienza el recorrido, primero por Bolivia con el objetivo de conocer un proceso revolucionario, que se había iniciado bajo la conducción del MNR (Movimiento Nacionalista Revolucionario) en 1952. Su interés fundamental partía básicamente, porque excepto el movimiento peronista de su país y del que manifestaba muchas interrogantes, no conocía una revolución, ni el comportamiento y participación de las masas dentro de la misma.

La revolución boliviana no le sedujo lo suficiente como para anclar en puerto, porque para ese entonces, pudo vislumbrar con claridad la debilidad política e ideológica de sus dirigentes para enfrentar un movimiento de cambio radical en sus estructuras de dominación, así como augurar un proceso de agotamiento al no hacerse efectivas las metas que se habían propuesto en un inicio, aunque de forma espontánea, sí pudo constatar la fuerza potencial del pueblo, encabezada en el caso boliviano, por el minero ancestralmente explotado.

Lógicamente, no escapó a la mirada penetrante del joven Ernesto Guevara la presión que estaba ejerciendo el gobierno de Estados Unidos para doblegar el proceso revolucionario boliviano, enfrascados como estaban los primeros en diseñar su nueva política de la Guerra fría, y conducir a los bolivianos a una situación sin salida que a la larga provocaría la entrega de sus banderas y la claudicación de sus propósitos nacionalistas.

Decide continuar viaje, sin imaginar que con esta decisión encaminaría sus pasos a un futuro inevitable. En Ecuador, conversando con un grupo de amigos sobre su experiencia boliviana, lo conminan a continuar viaje hacia Centroamérica, con el propósito de conocer el proceso revolucionario guatemalteco, que tantas expectativas estaba causando dentro de los dirigentes políticos e intelectuales más avanzados del Continente.

Es en esas circunstancias, que escribe una carta a su familia, en la que emite un juicio revelador respecto a lo que sucedía en su interior y que ayuda a comprender el comportamiento de acciones futuras, *...en Guatemala me perfeccionaré y lograré lo que me falta para ser un revolucionario auténtico.*

De Centroamérica llega a conocer lo suficiente antes de arribar a Guatemala, para aclararse a sí mismo la significación de la penetración norteamericana en la región y concluir que la única salida posible es la revolución para enfrentar la burguesía feudal y los capitales extranjeros y alcanzar la justicia en América. Entender esa realidad, aun cuando le faltaban apreciaciones más acabadas, le permitió diferenciar entre el socorrido Panamericanismo como un supuesto falso de la unidad continental, donde lo único que realmente se había logrado era una abrumadora disparidad y una sujeción económica y política de los débiles países del Sur. Los hechos y la historia lo corroboraban con creces, múltiples son las anécdotas trágicas que se registran, la intromisión en el Canal de Panamá, el asesinato de Sandino en Nicaragua, la despiadada explotación de la United Fruit y otros, que poseen el sello de la mal llamada unidad panamericana.

En su visión de la época, el panamericanismo y el imperialismo son pares que se encuentran, donde los unos, conscientes o no, actúan como meros instrumentos de ese imperialismo, que no ha representado mas que acumulación de capitales, exportación de los mismos, concentración monopólica y explotación de los mercados productores de materias primas, y cuando los intereses lo demanden surgen solapadas o explícitamente las exigencias imperiales para obligar a alistarlos en las filas de una democracia a uso y medida de Estados Unidos.

Es por eso, que en la vida del *aspirante a revolucionario,* Ernesto Guevara, un punto de ascenso en su evolución se halla en Guatemala, tanto en lo intelectual como en lo ideológico, porque aun cuando comprendiera las limitaciones conceptuales y programáticas de ese proceso, lo consideraba como una *auténtica revolución* de las que valía la pena arriesgarse por ella.

Es un período multiplicador donde se mezcla la experiencia con la necesidad de profundizar en sus estudios, sobre todo filosóficos, aquellos que con tanto ahínco había comenzado a realizar en épocas tempranas de juventud y que lo ayudarían a aclarar el emprendimiento de nuevos derroteros.

Guatemala fue su incipiente escuela revolucionaria y también su frustración al ser derrocada la revolución en junio de 1954. *Destrozo de otro sueño de América*, así calificó a la deshonrosa conjura del Departamento de Estado, de la CIA y de los gobiernos títeres de Centroamérica para con un gobierno que sólo pretendió transformar su economía medieval, dictando una moderada ley de reforma agraria, pero sobre todo, por el simple hecho de cometer la osadía de expropiar a la United Fruit tierras que "le pertenecían".

Esas pretensiones de un gobierno legítimo, elegido por el pueblo, bastaron para que la CIA pusiera en marcha una operación internacional, donde convirtieron a Guatemala en una nación dominada por el "comunismo internacional" y por consiguiente como un peligro evidente para la paz y la seguridad hemisférica. Antes del año de la puesta en práctica de la reforma agraria, prepararon el aislamiento diplomático, promovieron la subversión interna, se crearon fricciones artificiales entre sus vecinos y por último se preparó la fuerza de choque de mercenarios entrenados por la CIA, que invadirían el país desde Honduras.

Para Ernesto la frustración de la derrota lejos de amilanarlo, le sirvió para convencerse aún más de que la vía elegida era la decisiva. Resulta interesante sintetizar algunas de sus observaciones emitidas en cartas y en su Diario de viaje: el primero y el principal de todos, el papel de Estados Unidos en el derrocamiento del gobierno de Arbenz, hecho que contribuyó a hacerlo *más antiyanqui*, más antimperialista, para seguirle después, la reafirmación conciente de que la única vía de solución era la revolución para alcanzar el *imperio de la justicia en América* y por último, unido a esta aseveración, la convicción absoluta de su pertenencia a América y de su integración en una sola.

Desde la Guatemala de Arbenz, contacta con un grupo de revolucionarios cubanos atacantes del Moncada y asilados políticos en ese país, a través de los cuales conoce de los objetivos del Movimiento 26 de Julio y de su líder, Fidel Castro, en esa época preso en las cárceles cubanas, por la conducción del levantamiento armado, realizado el 26 de julio de 1953, en la entonces provincia de Oriente.

En México se encuentra de nuevo con los cubanos y posteriormente conoce a Fidel a su llegada en junio de 1955, al ser liberado de la prisión. De este encuentro deja plasmado en su Diario las impresiones que le causa: *Un acontecimiento político es haber conocido a Fidel Castro, el revolucionario cubano, muchacho joven e inteligente, muy seguro de sí mismo y de extraordinaria audacia; creo que simpatizamos mutuamente.*[1]

Encuentro determinante, que vincularía para siempre a Ernesto Guevara, conocido desde entonces como Che, a la Revolución cubana dentro de una de las facetas más enriquecedoras de su vida y que le permitiría alcanzar, posteriormente sus anhelos de juventud.

Pero a la par de ese encuentro decisivo, en México además, no sólo se detuvo a analizar las causas directas que posibilitaron el derrocamiento de la revolución guatemalteca, sino que como consecuencia, las lecciones de historia vividas le sirvieron para ampliar y depurar su conciencia política y trazarse con mayor precisión su destino futuro, el que estaba indisolublemente unido al papel preponderante del hombre, como antecedente directo de lo que, con posterioridad, constituiría la esencia y el centro de su pensamiento humanista.

Perfila con mayor profundidad, las razones por las que latinoamericanismo e imperialismo marchan unidos en eterna contradicción, esta vez sus análisis se refuerzan con estudios más integrales del marxismo, especialmente de Carlos Marx y de la Economía Política, al considerarlos como referentes teóricos imprescindibles para entender los males de América y poder alcanzar una solución definitiva a través del socialismo, aun cuando no estuviera lo suficientemente conciente de lo que implicaba esa aseveración.

Por todo ello, el encuentro con Fidel es premonitorio, pues a su participación directa en la lucha, le añade la convicción de que después de su participación en la liberación de Cuba se iría para cumplir con aquello que consideraba definitivo: *...América será el teatro de mis aventuras con carácter mucho más importante que lo que hubiera creído...*[2]

Cuba sería el puente necesario para poder adquirir la experiencia única e irrepetible de formar parte de la vanguardia de un pueblo, que ha apostado por la independencia de su país y por medio de la vía que consideraba fundamental, la lucha armada.

Esas ideas las resume, cuando encontrándose ya en plena lucha en tierras cubanas, es entrevistado por su compatriota Jorge Ricardo Masetti: *Estoy aquí, sencillamente, porque considero que la única forma de liberar a América de dictadores es derribándolos. Ayudando a su caída de cualquier forma. Y cuanto más directa mejor.* Y más adelante, a la pregunta de si su intervención en los asuntos internos de una patria que no era la suya pudiera tomarse como una intromisión, añade: *En primer lugar, yo considero mi patria no solamente a la Argentina, sino a toda América. Tengo antecedentes tan gloriosos como el de Martí y es precisamente en su tierra en donde yo me atengo a su doctrina...*[3]

Para el luchador que persigue quimeras...

Un nuevo ciclo en la vida de Che, que es un tanto el resumen de una etapa, donde a la experiencia adquirida, le añade a su comportamiento elementos propios, al convertir la lucha revolucionaria en Cuba, en su primer peldaño en las aspiraciones de construir una nueva América. Al latinoamericanismo, esbozado con anterioridad, le incorpora razones suficientes para comprender hasta dónde poder avanzar, y es precisamente en la guerra donde encuentra sus primeras respuestas de integración.

En la lucha revolucionaria en Cuba no sólo midió fuerzas para vencer los obstáculos propios de una contienda militar, sino que por encima de todo encontró la vía propicia para su total identificación con un proceso revolucionario que como el cubano se proponía efectuar cambios estructurales profundos.

La extensión de esas convicciones lo hacen afirmar consecuentemente que Cuba representa un nuevo paso en el desarrollo de la lucha de los pueblos de América para alcanzar su liberación definitiva. Ese despertar de América, después del triunfo de la Revolución cubana, el 1° de enero de 1959, le refuerzan sus criterios acerca de las rutas que debían utilizar los pueblos latinoamericanos.

Fueron disímiles y complejas las tareas asumidas como dirigente en Cuba, que lo hicieron ejemplo y referente obligado en su permanente ascenso como expresión plena de su formación marxista y revolucionaria. Combinó con singular capacidad la teoría para enriquecer con sentido creador lo que en la práctica el proceso revolucionario estaba llevando a cabo para poder alcanzar propósitos más elevados, contribuyendo con sus aportes en las esferas de lo económico y lo político al desarrollo de la transición socialista en la isla.

Sin embargo, a pesar de la complejidad de la empresa, en los años en que permaneció en Cuba, Che no cejó en el empeño por tratar de unir y reforzar los frentes posibles de lucha dentro del continente, tomando en consideración las similitudes y objetivos comunes que se conjugaban, esencialmente en los problemas sociopolíticos y en el enemigo común que los ataba.

Es una etapa, en la que se reúne y entrevista con un número considerable de revolucionarios latinoamericanos, quienes además de desear conocer directamente la experiencia de una revolución, estaban necesitados de vínculos afines que reforzaran sus convicciones sobre lo inaplazable de comenzar la lucha que los llevaría a alcanzar la soberanía de sus respectivos países. Dedicó largas jornadas a discutir acerca de futuras tácticas y estrategias, al considerarlas como los principios fundamentales para poder lograr el triunfo revolucionario.

Desde 1959, en discursos, entrevistas y trabajos se advierten profundas reflexiones con un amplio espectro, donde analiza temas cruciales en lo económico, lo político y lo social, hasta llegar a un primer examen realmente asombroso sobre la unidad tricontinental, como una especie de prolegómenos de lo que serían posteriormente sus tesis tercermundistas.

Algunos de esos planteamientos, fueron escritos con posterioridad al recorrido que efectuara en 1959, por los países que conformaban el Pacto de Bandung, antecedente del futuro Movimiento de los países no alineados: *A la nueva conferencia de los pueblos afroasiáticos ha sido invitada Cuba. Un país americano expondrá las verdades y el dolor de América ante el augusto cónclave de los hermanos afroasiáticos. No irá por casualidad, va como resultado de la convergencia histórica de todos los pueblos oprimidos, en esta hora de liberación. Irá a decir que es cierto que Cuba existe y que Fidel Castro es un hombre, un héroe popular [...] Desde la nueva perspectiva de mi balcón [...]tengo que contestarles a todos los cientos de millones de afroasiáticos que marchan hacia la libertad en estos tiempos atómicos, que sí; más aún: que soy otro hermano de esta parte del mundo que espera con ansiedad infinita el momento de consolidar el bloque que destruya, de una vez para siempre, la presencia anacrónica de la dominación colonial.*[4]

Esa permanente lección de Cuba, lo convencen de lo indispensable que resultaría para América Latina *conseguir su cohesión política para defender su posición en el campo internacional* e incluso le permite reflexionar en un tema, que con posterioridad analizará en circunstancias más complejas, pero que planteado en 1959, dice sobre lo mucho que había avanzado en la búsqueda de los caminos más eficaces para alcanzar la liberación plena del continente.

Este tema en el que se adelanta con admirable precisión, es el referido al Fondo Monetario Internacional, sobre el que señala: *si es un elemento de liberación para América Latina, yo creo que tendría que habérselo demostrado, y hasta ahora no conozco ninguna demostración de que haya sucedido tal cosa. El FMI cumple funciones totalmente diferentes: la de asegurar precisamente el control de toda la América, por parte de unos cuantos capitales que están instalados fuera de América.*[5]

Desde su experiencia guerrillera en la Sierra Maestra y lo abarcador del proyecto de liberación cubano, comenzó a diseñar un proyecto de cambio para América Latina en el que sostenía la necesidad de reformas económicas y sociales profundas, encabezada por la Reforma Agraria, al considerarla como la primera medida en América de todo gobierno revolucionario que pretendiera la conquista de sus derechos plenos, mediante la estrecha comunión que debía establecerse entre un verdadero Ejército de pueblo —vanguardia indiscutible en la obtención de la plena liberación—, el que unido a las masas constituirían los verdaderos portadores de la real independencia, obligados a enfrentarse en primera instancia, a las fuerzas imperialistas y a las falsas democracias que detentan el poder.

Para 1961, el entonces presidente Kennedy propone, ante el desarrollo incuestionable de Cuba y de su persistente ejemplo, un programa denominado la Alianza para el Progreso, con el propósito de entregar fondos a los países latinoamericanos para su desarrollo y progreso. Sin embargo, dicho programa a pesar de su aparente propuesta de cambio en las relaciones hemisféricas, no deja de ser una expresión depurada de la hegemonía económica y política que históricamente han mantenido en la región.

Al fracasar la agresión mercenaria contra Cuba, en abril de ese mismo año, Estados Unidos acelera la puesta en práctica del programa de la Alianza, apoyado en un plan de ayuda exterior, pero condicionado a la aplicación de determinadas medidas internas en cada país, que garantizarían la subordinación a los intereses del vecino del norte. Se pone en marcha la política de orden para América Latina que le aseguraría al gobierno norteamericano su seguridad interna y que a la vez propiciaría el camino para la eliminación consensuada de la Revolución cubana, asunto para el que no contaban con respaldo suficiente.

Cuba era una espina clavada para Washington, no porque hubiera violado ningún acuerdo continental, sino porque había sido capaz de resolver los problemas que aún no habían sido resueltos en muchos países de América Latina. Era en ese terreno que debían competir, pues al triunfar Fidel Castro su ejemplo sería más peligroso que cualquier acción de agresión directa. Ese y no otro era el verdadero sentido de la Alianza para el Progreso expuesta por el presidente Kennedy.

A la conferencia de Punta del Este, donde se discutiría la Alianza, participó como jefe de la delegación cubana el Comandante Ernesto Che Guevara en agotadoras sesiones de trabajo y en discursos en los que precisó no sólo la postura de Cuba, sino también donde analizó las enormes limitaciones y diferencias que separaban el verdadero camino del desarrollo que debían perseguir los países de la región en contraste con las propuestas manidas y obsoletas, aunque con nuevos ropajes, planteadas por Estados Unidos.

Cuba en la voz de Che y contra pronósticos mal intencionados ofrece el apoyo para alcanzar una acción conjunta constructiva, no obstante sus sospechas de las verdaderas intenciones y alcances de la Alianza y propone su colaboración para que en Punta del Este se sienten las bases de un plan efectivamente progresista, en beneficio de muchos y no de unos pocos.

Che define el carácter político de la Conferencia y de su relación con la economía, dejando establecidos un conjunto de parámetros válidos para cualquier política que pretendiera alcanzar una verdadera integración económica, al tener en cuenta el peligro que representan los monopolios internacionales y sus pretensiones de manejar totalmente los procesos del comercio dentro de las asociaciones de libre comercio.

Se proponen medidas y planes racionales de desarrollo, la coordinación de asistencia técnica y financiera de todos los países industrializados, el tratar de salvaguardar los intereses de los países más débiles y la proscripción de actos de agresión económica de unos miembros contra otros, acompañado de una garantía para proteger a los empresarios latinoamericanos contra la competencia monopólica y lograr la reducción de los aranceles norteamericanos para los productos de la región y las inversiones directas sin exigencias políticas.

Lógicamente, las conclusiones a las que se arribaron en la Conferencia obviaron los argumentos esgrimidos por Cuba, toda vez que centraban la atención en el análisis y realidad de la política económica seguida por Estados Unidos, la que históricamente ha respondido a necesidades de la misma, sin tener en cuenta los requerimientos de la economía de América Latina y que invariablemente ha derivado en una política incongruente y falta de desarrollo regional sostenido.

Otros muchos temas fueron tratados por Che en el transcurso de la Conferencia y que después retoma en diversos trabajos con mayor detenimiento, acorde con circunstancias y contextos determinados; tal es el caso de los cambios que debían producirse de forma total en las estructuras de las relaciones de producción para alcanzar el verdadero progreso. Para Che la única alternativa posible se encontraba en la liberación del comercio, una plena política económica independiente conjugada con una política externa también independiente o de lo contrario asumir la lucha abierta, enfrentando directamente a los monopolios extranjeros.

Esa y no otra ha sido la historia del siglo XX americano, enmarcada en las diferencias abismales entre Norte y Sur, donde a América Latina le ha correspondido el papel de base táctica de la penetración económica imperialista, que en el caso particular de los norteamericanos, la convierten en traspatio para la exportación de sus capitales, además de ser el foco de influencia ideológica más próximo, y por ende, blanco favorito para tratar de destruir las tradiciones y las culturas regionales y locales, deformadas ya por el parasitismo feudal.

Sostenía Che con insistente reclamo, que el efecto principal de esa penetración había sido devastador, caracterizado por un atraso absoluto de la economía, causa real del subdesarrollo y de la dependencia neocolonial, donde ni su propia élite había sido capaz de gobernar, muy por el contrario, con su actitud entreguista han agudizado aun más los polos antagónicos entre la extrema acumulación de riquezas de una minoría y la depauperación extrema de la mayoría.

Para ese entonces, Che es un convencido absoluto de que la única alternativa real en esos momentos históricos, era enfrentar el enemigo por medio de la lucha armada. En diversos trabajos y discursos, de 1962 en adelante, como *Táctica y estrategia de la revolución latinoamericana, La influencia de la Revolución cubana en América Latina,* apunta incisivamente no sólo a emplazar las raíces de todos los males y fenómenos sociales de carácter permanente que subsisten en el continente, sino sobre todo a advertir que en un mundo económicamente distorsionado por la acción imperial, la única solución era la lucha político-militar, a través de una táctica y estrategia global acertadas por parte de su vanguardia verdadera, que permitiera el triunfo político a las masas hasta alcanzar la victoria continental.

Hacer la guerra necesaria, como postulara Martí, significaba aprovechar el contexto histórico en que era posible debilitar las bases económicas del imperialismo, destruir a la oligarquía reaccionaria y tratar de polarizar la lucha. Como advierte Che, parafraseando el discurso de Fidel pronunciado en Estados Unidos en 1960, la única forma para que *cese la filosofía de la guerra,* es que *cese la filosofía del despojo.*

Que la libertad sea conquistada en cada rincón de América...

Como se ha podido constatar, para Che su proyecto de cambio social se va perfilando paulatinamente desde 1960 con componentes que constituyen el fundamento esencial de actuaciones posteriores. A la praxis revolucionaria inmediata, producto de una experiencia concreta, como es la Revolución cubana, le va incorporando una perspectiva revolucionaria general y no circunscrita a los intereses generales de Cuba. En esta perspectiva están enunciadas sus principales tesis tercermundistas, las que se convierten en un instrumento viable para el movimiento revolucionario y para alcanzar, como objetivo supremo, la emancipación plena de la humanidad.

Es una fase en la que pone a prueba sus condiciones como hombre de acción que se ha impuesto iniciar una revolución antimperialista, cuyos antecedentes se remontan a su experiencia guatemalteca en 1954. Esta perspectiva la enmarca en una primera etapa de la revolución latinoamericana, donde Cuba emerge como la vanguardia, pero sin obviar las tradiciones de lucha del continente, cuyas raíces entroncan con Bolívar, desde que en 1815 en la carta de Jamaica, promulgara la unidad de las Américas.

Para Che esa unidad continental era el sustrato de su estrategia de lucha como la única vía, primero, de liberación nacional para seguirle después, la obtención de la liberación definitiva, por considerar a América el continente más avanzado del Tercer Mundo y a la vez el más contradictorio.

Es por ello explicable, la obligación que siente Che, antes de emprender el camino de la acción armada en el Congo y Bolivia, de escribir textos imprescindibles para comprender el alcance de sus decisiones. En todos resalta el carácter ineluctable de la revolución y la decisión de emprender iniciativas que agudizaran las contradicciones sociales para abrirle paso a la participación popular dentro de la misma, alejado de todo voluntarismo y sectarismo, por ser portadoras en última instancia, del cambio necesario.

Puntualizaba que el probable éxito de la lucha radicaba en una acertada organización, encabezada por la vanguardia revolucionaria, tomando en cuenta la experiencia adquirida en el proceso revolucionario cubano, donde se concientizó acertadamente, acerca del enemigo principal y de las fuerzas revolucionarias con que se debía contar, además de valorar con conocimiento pleno, las contradicciones principales y secundarias que rigen tanto en el plano nacional como en el internacional y de las tareas imprescindibles a emprender para acentuarlas o apagarlas, con el propósito de conducir el proceso a su fin último: la toma del poder y su transición al socialismo.

La conducción de ese proceso exigiría la formación de organizaciones político-militares coordinadas entre sí y encargadas de dirigir el conjunto de la lucha, pero desde la lucha misma, como requisito esencial de toda vanguardia que en verdad se precie de ser el destacamento más desarrollado. En dichas exigencias, se ponía en evidencia la secuela de las posiciones asumidas por décadas dentro del movimiento comunista continental, y que con posterioridad el propio Che padecería en Bolivia con la actitud asumida por el secretario general de dicho partido, cuando se distanciaban de las realidades concretas de América Latina y buscaban soluciones dentro de una estrategia orientada a promover la revolución democrático-burguesa.

El exponente máximo de su pensamiento y conceptualización, para ese entonces, lo constituye sin dudas el mundialmente conocido *Mensaje a la Tricontinental,* publicado cuando se encontraba en plena lucha en tierras bolivianas y en el que resume su estrategia revolucionaria mundial. Este mensaje de liberación sintetiza sus tesis tercermundistas, al enfatizar que ante un sistema mundial imperialista la única fórmula para exterminarlo es la de combatirlo en un enfrentamiento mundial, por una parte, mediante la eliminación de las bases de sustentación y por otra, en unión con la participación plena de los pueblos.

A la América, *continente olvidado,* le asigna una tarea primordial, *la de la creación del segundo o tercer Viet Nam,* como el único camino para solucionar los problemas del continente. Lucha que consideraba larga, y cuya finalidad estratégica sería la destrucción del imperialismo.

En este proceso, además de las realidades imperantes en América Latina es imprescindible tomar en consideración el debate de temas cruciales en los que Che participó y puntualizó sus posiciones, con el fin de encauzar la lucha por la ruta que eliminara las incongruencias y la contradicción del esquema creado por la división del mundo en dos grandes esferas de influencia: capitalismo versus socialismo. Las tesis tercermundistas de Che se focalizaban en el centro de esa polémica e intentaban cambiar esa bipolaridad desde posiciones de izquierda.

Emplazó sin miramientos y con total agudeza, la posición de principio que debían adoptar los países socialistas, definiendo la cuota de sacrificio que les tocaba entregar si deseaban contribuir al desarrollo de los países dependientes. Advirtió claramente que no podían permanecer indiferentes, ni en el terreno económico ni en el enfrentamiento armado, porque tanto una derrota como una victoria pertenecía a todos. Este llamado de alerta implicaba sin ambages que el socialismo tenía que volver sus ojos de forma radical hacia el Tercer Mundo si en verdad estaba comprometido con la estrategia revolucionaria mundial.

La cabal comprensión de la determinación de Che respecto a su incorporación a la lucha, partiendo de las observaciones señaladas, las resumió en el *Mensaje a la Tricontinental*: *No hay fronteras en esta lucha a muerte, no podemos permanecer indiferentes frente a lo que ocurre en cualquier parte del mundo, una victoria de cualquier país sobre la derrota de una nación cualquiera es una derrota para todos. El ejercicio del internacionalismo proletario es no sólo un deber de los pueblos que luchan por asegurar un futuro mejor; además, es una necesidad insoslayable. Si el enemigo imperialista, norteamericano o cualquier otro, desarrolla su acción contra los pueblos subdesarrollados y los países socialistas, una lógica elemental determina la necesidad de la alianza de los pueblos subdesarrollados y de los países socialistas; si no hubiera ningún otro factor de unión, el enemigo común debiera constituirlo.*[6]

Esta certeza, desde su óptica, era el punto de partida para esbozar la alianza entre los pueblos subdesarrollados que luchan por liberarse del imperialismo y los países socialistas, conscientes de que Estados Unidos intervendría contra cualquier brote revolucionario que surgiera, como efectivamente sucedió en todos estos años.

Con el advenimiento de los brotes revolucionarios en América Latina son diseñados y puestos en práctica, con la conducción directa de los norteamericanos, sistemas autoritarios con denominadores comunes, que actuaban paralelamente a la militarización de la sociedad o se convirtieron a sí mismo en regímenes militares de facto. Esta doctrina político-militar para su implementación encontraba su justificación en la lucha guerrillera iniciada en los años 60 y la urgencia de implantar condiciones de estabilidad social.

Claro está que esa política no era en lo absoluto novedosa, pues tenía como antecedente la implementación de la Doctrina de la Seguridad Nacional a principios de los años 50 dentro del contexto de la Guerra Fría, creada para contener al comunismo internacional y su extensión a América. Es imprescindible recordar la Guatemala de

Arbenz donde se ponen en práctica medidas que caracterizarían la intervención norteamericana, toda vez que entendieron que sus intereses se encontraban en peligro. A esas posturas se le agrega, en 1959, el advenimiento de la Revolución cubana, que contribuyó al reforzamiento de esas políticas y de otras más violentas aún.

Desde esos momentos, lenguaje y hechos se hicieron más incisivos y alcanzaron una dimensión regional, con la fundamentación de que se debía combatir el comunismo en cualquier lugar que se presentara, para evitar que desde Cuba siguieran proliferando los brotes insurreccionales. Se abogaba por una eficaz respuesta en forma de ayuda material y espiritual a las comunidades afectadas y al fortalecimiento de los ejércitos latinoamericanos, los que debían estar preparados para luchar contra la subversión interna.

La esencia última de la doctrina ha quedado inscripta en incontables páginas sangrientas a lo largo de décadas en el continente, tratando de ocultar la insatisfacción popular cada vez más empobrecida y la tensión social y política que todo ello genera. En definitiva la "seguridad nacional" serviría para justificar la represión en torno a aquello que pudiera provocar desajustes, sin establecer diferencias entre subversión, crítica, oposición política, guerrilla, terrorismo o guerra, todas entendidas como manifestaciones de un único fenómeno, la guerra revolucionaria, que como tal había que exterminar a cualquier precio y donde el aparato militar sería el instrumento a emplear para asumir la represión, como el ingrediente indispensable, encargado de mantener la dominación.

Para Che, que había encontrado desde muy joven en América el laboratorio idóneo para medir su crecimiento humano e ideológico, desde el movimiento revolucionario boliviano de 1952, la Guatemala de Arbenz, pasando por la Cuba de Fidel y culminando en la gesta de Bolivia en 1967, como la síntesis de ese proceso, su teoría sobre la lucha armada significó una ruptura con el pensamiento imperante en la izquierda latinoamericana de la época, expresado por los partidos comunistas que promovían esencialmente la transición pacífica hacia el socialismo, principio no excluido por Che, pero condicionado a un fuerte movimiento de lucha como antecedente ineludible.

De modo irrevocable se dio a la tarea de forjar un foco guerrillero en Bolivia, tratar de lograr su crecimiento, para después desde ahí, controlar una porción importante del territorio y convertirlo en formador de otras guerrillas surgidas en otros países latinoamericanos. Consideraba que su presencia, debía darle una proyección continental, al ganarse un espacio propio en el combate y convertir a la guerrilla en una alternativa política concreta frente al poder establecido.

En el transcurso de esa etapa, la primera parte de su evolución transcurrió con triunfos indiscutibles a pesar de los muchos detractores que condenaban de antemano la acción, alguno de los cuales, abiertamente se pronunciaron desde los propios países socialistas, condenando a la guerrilla y la sangre derramada y la que se derramaría en caso de continuar *3 ó 4 Vietnams*, como apunta Che en su Diario de campaña.

No obstante en el propio Diario, Che inscribe para la posteridad, en franca oposición a expresiones de ese tipo, con su estilo peculiar y sintético, el significado del 26 de julio, *rebelión contra las oligarquías y contra los dogmas revolucionarios,* elementos que constituyen los factores determinantes que impiden el ascenso verdadero a la revolución y a los que irrevocablemente hay que enfrentar, contrario a cualquier "doctrina de gabinete".

Mucho pudiera argumentarse sobre la resonancia histórica de las páginas de heroísmo escritas por Che y sus compañeros en Bolivia, sin embargo sus propias remembranzas de juventud expresan más que cualquier conclusión, el verdadero sentido de la coherencia y entrega que caracterizaron toda su vida con una dimensión esencialmente humanista y ética: *...realmente creo haber llegado a comprenderla [a América] y me siento americano con un carácter distintivo de cualquier otro pueblo de la tierra.*[7]

Conquistar el porvenir

Con resonancia de historia como un himno revolucionario destinado a eternizarse en los labios de los combatientes de América, así vislumbraba Che el futuro del continente, si se era capaz de barrer con las trabas y los esquemas que habían impedido alcanzar su liberación definitiva. No eran la utopía ni el sueño los que imperaban en sus aspiraciones, sino el análisis certero de la situación económica, política y social prevaleciente por siglos, quien lo lleva a lanzarse a la batalla por la plena independencia.

Conocía que el uso brutal de la fuerza se implantaría ferozmente para impedir cualquier movimiento revolucionario, sin que mediaran retrocesos, pero de igual forma, también advirtió que el momento histórico era el propicio para enfrentar esa fuerza ciega y de no hacerse en ese contexto, el costo político acarrearía retrocesos insospechados.

En todos estos años, muchas han sido las fórmulas que se han ensayado, pasando de la represión despiadada de los 60 y 70, hasta transiciones que han oscilado entre una aparente democratización y una violencia sutil. Este panorama es más evidente, a partir de la desaparición del mundo socialista y la implementación del Neoliberalismo y la Globalización, donde los esquemas de dominación se hacen más absolutos.

Para América Latina el saldo ha sido extremadamente grave, del temor al dogma totalitario se pasó a la libertad irrestricta del mercado y por consiguiente, a la del mundo de la injusticia globalizada, traducido en la pérdida de las libertades políticas, toda vez que esta deriva de las "libertades económicas", donde la función del Estado se minimiza en garante de la plena vigencia de ese mercado, en todos los planos de la sociedad.

Por consiguiente, el régimen político, dada sus limitaciones, trae aparejado, el abandono de la soberanía nacional y al contrario de lo postulado, se pierden cada vez más libertades democráticas y se recrudece de nuevo el empleo de la violencia y el autoritarismo, como mecanismos idóneos para frenar cualquier brote de inconformidad, agrediendo tanto las libertades individuales como las colectivas, y la consecuente violación reiterada de los derechos humanos a pesar del discurso oficial de "respeto a los mismos".

La situación actual para América Latina es una radiografía en negativo de cualquier pronóstico crítico que se hubiera hecho con antelación, aunque no mediaran criterios tan incisivos y veraces como los esgrimidos por Che. Ni los más conservadores pudieron prever los estragos de un mercado salvaje como el existente y de sus respectivas insuficiencias para atender la pavorosa miseria y desigualdad de un continente de 400 millones, donde más de la mitad se encuentra sumida en la pobreza y un centenar en la indigencia extrema.

El drama actual ha tocado fondo incluyendo a los propios gobernantes que apaciblemente aceptaron la política imperante de la globalización y cuyo resultado es la existencia de una gran cantidad de países de la región en crisis, lo cual incluye una amplia corrupción gubernamental, y por supuesto un inmenso y consabido descontento popular, que rechaza las privatizaciones y las políticas de libre mercado.

Muchos se preguntan con escepticismo si el ciclo de otra década perdida como la de los 80 será el signo imperante en este nuevo siglo, donde la anunciada política del ALCA (Área de Libre Comercio de las Américas), tras su aparente ropaje de integración hemisférica, no es más que el mismo exponente, pero con un ropaje aparentemente diferente, de una política que ha traído terribles consecuencias sociales, mayor degradación laboral, mayor privatización, destrucción del medio ambiente, restricciones a los derechos democráticos, mayor pobreza y desigualdad, condensado en un gobierno continental de facto, comandado por Estados Unidos y que satisface todos sus intereses hegemónicos.

Después de más de una década de política neoliberal, muchas voces en el mundo están tratando de promover un nuevo orden mundial que sea más racional y justo. Para América Latina continente olvidado y sojuzgado por siglos, este es un reclamo imperioso, toda vez que una parte de su población sometida al extremo, está abogando por una América humanista, con equidad y justicia social y una plena soberanía nacional.

Corresponde a los grupos dirigentes del continente —de cualquier movimiento o estrato social—, como compromiso histórico ineludible, construir proyectos nacionales y regionales, en los que se encuentren representados los intereses de los pueblos dentro de cualquier espacio que logren, a pesar de su actual fragmentación y brindar las nuevas coyunturas que propiciarían el cambio. El camino es en extremo difícil y peligroso, pero no imposible si se encauzan las luchas defendiendo todo lo que nos une como factores indiscutibles de nuestra identidad.

En este incipiente germen, portador de los cambios futuros, Che encuentra su espacio como la memoria histórica viva, para recordar que ese desafío, capaz de rescatar toda una historia de rebeldía acumulada y de múltiples experiencias políticas, es el único camino a seguir, aunque el mundo no sea el mismo y las soluciones adquieran nuevas formas, si en verdad se está dispuesto a *"conquistar el porvenir"*.

Ma. del Carmen Ariet García
Coordinadora Científica
Centro de Estudios Che Guevara

1. Ernesto Che Guevara, *Otra vez*, Casa Editora Abril, Ciudad de La Habana, Cuba, 2000, p73

2. Ernesto Guevara Lynch, *...Aquí va un soldado de América*, Editorial Planeta, Buenos Aires, 1987, p52

3. Jorge Ricardo Masetti, *Los que luchan y los que lloran*, Editorial Madiedo, La Habana, 1959, p49

4. Ernesto Che Guevara, "América desde el balcón afroasiático". *Ernesto Che Guevara. Obras (1957-1967)*, Casa de las Américas, La Habana, 1970, t.2, pp388-389

5. Ernesto Che Guevara, Entrevista para Radio Rivadavia de Argentina, 3 de noviembre de 1959. *El Che en la Revolución cubana*, Ediciones del MINAZ, La Habana, t.2, p120

6. *Ernesto Che Guevara. Obras (1957-1967)*. Casa de las Américas, La Habana, 1970, t.2, p573

7. Ernesto Guevara Lynch, *...Aquí va un soldado de América*, Editorial Planeta, Buenos Aires, 1987, p52

PARTE I

Encuentro con América Latina

1950–1956

Este período en la vida de Ernesto Che Guevara es determinante para comprender toda su trayectoria futura. Comienza en Argentina en 1950 y concluye con su llegada a Cuba en 1956.

Etapa esencialmente formativa, repleta de búsquedas e inquietudes, hasta encontrar el camino que consideró el adecuado para cumplir sus anhelos, desde que iniciara el recorrido en moto bicicleta por su Argentina natal.

El primer recorrido por América Latina, de 1951 a mediados de 1952, lo atarán para siempre en lo que constituiría su razón de ser años más tarde: alcanzar la plena independencia de América. Es un viaje de primicias y de respuestas a medias, las mismas que lo impulsan a un segundo viaje, después de graduado de medicina en 1953, para encontrar la vía que lo conduzca a un conocimiento más profundo de Latinoamérica y a un compromiso mayor con sus pueblos.

Transita en la búsqueda de una revolución verdadera, Bolivia, Guatemala, hasta encontrarse con Cuba y Fidel, pares imprescindibles, que lo nutrirán de las vivencias y las definiciones necesarias que hasta entonces no había hallado.

Momentos donde comienza a gestarse el revolucionario que quería ser, antecedente del teórico rebelde y el creador que desde siempre llevó dentro. Es una etapa de crecimiento espiritual y material que lo acercan al verdadero hombre americano y a su futuro.

RECORRIDO POR EL INTERIOR DE ARGENTINA (1950). FRAGMENTOS DE SU DIARIO[1]

Ernesto comienza a entrenarse como viajero y recorre el norte argentino

(Selección de las anotaciones de su viaje por el interior de Argentina, 1950. Tomado de *Mi hijo el Che*, de Ernesto Guevara Lynch, 1981)

Las únicas provincias que quedarían sin tocar serían Salta, Jujuy del Norte y las dos del litoral.

Cuando salía de Buenos Aires, la noche del lro. de enero de 1950, iba lleno de dudas sobre la potencialidad de la máquina que llevaba y con la sola esperanza de llegar pronto y bien a Pilar, fin de la jornada según decían algunas bien intencionadas lenguas de mi casa, y luego a Pergamino, otro de los puntos finales que se me ponían.

Al salir de San Isidro pasando por la caminera, apagué el motorcito y seguí a pedal, por lo que fui alcanzado por otro raidista que se iba a fuerza de piernas (en bicicleta) a Rosario. Continuamos el camino juntos pedaleando yo para mantener el ritmo de mi compañero. Cuando pasé por Pilar, sentí ya la primera alegría del triunfador.

A las 8 de la mañana del día siguiente llegamos a San Antonio de Areco, primera etapa de mi compañero, tomamos un desayuno y nos despedimos. Yo continúo la marcha y llego al atardecer a Pergamino, segunda etapa simbólica, ya era un triunfador, envalentonado olvidé mi fatiga y puse pies rumbo a Rosario, honradamente colgado de un camión de combustible, tras del cual llego a las 11 de la noche a

Rosario. El cuerpo pide a gritos un colchón pero la voluntad se opone y continúo la marcha. A eso de las dos de la mañana se larga un chaparrón que dura más o menos una hora; saco mi impermeable y la capa de lona que la previsión de mi madre colocó en la mochila, me río del aguacero y se lo digo a grito pelado chapurreando un verso de Sábato. [...]

A las 6 de la mañana llego a Leones y cambio bujías, amén de cargar nafta. Mi raid entra en una parte monótona. A eso de las diez de la mañana paso por Bell Ville y allí tomo la cola de otro camión que me arrastra hasta cerca de Villa María, allí paro un segundo y hago cálculos, según los cuales empleaba menos de 40 horas en llegar. Faltan 144 kilómetros, a 25 por hora, no hay más que decir, camino 10 kilómetros y me alcanza un auto particular —en ese momento yo venía pedaleando para evitar el recalentamiento del mediodía— que paró para ver si necesitaba nafta, le dije que no pero le pedí que me arrastrara a unos 60 kilómetros por hora. Recorrí unos 10 kilómetros, cuando reventó la goma trasera y tomado descuidado fui a dar con mi humanidad en el suelo (espléndido terreno con frente al camino)*.

Investigando las causas del desastre me di cuenta de que el motorcito, que venía trabajando en falso, había comido la cubierta hasta dejar la cámara al aire, lo que provocó mi afortunada caída.

Sin cubiertas de repuesto y con un sueño horrible me tiré al borde del camino dispuesto a descansar. A la hora o dos pasó un camión vacío que consintió en alzarme hasta Córdoba. Cargué los [...] trastos en un coche de alquiler y llegué a lo de Granado, meta de mis afanes, empleando 41 horas y 17 minutos. [...]

En el [palabra ilegible] ya narrado me encontré con un linyera que hacía la siesta debajo de una alcantarilla y que se despertó con el bochinche. Iniciamos la conversación y en cuanto se enteró de que era estudiante se encariñó conmigo. Sacó un termo sucio y me preparó un mate cocido con azúcar como para endulzar a una solterona. Después de mucho charlar y de contarnos mutuamente una serie de peripecias, quizá con algo de verdad, pero muy adornadas, se acordó de sus tiempos de peluquero y notando mi porra algo crecida, peló unas tijeras herrumbradas y un peine sucio y dio comienzo a su tarea. Al

*Argentinismo que significa caerse de un vehículo o caballo.

promediar la misma yo sentía en la cabeza algo raro y temía por mi integridad física, pero nunca imaginé que un par de tijeras fuera un arma tan peligrosa. Cuando me ofreció un espejito de bolsillo casi caigo de espaldas, la cantidad de escaleras era tal que no había un lugar sano.

Llevé mi cabeza pelada como si fuera un trofeo a casa de las Aguilar, cuando fui a visitar a Ana María, mi hermana, pero para mi sorpresa casi no dieron importancia a la pelada y se maravillaron de que hubiera tomado el mate que me daban. En cuestión de opiniones no hay nada escrito.

Después de unos días de ocio, esperando a Tomasito nos dirigimos a Tanti. El lugar elegido no tenía nada de extraordinario pero estaba cerca de todos los abastecimientos, inclusive la vertiente de agua. Luego de dos días emprendimos un proyectado viaje a los Chorrillos, paraje que queda a unos 10 kilómetros de allí.[...]

El espectáculo de la caída de los Chorrillos desde una altura de unos 50 metros es de los que valen la pena entre los de las sierras cordobesas. El chorro cae desparramándose en hileras de cascaditas múltiples que botan en cada piedra hasta caer desperdigados en una hoya que se encuentra debajo, luego en profusión de saltos menores cae a una gran hoya natural, la mayor que haya visto en riachos de este tamaño, pero que desgraciadamente recibe muy poca luz solar, de modo que el agua es extremadamente fría y solo se puede estar allí unos minutos.

La abundancia de agua que hay en todas las laderas vecinas, de donde brota formando manantiales, hace el lugar sumamente fértil y existen profusión de helechos y otras hierbas propias de lugares húmedos que dan al paraje una belleza particular.

Fue en esta zona, sobre la cascada, donde hice mis primeras armas en alpinismo. Se me había metido entre ceja y ceja bajar el chorrillo por la cascada, pero tuve que desistir e iniciar el descenso por una cortada a pique, la más difícil que encontré, para sacarme el gusto. Cuando iba a mitad del recorrido me falló una piedra y rodé unos 10 metros en medio de una avalancha de piedras y cascotes que caían conmigo.

Cuando logré estabilizarme, luego de romper varios [palabra ilegible] tuve que iniciar el ascenso porque me era imposible bajar más. Allí aprendí la ley primera del alpinismo: Es más fácil subir que amargo sabor de la derrota me duró todo el día, pero al siguiente me tiré desde unos cuatro metros y unos dos metros (¿al menos?) en setenta centímetros de agua.

Lo que me borró el sabor amargo del día anterior.

Ese día y parte del siguiente llovió mucho [...] de modo que resolvimos levantar la carpa. Casi a eso de las 5 $^{1}/_{2}$, cuando con gran pachorra íbamos envolviendo los cachivaches, [...] se oyó el primer sonido gangoso del arroyo que bramaba. De las casas vecinas salieron gritando: "Viene el arroyo, viene al arroyo". Todo el campamento nuestro era una romería, los tres llevábamos y traíamos cosas. A último momento el Grego Granado toma de las puntas a la cobija y se lleva todo lo que quedaba mientras Tomás y yo recobramos las estacas a toda velocidad. Ya se venía la ola sobre nosotros y la gente del costado nos gritaba: "Dejen eso, locos", y algunas palabras no muy católicas. Faltaba sólo una soga y en ese momento yo tenía el machete en la mano. No pude con el genio y en medio de la expectativa de todos lancé un "A la carga, mis valientes", y con un cinematográfico hachazo corté la piola. Sacábamos todo al costado cuando pasó la ola bramando furiosamente y mostrando su ridícula altura de un metro y medio entre una serie interminable de ruidos atronadores.

Me largué a las cuatro de la tarde del 29 de enero, y luego de una corta etapa en Colonia Caroya seguí viaje hasta San José de la Dormida, donde hice honor al nombre; echándome al costado del camino y pegándole una noche magnífica hasta las 6 de la mañana del día siguiente.

Pedaleé de allí unos 5 kilómetros hasta encontrar una casita en la que me vendieron un litro de nafta.

Inicié en segunda el tramo final hasta San Francisco del Chañar. Al motorcito se le ocurrió espantarse en una cuesta pronunciada y dejarme a pedal unos 5 kilómetros, todos con repecho, pero al fin me vi en el medio del pueblo, desde donde la camioneta del sanatorio me llevó hasta allí.

Al día siguiente fuimos a visitar a uno de los [ilegible] de Alberto Granado con un doctor Rossetti y a la vuelta me caí rompiendo 8 rayos de la bicicleta, quedando varado cuatro días más de lo pensado hasta que me la compusieron [...] Habíamos resuelto partir el sábado [...] con Alberto Granado después de una milonga o copetín en lo de un señor X, senador por el departamento; capo del distrito, una especie de señor de horca y cuchillo adaptado a los tiempos modernos [...]

Nos pasamos toda la mañana tratando de coordinar la forma de ir rápido y al final, por la tardecita, resolvimos salir, yo en la bicicleta y él [Alberto] con un compañero en la moto, pero antes resolvimos tomar un vermouth que allí había y que estaba especial. [...] Como no había hielo el petiso fue a buscar, y al no encontrar me enfermó a mí y pidió hielo para una bolsa en casa del senador, trajo los cubitos y nos dispusimos a tomar con potencia inusitada, pero quiso la mala suerte que la señora del senador se acordara repentinamente de que necesitaba un remedio y fuera personalmente a buscarlo. Cuando nos dimos cuenta de la augusta presencia ya era tarde, a pesar de todo me tiré boca abajo en el colchón y me agarré la cabeza con un gesto dolorido y desesperado, yo lo hice por ejercitar mis dotes de actor, porque ya sabía el resultado nulo [...]

A las 4 de la tarde, con el sol un poco bajo, salimos con rumbo a Ojo de Agua, ya que Alberto había disminuido sus pretensiones hasta acomodarlas a la altura modesta de esos 55 kilómetros; el viaje, lleno de peripecias, fue cubierto en 4 horas debido a las continuas pinchaduras que sufrí.

En Ojo de Agua me recomendaron al director de un hospital menor y allí conocí al administrador, un señor Mazza, hermano del senador cordobés en cuya mesa comí. Muy cordial la familia me recibieron magníficamente a pesar de no tener la más mínima idea de mi procedencia y simpatizó mucho con la idea del raid.

Después de haber dormido unas 8 horas y previa una buena alimentación emprendí mi viaje hacia las famosas Salinas Grandes, el Sahara argentino. Las unánimes declaraciones de mis oficiosos informantes afirmaban que con el medio litro de agua que llevaba me sería imposible cruzar las Salinas, pero la mezcla bien batida de irlandés y gallego que corre por mis venas hizo que me empeñara en esa cantidad y con ella partí.

En esta parte el panorama de Santiago hace recordar algunas zonas del norte de Córdoba, del que lo separa una mera línea imaginaria. A los costados del camino se levantan enormes cactus de los 6 metros, que parecen enormes candelabros verdes. La vegetación es abundante y se ven señales de fertilidad, pero poco a poco el panorama va variando, el camino se hace más polvoriento y escabroso, la vegetación empieza a dejar atrás a los quebrachos y ya insinúa su dominio la jarilla; el sol cae a plomo sobre mi cabeza y rebotando contra el suelo me envuelve en una ola de calor. Elijo una frondosa sombra de un algarrobo, y me tiro durante una hora a dormir; luego me levanto, tomo unos mates y sigo viaje. Sobre el camino el mojón que marca el kilómetro 1 000 de la ruta 9 me da un saludo de bienvenida, un kilómetro después se inicia el completo dominio de la jarilla, estoy en el Sahara y de pronto, oh, sorpresa, el camino que tiene el privilegio de ser uno de los más malos que recorrí, se troca en un magnífico camino abovedado, parejo y firme, donde el motor se regodea y marcha a sus anchas.

Pero no es la única sorpresa que me depara el [¿seno?] del centro de la República, también el hecho de encontrar un rancho cada 4 ó 5 kilómetros me hace pensar un poco si estaré o no en este trágico lugar. Sin embargo el océano que compone la tierra teñida de plata y su melena verde no deja dudas. De trecho en trecho, como despatarrado centinela, surge la vigilante figura de un cactus.

En dos horas y media hago los 80 kilómetros de salina y allí me llevo otra sorpresa: al pedir un poco de agua fresca para cambiar la recalentada de mi cantimplora me entero de que el agua potable se encuentra a sólo 3 metros de profundidad y en forma abundante; evidentemente la fama es algo que esta supeditado a impresiones subjetivas, si no se explica esto: buenos caminos, profusión de ranchos y agua a 3 metros. No es tan poco.

Entrada la noche llego a Loreto, pueblo de varios miles de almas, pero que se encuentra en gran estado de atraso.

El oficial de policía que me atendió cuando fui a pedir alojamiento para pasar la noche me informó que no había ni un solo médico en el pueblo, y al enterarse de que estaba en quinto año de Medicina, me dio el saludable consejo de que me instalara como curandero en el pueblo: "Ganan muy bien y hacen un favor" [...]

Temprano emprendí el viaje, y caminando a ratos por un camino PÉSIMO y otros por un afirmado muy bueno aquí me separé para siempre de mi cantimplora que un bache traidor se llevó, llegué a Santiago, donde fui muy bien recibido por una familia amiga.

Allí se me hizo el primer reportaje de mi vida, para un diario de

Tucumán, y el autor fue un señor Santillán, que me conoció en la primera parada que hice en la ciudad [...]

Ese día conocí la ciudad de Santiago [...] cuyo calor infernal espanta a sus moradores y los encierra en sus casas, hasta bien entrada la tarde, hora en que salen a buscar la calle, forma de hacer sociedad.

Más bonito me pareció el pueblo de La Banda, separado por el ancho del río Dulce, que tiene un cañadón de un kilómetro, aunque la mayoría del año no corra [agua] Existe entre dos ciudades un marcado antagonismo que se vio reflejado en un partido de básquet que enfrentara a cuadros de estas vecinas localidades. [...]

A las nueve de la mañana del día siguiente continué rumbo a Tucumán adonde llegué bien entrada la noche.

En un lugar del camino me sucedió una cosa curiosa mientras paraba a inflar una goma, a unos mil metros de un pueblo, apareció un linyera debajo de una alcantarilla cercana y naturalmente iniciamos la conversación.

Este hombre venía de la cosecha de algodón en el Chaco y pensaba, luego de vagar un poco, dirigirse a San Juan, a la vendimia. Enterado de mi plan de recorrer unas cuantas provincias y luego de saber que mi hazaña era puramente deportiva, se agarró la cabeza con aire desesperado: "Mamá mía, ¿toda esa fuerza se gasta inútilmente usted?"[...]

Reanudé mi marcha hacia la capital tucumana. Como una fugaz centella de esas que caminan 30 kilómetros por hora, pasé por la majestuosa ciudad tucumana y tomé inmediatamente el camino a Salta, pero me sorprendió el agua y aterricé humildemente en el cuartel, en los arsenales, a unos 10 ó 15 kilómetros de Tucumán, de donde partí a las 6 de la mañana rumbo a Salta.

El camino a la salida de Tucumán es una de las cosas más bonitas del norte [argentino]: Sobre unos 20 kilómetros de buen pavimento se desarrolla a los costados una vegetación lujuriosa, una especie de selva tropical al alcance del turista, con multitud de arroyitos y un ambiente de humedad que le confiere el aspecto de una película de la selva amazónica. Al entrar bajo esos jardines naturales, caminando en medio de lianas, pisoteando helechos y observando como todo se ríe de nuestra escasa cultura botánica, esperamos en cada momento oír el rugido de un león, ver la silenciosa marcha de la serpiente o el paso ágil de un ciervo y de pronto se escucha el rugido, poco intenso, y constante se reconoce en él el canto de un camión que sube la cuesta.

Parece que el rugido rompiera con fragor de cristalería el castillo de mi ensueño y me volviera a la realidad. Me doy cuenta entonces de que ha madurado en mí algo que hacía tiempo crecía dentro del bullicio ciudadano: y es el odio a la civilización, la burda imagen de gentes moviéndose como locos al compás de ese ruido tremendo se me ocurre como la antítesis odiosa de la paz, de esa [ilegible] en que el roce silencioso de las hojas forma una melodiosa música de fondo.

Vuelvo al camino y continúo mi marcha. A las 11 ó 12 llego a la policía caminera y paro un rato a descansar. En eso llega un motociclista con una Harley Davidson, nuevita, me propone llevarme a rastras. Yo le pregunto la velocidad. "Y, despacio, lo puedo llevar a 80 ó 90." No, evidentemente ya he aprendido con el costillar la experiencia de que no se puede sobrepasar los 40 kilómetros por hora cuando se va a remolque, con la inestabilidad de la carga y en caminos accidentados.

Rehuso y luego de dar las gracias al [tachado] que me convidara con un jarro de café, sigo apurando el tren, esperando llegar a Salta en el día. Tengo 200 kilómetros todavía, de modo que hay que apurarse.

Cuando llego a Rosario de la Frontera hago un encuentro desagradable, de un camión bajan la motocicleta Harley Davidson en la comisaría. Me acerco y pregunto por el conductor. Muerto, es la respuesta.

Naturalmente que el pequeño problema individual que entraña la oscura muerte de este motociclista no alcanza a tocar los resortes de las fibras sensibleras de las multitudes, pero el saber que un hombre va buscando el peligro sin tener siquiera ese vago aspecto heroico que entraña la hazaña pública y a la vuelta de una curva muere sin testigos, hace aparecer a este aventurero desconocido como provisto de un vago "fervor" suicida. Algo que podría tornar interesante el estudio de su personalidad, pero que lo aleja completamente del tema de estas notas.

De Rosario de la Frontera a Metán el camino pavimentado me ofrece el descanso de su lisura, para prepararme al tramo Metán-Salta, con una bien provista dosis de paciencia para [¿apuntar?] "serruchos".

Con todo, lo malo de esta zona, en cuanto a caminos se refiere se ve compensado por los magníficos panoramas [¿de qué se viste?]

Entramos en plena zona montañosa y a la vuelta de cada curva algo nuevo nos maravilla. Ya cerca de Lobería tengo oportunidad de admirar uno de los paisajes más bonitos de las rutas: al borde del camino hay una especie de puente de ferrocarril, sostenido sólo por los tirantes, y debajo del cual corre el río Juramento. La orilla está llena de piedras de todos colores y las grisáceas aguas del río corren turbulentas entre escarpadas orillas de magnífica vegetación. Me quedo un rato largo mirando el agua [...] Es que en la espuma gris que salta como chispas del choque contra las rocas y vuelve al remolino en una sucesión total está la invitación a tirarse allí y ser mecido brutalmente por las aguas y dan ganas de gritar como un condenado sin necesidad apenas de pensar lo que se dice.

Subo la ladera con una suave melancolía y el grito de las aguas de las que me alejo parecen reprocharme mi indigencia amorosa, me siento un solterón empedernido. Sobre mi filosófica barba a lo Jack London la chiva más grande del hato se ríe de mi torpeza de trepador y otra vez el áspero quejido de un camión me saca de mi meditación de ermitaño.

Entrada la noche subo la última cuesta y me encuentro frente a la magnifica ciudad de Salta en cuyo desmedro sólo debe anotarse el hecho de que dé la bienvenida al turista la geométrica rigidez del cementerio.

[...] me presento al hospital [...] como un "Estudiante de Medicina medio pato, medio raidista y cansado" Me dan como casa una Rural con mullidos asientos y encuentro la cama digna de un rey. Duermo como un lirón hasta las 7 de la mañana en que me despiertan para sacar el coche. Llueve torrencialmente, se suspende el viaje. Por la tarde a eso de las 2 para la lluvia y me largo hacia Jujuy pero a la salida de la ciudad había un enorme barrial provocado por la fortísima precipitación pluvial y me es imposible seguir adelante. Sin embargo consigo un camión y me encuentro con que el conductor es un viejo conocido; después de unos kilómetros nos separamos, él seguía hasta Campo Santo a buscar cemento y yo proseguí la marcha por el camino llamado La Cornisa.

El agua caída se juntaba en arroyitos que cayendo de los cerros cruzaban el camino yendo a morir al Mojotoro, que corre al borde del camino; no era este un espectáculo imponente similar al de Salta en el [río] Juramento, pero su alegre belleza tonifica el espíritu. Luego de separarse de este río entra el viajero en la verdadera zona de La Cornisa, en donde se comprueba la majestuosa belleza de los cerros empenachados de bosque verde. Las abras se suceden sin interrupción y con el marco del verdor cercano, se ve entre los claros del ramaje el llano verde y alejado, como visto a través de un anteojo de otra tonalidad.

El follaje mojado inunda el ambiente de frescura, pero no se nota esa humedad penetrante, agresiva, de Tucumán, sino algo más naturalmente fresco y suave. El encanto de esa tarde calurosa y húmeda, templado por la tupida selva [...] me transportaba a un mundo de ensueños, un mundo alejado de mi posición actual, pero cuyo camino de retorno yo conocía bien y no estaba cortado por esos abismos de niebla que suelen ostentar los reinos de los Buenos. [...]

Hastiado de belleza, como en una indigestión de bombones, llego a la ciudad de Jujuy, molido por dentro y por fuera y deseoso de conocer el valor de la hospitalidad de esta provincia, ¿qué mejor ocasión que este viaje para conocer los hospitales del país?

Duermo magníficamente en una de las salas, pero antes debo rendir cuenta de mis conocimientos medicinales y munido de unas pinzas y un poco de éter me dedico a la apasionante caza de [ilegible] en la rapada cabeza de un chango.

Su quejido monocorde lacera mis oídos como un fino estilete, mientras mi otro yo científico cuenta con indolente codicia el número de mis [¿muertos?] enemigos. No alcanza a comprenderse como ha podido el negrito de apenas 2 años llenarse en esa forma de larvas; es que queriendo hacerlo no seria fácil conseguirlo. [...]

Me meto en la cama y trato de hacer del insignificante episodio una buena base para mi sueño de paria [...]

El magnífico nuevo día me alumbra y me invita a seguir, el ronroneo mimoso de mi bicicleta se pierde en la soledad e inicio el regreso por el camino del bajo que me lleva al Campo Santo, nada digno de mención sucede en este lapso y sólo es digno de destacar la maravilla del paisaje en la Cuesta del Gallinato, mejor aún si cabe, son las vistas aquí que en La Cornisa, porque se abarca más con la mirada y esto le da un aspecto de grandeza que pierde un poco la otra.

Llego a Salta a las dos de la tarde y paso a visitar a mis amigos del hospital, quienes al saber que hice todo el viaje en un día se maravillaron, y entonces "qué ves" es la pregunta de uno de ellos. Una pregunta que queda sin contestación porque para eso fue formulada y porque no hay nada que contestar, porque la verdad es que, qué veo yo; por lo menos, no me nutro con las mismas formas que los turistas y me extraña ver en los mapas de propaganda, de Jujuy por ejemplo: el Altar de la Patria, la catedral donde se bendijo la enseña patria, la joya del púlpito y la milagrosa virgencita de Río Blanco y Pompeya, la casa en que fue muerto Lavalle, el Cabildo de la revolución, el Museo de la provincia, etc. No, no se conoce así un pueblo, una forma y una interpretación de la vida, aquello es la lujosa cubierta, pero su alma está reflejada en los enfermos de los hospitales, los asilados en la comisaría o el peatón ansioso con quien se intima, mientras el Río Grande muestra su crecido cauce turbulento por debajo. Pero todo esto es muy largo de explicar y quién sabe si sería entendido. Doy las gracias y me dedico a visitar la ciudad que no conocí bien a la ida.

Al anochecer me arrimo a la dotación policial que está a la salida de la ciudad y pido permiso para pasar la noche allí. Mi idea es tratar de hacer la parte montañosa en camión para salvarme de esas penosas trepadas en los malos caminos, vadeando un río y varios arroyos crecidos, pero me desaniman pronto, es sábado y muy difícil que pase algún camión, ya que todos pasan temprano para llegar a Tucumán el domingo de mañana. Resignado me pongo a charlar con los agentes y me muestran el famoso Anopheles hembra, en cuerpo presente, el larguirucho animal, estilizado y grácil, no me hace el aspecto de ser el poseedor del terrible flagelo palúdico.

La luna llena muestra su exuberancia subtropical, lanzando torrentes de luz plateada que dan una semipenumbra muy agradable, su salida aumenta la verborragia del agente, quien se explaya sobre consideraciones filosóficas, para caer en un cuento de un sucedido.

Este personaje oyó el otro día galope de la caballada y ladridos de perros, salió con la linterna y el revólver y se apostó estratégicamente, pasó nuevamente la caballada, acompasando el ladrido de los perros y tras su bulla, como explicación, apareció un mulo negro de inmensas orejas que parsimoniosamente seguía a la tropa. El coro de ladridos aumentó su intensidad y nuevamente la tropilla escapó ruidosamente. El mulo, indiferente, enderezó con rumbo nuevo y al enorquetarse la luna entre las varillas de sus orejas sintió un frío agudo que le recorría el espinazo.

Interrumpió el agente viejo a su compañero con esta sabia sentencia: "Debe ser un ánima que está en el mulo" y como receta aconsejó la muerte del animal para liberarla. ¿Y qué puede pasar? "Nada. Al contrario, te lo va a agradecer, que más quiere." Prescindiendo del motivo humanitario, yo, educado con los cuentos de justicia, propiedad, ruidos molestos, etc., aventuré la tímida objeción de que el dueño y los vecinos no estarían muy contentos con la hazaña.

Me miraron en una forma que me dio vergüenza. Cómo iba a tener dueño ese mulo y aunque lo tuviera, quien no estaría contento de dejar en libertad un alma. La otra objeción ni se molestaron en destruirla.

Los tres quedamos mirando la luna que mostraba toda su magnificencia desparramando penumbras plateadas sobre los cerros. La fresca noche salteña se llenó de música de sapos y arrullado por su cántico eché un sueñito corto.

A las 4 me despedí de los agentes y empecé la trabajosa jornada hacia Tucumán. Los frenos de la bicicleta me estaban dando trabajo, de modo que tenía que andar con cuidado en las cuestas, ya que no sabía lo que podía encontrar en el otro lado de una curva o al final de la misma, ya que el farol era insuficiente para mostrármelo.

A eso de las 7 de la mañana tuve una agradable sorpresa, una larga hilera de camiones, uno detrás de otro, estaban empantanados, los conductores recién se despertaban y entre ellos formaban conciliábulo. Me acerqué a curiosear en la rueda y oh, sorpresa, mi viejo amigo Luchini el camionero también era de la partida.

Empezaron las pullas y los contrapuntos y enseguida se formalizó la apuesta: yo saldría inmediatamente y si era alcanzado antes del asfalto que lleva a Tucumán, mala suerte, pero si ellos no me podían alcanzar esperaría allí para que me dieran una regia comida con todas las de la ley. Se acabaron los paisajes, la falta de frenos, los serruchos, las curvas peligrosas, el cansancio, la sed: ante mí fulguraba el esplendor del banquete y cada paso que daba hacia la meta me parecía ver más grande un regio pollo jugoso rodeado de unas apetitosas papas asadas.

RELATOS DE SU PRIMER VIAJE POR AMÉRICA LATINA (1951-52)[2]

(recopilados en el libro *Notas de Viaje*, 1993)

Entendámonos

No es éste el relato de hazañas impresionantes, no es tampoco meramente un "relato un poco cínico"; no quiere serlo, por lo menos. Es un trozo de dos vidas tomadas en un momento en que cursaron juntas un determinado trecho, con identidad de aspiraciones y conjunción de ensueños. Un hombre en nueve meses de su vida puede pensar en muchas cosas que van de la más elevada especulación filosófica al rastrero anhelo de un plato de sopa, en total correlación con el estado de vacuidad de su estómago; y si al mismo tiempo es algo aventurero, en ese lapso puede vivir momentos que tal vez interesen a otras personas cuyo relato indiscriminado constituirá algo así como estas notas.

Así, la moneda fue por el aire, dio muchas volteretas; cayó una vez "cara" y alguna otras "seca". El hombre, medida de todas las cosas, habla aquí por mi boca y relata en mi lenguaje lo que mis ojos vieron; a lo mejor sobre diez "caras" posibles sólo vi una "seca", o viceversa, es probable y no hay atenuantes; mi boca narra lo que mis ojos le contaron. ¿Qué nuestra vista nunca fue panorámica, siempre fugaz y no siempre equitativamente informada, y los juicios son demasiado terminantes?: de acuerdo, pero ésta es la interpretación que un teclado da al conjunto de los impulsos que llevaron a apretar las teclas y esos fugaces impulsos han muerto. No hay sujeto sobre quien ejercer el peso de la ley. El personaje que escribió estas notas murió al pisar de nuevo tierra Argentina, el que las ordena y pule, "yo", no soy yo; por lo menos no soy el mismo yo interior. Este vagar sin rumbo por nuestra "Mayúscula América" me ha cambiado más de lo que creí.

En cualquier libro de técnica fotográfica se puede ver la imagen de un paisaje nocturno en el que brilla la luna llena y cuyo texto explicativo nos revela el secreto de esa oscuridad a pleno sol, pero la naturaleza del baño sensitivo con que está cubierta mi retina no es bien conocida por el lector, apenas la intuyo yo, de modo que no se pueden hacer correcciones sobre la placa para averiguar el momento real en que fue sacada. Si presento un nocturno créanlo o revienten, poco importa, que si no conocen personalmente el paisaje fotográfico por mis notas, difícilmente conocerán otra verdad que la que les cuento aquí. Los dejo ahora conmigo mismo; el que fui...

La sonrisa de La Gioconda

Esta era una nueva parte de la aventura; estábamos acostumbrados a llamar la atención de los ociosos con nuestros originales atuendos y la prosaica figura de la Poderosa II* cuyo asmático resoplido llenaba de compasión a nuestros huéspedes, pero, hasta cierto punto, éramos los caballeros del camino. Pertenecíamos a la rancia aristocracia "vagueril" y traíamos la tarjeta de presentación de nuestros títulos que impresionaban inmejorablemente. Ahora no, ya no éramos más que dos linyeras** con el "mono" a cuestas y con toda la mugre del camino condensada en los mamelucos, resabio de nuestra aristocrática condición pasada. El conductor del camión nos había dejado en la parte alta de la ciudad, a la entrada, y nosotros, con paso cansino, arrastrábamos nuestros bultos calle abajo seguidos por la mirada divertida e indiferente de los transeúntes. El puerto mostraba a lo lejos su tentador brillo de barco mientras el mar, negro y cordial, nos llamaba a gritos con su olor gris que dilataba nuestras fosas nasales. Compramos pan —el mismo que tan caro nos parecía en ese momento y encontraríamos tan barato al llegar más lejos aún—, y seguimos

---

*Motocicleta empleada al inicio del recorrido.

**Vago, en lenguaje popular argentino.

calle abajo. Alberto mostraba su cansancio y yo, sin mostrarlo, lo tenía tan positivamente instalado como el suyo, de modo que al llegar a una playa para camiones y automóviles asaltamos al encargado con nuestras caras de tragedia, contando con el florido lenguaje de los padecimientos soportados en la ruda caminata desde Santiago. El viejo nos cedió un lugar para dormir, sobre unas tablas, en comunidad con algunos parásitos de esos cuyo nombre acaba en Hominis, pero bajo techo; atacamos al sueño con resolución. Sin embargo, nuestra llegada había impresionado el oído de un compatriota instalado en la fonda adjunta, el que se apresuró a llamarnos para conocernos. Conocer en Chile significa convidar y ninguno de los dos estaba en condiciones de rechazar el maná. Nuestro paisano demostraba estar profundamente compenetrado con el espíritu de la tierra hermana y consecuentemente, tenia una curda de órdago. Hacía tanto tiempo que no comía pescado, y el vino estaba tan rico, y el hombre era tan obsequioso; bueno, comimos bien y nos invitó a su casa para el día siguiente.

Temprano La Gioconda abrió sus puertas y cebamos nuestros mates charlando con el dueño que estaba muy interesado en el viaje. Enseguida, a conocer la ciudad. Valparaíso es muy pintoresca, edificada sobre la playa que da a la Bahía, al crecer, ha ido trepando los cerros que mueren en el mar. Su extraña arquitectura de zinc, escalonada en gradas que se unen entre sí por serpenteantes escaleras o por funiculares, ve realzada su belleza de museo de manicomio por el contraste que forman los diversos coloridos de las casas que se mezclan con el azul plomizo de la bahía. Con paciencia de disectores husmeamos en las escalerillas sucias y en los huecos, charlamos con los mendigos que pululan: auscultamos el fondo de la ciudad. Las mismas que nos atraen. Nuestras narices distendidas captan la miseria con fervor sádico.

Visitamos los barcos en el muelle para ver si alguno sale hacia la Isla de Pascua pero las noticias son desalentadoras, ya que hasta dentro de 6 meses no sale ningún buque en esa dirección. Recogemos vagos datos de unos aviones que hacían vuelos una vez por mes.

¡La Isla de Pascua! La imaginación detiene su vuelo ascendente y que va dando vueltas en torno a ella: "allí tener un 'novio' blanco es un honor para ellas": "allí, trabajar, qué esperanza, las mujeres hacen todo, uno come, duerme y las tiene contentas". Ese lugar maravilloso donde el clima es ideal, las mujeres ideales, la comida ideal, el trabajo ideal (en su beatífica inexistencia). Que importa quedarse un año allí, qué importan estudios, sueldos, familia, etc. Desde un escaparate una enorme langosta de mar nos guiña un ojo, y desde las cuatro lechugas que le sirven de lecho nos dice con todo su cuerpo: "soy de la Isla de Pascua: allí donde está el clima ideal, las mujeres ideales..."

En la puerta de La Gioconda esperábamos pacientemente al compatriota que no daba señales de vida, cuando el dueño se comedió a hacernos entrar para que nos diera el sol y acto seguido nos convidó con uno de sus magníficos almuerzos a base de pescado frito y sopa de agua. De nuestro coterráneo no tuvimos más noticias en toda nuestra estadía en Valparaíso, pero nos hicimos íntimos del dueño del boliche. Este era un tipo extraño, indolente y lleno de una caridad enorme para cuanto bicho viviente fuera de lo normal se acercara hasta su puerta, cobraba sin embargo, a precio de oro, a los clientes normales, las cuatro porquerías que despachaba en su negocio. En los días que nos quedamos allí no pagamos un centavo y nos llenó de atenciones; hoy por ti, mañana por mí... era su dicho preferido, lo que no indicaría gran originalidad pero era muy efectivo.

Tratábamos de establecer contacto directo con los médicos de Petrohué pero estos, vueltos a sus quehaceres y sin tiempo para perder, nunca se avenían a una entrevista formal, sin embargo ya los habíamos localizado más o menos bien y esa tarde nos dividimos: mientras Alberto les seguía los pasos yo me fui a ver una vieja asmática que era clienta de La Gioconda. La pobre daba lástima, se respiraba en su pieza ese olor acre de sudor concentrado y patas sucias, mezclado al polvo de unos sillones, única paquetería de la casa. Sumaba a su estado asmático una regular descompensación cardíaca. En estos casos es cuando el médico consciente de su total inferioridad frente al medio, desea un cambio de cosas, algo que suprima la injusticia que supone el que la pobre vieja hubiera estado sirviendo hasta hacía un mes para ganarse el sustento, hipando y penando, pero manteniendo frente a la vida una actitud erecta. Es que la adaptación al medio hace que en las familias pobres el miembro de ellas incapacitado para ganarse el sustento se vea rodeado de una atmósfera de acritud apenas disimulada; en ese momento se deja de ser padre, madre o hermano para convertirse en un factor negativo en la lucha por la vida y como tal, objeto del rencor de la comunidad sana que le echará su enfermedad como si fuera un insulto personal a los que deben mantenerlo. Allí, en estos últimos momentos de gente cuyo horizonte más lejano fue siempre el día de mañana, es donde se capta la profunda tragedia que encierra la vida del proletariado de todo el mundo; hay en esos ojos moribundos un sumiso pedido de disculpas y también, muchas veces, un desesperado pedido de consuelo que se pierde en el vacío, como se perderá pronto su cuerpo en la magnitud del misterio que nos rodea. Hasta cuándo seguirá este orden de cosas basado en un absurdo sentido de casta es algo que no está en mí contestar pero es hora de que los gobernantes dediquen menos tiempo a la propaganda de sus bondades como régimen y más dinero, muchísimo más dinero, a solventar obras de utilidad social. Mucho no puedo hacer por la enferma: simplemente le doy un régimen aproximado de comidas y le receto un diurético y unos polvos antiasmáticos. Me quedan unas pastillas de dramamina y se las regalo. Cuando salgo, me siguen las palabras zalameras de la vieja y las miradas indiferentes de los familiares.

Alberto ya cazó al médico: al día siguiente a las 9 de la mañana hay que estar en el hospital. En el cuartucho que sirve de cocina, comedor, lavadero, comedero y meadero de perros y gatos, hay una reunión heterogénea. El dueño, con su filosofía sin sutileza, Doña Carolina, vieja sorda y servicial que dejó nuestra pava parecida a una pava, un mapucho borracho y débil mental, de apariencia patibularia, dos comensales más o menos normales y la flor de la reunión: Doña Rosita, una vieja loca. La conversación gira en torno a un hecho macabro que Rosita ha sido testigo: porque parece que ha sido la única que observó el momento en que a su pobre vecina un hombre con gran cuchillo la descueró íntegramente.

—Y, ¿gritaba su vecina, Doña Rosita?

—Imagínese. Como para no gritar, ¡la pelaba viva! Y eso no es todo, después la llevó hasta el mar y la tiró a la orilla para que se la llevara el agua. ¡Ay, sí, oír gritar a esa mujer partía el alma señor, si usted viera!

—¿Por qué no avisó a la policía, Rosita?

—¿Para qué? ¿Se acuerda cuando la pelaron a su prima?, bueno, fui a hacer la denuncia y me dijeron que estaba loca, que me dejara de cosas raras porque sino me iban a encerrar, fíjese. No, yo no aviso más a la gente esa. Después de un rato la conversación gira sobre él —enviado de Dios—, un prójimo que usa los poderes que le ha dado el Señor para curar la sordera, la mudez, la parálisis, etc., luego pasa el platillo. Parece que el negocio no es más malo que otros del montón. La publicidad de los pasquines es extraordinaria y la credulidad de la gente también, pero eso sí, de las cosas que veía Doña Rosita se reían con toda la tranquilidad del mundo.

El recibimiento de los médicos no fue exageradamente amable, pero logramos nuestro objetivo pues nos dieron una recomendación para Molina Luco, el intendente de Valparaíso y tras de despedirnos con todas las ceremonias posibles, nos dirigimos a la intendencia. Nuestro aspecto comatoso, impresionó desfavorablemente a la ordenanza que nos introdujo, pero había recibido órdenes de dejarnos pasar. El secretario nos mostró la copia de una carta que había mandado en contestación a la nuestra en donde nos explicaban lo imposible de la empresa ya que había salido el único barco que hacía el recorrido y hasta dentro de un año no había otro. Enseguida pasamos al suntuoso salón del Dr. Molina Luco quién nos recibió muy amablemente. Daba sin embargo la impresión de que tomara la escena como dentro de una pieza teatral y cuidaba mucho la dirección de sus recitados. Solamente se entusiasmó cuando habló de la Isla de Pascuas, la que él había arrebatado a los ingleses probando que pertenecía a Chile. Nos recomendó que estuviéramos al tanto de lo que pasaba, que el año siguiente nos llevaría. —Aunque ya no esté aquí, siempre soy el presidente de la sociedad de amigos de la Isla de Pascuas—, nos dijo, como una tácita confesión de la derrota electoral de González Videla. Al salir nos indicó el ordenanza que lleváramos el perro, y ante nuestra extrañeza nos mostró un cachorrito que había hecho su necesidad sobre la alfombra del vestíbulo y mordisqueaba la pata de una silla. Probablemente el perro nos siguió, atraído por nuestro aspecto de vagabundos y los porteros lo consideraron una indumentaria más de nuestro estrafalario atavío. Lo cierto es que el pobre animal, al quedar desligado de los lazos que nos unía recibió un buen par de patadas y lo sacaron aullando. Siempre era un consuelo el saber que habían seres cuyo bienestar dependiera de nuestra tutela.

Ahora empeñados en eludir el desierto del norte de Chile viajando por mar nos dirigimos a todas las compañías navieras solicitando pasaje de garrón* para los puertos del norte. En una de ellas, el capitán nos prometió llevarnos si conseguíamos permiso de navegación marítima para pagarnos el pasaje trabajando. Por supuesto, la respuesta fue negativa y estábamos como al principio. En ese momento Alberto tuvo una decisión heroica que me comunicó enseguida: subirnos al barco de prepo** y escondernos en la bodega.

Pero había que esperar la noche para hacerlo mejor, convencer al marinero de planchada y esperar los acontecimientos. Recogimos nuestros bultos evidentemente demasiado para la empresa, y tras de despedirnos con grandes muestras de pesar de todas las muchachas cruzamos el portón que guarda el puerto y nos metimos quemando naves, en la aventura de viaje marítimo.

Esta vez, fracaso

Lo veo ahora, patente, el capitán borracho, como toda su oficialidad y el bigotudo patrón de la embarcación vecina, con su gesto adusto por el vino malo y la risa furiosa de los presentes mientras relataban nuestra odisea: son unos tigres, oye; y seguro que ahora están en tu barco, ya lo verás en altamar. Esta frase o una parecida tiene que haber deslizado el capitán a su colega y amigo. Pero nosotros no sabíamos nada, faltaba sólo una hora para que zarpara el barco y estábamos perfectamente instalados, cubiertos totalmente por una tonelada de perfumados melones, comiendo a tres carrillos. Conversábamos sobre lo gaucho que eran los "maringotes" ya que con la complicidad de uno de ellos habíamos podido subir y escondernos en tan seguro lugar, cuando oímos la voz airada y un par de bigotes, que se nos antojaron mayores, en aquel momentos emergieron de quien sabe de que ignoto lugar sumiéndonos en una confusión espantosa. La larga hilera de cascara de melón perfecta-

---

*Argentinismo que significa gratis.

**Argentinismo, contracción de prepotente.

mente pulida flotaban en fila india sobre el mar tranquilo. Lo demás fue ignominioso. Después nos decía el marinero —yo lo hubiera desorientado, muchachos, pero vio los melones y al tiro inició una p. que no se salvó la madre ni de su hijo, creo tiene un vino malo el capitán, muchachos—Y después (como con vergüenza)...—¡no hubieran comido tanto melón muchachos!

Uno de nuestros viejos compañeros del San Antonio, resumió toda su brillante filosofía en esta galana frase: Compañeros, están a la hueva de puros huevones ¿por qué no se dejan de huevadas y se van a su huevona tierra? Y algo así hicimos: tomamos los bártulos y partimos rumbo a Chuquicamata, la famosa mina de cobre.

Pero no era una sola jornada. Hubo un paréntesis de un día en el cual fuimos despedidos como corresponde por los entusiastas marineros báquicos.

Tumbados bajo la sombra magra de dos postes de luz, al principio del árido camino que conduce a los yacimientos, pasamos buena parte del día intercambiando algún grito de poste a poste, hasta que se dibujó en el camino la silueta asmática del camioncito que nos llevó hasta la mitad del recorrido, un pueblo llamado Baquedano.

Allí nos hicimos amigos de un matrimonio de obreros chilenos que eran comunistas. A la luz de una vela con que nos alumbrábamos para cebar el mate y comer un pedazo de pan y queso, las facciones contraídas del obrero ponían una nota misteriosa y trágica, en su idioma sencillo y expresivo contaba de sus tres meses en la cárcel, de la mujer hambrienta que lo seguía con ejemplar lealtad, de sus hijos, dejados en la casa de un piadoso vecino, de su infructuoso peregrinar en busca de trabajo, de los compañeros misteriosamente desaparecidos, de los que se cuentan que fueron fondeados en el mar.

El matrimonio aterido, en la noche del desierto, acurrucado uno contra el otro, era una viva representación del proletariado de cualquier parte del mundo. No tenía ni una mísera manta con que taparse, de modo que le dimos una de las nuestras y en la otra nos arropamos como pudimos Alberto y yo. Fue esa una de las veces en que he pasado mas frío, pero también, en la que me sentí un poco más hermanado con ésta, para mi, extraña especie humana.

A las 8 de la mañana conseguimos el camión que nos llevara hasta el pueblo de Chuquicamata y nos separamos del matrimonio que estaba por ir a las minas de azufre de la cordillera; allí donde el clima es tan malo y las condiciones de vida son tan penosas que no se exige carnet de trabajo ni se le pregunta a nadie cuáles son sus ideas políticas. Lo único que cuenta es el entusiasmo con que el obrero vaya a arruinar su vida a cambio de las migajas que le permiten la subsistencia.

A pesar de que se había perdido la desvaída silueta de la pareja en la distancia que nos separaba, veíamos todavía la cara extrañamente decidida del hombre y recordábamos su ingenua invitación: —vengan camaradas, comamos juntos, vengan, yo también soy atorrante—, con que nos mostraba en el fondo su desprecio por el parasitismo que veía en nuestro vagar sin rumbo.

Realmente apena que se tomen medidas de represión para las personas como ésta. Dejando de lado el peligro que puede ser o no para la vida sana de una colectividad, "el gusano comunista", que había hecho eclosión en él, no era nada más que un natural anhelo de algo mejor, una protesta contra el hambre inveterada traducida en el amor a esa doctrina extraña cuya esencia no podría nunca comprender, pero cuya traducción: "pan para el pobre" eran palabras que estaban a su alcance, más aún, que llenaban su existencia.

Y aquí los amos, los rubios y eficaces administradores impertinentes que nos decían en su media lengua: — esto no es una ciudad turística, les daré una guía que les muestre las instalaciones en media hora y después harán el favor de no molestarnos más, porque tenemos mucho trabajo. La huelga se venía encima. Y el guía, el perro fiel de los amos yanquis: "Gringos imbéciles, pierden miles de pesos diarios en una huelga, por negarse a dar unos centavos más a un pobre obrero, cuando suba mi general Ibáñez esto se va a acabar". Y un capataz poeta "esas son las famosas gradas que permiten el aprovechamiento total del mineral de cobre, mucha gente como ustedes me preguntan muchas cosas técnicas pero es raro que averiguen cuántas vidas ha costado, no puedo contestarle, pero muchas gracias por la pregunta, doctores".

Eficacia fría y rencor impotente van mancomunados en la gran mina, unidos a pesar del odio por la necesidad común de vivir y especular de unos y de otros, veremos si algún día, algún minero tome un pico con placer y vaya a envenenar sus pulmones con consciente alegría. Dicen que allá, de donde viene la llamarada roja que deslumbra hoy al mundo, es así, eso dicen. Yo no sé.

Chuquicamata

Chuquicamata parece ser la escena de un drama moderno. No se puede decir que carezca de belleza, pero una belleza sin gracia, imponente y glacial es la que tiene. Cuando se acerca uno a las zonas de la mina, parece que todo el panorama se concentra para dar una sensación de asfixia en la llanura. Llega un momento, tras de 200 kilómetros recorridos, en que el leve matiz verde con que el pueblito de Calama interrumpe la monotonía gris, es recibido con el alborozo que merece su verdadera condición de oasis en el desierto. ¡Y qué desierto!, calificado por su observatorio climatológico de Moctezuma, cerca de "Chuqui", como el más seco del mundo. Sin una mata que pueda crecer en sus tierras salitrosas, los cerros, indefensos frente al ataque del los vientos y las aguas, muestran sus grises lomos prematuramente avejentados en la lucha contra los elementos, con arrugas de ancianos que no coinciden con su edad geológica.

Allí, cuántos de estos escoltas de su famoso hermano, no encerrarán en sus pesados vientres parecidas riquezas a las de aquél, mientras esperan los brazos áridos de las palas mecánicas que devoren sus entrañas, con el obligado condimento de vidas humanas; las de esos pobres héroes ignorados de esta batalla que mueren miserablemente en las mil trampas con que la naturaleza defiende sus tesoros, sin otro ideal que el de alcanzar el pan de cada día.

Chuquicamata está constituida esencialmente por un cerro cuprífero cuya enorme masa está surcada por gradas de 20 metros de altura, de donde el mineral extraído es fácilmente transportado por ferrocarril. La peculiar conformación de la veta hace que toda la extracción se realice a cielo abierto, permitiendo con ello el aprovechamiento industrial del mineral que tiene una ley de 1% de cobre. Todas las mañanas se dinamita el cerro y grandes palas mecánicas cargan el material que se lleva al ferrocarril hasta los molinos donde se tritura. Esta molienda se ejecuta en tres pasajes sucesivos que dejan el material convertido en ripio de mediano tamaño. Se pone entonces en presencia de una solución de ácido sulfuroso que extrae el cobre bajo la forma de sulfato, formando también cloruro cuproso, que puesto en presencia de una molienda de hierro viejo se transforma en cloruro férrico. De aquí el líquido es llevado a la llamada "casa verde", donde la solución de sulfato de cobre es puesta en grandes tinas y sometida durante una semana a una corriente de 30 voltios que provoca la electrólisis de la sal, quedando el cobre adherido a las planchas finas de mismo metal que previamente se había formado en otras piletas con soluciones más ricas. Al cabo de 5 ó 6 días la plancha está lista para ir a la fundición; la solución ha perdido de 8 a 10 gramos de sulfato por litro y pasa a enriquecerse en presencia de nuevas cantidades de molido del material. Las placas formadas son puestas en hornos que las arrojan luego de 12 horas de función a más de 2 000°C, convirtiéndolas en panes de 350 libras de peso. Todas las noches baja a Antofagasta un convoy de 45 vagones transportando más de 20 toneladas de cobre cada uno, resultado de la labor del día.

Esto es en síntesis, y profanamente explicado, el proceso de elaboración que en Chuquicamata mantiene una población flotante de unas 3 000 almas; pero en esta forma sólo se extrae el mineral al estado óxido. La Chile Exploration Company está instalada en una planta anexa para aprovechar el mineral en forma de sulfuro. Esta planta, la más grande del mundo en su tipo tiene dos chimeneas de 96 metros de alto cada una y absorberá casi toda la producción de los próximos años, mientras la vieja funcionará a tren reducido, ya que la capa mineral al estado de óxido está próxima a agotarse. Para cubrir las necesidades de la nueva fundición hay ya acumulado un enorme stock de material en bruto que será elaborado a partir del año 1954 en que iniciará su labor la planta.

Chile es productor del 20% del total de cobre del mundo, y en estos momentos inciertos de preguerra en que este metal ha tomado vital importancia por ser insustituible en algunos tipos de armas de destrucción, se libra en este país una batalla de orden económico – político entre los partidarios de la nacionalización de la mina que une a las agrupaciones de izquierda y nacionalistas y los que, basándose en el ideal de la libre empresa, juzgan que es mejor una mina bien administrada (aún en manos extranjeras), a la dudosa ɜtración que puede hacer el Estado. Lo cierto es que desde el Congreso se han hecho severas acusaciones usufructuarias de las concesiones actuales, reveladoras de un ambiente de aspiraciones nacionalistas sobre la propia producción.

Sea cual fuere el resultado de la batalla, bueno sería que no se olvidara la lección que enseñan los cementerios de las minas, aún conteniendo sólo una pequeña parte de la inmensa cantidad de gente devorada por los derrumbes, el sílice y el clima infernal de la montaña.

Chile, ojeada desde lejos

Al hacer estas notas de viaje, en el calor de mi entusiasmo primero y escritas con la frescura de lo sentido, escribí algunas extravagancias y en general creo haber estado bastante lejos de lo que un espíritu científico podría aprobar. De todas maneras, no me es dado ahora, a más de un año de aquellas notas, dar la idea que en este momento tengo sobre Chile; prefiero hacer una síntesis de lo que escribí antes.

Empecemos por nuestra especialidad médica: El panorama general de la sanidad chilena deja mucho que desear (después supe que era muy superior a la de otros países que fui conociendo). Los hospitales absolutamente gratuitos son muy escasos y en ellos hay carteles como el siguiente *"¿Por qué se queja de la atención si usted no contribuye al sostenimiento de este hospital?"*. A pesar de esto, en el norte suele haber atención gratuita pero el pensionado es lo que prima; pensionado que va desde cifras irrisorias, es cierto, hasta verdaderos monumentos al robo legal. En la mina de Chuquicamata los obreros accidentados o enfermos gozan de asistencia médica y socorro hospitalario por la suma de 5 escudos diarios (chilenos), pero los internados ajenos a la Planta pagan entre 300 y 500 diarios. Los hospitales son pobres, carecen en general de medicamentos y salas adecuadas. Hemos visto salas de operaciones mal alumbradas y hasta sucias y no en puebluchos sino en el mismo Valparaíso. El instrumental es insuficiente. Los baños muy sucios. La conciencia sanitaria de la nación es escasa. Existe en Chile (después lo vi en toda América prácticamente), la costumbre de no tirar los papeles higiénicos usados a la letrina, sino afuera, en el suelo o en cajones puestos para eso.

El estado social del pueblo chileno es más bajo que el argentino. Sumado a los bajos salarios que se pagan en el sur, existe la escasez de trabajo y el poco amparo que las autoridades brindan al trabajador (muy superior, sin embargo, a la que brindan las del norte de América del Sur), hecho que provoca verdaderas olas de emigración chilena a la Argentina en busca del soñado país del oro que una hábil propaganda política se ha encargado de mostrar a los habitantes del lado oeste de los Andes. En el norte se paga mejor al obrero en las minas de cobre, salitre, azufre, oro, etc., pero la vida es mucho más cara, se carece en general de muchos artículos de consumo de primera necesidad y las condiciones climáticas son muy bravas en la montaña. Recuerdo el sugestivo encogimiento de hombros con que un jefe de la mina Chuquicamata contestó a mis preguntas sobre la indemnización pagada a la familia de los 10 000 ó más obreros sepultados en el cementerio de la localidad.

El panorama político es confuso (esto fue escrito antes de las elecciones que dieran el triunfo a Ibáñez), hay cuatro aspirantes al mando, de los cuales Carlos Ibáñez del Campo parece ser el primer ganador; es un militar retirado con tendencias dictatoriales y miras políticas parecidas a las de Perón que inspira al pueblo un entusiasmo de tipo caudillezco. Basa su acción en el Partido Socialista Popular, al que se unen fracciones menores. El segundo lugar, a mi manera de ver, estará ocupado por Pedro Enrique Alfonso, candidato del oficialismo, de política ambigua, al parecer amigo de los americanos y de coquetear con los demás partidos políticos. El abanderado del derechismo es Arturo Matte Larraín, potentado que es yerno del difunto Presidente Alessandri y cuenta con el apoyo de todos los sectores reaccionarios de la población. En último término está Salvador Allende, candidato del Frente del Pueblo, que tiene el apoyo de los comunistas, los que han visto mermados sus cuadros en 40 000 votos, que es la cifra de las personas despojadas del derecho a votar por haber sido afiliados a dicho partido.

Es probable que el Sr. Ibáñez haga una política de latinoamericanismo y se apoye en el odio a Estados Unidos para conseguir popularidad y la nacionalización de las minas de cobre y otros minerales (el conocimiento de los enormes yacimientos que lo americanos tienen en el Perú, prácticamente listos para empezar la producción, disminuyó mucho mi confianza en que sea factible la nacionalización de esas minas, por lo menos en un plazo breve), completar la del ferrocarril, etc. y aumentar en gran proporción el intercambio argentino-chileno.

Como país, Chile ofrece posibilidades económicas a cualquier persona de buena voluntad que no pertenezca al proletariado, vale decir, que acompañe su trabajo de cierta dosis de cultura o preparación técnica. Tiene en su territorio facilidad para sustentar la cantidad suficiente de ganado como para abastecerse (lanar sobre todo), cereales en cantidad aproximadamente necesaria y minerales como para convertirse en un poderoso país industrial, ya que tiene minas de hierro, cobre, hulla, estaño, oro, plata, manganeso, salitre. El esfuerzo mayor que debe hacer es sacudirse el incómodo amigo Yanqui de las espaldas y esa tarea es, al menos por el momento, ciclópea, dada la cantidad de dólares invertidos por estos y la facilitad con que pueden ejercer una eficaz presión económica en el momento en que sus intereses se vean amenazados.

En los dominios de la Pachamama

A las tres de la madrugada las mantas de la policía peruana habían demostrado su idoneidad sumiéndonos en un calorcito reparador, cuando las sacudidas del agente de guardia nos puso en la triste necesidad de abandonarlas para salir en el camión rumbo a Ilave. La noche era magnífica pero muy fría a manera de privilegio, nos dieron ubicación sobre unas tablas, debajo de las cuales la grey hedionda y piojosa de la que se nos quiso separar nos lanzaban un tufo potente pero calentico. Cuando el vehículo inició su marcha ascendente nos dimos cuenta de la magnitud del favor concedido: del olor no llegaba nada; difícil era que algún piojo fuera lo suficientemente atlético como para llegar al refugio, pero en cambio el viento golpeaba libremente contra nuestros cuerpos y a los pocos minutos estábamos literalmente helados. El camión trepaba continuamente de modo que el frío se hacía más intenso a cada momento; las manos tenían que salir del escondite más o menos abrigado de la manta para evitar la caída y era difícil hacer el menor movimiento, porque nos íbamos de cabeza al interior del vehículo. Cerca del amanecer el camión se paró por la dificultad en el carburador que aqueja a todos los motores a esa altura; estábamos cerca del punto más alto del camino, es decir a casi 5 000 metros; el sol se anunciaba por alguna parte y una claridad borrosa remplazaba la oscuridad total que nos había acompañado hasta esos momentos. Es curioso el efecto psicológico del sol: todavía no aparecía en el horizonte y ya nos sentíamos reconfortados, sólo de pensar en el calor que recibiríamos.

A un costado de la carretera crecía un enorme hongo de forma semiesférica —único vegetal de la región— con el que prendimos un fueguito muy malo, pero que sirvió para calentar el agua obtenida de un poco de nieve. El espectáculo ofrecido por nosotros dos tomando el extraño brebaje debía parecerle a los indios tan interesante como ellos a nosotros con sus típicas vestimentas porque no dejaron un momentos de acercarse a inquirir en su media lengua la razón que teníamos para echar el agua en ese raro artefacto. El camión se negaba redondamente a llevarnos de modo que tuvimos que hacer como tres kilómetros a pie entre la nieve. Era algo impresionante ver como las callosas plantas de los indios hollaban el suelo sin darle la menor importancia al hecho mientras nosotros sentíamos todos los dedos yertos por causa del intenso frío, a pesar de las botas y medias de lana. Con el paso cansino y parejo, trotaban como las llamas de un desfiladero, de uno en fondo.

Salvado el mal trance, el camión siguió con nuevos bríos y pronto franqueamos la parte más alta. Allí había una curiosa pirámide hecha de piedras irregulares y coronada por una cruz; al pasar el camión casi todos escupieron y uno que otro se persignó. Intrigados, preguntamos el significado del extraño rito pero el más absoluto silencio fue la respuesta.

El sol calentaba algo y la temperatura era más agradable a medida que descendíamos, siempre siguiendo el recorrido de un río que habíamos visto nacer en la cumbre y ya estaba bastante crecido. Los cerros nevados nos miraban desde todos los puntos, y manadas de llamas y alpacas observaban indiferente el paso del camión, mientras alguna incivilizada vicuña huía rápidamente de la presencia turbadora.

En un alto, de los tantos que hicimos en el camino, un indio se acercó todo tímido hasta nosotros acompañado de su hijo que hablaba bien el castellano y empezó a hacernos preguntas de la maravillosa tierra "del Perón". Con nuestra fantasía desbocada por el espectáculo imponente que recorríamos, nos era fácil pintar situaciones extraordinarias, acomodar a nuestro antojo las empresas "del capo" y llenarle los ojos de asombro con los relatos de edénica hermosura de la vida en nuestra tierra. El hombre nos hizo pedir un ejemplar de la constitución Argentina con la declaración de los derechos de ancianidad, lo que le prometimos con singular entusiasmo. Cuando seguimos el viaje, el indio viejo sacó de entre sus ropas un choclo muy apetitoso y nos lo ofreció. Rápidamente dimos cuenta de él con democrática división de granos para cada uno.

Al mediar la tarde, con todo el cielo nublado lanzándonos su peso gris sobre la cabeza, atravesamos un curioso lugar en el que la erosión había transformado las enormes piedras del borde del camino en castillos feudales con torres almenadas, extrañas caras de mirar turbador y cantidad de monstruos fabulosos que parecían custodiar el sitio, cuidando la tranquilidad de los míticos personajes que sin dudas lo habitarían. La tenue llovizna que azotaba nuestras caras desde un rato antes, empezó a tomar incremento y se convirtió poco a poco en un buen aguacero. El conductor del camión llamó a los "doctores argentinos", y nos hizo pasar a la "caseta", es decir a la parte delantera del vehículo, el summun de la comodidad en esas regiones. Allí inmediatamente nos hicimos amigos de una maestro de Puno a quien el gobierno había dejado cesante por ser aprista. El hombre, que tenía sangre indígena, además de aprista, lo que para nosotros no representaba nada, era un indigenista versado y profundo que nos deleitó con mil anécdotas y recuerdos de su vida de maestro. Siguiendo la voz de su sangre había tomado parte por lo aymaras en la discusión interminable que conmueve a los estudiosos de la civilización de la región en contra de los coyas a quienes calificaban de ladinos y cobardes. El maestro nos dio la clave del extraño proceder de nuestros compañeros de viaje: el indio deja siempre a la Pachamama, la madre tierra, todas sus penas, al llegar a la parte más alta de la montaña, y el símbolo de ella es una piedra que va formando las pirámides como la que habíamos visto. Ahora bien, al llegar los españoles como conquistadores a la región, trataron inmediatamente de extirpar esa creencia y destruir el rito, con resultados nulos; los frailes decidieron entonces "correrlos para el lado que disparan" y pusieron una cruz en la punta de la pirámide. Esto sucedió hace cuatro siglos (ya lo narra Garcilaso de la Vega), y a juzgar por el número de indios que se persignaron, no fue mucho lo que ganaron los religiosos. El adelanto de los medios de transporte ha hecho que los fieles reemplacen la piedra por el escupitajo de coca, donde sus penan adheridas van a quedarse con la Pachamama.

La voz inspirada del maestro adquiría sonoridad extraña cuando hablaba de sus indios, de la otrora rebelde raza aymara que tuviera en jaque a los ejércitos del inca y caía en profundos baches al referirse al estado actual del nativo idiotizado por la civilización y sus compañeros impuros —sus enemigos acérrimos— los mestizos, que descargan sobre ellos todo el encono de su existencia entre dos aguas. Hablaba de la necesidad de crear escuelas que orienten al individuo dentro de la sociedad de que forma parte y lo transforme en un ser útil, de la necesidad de cambiar todo el sistema actual de enseñanza que, en las pocas oportunidades en que educa completamente a un individuo (que lo educa según el criterio de hombre blanco), lo devuelve lleno de vergüenza y rencores; inútil para servir a sus semejantes indios y con desventaja para luchar en una sociedad blanca que le es hostil y que no quiere recibirlo en su seno. El destino de esos infelices es vegetar en algún oscuro puesto de la burocracia y morir con la esperanza de que algunos de sus hijos, con milagrosa acción de "la gota" conquistadora que ahora llevan en su sangre, consiga llegar a los horizontes que él anheló y que llega hasta el último momento de su vida. En las extrañas flexiones de la mano convulsa se adivina toda la confesión del hombre atormentado por sus desdichas y también el mismo afán que él atribuía al hipotético personaje de su ejemplo. ¿Acaso no era el típico producto de una "educación" que hiere a quien la recibe de favor, sólo por el afán de demostrar el mágico poder de aquella (gota), aunque esta sea la que porta una mestiza indígena vendida a los dineros de un cacique o provenga de una violación que el señor borracho se dignó ejercer sobre su criada indígena?

Pero ya el camino acababa y el maestro dejó su charla. Tras una curva cruzamos el puente sobre el mismo anchurosa río que en la madrugada fuera un arroyito. Ilave estaba allí.

El ombligo

La palabra que cuadra como definición del Cuzco es evocación. Un impalpable polvo de otras eras sedimenta entre sus calles, levantándose en disturbios de lagunas fangosas cuando se holla su sustratum. Pero hay dos o tres Cuzcos, o mejor dicho, dos o tres formas de evocación en él: cuando Mama Ocllo dejó caer el clavo de oro en la tierra y este se enterró en ella totalmente, los primeros incas supieron que allí estaba el lugar elegido por Viracocha para domicilio permanente de sus hijos preferidos que dejaban el nomadismo para llegar como conquistadores a su tierra prometida. Con las narices dilatadas en ambición de horizontes, vieron crecer el imperio formidable mientras la vista atravesaba la afable barrera de las montañas circunvecinas. Y el nómada converso al expandirse en Tahuantinsuyo, fue fortificado el centro de los territorios conquistados, el ombligo del mundo, Cuzco. Y así surgió, por imperio de las necesidades defensivas, la imponente Sacsahuamán que domina la ciudad desde las alturas, protegiendo los palacios y templos de los enemigos del imperio. Ese es el Cuzco cuyo recuerdo emerge plañidero desde la fortaleza destrozada por la estupidez del conquistador analfabeto, desde los templos violados y destruidos, los palacios saqueados, la raza embrutecida; es el que invita a ser guerrero y defender, macana en mano, la libertad y la vida del inca. Pero hay un Cuzco que se ve desde lo alto, desplazando a la derruida fortaleza: el de los techos de tejas coloradas cuya suave uniformidad es rota por la cúpula de una Iglesia barroca, y que en descenso nos muestra sólo sus calles estrechas con la vestimenta típica de sus habitantes y su color de cuadro localista; es el que invita a ser turista desganado, a pasar superficialmente sobre él y solazarse en la belleza de un invernal cielo plomizo. Pero también hay un Cuzco vibrante que enseña en sus monumentos el valor formidable de los guerreros que conquistaron la región, el que se expresa en los museos y bibliotecas, en los decorados de las iglesias y en las facciones claras de los jefes blancos que aún hoy muestran el orgullo de la conquista; es el que invita a ceñir el acero y montado en caballo de lomo amplio y poderoso galope hundir la carne en defensa de la grey desnuda cuya muralla humana se debilita y desaparece bajo los cuatros cascos de la bestia. Cada uno de ellos se puede admirar por separado, y a cada uno le dedicamos parte de nuestra estadía.

La tierra del Inca

Cuzco está completamente rodeado de cerros que constituyen, más que una defensa, un peligro para sus pobladores, los que para defenderse, construyeron la mole inmensa de Sacsahuamán. Por lo menos, ésta es la versión que corre entre el público no muy lego, versión con la que no me es dado disentir por obvias razones. Sin embargo, pudiera ser que la fortaleza constituyera el núcleo inicial de la gran ciudad. En época inmediata al abandono del nomadismo, cuando todavía constituían apenas una tribu ambiciosa y la defensa contra la superioridad numérica del adversario estribaba en la defensa compacta de su núcleo poblado, los muros de Sacsahuamán ofrecieron a sus ocupantes el lugar ideal para realizarla, y esta doble función de fortaleza – ciudad, explica el porqué de algunas contribuciones cuyo significado no alcanza a verse si el fin del recinto fuera de simple contención del enemigo que ataca, sin contar que Cuzco quedaba igualmente indefenso en todos los otros puntos de su periferia. Aunque es digno de hacer notar que el emplazamiento está hecho en forma de dominar dos quebradas que conducen a la ciudad. La forma dentada de las murallas hace que el enemigo al atacar, pueda ser hostigado desde tres flancos a la vez, y en caso de superar las defensas se encuentran frente a otro muro del mismo tipo y luego a un tercero, que da siempre facilidad de maniobra y convergencia de ataque a los defensores. Todo esto, y el posterior brillo de la ciudad, hacen suponer que los guerreros quechuas mantuvieron invicta su fortaleza de los embates enemigos, pero, con ser las fortificaciones expresión de un pueblo de alta inventiva y sólida intuición matemática, pertenecen aún –a mi manera de ver– a la etapa preincaica de su civilización, a la etapa donde no habían aprendido a reconocer las comodidades de la vida material, que si bien no alcanzaron nunca gran esplendor en un pueblo sobrio como era, logró luego interesantes demostraciones en arquitectura y artes menores. Los continuos éxitos guerreros alejaron cada vez más a las tribus enemigas de las proximidades del

Cuzco y entonces, saliendo del seguro recinto de la fortaleza que era estrecha para contener la multiplicada raza, se expandieron por el valle vecino, al pie del arroyo de cuyas aguas se servirían, y al tener conciencia de su actual grandeza volvieron sus ojos al pasado en busca de la explicación de su superioridad y, para glorificar la memoria del dios cuya omnipotencia les permitió erigirse en raza dominante, surgieron los templos y la casta sacerdotal, y así expandiendo en piedra sus grandezas fue levantándose el imponente Cuzco de la época de la conquista española.

Aún hoy, cuando la saña bestial de la plebe vencedora se muestra en cada uno de los actos con que quiso eternizar su conquista y la casta de los incas hace mucho que desapareció como poder dominante, las moles de piedra muestran su enigmática armazón indiferente a los estragos del tiempo. Cuando las tropas blancas entraron a saco sobre la ya vencida ciudad, atacaron sus templos con saña y unieron a la avidez por el oro que adornaban los muros en exacto símbolo del dios Sol, el placer sádico de cambiar por el ídolo doliente de un pueblo alegre, el alegre y vivificante símbolo de un pueblo triste. Los templos de Inti cayeron hasta sus cimientos o sus paredes sirvieron para el asiento de las iglesias de la nueva religión: La catedral se erigió sobre los restos de un gran palacio y sobre los muros del templo del Sol se levantaron los de la iglesia de Santo Domingo, escarmiento y reto del conquistador orgulloso. Sin embargo, el corazón de América, temblando de indignación, comunica cada cierto tiempo un temblor nervioso al lomo manso de los Andes, y la inmensa conmoción ataca la superficie de la tierra y por tres veces la cúpula de la orgullosa Santo Domingo, con fragor de huesos rotos, se ha desplomado de su asiento, y sus muros ajados se han abierto y caído también; pero la base donde descansan: el bloque del templo del Sol, muestra su indiferencia de piedra gris, sin que la magnitud del desastre que cae sobre su dominadora separe de sus puntos una sola de las rocas que lo forman.

Pero la venganza de Kon es escasa frente a la magnitud de la afrenta. Las piedras grises se han cansado de implorar la destrucción de la aborrecida raza conquistadora a sus dioses tutelares, y ahora muestran su cansancio de cosa inanimada, útil sólo para provocar la admirativa exclamación de algún turista. ¿Qué puede la paciente acción de los indios que construyeron el palacio del Inca Roca, labrando sutilmente los ángulos de la piedra, frente a la impetuosa acción del conquistador blanco que conoce el ladrillo, la bóveda y el arco de medio punto?

El indio angustiado, cuando esperaba la terrible venganza de sus dioses, vio en cambio erigirse la nube de iglesias que ahogaron hasta la posibilidad de un recuerdo altivo. Los seis metros de muro del palacio del Inca Roca, que los conquistadores consideraron útil como cimiento de los palacios coloniales, resumen entre la perfecta conjunción de sus piedras el llanto del guerrero vencido.

Pero la raza que creó Ollantay dejó más que el conglomerado de Cuzco como recuerdo de su pasada grandeza: a lo largo del río Vilcanota o Urubamba, en un recorrido de 100 kilómetros, se escalonan las señales del pasado incaico. Las más importantes están siempre en lo alto de los cerros, haciendo de esa manera inexpugnable la fortaleza e impidiendo el ataque por sorpresa de los enemigos. Tras dos largas horas de trepada por un sendero agreste llegamos a la cima de Pisac; pero también llegó allí, y mucho antes que nosotros, la espada del guerrero español que destruyó a sus defensores y también sus defensas y su templo. Entre una completa diseminación de piedras, sin orden alguno, se adivina el plan de la construcción defensiva, el lugar donde esta el Intiwatana, donde se amarraba el sol al mediodía, y las residencias sacerdotales, ¡poco es cierto, lo que queda! Siguiendo el cauce del Vilcanota y tras dejar lugares de poca importancia a un lado, llegamos a Ollantaytambo, vasta fortaleza que resistiera a las tropas de Hernando Pizarro, cuando Manco II se levantara en armas contra los conquistadores, fundando esa dinastía menor de los cuatro Incas que coexistieron con la dominación española hasta que su último afeminado representante fue ajusticiado en la Plaza principal de Cuzco por orden del Virrey Toledo.

Una colina rocosa de no menos de 100 metros cae a pico sobre el Vilcanota y allí está erigida la fortaleza cuyo único lado vulnerable, el que comunica con los cerros vecinos por estrechos senderos, está custodiado por defensas escalonadas que impiden fácilmente el acceso a cualquier atacante de fuerza parecida a la del atacado. La parte inferior de la construcción está destinada puramente a una función defensiva, escalonándose las defensas, en la parte menos empinada, en unos veinte andenes fácilmente defendibles y que obligan al atacante a recibir el impacto lateral de las armas que custodian el sitio. En la parte superior se encuentran las habitaciones para los guerreros y coronando la fortaleza el templo en que probablemente estuviera todo el lujo de los defensores en forma de objetos de metales preciosos, pero del que no queda ni el recuerdo, ya que hasta los inmensos bloques que lo constituían han sido removidos de su sitio.

Por el camino de vuelta cercano a Sacsahuamán, se encuentra una explanada de típica construcción incaica que, según decía nuestro guía, era destinada al baño del Inca, lo que me parece un poco extraño dado la distancia que lo separa del Cuzco, a menos que fuera un baño ritual el que se diera el monarca. Además hay que reconocer que los antiguos emperadores (a ser cierta la versión del baño), tenían la piel tanto o más curtida que la de sus descendientes, ya que el agua, riquisima para tomar, es sumamente fría. El lugar, coronado por tres nichos de forma trapezoidal (cuyo significado de forma y función es oscuro), se llama Tambomachay y está a la entrada del llamado Valle del Inca.

Pero el punto cuya importancia arqueológica y turística supera a todos los de la región es Machu Picchu, que en lengua indígena significa cerro viejo, nombre completamente divorciado del poblado que guardara en su recinto a los últimos integrantes de un pueblo libre. Para Bingham, el arqueólogo descubridor de las ruinas, más que un refugio contra los invasores, éste fue el poblado origen de la dominante raza quechua y lugar sagrado para ellos; posteriormente, en la época de la conquista española, se convirtió también en guarida de las vencidas huestes. A primera vista hay varios indicios de que el mencionado arqueólogo tiene razón: por ejemplo, en Ollantay tanto las construcciones defensivas más importantes miran hacia el lado contrario a Machu Picchu a pesar de que la otra ladera no es tan escarpada como para asegurarse contra un ataque por su sola inclinación, lo que podría indicar que por ese lado tenían los defensores la espalda cubierta. Otro indicio es el de la preocupación en mantener el poblado a cubierto de las miradas de los extranjeros, aún en épocas en que toda resistencia fue vencida, y hasta el mismo último Inca fue apresado lejos de la ciudad, en la que Bingham encontró esqueletos de mujeres, casi exclusivamente, los que identifica con las vírgenes del templo del sol, orden religiosa cuyos integrantes los españoles nunca pudieron hallar. Coronando la ciudad, como es costumbre en este tipo de construcciones, está el templo del Sol con el famoso Intiwatana, labrado en la roca que le sirve de pedestal, y allí mismo, la sucesión de piedras cuidadosamente alisadas que indican que se trata de un lugar importante. Mirando hacia el río, con la forma trapezoidal de la construcción quechua, están tres ventanas que Bingham, en relación, a mi entender, bastante forzada, identifica con las tres ventanas de donde los hermanos Ayllus, personajes de la mitología incaica, salieron al mundo externo para mostrar a la raza elegida el sendero de la tierra de promisión. Por supuesto, esta afirmación está combatida por gran número de investigadores de prestigio, y también es fuente de discusión la función del templo dedicado a este dios en el Cuzco; de todas maneras, la forma y el tallado de las piedras indican que era una habitación principal y se cree que debajo de la enorme piedra que le sirve de base estaba la tumba de los Incas.

Aquí se puede apreciar bien la diferencia entre las diversas clases sociales que hacía este pueblo, agrupando a cada uno según su categoría en un lugar diferente, que conservaba más o menos independencia del resto del poblado. Lástima que no hayan conocido otro techo que el de paja, ya que no han quedado en pie ningún resto techado de las construcciones, aún las más lujosas, pero para arquitectos que desconocían la bóveda y el arco era sumamente difícil resolver ese problema edilicio. En las construcciones destinadas a los guerreros, nos mostraron un recinto en las piedras del cual, en una especie de pórtico, se había cavado un agujero a cada lado, lo suficientemente grande para dejar pasar el brazo de un hombre; al parecer era un lugar destinado a castigos físicos: la víctima era obligada a introducir ambos brazos en los respectivos orificios y luego era empujada hacia atrás hasta quebrarle los huesos. Yo, poco convencido de la eficacia del procedimiento, introduje mis miembros en la forma indicada y Alberto me empujó lentamente: la menor presión provocaba un dolor intolerable y la sensación de que iba a ser destrozado completamente de continuar el empuje sobre el pecho. Pero donde adquiere magnitud imponente la ciudad, es vista desde Huayna Picchu (cerro joven), que se eleva unos doscientos metros más alto. Este lugar debía ser utilizado como punto de vigilancia, más que de residencia o fortaleza, pues las construcciones que allí se encuentran son de poca monta. Machu Picchu es inexpugnable por dos de sus lados, defendidos por un abismo a pico de unos trescientos metros y una fina garganta que comunica con la colina joven, de bordes muy escarpados, respectivamente; por su borde más vulnerable lo defienden una sucesión de andenes que harían dificilísima su toma por este lado, y por su cara, aproximadamente sur, vastas fortificaciones y el estrechamiento natural del cerro en este punto lo convierten en un paso difícil. Si se considera además que el torrentón Vilcanota corre tras de las caras del cerro se verá lo bien que eligieron el sitio para emplazar la fortaleza sus primeros pobladores.

Poco importa, en realidad, cual fuera el origen primitivo de la ciudad o en todo caso, es bueno dejar su discusión para arqueólogos, lo cierto, lo importante, es que nos encontramos aquí frente a una pura expresión de la civilización indígena más poderosa de América, inmaculada por el contacto de la civilización vencedora y plena de inmensos tesoros de evocación entre sus muros muertos de aburrimiento de no ser, y en el paisaje estupendo que lo circunda y le da el marco necesario para extasiar al soñador que vaga porque sí entre sus ruinas, o al turista norteamericano que, cargado de practicidad, encaja los exponentes de la tribu degenerada que puede ver el viaje, entre los muros otrora vivos y desconocer la distancia moral que las separa, porque son sutilezas que sólo el Espíritu semindígena de americano del sur puede apreciar.

El día de San Guevara

El día sábado 14 de junio de 1952, yo, fulano, exiguo, cumplí 24 años, vísperas del trascendental cuarto de siglo, bodas de plata con la vida, que no me ha tratado tan mal, después de todo. Tempranito me fui al río a repetir suerte con los pescados, pero este deporte es como el juego: el que empieza ganando va perdiendo. Por la tarde jugamos un partido de fútbol en el que ocupé mi habitual plaza de arquero con mejor resultado que las veces anteriores. Por la noche, después de pasar por la casa del doctor Bresani que nos invitó con una rica y abundante comida, nos agasajaron en el comedor nuestro con el licor nacional, el pisco, del cual Alberto tiene precisa experiencia por sus efectos sobre el sistema nervioso central. Ya picaditos todos los ánimos, el director de la Colonia brindó por nosotros en una manera muy simpática y yo, "pisqueado", elaboré más o menos lo que sigue:

Bueno, es una obligación para mi agradecer con algo más que con un gesto convencional, el brindis que me ofrece el Dr. Bresani. En las precarias condiciones en que viajamos, sólo queda como recurso de la expresión afectiva la palabra, y es empleándola que quiero expresar mi agradecimiento, y el de mi compañero de viaje, a todo el personal de la colonia, que, casi sin conocernos, nos ha dado esta magnífica demostración de afecto que significa para nosotros la deferencia de festejar nuestro cumpleaños, como si fuera la fiesta íntima de alguno de ustedes. Pero hay algo más; dentro de pocos días dejaremos el territorio peruano, y por ello estas palabras toman la significación secundaria de una despedida, en la cual pongo todo mi empeño en expresar nuestro reconocimiento a todo el pueblo de este país que en forma ininterrumpida nos ha colmado de agasajos desde nuestra entrada por Tacna. Quiero recalcar algo más, un poco al margen del tema de este brindis: aunque lo exiguo de nuestras personalidades impide ser vocero de su causa, creemos, y después de este viaje más firmemente que antes, que la división de América en nacionalidades inciertas e ilusorias es completamente ficticia. Constituimos una sola raza mestiza que desde México hasta el estrecho de Magallanes presenta notables similitudes etnográficas. Por eso, tratando de quitarme toda carga de provincialismo exiguo, brindo por Perú y por América Unida.

Grandes aplausos coronaron mi pieza oratoria. La fiesta, que en estas regiones consiste en tomar la mayor cantidad posible de alcohol, continuó hasta las tres de la mañana, hora en que plantamos banderas.

Este extraño siglo XX

Ya ha pasado lo peor del ataque asmático y me siento casi bien, no obstante, de vez en cuando recurro a la nueva adquisición, el insuflador francés. La ausencia de Alberto se siente extraordinariamente. Parece como si mis flancos estuvieran desguarnecidos frente a cualquier hipotético ataque. A cada momento doy vueltas a la cabeza para deslizarle una observación cualquiera y recién entonces me doy cuenta de la ausencia.

Sí, realmente no hay mucho de que quejarse; atención esmerada, buena comida, abundante también, y la esperanza de volver pronto para reiniciar los estudios y obtener de una buena vez el título habilitante, y sin embargo, la idea de separarme en forma definitiva no me hace del todo feliz; es que son muchos meses que en las buenas y malas hemos marchado juntos y la costumbre de soñar cosas parecidas en situaciones similares nos ha unido aún más.

Siempre con mis pensamientos girando en torno a nuestro problema me voy alejando insensiblemente de la zona céntrica de Caracas. Ya las casas residenciales se van espaciando.

Caracas se extiende a lo largo de un angosto valle que la ciñe y la oprime en sentido transversal, de modo que, a poco andar se inicia la trepada de los cerros que la circundan y progresista ciudad queda tendida a nuestros pies, mientras se inicia un nuevo aspecto de su faz multifacética. Los negros, los mismos magníficos ejemplares de la raza africana que han mantenido su pureza racial gracias al poco apego que le tienen al baño, han visto invadido sus reales por un nuevo ejemplar de esclavo: el portugués. Y las dos viejas razas han iniciado una dura vida en común poblada de rencillas y pequeñeces de toda índole. El desprecio y la pobreza los une en la lucha cotidiana, pero el diferente modo de encarar la vida los separa completamente; el negro indolente y soñador, se gasta sus pesitos en cualquier frivolidad o en "pegar unos palos", el europeo tienen una tradición de trabajo y de ahorro que lo persigue hasta este rincón de América y lo impulsa a progresar, aún independientemente de sus propias aspiraciones individuales.

Ya las casas de concreto han desaparecido totalmente y sólo los ranchos de adobe reinan en la altura. Me asomo a uno de ellos: es una pieza separada a medias por un tabique donde está el fogón y una mesa, unos montones de paja en el suelo parecen constituir las camas; varios gatos esqueléticos y un perro sarnoso juegan con tres negritos completamente desnudos. Del fogón sale un humo acre que llena todo el ambiente. La negra madre, de pelo ensortijado y tetas lacias, hace la comida ayudada por una negrita quinceañera que está vestida. Entramos en conversación en la puerta del rancho y al rato les pido que posen para una foto pero se niegan terminantemente a menos que se la entregue en el acto; en vano les explico que hay que revelarlas antes, o se las entrego allí o no hay caso. Al fin les prometo dárselas enseguida pero ya han entrado en sospechas y no quieren saber nada. Uno de los negritos se escabulle y se va a jugar con los amigos mientras yo sigo discutiendo con la familia, al final me pongo de guardia en la puerta con la máquina cargada y amenazo a todos los que asoman la cabeza, así jugamos un rato hasta que veo el negrito huido que se acerca despreocupadamente montando una bicicleta nueva; apunto y disparo al bulto pero el efecto es feroz: para eludir la foto el negrito se inclina y se viene al suelo, soltando el moco al instante; inmediatamente todos pierden el miedo a la cámara y salen atropelladamente a insultarme. Me alejo con cierto desasosiego, ya que son grandes tiradores de piedras, perseguido por los insultos del grupo, entre los que se destaca, como expresión máxima de desprecio, éste: Portugueses.

A los lados del camino se ven colocados cajones de transporte de automóviles que los portugueses usan como viviendas, uno de ellos habitado por negros, se alcanza a ver un reluciente frigidaire y en muchos se escucha la música de las radios que los dueños ponen con la máxima intensidad posible. Automóviles relucientes descansan en las puertas de viviendas completamente miserables. Los aviones de todo tipo pasan sembrando el aire de ruidos y reflejos plateados, y allí a mis pies, Caracas, la ciudad de la eterna primavera, ve amenazada su centro por los reflejos rojos de los techos de tejas que convergen hacia ese punto mezclado con los techos planos de las construcciones de estilo moderno, pero hay algo que permitirá vivir al anaranjado de sus edificios coloniales, aún después de haber desaparecido del mapa: su espíritu impermeable al mecanismo del norte y reciamente fincado en su retrograda condición semi pastoril del tiempo de la colonia.

Acotación al margen

Las estrellas veteaban de luz el cielo de aquel pueblo serrano y el silencio y el frío materializaban la oscuridad. Era —no sé bien como explicarlo— como si toda sustancia sólida se volatilizara en el espacio etéreo que nos rodeaba, que nos quitaba la individualidad y nos sumía, yertos, en la negrura inmensa. No había una nube que, bloqueando una porción del cielo estrellado, diera perspectiva al espacio. Apenas a unos metros, la mortecina luz de una farol desteñía las tinieblas circundantes.

La cara del hombre se perdía en las sombras, solo emergían unos como destellos de sus ojos y la blancura de los cuatro dientes delanteros, todavía no sé si fue el ambiente o la personalidad del individuo el que me preparó para recibir la revelación, pero sé que los argumentos empleados los había oído muchas veces esgrimidos por personas diferentes y nunca me habían impresionado. En realidad, era un tipo interesante nuestro interlocutor; desde joven huido de un país de Europa para escapar al cuchillo dogmatizante, conocía el sabor del miedo (una de las pocas experiencias que hacen valorar la vida), después, rondando de país en país y compilando miles de aventuras había dado con sus huesos en la apartada región y allí esperaba pacientemente el momento del gran acontecimiento.

Luego de las frases triviales y los lugares comunes con que cada uno planteó su posición, cuando ya languidecía la discusión y estábamos por separarnos, dejó caer, con la misma risa del chico pícaro que siempre lo acompañaba, acentuando la disparidad de sus cuatro incisivos delanteros: "El porvenir es del pueblo y poco a poco o de golpe va a conquistar el poder aquí y en toda la tierra. Lo malo es que él tiene que civilizarse y eso no se puede hacer antes sino después de tomarlo. Se civilizará sólo aprendiendo a costa de sus propios errores que serán muy graves, que costarán muchas vidas inocentes. O tal vez no, tal vez no sean inocentes porque cometerán el enorme pecado contra natura que significa carecer de capacidad de adaptación. Todos ellos, todos los inadaptados, usted y yo, por ejemplo, morirán maldiciendo el poder que contribuyeron a crear con sacrificio, a veces enorme. Es que la revolución como su forma impersonal, les tomará la vida y hasta utilizará la memoria que de ellos quede como ejemplo e instrumento domesticatorio de las juventudes que surjan. Mi pecado es mayor, porque yo, más sutil o con mayor experiencia, llámelo como quiera, moriré sabiendo que mi sacrificio obedece sólo a una obstinación que simboliza la civilización podrida que se derrumba y que lo mismo, sin que se modificara en nada el curso de la historia, o la personal impresión que de mí mismo tenga, usted morirá con el puño cerrado y la mandíbula tensa, en perfecta demostración de odio y combate, porque no es un símbolo (algo inanimado que se toma de ejemplo), usted es un auténtico integrante de la sociedad que se derrumba: el espíritu de la colmena habla por su boca y se mueve en sus actos; es tan útil como yo, pero desconoce la utilidad del aporte que hace a la sociedad que lo sacrifica."

Vi sus dientes y la mueca picaresca con que se adelantaba a la historia, sentí el apretón de sus manos y, como murmullo lejano, el protocolar saludo de despedida. La noche, replegada al contacto de sus palabras, me tomaba nuevamente, confundiéndome en su ser; pero pese a sus palabras ahora sabía... sabía que en el momento en que el gran espíritu rector dé el tajo enorme que divida toda la humanidad en sólo dos fracciones antagónicas, estaré con el pueblo, y sé porque lo veo impreso en la noche que yo, el ecléctico disector de doctrinas y psicoanalista de dogmas, aullando como poseído, asaltaré las barricadas o trincheras, teñiré en sangre mi arma y, loco de furia, degollaré a cuanto vencido caiga entre mis manos. Y veo, como si un cansancio enorme derribara mi reciente exaltación, como caigo inmolado a la auténtica revolución estandarizadora de voluntades, pronunciando el "mea culpa" ejemplarizante. Ya siento mis narices dilatadas, saboreando el acre olor de pólvora y de sangre, de muerte enemiga; ya crispo mi cuerpo, listo a la pelea y preparo mi ser como un sagrado recinto para que en él resuene con vibraciones nuevas y nuevas esperanzas el aullido bestial del proletariado triunfante.

SELECCIÓN DE SU DIARIO *OTRA VEZ* DEL SEGUNDO VIAJE POR AMÉRICA LATINA (1953-1956)[3]

(Publicado por primera vez en el 2000)

Bolivia

El sol nos daba tímido en la espalda mientras caminábamos por las lomas peladas de la Quiaca. Repasaba mentalmente los últimos acontecimientos. Esa partida tan llena de gente, con algunos lloros intermedios, la mirada extraña de la gente de segunda que veía una profusión de ropa buena, de tapados de pieles, etc., para despedir a los dos *snobs* de apariencia extraña y cargados de bultos. El nombre del ladero ha cambiado, ahora Alberto se llama Calica; pero el viaje es el mismo: dos voluntades dispersas extendiéndose por América sin saber precisamente qué buscan ni cúal es el norte.

En torno a los cerros pelados una bruma gris da tono y tónica al paisaje. Frente nuestro un débil hilo de agua separa los territorios de Bolivia y Argentina. Sobre un puentecito minúsculo cruzado por las vías del ferrocarril las dos banderas se miran la cara, la boliviana nueva y de colores vivos, la otra vieja, sucia y desteñida, como si hubiera empezado a comprender la pobreza de su simbolismo.

Conversamos con algunos gendarmes y nos dicen que hay un cordobés de Alta Gracia, nuestro pueblo de la infancia, trabajando con ellos. Es Tiqui Vidora, uno de mis compañeros de juegos de la infancia. Extraño reencuentro en el rincón septentrional de la Argentina.

Fue el dolor de cabeza y el asma quienes intransigentes me obligaron a frenar. Por eso pasaron tres días especialmente aburridos en el pueblito hasta que zarpamos rumbo a La Paz.

La noticia que andábamos en segunda clase provocaba una inmediata indiferencia hacia nuestro viaje. Todavía es importante la noticia de que pueda haber una buena propina, aquí y en cualquier lado.

Ya en territorio boliviano, tras de un reparo superficial de la aduana argentina y chilena, seguimos sin inconvenientes.

Desde Villazón camina el tren pachamentamente hacia el norte, entre cerros, quebradas, y vías de una aridez total. El verde es un color prohibido.

El tren desmigaja un desgano sobre las áridas pampas donde el salitre comienza a hacer su aparición, pero llega la noche y todo se pierde en medio de un frío que va tomando paulatinamente todo. Tenemos camarote ahora, pero, a pesar de todo, de las mantas adicionales, un frío tenue se infiltra en los huesos.

A la mañana siguiente las botas están heladas y producen una sensación molesta con los pies.

El agua de los lavatorios y hasta de las garrafas está congelada.

Con la cara sucia y despeinados vamos al vagón comedor con cierta desconfianza, pero las caras de nuestros compañeros de viaje nos dan tranquilidad de muchos.

A las 4 de la tarde se asoma el tren a la quebrada donde está La Paz. Una ciudad chica pero muy bonita se desperdiga entre el accidentado terreno del fondo, teniendo como centinela la figura siempre nevada del Illimani. La etapa final de unos cuantos kilómetros tarda más de una hora en completarse. El tren parece que fuera a escapar tangentemente a la ciudad, cuando torna y continúa su descenso.

Es un sábado a la tarde y la gente a la que estamos recomendados es muy difícil de encontrar, de modo que nos dedicamos a vestirnos y sacarnos la roña del viaje.

Ya empezamos el domingo a recorrer a nuestros recomendados y a ponernos en contacto con la colonia argentina.

La Paz es la Shanghai de América. Una riquísima gama de aventureros de todas las nacionalidades vegetan y medran en medio de la ciudad policroma y mestiza que marcha encabezando al país hacia su destino.

La gente llamada bien, la gente culta se asombra de los acontecimientos y maldice la importancia que se les da al indio y al cholo, pero en todos me pareció apreciar una chispa de entusiasmo nacionalista frente a algunas obras del gobierno.

Nadie niega la necesidad de que acabara el estado de cosas simbolizado por el poder de los tres jerarcas de las minas de estaño, y la gente joven encuentra que éste ha sido un paso adelante en la lucha por una mayor nivelación de personas y fortunas.

El 15 de julio a la noche hubo un desfile de antorchas largo y aburrido, como ejemplo de manifestación pero interesante por la forma de expresar su adhesión que era en forma de disparos de Mauser o "Piri-Pipí", el terrible fusil de repetición.

Al día siguiente pasaron en interminable desfile gremios, colegios y sindicatos haciendo cantar la Mauser con bastante asiduidad. Cada tantos pasos uno de los directores de las especies de compañías en que estaba fraccionado el desfile gritaba: "Compañeros del gremio tal, viva La Paz, viva la independencia americana, viva Bolivia; gloria a los protomártires de la independencia, gloria a Pedro Domingo Murillo, gloria a Guzmán, gloria a Villarroel." El recitado se efectuaba con voz cansina a la que un coro de voces monótonas daba su marco adecuado. Era una manifestación pintoresca pero no viril. El paso cansino y la falta de entusiasmo de todos le quitaba fuerza vital, faltaban los rostros enérgicos de los mineros, según decían los conocedores.

Por la mañana del otro día tomamos un camión para ir a las Yungas. Al principio subimos hasta alcanzar los 4 600 metros en el lugar llamado la Cumbre para bajar luego lentamente por un camino de cornisa al que flanqueaba un profundo precipicio en casi todo su recorrido. Pasamos en las Yungas dos días magníficos, pero faltaban en nuestro acervo dos mujeres que pusieran la nota erótica como matiz necesario al verde que nos rodeaba por todos lados. Sobre las laderas vegetadas que se despeñaban hacia un río distante abajo, varios centenares de metros, y custodiados por un cielo nublado, se desperdigaban cultivos de cocos con sus típicos grados, de bananeras que a la distancia semejan hélices verdes emergiendo de la selva, de naranjos y otros citros, de cafetales enrojecidos de frutos; todo matizado por la raquítica figura de un papayo con una configuración que recuerda algo la estática figura de la llama y de otros frutales y árboles del trópico.

En un rincón había una granja escuela de los curas salesianos que uno de ellos, alemán, nos mostró con toda gentileza. Una gran cantidad de frutas y hortalizas se cultivan allí con todo esmero. No vimos los niños, que estaban en clase, pero al hablar de otras granjas similares en Argentina y Perú, me trajo el recuerdo de la indignada exclamación de un maestro pureño: "Ya lo dijo un educador mexicano, es el único lugar del mundo donde se trata mejor a los animales que a la gente." Yo no le contesté, pero el indio sigue siendo una bestia para la mentalidad del blanco, sobre todo si es europeo, por más hábitos que lleve.

La vuelta la hicimos en la camioneta de unos muchachos que habían pasado el fin de semana en el mismo hotel. Llegamos con una curiosa facha a La Paz, pero rápido y relativamente cómodos.

La Paz, ingenua, cándida como una muchachita provinciana, muestra orgullosa sus maravillas edilicias. Visitamos sus nuevos edificios, la Universidad de bolsillo desde cuyas terrazas se domina toda la ciudad, la biblioteca municipal, etc.

La belleza formidable de Illimani difunde su suave claridad, eternamente nimbado por ese halo de nieve que la naturaleza le prestó por siempre. En las horas del crepúsculo es cuando el monte solitario adquiere más solemnidad e imponencia.

Hay un hidalgo tucumano que me recuerda su augusta serenidad.* Exiliado de la Argentina, es centro y dirección de la colonia que ve en él un dirigente y un amigo. Sus ideas políticas hace mucho que han envejecido en todo el mundo, pero él las mantiene independiente al huracán proletario que se ha desatado sobre nuestra belicosa esfera. Su mano amiga se tiende a cualquier argentino sin preguntar quién es y por qué viene, y su serenidad augusta arroja sobre nosotros, míseros mortales, su protección patriarcal, sempiterna.

Seguimos varados esperando una definición y un cambio y esperando el 2 en donde veremos qué pasa, pero hay algo ondulante

---

*Se refiere a Isaías Nogués.

y con buche que se ha cruzado en mi camino, veremos...

Visitamos al final la Bolsa Negra. Tomando el camino del sur se va ascendiendo hasta llegar a una altura de 5 000 metros aproximadamente, para descender luego al valle en cuyo fondo está la administración de la mina y en una de cuyas laderas, la veta.

Es un espectáculo imponente: a la espalda el augusto Illimani, sereno y majestuoso, adelante el blanco Mururata, y ante los edificios de la mina que semejan copas de algo arrojado desde el cerro que quedaran allí por caprichos del accidente del terreno que los detuviera. Una gama enorme de tonos oscuros irisa el monte, el silencio de la mina quieta ataca hasta a los que como nosotros no conocen su idioma.

El recibimiento es cordial, nos dan alojamiento y después dormir.

A la mañana siguiente, domingo, vamos con uno de los ingenieros a un lago natural alimentado por un glacial del Mururata. Por la tarde visitamos el ingenio que es el molino donde se logra el Wolfram, el mineral que produce la mina.

El proceso sucinto es: la piedra que se extrae de la mina se divide en tres porciones, la que constituye el mineral con un 70% de hez que se embolsa así: la que tiene algo de Wolfram pero en cantidades menores y la capa, vale decir la que no tiene nada, que se arroja por vertederos afuera. La segunda porción va al molino con un alambre carril o andarivel, como llaman en Bolivia, cae en un depósito y luego de allí va al molino que la tritura y la deja de menor tamaño, otro molino la reduce más todavía y una serie de pases por agua va separando el metal que queda en estado de polvo fino.

El jefe del ingenio, un señor Tenza muy competente, ha planeado una serie de reformas que traerán como resultado el incremento de la producción y el mejor aprovechamiento del mineral.

Al día siguiente visitamos el socarón. Llevando los sacos impermeables que nos dieron, una lámpara de carburo y un par de botas de goma, entramos en la atmósfera negra e inquietante de la mina. Anduvimos dos o tres horas por ella revisando topes, viendo la vetas perderse en lo hondo de la montaña, subiendo por trampas angostas hasta otros piso, sintiendo el fragor de la carga que se echa por los vagones hacia abajo para ser recogida en el otro nivel, viendo preparar los agujeros para la carga con la máquina de aire comprimido que va cavando.

Pero la mina no se sentía palpitar. Faltaba el empuje de los brazos que todos los días arrancan la carga de material a la tierra y que ahora estaban en La Paz defendiendo la Revolución por ser el 2 de Agosto, día del indio y de la Reforma Agraria.

Por la tarde llegaron los mineros con sus caras pétreas y sus cascos de plástico coloreado que los semejan guerreros de otras tierras.

Sus caras impasibles, con el marco invariable del eco de la montaña devolviendo las descargas mientras el valle empequeñecía el camión que los traía, eran un espectáculo interesante.

La Bolsa Negra puede producir todavía cinco años más en las condiciones actuales, luego parará su producción a menos que se haga una galería de varios miles de metros de empalme nuevamente con la veta. La galería está proyectada. Hoy por hoy es el único que mantiene a Bolivia, pues es un mineral que los americanos compran, por lo que el gobierno ordenó incrementar la producción; lo que se ha conseguido es un 30% gracias al esfuerzo inteligente y tesonero de los ingenieros responsables. El doctor Revilla nos atendió con toda amabilidad invitándonos a su casa.

A las 4 partimos de vuelta aprovechando un camión, y pernoctamos en un pueblito llamado Palca y temprano llegamos a La Paz.

Estamos ahora esperando un (ilegible en el original) para huir.

Gustavo Torlincheri es un gran artista como fotógrafo. Además de una exposición pública y de sus trabajo particulares tuve oportunidad de ver su manera de trabajar. Una técnica sencilla subordinada íntegramente a una composición metódica da como resultado fotos de notable valor. Con él hicimos un recorrido que, saliendo de La Paz, toma el club andino de Chacoltoya para seguir luego por las tomas de agua de la compañía de electricidad que abastece La Paz.

Otro día fuí al Ministerio de Asuntos Campesinos, donde me trataron con extrema cortesía. Es un lugar extraño, montones de indios de diferentes agrupaciones del altiplano esperan turno para ser recibidos en audiencia. Cada grupo tiene su traje típico y está dirigido por un caudillo o adoctrinador que les dirige la palabra en el idioma nativo de cada uno de ellos. Al entrar, los empleados les espolvorean DDT.

Al fin estuvo todo listo para partir, cada uno de nosotros tenía su referencia amorosa que dejar allí. Mi despedida fue más en plano intelectual, sin dulzura, pero creo que algo hay entre nosotros, ella y yo.

La última noche fue de libaciones en casa de Nogués tanto que me olvidé la máquina fotográfica. En medio de una gran confusión salió Calica solo para Copacabana, mientras yo me quedaba otro día que empleé en dormir y recuperar mi máquina.

Después de una viaje lindísimo bordeando el lago y de cruzar La Bolsa por Taquería, llegué a Copacabana, nos alojamos en el mejor hotel y contratamos un barquito que nos llevará al día siguiente a la Isla del Sol.

A las 5 de la mañana nos despertaron y salimos con rumbo a la isla; el viento era muy pobre de modo que hubo que remar.

A las 11 llegamos a la isla y visitamos una construcción incaica, más tarde me enteré de que había otras ruinas más, de modo que obligamos al botero a ir hasta allí. Era interesante y sobre todo escarbando entre las ruinas encontramos algunos restos, un ídolo representando una mujer que prácticamente llena mis aspiraciones. El botero no se anima a volver, pero lo convencimos de que zarpara, sin embargo se cagó hasta las patas y hubo que hacer noche en un cuartucho miserable con paja por colchón.

Volvimos a remo en la mañana del día siguiente, pero nosotros nos hacíamos los burros debido al cansancio que nos embargaba. Perdimos ese día durmiendo y descansando, y resolvimos salir a la mañana siguiente en burro, pero lo pensamos mejor y resolvimos no hacerlo, dejando el viaje para la tarde. Contraté un camión pero éste se fue antes de que llegáramos con el bultaje de modo que quedamos anclados pudiendo al final llegar al límite en una camioneta. Allí se inició nuestra odisea: teníamos que caminar dos kilómetros con nuestro pesado equipaje a cuestas. Al fin conseguimos dos changadores y entre risas y puteadas llegamos al alojamiento. Uno de los indios al que habíamos puesto Tupac Amaru presentaba un espectáculo lamentable, cada vez que se sentaba a descansar había que ayudarlo a ponerse en pie porque no podía solo. Dormimos como lirones.

Al día siguiente nos encontramos con la desagradable sorpresa de que el investigador no estaba en su oficina, de modo que vimos partir los camiones sin poder hacer nada.

El día transcurrió en medio de un aburrimiento total.

Al siguiente, cómodamente instalados en "Coceta", salimos rumbo a Puno, bordeando el lago. Cerca de este pueblo florecieron las Bolsas de tolora de las que no habíamos visto ninguna desde Taquira. Al llegar a Puno hicimos la última aduana del camino y en ella me requisaron dos libros: *El hombre en la Unión Soviética* y una publicación del Ministerio de Asuntos Campesinos que fue calificada de Roja, Roja, Roja en acento exclamativo y recriminatorio; después de una jugosa charla con el jefe de policía quedé en buscar en Lima la publicación. Dormimos en un hotelucho cercano a la estación.

Cuando portando todo nuestro equipaje íbamos a subir a segunda, nos atajó un empleado de investigaciones que tras algunos cabildeos nos propuso subir a primera y llegar gratis al Cuzco con las medallas de dos de ellos, lo que, por supuesto, aceptamos. Así viajamos cómodamente dándoles a los tipos el importe del pasaje de segunda...

Costa Rica

...Al día siguiente perdimos el tren de las 2 de la tarde y debimos conformarnos con el de las 7 de la mañana del otro día, llegar al Progreso y de allí "tirar pata" hasta la cuesta en territorio costarricense donde nos han recibido muy bien. A pesar de mi pie enfermo jugué fútbol.

Partimos por la mañana temprano y tras equivocar el camino, llegamos a la buena senda y caminamos 2 horas en un lodazal, después llegamos al punto terminal del ferrocarril donde apalabramos al inspector que, por casualidad, había querido ir a la Argentina pero no le habían dado bola. Llegamos a puerto y pechamos* a la capitanía el pasaje, lo que nos fue concedido pero nos negaron alojamiento. Dos empleados se condolieron de nosotros y aquí estamos instalados en el cuarto de ellos, durmiendo en el suelo y muy alegres.

La famosa Pachuca (que transporta pachucos, vagos) saldrá mañana domingo de este puerto. Ya tenemos cama. El hospital es una confortable casa donde se puede dar una correcta atención médica y

*Argentinismo que significa pidió prestado.

cuyas comodidades varían según la categoría de la persona que trabaja allí, en la compañía. Como siempre, se deja ver el espíritu de clase de los gringos.

Golfito es un verdadero golfo, bastante profundo, ya que entran perfectamente buques de 26 pies con un pequeño muelle y las casas necesarias para que se alberguen como puedan los 10 000 empleados de la compañía. El calor es grande, pero el lugar muy bonito. Cerros de 100 metros se levantan casi en la costa, con laderas cubiertas de vegetación tropical que sólo cede cuando el hombre está constantemente sobre ella. También la ciudad está dividida en zonas bien definidas hasta con guardianes que pueden impedir el paso, y, por supuesto, la mejor zona es la de los gringos. Se parece algo a Miami pero naturalmente que los pobres no están en el mismo lugar y se ven impedidos entre las cuatro paredes de sus casas y el estrecho grupo que forman. La comida corre a cargo de un buen muchacho y ya buen amigo: Alfredo Fallas.

Medina es el compañero de pieza y también buen tipo. Uno, tico, es estudiante de medicina, el padre médico; el otro nica, maestro, periodista que se desterró voluntariamente para huir de Somoza.

La Pachuca salió de Golfito a la 1 de la tarde y nosotros con ella. Íbamos bien cargados con comida para los días de viaje. En la tarde se puso el mar un poco bronco: la "Río Grande", que es su verdadero nombre, empezó a volar. Casi todos los pasajeros incluyendo a Gualo empezaron a vomitar. Yo me quedé afuera con una negrita que me había levantado, Socorro, más puta que las gallinas, con 16 años a cuestas.

Quepos es otro puerto bananero, hoy bastante abandonado por la compañía pues se han debido sustituir las plantaciones de banano por cacao y palma aceitera que da menores dividendos a la compañía.* Tiene una playa muy bonita.

Entre quiebros y remilgos de la negrita pasó todo el día, llegando a Puntarenas a las 6 de la tarde. Allí debimos esperarnos buen rato porque se escaparon 6 presos y no los podían encontrar. Fuimos a una dirección que nos había dado Alfredo Fallas con una carta de él para un señor: Juan Calderón Gómez.

---

*United Fruit Company

El tipo se portó a las mil maravillas y nos dio 21 colones. Llegamos a San José reviviendo la sentencia despectiva de un charlatán porteño: "Centro América son estancias, tiene la estancia Costa Rica, la estancia de Tacho Somoza y así."

Una carta de Alberto con lujuriosos viajes en la imaginación me vuelve a dar ganas de verlo, según sus planes se va en marzo a Estados Unidos. Aquí iniciamos tiro al aire y al blanco. En la embajada nos dan yerba. Los amigos anotados no parecen servir para un carajo, uno es director y espiquer de radio, un boludo. Mañana trataremos de entrevistarnos con Ulate.

Un día pasado a medio pelo. Ulate no nos podía atender porque estaba muy ocupado. Rómulo Betancourt se había ido al campo. Pasado mañana saldremos en el diario de Costa Rica con fotos y todos y una sarta de macanas enormes. No conocimos a nadie de valor pero nos encontramos con un tico, ex pretendiente de Luzmila Oller que nos presentó a otra gente. Mañana tal vez conoceré el leprosorio de Costa Rica.

Conocí a dos personas excelentes pero no el leprosorio. Al Dr. Arturo Romero, persona de vasta cultura ya retirado de la dirección del leprosorio por intrigas y al Dr. Alfonso Trejos, investigador de escuela y muy buena persona. Visité el hospital y recién mañana el leprosorio. Tenemos un día bravo. Charlar con un cuentista y revolucionario dominicano: Juan Bosch y con el líder comunista costarricense Manuel Mora Valverde.

La entrevista con Juan Bosch fue muy interesante. Es un literato de ideas claras y de tendencia izquierdista. No hablamos de literatura, simplemente de política. Calificó a Batista de hampón y rodeado de hampones. Amigo personal de Romulo Betancourt y lo defendió calurosamente, lo mismo que a Prío Socarrás y a Pepe Figueres. Dice que Perón no tiene arraigo popular en los países americanos y que en el año 45 escribió un artículo en que lo denunciaba como el más peligroso demagogo de América. La discusión se llevó a términos generales muy amables.

Por la tarde nos entrevistamos con Manuel Mora Valverde, es un hombre tranquilo, más que eso pausado, pues tiene una serie de movimientos de tipo de tics que indican una gran intranquilidad interior, un dinamismo frenado por el método. Nos dio una cabal explicación de la política de Costa Rica en estos últimos tiempos:

"Calderón Guardia era un hombre rico que subió al poder apoyado por la United Fruit y las fuerzas de terratenientes locales. Así gobernó dos años hasta que vino la guerra mundial y Costa Rica se puso de parte de la potencias aliadas. La primera medida del Departamento de Estado fue exigir que fueran confiscadas las tierras de los terratenientes alemanes dedicadas con preferencia al cultivo de café. Así se hizo, vendiéndose posteriormente las tierras, lo que condujo a oscuros negociados en que se vio envuelto parte del equipo ministerial de Calderón Guardia y le restaron el apoyo de todos los terratenientes del país, salvo la United Fruit. El personal de esta compañía, por reacción frente a la explotación, es antiyanqui. Lo cierto es que Calderón Guardia quedó absolutamente sin apoyo de ninguna índole y hasta le era imposible salir a la calle por las rechiflas de que era objeto. En ese momento, el partido comunista le ofreció su apoyo a costa de crear leyes obreras fundamentales y renovar su gabinete. En este ínterin Otilio Ulate, hombre de izquierda por ese entonces y amigo personal de Mora, le avisó y demostró un plan para engañarlo y que Calderón Guardia había previsto. Mora siguió adelante con la alianza y el gobierno de Calderón se rodeó de popularidad al iniciarse las conquistas obreras fundamentales.

Se planteaba el problema de la sucesión del poder pues terminaba el período de Calderón, y los comunistas pusieron un frente único de conciliación nacional para seguir la política obrera del gobierno y propusieron a Ulate; el candidato rival León Cortés se opuso terminantemente presentando su propia candidatura. Por esta época, Ulate comenzó desde su periódico *El Diario de Costa Rica* una fuerte campaña contra las leyes obreras y se produjo el rompimiento de las izquierdas y el viraje de don Otilio.

Las elecciones dieron el triunfo a Teodoro Picado, intelectual pusilánime y estropeado por el whisky, aunque hombre de relativa tendencia izquierdista y que inició su gobierno apoyado por los comunistas. Continuó su tendencia durante todo su gobierno, aunque el jefe de policía era un coronel cubano, agente del FBI que EU había impuesto.

En las postrimerías, los capitalistas descontentos organizaron una gran huelga de la banca y la industria que el gobierno no quiso romper.

Los estudiantes salieron a la calle, se tiró contra ellos y hubo heridos. Teodoro Picado fue presa del pánico, las elecciones se avecinaban y había dos candidatos: Calderón Guardia nuevamente y Otilio Ulate. Teodoro Picado, contra la opinión de los comunistas, entregó la máquina electoral a Ulate y él se reservó la policía. Las elecciones fueron fraudulentas, triunfando las fuerzas de Ulate. Se planteó recurso de nulidad ante el tribunal electoral y se pidió una decisión cualquiera sobre las denuncias presentadas, advirtiendo que se acataría cualquier decisión pero pidiendo una, el tribunal no accedió a considerar la denuncia, con el voto salvado de uno de los tres jueces, por lo que se presentaron a la cámara, se aprobaron y se anuló la elección. En este momento se creó el gran pleito y la gente estaba en ebullición. Aquí un paréntesis.

En Guatemala, con la presidencia de Arévalos se había formado lo que dio en llamarse las Repúblicas Socialistas del Caribe. Apoyado el presidente guatemalteco por Prío Socarrás, Rómulo Betancourt, Juan Rodríguez, un millonario dominicano, Chamorro y otros. El plan revolucionario primitivo era desembarcar en Nicaragua y desalojar a Somoza del poder, ya que Salvador y Honduras caerían sin mayor lucha, pero Argüello un amigo de Figueres planteó el problema de Costa Rica, su convulsionada situación interior y Figueres voló a Guatemala. La alianza se llevó a cabo y Figueres se alzó en Cartago tomando rápidamente el aeródromo de las armas, punto necesario para recibir ayuda por aire.

La resistencia se organizó rápidamente y el pueblo asaltó los cuarteles para conseguir armas, pues el gobierno no se las quería dar. La revolución sin apoyo popular, ya que Ulate no se había adherido a ella, estaba condenada al fracaso, pero el triunfo lo lograrían las fuerzas populares acaudilladas por los comunistas, la burguesía y con ellos Teodoro Picado, se sintieron sumamente inquietos con esto. Picado voló a Nicaragua a conferenciar con Somoza para obtener armas, pero allí se encontró con que también estaba en la conferencia uno de los altos funcionarios norteamericanos que le exigió a Picado, como precio de la ayuda, el aniquilamiento del comunismo, garantizando la caída de Manuel Mora y que cada arma iría con su hombre, lo que significaba la invasión de Costa Rica.

Picado en el momento no aceptó puesto que significaba la traición a los comunistas que lo habían apoyado todo el tiempo, pero la revolución estaba agonizante y el poder de los comunistas asustó tanto a la gente reaccionaria del gobierno que éste boicoteó la defensa hasta que los invasores llegaron a las puertas de San José y entonces abandonaron la capital estableciéndose en Liberia cerca de Nicaragua. Al mismo tiempo, el resto del ejército tomaba todo el parque disponible y se entregaba con él a los nicaragüenses. Se hizo entonces un pacto con Figueres, siendo garante de él la embajada mexicana ante quienes depusieron las armas las fuerzas del pueblo. Figueres no cumplió el pacto pero la embajada mexicana se vio imposibilitada de hacerlo sentir porque su enemigo era el Departamento de Estado Americano. Mora fue deportado y el avión en que iba ametrallado, salvando la vida por casualidad. El avión aterrizó en la zona norteamericana de Panamá y, preso por la policía yanqui fue entregado al jefe de policía de Panamá, en esa época el Coronel Remón. Los periodistas yanquis fueron expulsados cuando pretendieron interrogarlo y entonces tuvo un altercado con Remón que lo mandó al calabozo. De allí fue a Cuba donde Grau San Martín también lo afueró hasta que se trasladó a México y pudo volver al país en el tiempo de Ulate.

Figueres se vio abocado al problema de que sus huestes estaban constituidas por sólo 100 ticos y unos seiscientos hombres que constituirían la Legión del Caribe y aunque al principio notificó a Mora que su programa era 12 años y no pensaba entregar el poder a la burguesía corrompida representada por Ulate, debió entrar en componendas con ésta y comprometerse a entregar el poder luego de un año y medio de gobierno, pacto que se cumplió luego de componer la maquinaria electoral a su antojo y hacer una represión organizada y cruel. Pasado ese lapso, Ulate tomó el poder y lo conservó los cuatro años que le correspondían. Su gobierno no se caracterizó por la garantía de las libertades instituidas y el respeto a las leyes progresistas conseguidas en los gobiernos anteriores; salvo la derogación de la ley de represión de los terratenientes, llamada ley de los parásitos.

Las elecciones fraudulentas dieron el triunfo a Figueres sobre el candidato que representaba al Calderonismo, ya que éste, proscripto y vejado, está en México. La opinión del Sr. Mora sobre Figueres es que éste es un hombre con una serie de buenas ideas sin base científica alguna por lo que se pierde en divagaciones. Que desdoblan a EU en dos. El Departamento de Estado (muy justo) y los truts capitalistas (los pulpos peligrosos). Cuando Figueres se desengañe sobre la bondad del Departamento de Estado viene la incógnita, ¿luchará o se someterá? Así está el dilema y veremos que pasa."

Día sin huella, aburrimiento, lectura y charlas insulsas. Roy, un viejito pensionista de Panamá, cayó a que lo atendiera pues se sentía morir a consecuencia de una tenia. Tiene salteritis crónica.

La entrevista con Rómulo Betancourt no tuvo las características de lección de historia que nos diera Mora. Me da la impresión de ser político con algunas firmes ideas sociales en la cabeza y el resto ondeante y torcible para el lado de las mayores ventajas. En principio está firmemente con Estados Unidos. Falseó el Pacto de Río y se dedicó a hablar peste de los comunistas.

Nos despedimos de todo el mundo y especialmente de León Bosch, un pendejo macanudo y nos largamos en ómnibus hasta Alajuela y de allí a dedo. Tras de diversas pericias llegamos esa noche a Liberia, la capital de la provincia de Guanacaste, que es un pueblito infame y ventoso como los de nuestra provincia de Santiago del Estero.

Un jeep nos llevó hasta donde el camino lo permitía y de allí empezamos nuestra caminata bajo un sol bastante fuerte. Después de caminar más de 10 kilómetros nos encontramos con otro jeep que nos alzó llevándonos hasta el pueblito de la Cruz donde nos invitaron a almorzar. A las 2 de la tarde seguimos viaje para hacer 22 kilómetros, pero a las 5 ó 6 ya la noche se nos venía encima y yo andaba con la pata a la miseria. Dormimos en una batea para arroz y peleamos toda la noche por la manta.

Después de caminar hasta las 3 de la tarde y rodear como 12 veces un río llegamos a Peñas Blancas donde nos tuvimos que quedar debido a que ya no había más carros que fueran hasta la vecina ciudad de Rivas.

Amaneció lluvioso el día y ningún camión apareció hasta las 10, de manera que decidimos desafiar la llovizna y lanzarnos a lo que fuera rumbo a Rivas. En ese momento apareció el gordo Rojo en un coche con patente de la universidad de Boston. Pretendían cruzar a Costa Rica, cosa imposible porque el sendero barroso donde nosotros nos quedamos empantanados, a veces, era la carretera panamericana.

Rojo iba acompañado por los hermanos Domingo y Walter Beberaggi Allende. Fuimos hasta Rivas y allí, cerca de la ciudad, nos mandamos un asado con mate y cañita, una especie de ginebra nicaragüense. Era un poco de Argentina trasladada a la "estancia de Tacho". Ellos siguieron a San Juan del Sur para embarcar a Puntarenas en coche, y nosotros tomamos el ómnibus para Managua...

Guatemala

...Ahora voy instalado en el tren dándome un banquete con un dólar que me regalara un capataz semilustrado.

Han pasado días en que ocurrieron y no ocurrieron cosas. Tengo la firme promesa de un puesto de ayudante con un médico sanitario. Devolví mi dólar. Visité nuevamente a Obdulio Barthe, el paraguayo que me cagó a pedos por mi conducta y me confesó que él sospechaba que yo era agente de la embajada argentina, además supe que es la sospecha general esa u otra parecida, pero el líder hondureño Ventura Ramos opina que no. Como continúa la bronca de Mrs. Holst, yo como de contrabando una vez al día y duermo con Ñico* el cubano, cagado de risa todo el día, pero sin hacer nada. El lunes Ñico se va y pasaré entonces a otra pieza de un amigo guatemalteco llamado Coca. En la misma pieza que Ñico duerme un cubano que canta tangos y que me invitó a irme con él a pies por el sur hasta Venezuela; si no fuera por el puesto que me prometieron me largaba, la residencia dicen que me la van a dar y Zochinson pasó ahora de jefe de inmigración (...).

Nuevamente los días se suceden sin que nada nuevo pase. Estoy en la pensión acompañado por el cubano cantor, ya que Ñico se fue a México. Por el puesto voy un día y luego otro y nada, ahora me dijeron que dejara pasar la semana y yo no sé bien que hacer, yo no sé si los compañeros siguen empeñados en que yo no tenga nada o que. De Buenos Aires llegan pocas noticias. Helenita parte con rumbo desconocido y se me acaba el rebusque pero me va a llevar a casa de

*Antonio "Ñico" López, asaltante al Moncada y expedicionario del "Granma", muerto en la contienda.

una tía que me dará el almuerzo, además le va a hablar al ministro por teléfono. Yo estoy con un buen ataque de asma provocado por las cosas que comí en estos días, espero que me pase en tres días de riguroso régimen.

Los últimos acontecimientos pertenecen a la historia, cualidad que creo que por primera vez se da en mis notas. Hace días, aviones procedentes de Honduras cruzaron las fronteras con Guatemala y pasaron sobre la ciudad, en plena luz del día ametrallando gente y objetivos militares. Yo me inscribí en las brigadas de sanidad para colaborar en la parte médica y en brigadas juveniles que patrullan las calles de noche. El curso de los acontecimientos fue el siguiente; luego de pasar estos aviones, tropas al mando del coronel Castillo Armas, emigrado guatemalteco en Honduras cruzaron las fronteras avanzando sobre la ciudad de Chiquimula. El gobierno guatemalteco, que ya había protestado ante Honduras, los dejó entrar sin ofrecer resistencia y presentó el caso a las Naciones Unidas.

Colombia y Brasil, dóciles instrumentos yanquis, presentaron un proyecto de pasar el caso a la OEA que la URSS rechazó pronunciándose por la orden de alto al fuego. Los invasores fallaron en su intento de levantar las masas con armas que tiraban desde aviones, pero capturaron la población bananera y cortaron el ferrocarril de Puerto Barrios.

El propósito de los mercenarios era claro, tomar Puerto Barrios y de allí recibir toda clases de armas y las tropas mercenarias que le llegaran. Esto se vio claro cuando la goleta "Siesta de Trujillo" fue capturada al tratar de desembarcar armas en dicho puerto. El ataque final fracasó pero en las poblaciones mediterráneas los asaltantes cometieron actos de verdadera barbarie asesinando a los miembros del SETUFCO (Sindicato de Empleados y Trabajadores de la UFCO*) en el cementerio donde se le arrojaba una granada de mano en el pecho.

Los invasores creían que a una voz de ellos todo el pueblo se iba a largar en su seguimiento y por ello lanzaban armas por paracaídas, pero este se agrupó inmediatamente a las órdenes de Arbenz. Mientras las tropas invasoras eran bloqueadas y derrotadas en todos los frentes hasta empujarlas más allá de Chiquimula, cerca de la frontera

*United Fruit Company

hondureña, los aviones continuaban ametrallando los frentes y la ciudades, siempre provenientes de bases hondureñas y nicaragüenses. Chiquimula fue bombardeada fuertemente y sobre Guatemala cayeron bombas que hirieron a varias personas y mataron a una chiquita de 3 años.

Mi vida transcurrió de esta forma: primero me presenté a las brigadas juveniles de la alianza donde estuvimos varios días concentrados hasta que el ministro de Salud Pública me mandó a la casa de salud del maestro donde estoy acantonado. Me presenté como voluntario para ir al frente pero no me han dado ni cinco bolas. Hoy sábado 26 de junio, llegó el ministro, mientras yo me había ido a ver a Hilda; me dio mucha bronca porque pensaba pedirle que me mandara al frente (...)

Una terrible ducha de agua fría ha caído sobre todos los admiradores de Guatemala en la noche del domingo 28 de junio, el presidente Arbenz hizo la insólita declaración de su renuncia. Denunció públicamente a la frutera y a los Estados Unidos como los causantes directos de todos los bombardeos y ametrallamientos sobre toda la población civil.

Un buque mercante inglés fue bombardeado y hundido en el puerto de San José y los bombardeos continúan. En ese momento Arbenz anunció su decisión de dejar el mando en manos del Coronel Carlos Enrique Díaz. El presidente dijo que hacía esto llevado por su deseo de salvar la revolución de octubre e impedir que los norteamericanos llegaran a esta tierra como amos. El coronel Díaz, en su discurso no dijo nada. Los partidos PDR y PRG dieron sendos acuerdos llamando a sus afiliados a cooperar con el nuevo gobierno. Los otros dos, PRN y PGT, no dijeron nada. Me dormí con un sentimiento de frustración frente a los hechos. Había hablado con el ministro de Salud Pública y pedido nuevamente que me mandaran al frente, ahora no sé qué hacer. Veremos que nos trae el día de hoy.

Dos días densos de acontecimientos políticos aunque personalmente no hayan significado gran cosa para mí. Los acontecimientos: Arbenz renunció frente a la presión de una misión militar norteamericana que amenazó con bombardeos masivos, y con la declaración de guerra de Honduras y Nicaragua lo que provocaría la entrada de Estados Unidos. Lo que quizás no previera Arbenz fue lo que siguió. En el primer día se agregaron a Díaz, los coroneles Sánchez y el Fejo Monzón reconocidamente anticomunistas y el primer decreto fue declarar ilegal al PGT. La persecución empezó inmediatamente y las embajadas se llenaron de asilados, pero al día siguiente temprano vino lo peor, cuando Díaz y Sánchez renunciaron, quedando Monzón al frente del Gobierno con dos tenientes coroneles de subordinados. Se entregaron totalmente a Castillo Armas según *vox populi* y se decretó la ley marcial a todo el que fuere encontrado con armas de calibre prohibido en la mano. La situación personal es más o menos así: yo seré expulsado del hospitalito donde estoy, probablemente mañana, ya que estoy renombrado como "chebol"*, y la represión se viene. Ventura y Amador están asilados, H. Se mantiene en su casa, Hilda cambió de domicilio, Nuñez está en su casa. Los altos capos del partido Guatemalteco están asilados. Se dice que Castillo entrará mañana; yo recibí una linda carta que guardo aquí para los nietos.

Pasaron varios días en que los acontecimientos no tuvieron el ritmo afiebrado de los anteriores. Castillo Armas obtuvo un triunfo completo. La junta quedó integrado por el Fejo Monzón como presidente y Castillo Armas, Cruz, Dubois y el Coronel Mendoza. Dentro de quince días se hará una elección dentro de la junta para ver quién queda como jefe; por supuesto, Castillos Armas. No hay Congreso ni Constitución. Al juez de Salamás Ramiro Reyes Flores lo fusilaron después que este se había muerto un guardia al tratar de ganarlo. El pobre Edelberto Torres está preso acusado de comunista, quién sabe cúal será la suerte que corra el pobre viejo. Hoy 3 de julio entró el "libertador" Castillo Armas, la gente lo aplaudió mucho. Yo vivo en casa de dos salvadoreñas que se han asilado, una en Chile y otra en Brasil, con la viejita que se manda cuentos de las fechorías de su marido y otros bastantes interesantes. Del hospitalito me sacaron cagando y ya estoy instalado aquí...

Lo de los asilados sigue igual. Ya se pasó la novedad y está todo tranquilo. Helenita se fue hoy en avión. El alemán cada vez me ve con peores ojos. A él no lo visitaré sino una vez para sacar algunas cosas y los libros que tengo.

---

*Bolche al revés, contracción de bolchevique.

Han pasado cosas de alguna gravedad. En el orden político no, ya que lo único es la calificación del voto, negándoselo al analfabeto. Eso es un país con el 65% de población adulta analfabeta es reducir a un 35% la cantidad de gente que vote. De ese 35 puede haber un 15 que esté a favor del régimen. El fraude no tendrá entonces que ser muy grande para ser electo el probable "candidato del pueblo" Carlos Castillos Armas. Lo grave fue la despedida que me hacen de la casa donde vivía, ya que Yolanda, la otra hermana de las asiladas, está aquí, y levantan la casa para ir a San Salvador llevándose a las hermanas. Voy a ver si me voy a casa de la tía de Helenita.

Ya estoy aquí instalado en la nueva casa. Como siempre seguía yendo a la embajada Argentina pero hoy ya se acabó la cosa. Sin embargo, pude entrar por la tarde gracias a que era 9 de julio. Hay un nuevo embajador, Torres Gispena, un petiso cordobés pedante. Morfé variado pero con merma.

Estoy hecho un cabrón. Conocí a varios tipos interesantes dentro de la embajada. Uno de ellos es Aguilez, que escribió un libro sobre la Reforma Agraria, otro es el doctor Díaz, un pediatra salvadoreño, amigo de Romero, el de Costa Rica.

El asma me está jodiendo como consecuencia de lo que comí en la embajada. Las demás cosas no varían mayormente. Recibí carta y una foto de mi vieja y carta de Celia y Tita Infante.

El Ché* se debe haber asilado ya a estas horas pues quedamos en que a las 6:30 se presentaría a la embajada. Mis proyectos son muy fluidos pero lo más probable es que vaya a México, aunque entre en mis cálculos de posibilidades el ir a Belice a probar fortuna...

México

...Al día siguiente (ese mismo día por la noche, mejor dicho) nos embarcamos rumbo a Veracruz en la "Ana Graciela"; una pequeña motonave de 150 toneladas en la que anduvimos un día bien y al otro se desató un norte regular que nos hizo bailar de lo lindo. Descansamos un día en Veracruz y nos largamos a México por el

*José Manuel Vega Sánchez, cubano exiliado en Guatemala.

camino de Córdoba donde nos quedamos una hora para conocerlo. No vale gran cosa, pero es muy agradable, situada a más de 800 m sobre el nivel del mar, tiene un aire fresquito dentro de su ambiente tropical, hay sembradillos de café en abundancia. Cerca de allí está Orizaba que ya es mucho más andina y, por ende, más tétrica, más fría. A la salida de esta última, como una dependencia está Río Blanco, donde se produjo una histórica masacre de obreros que reclamaban por la explotación de una compañía yanqui, no recuerdo el año.

Dos acontecimientos importantes solamente; uno de ellos demuestra que me estoy haciendo viejo: una chica a la que ayudé a redactar una tesis me puso entre los directores (aquí existe la costumbre de dedicar las tesis a medio mundo) y yo me sentí bastante contento. El otro es muy lindo, fui al Iztacihualt, el tercer volcán de México, el camino es muy largo y era lo que se llama una novatada en la que iban algunos caballos. Al principio caminé a la par de los mejores pero en un momento me paré cinco minutos a curarme una ampolla y cuando volví a caminar me tiré a todo trapo para alcanzar al grueso de la columna; la alcancé pero ya sentido y al final me empecé a sentir cansado. Tuve entonces la suerte de encontrar una chica que no daba más y con el pretexto de ayudarla (iba a caballo) me fui colgado del estribo. Llegamos por fin a la carpa donde había que pasar la noche y mi noche estuvo llena de frío, durmiendo muy mal. Cuando llegamos estaba la tierra seca, al levantarnos al día siguiente había 30 ó 40 cm de nieve y seguía nevando. Se resolvió subir de todas maneras pero no se pudo llegar ni al cuello, de modo que a las 11 de la mañana iniciábamos el retorno.

Todo el camino que había sido polvoriento y pedregoso estaba ahora cubierto de nieve, yo que padezco de mala circulación en las patas llevaba cinco pares de medias, lo que casi no me dejaba caminar, pero un arriero que llevaba las mulas de cargas pasó, con sus patas al aire tan campante, me acomplejó. Al llegar a la zona boscosa fue cuando el espectáculo estuvo más bonito pues la nieve en los pinos es algo formidable, además estaba cayendo nieve todo el tiempo y eso aumentaba la belleza del cuadro. Llegué molido a la casa.

Otra vez al Iztacihualt, después de unos y otros fracasos. Esta vez la cosa fue así: llegamos 9 a la poya al amanecer y empezamos a subir bordeando la Gubia rumbo al refugio de Ago, loco para enderezar las rodillas. Cuando atacamos la nieve, dos se volvieron; yo quedé en el último grupo y el que iba conmigo al atacar el glaciar y ver que era puro hielo se volvió, entonces quedé solo atrás y me caí, quedando agarrado de una saliente en el hielo. La caída me hizo más prudente y caminaba muy despacio. El guía trataba de darme ánimo y mostrarme como se hacía para subir cuando se vino abajo. Pasó al lado mío como una bala tratando desesperadamente de clavar el piolet en el hielo y al fin se fue a detener después de rodar unos 80 m, cerca de un precipicio de donde daba el salto grande a la mierda. Al darse el porrazo el guía, bajamos todos con mucho cuidado, dándose el caso de que tardamos más en bajar que subir. El guía se sentía agotado y erró después el camino de bajada de modo que llegamos a las 6 de tarde a la poya.

Ha pasado mucho tiempo y muchos acontecimientos no se han declarado. Solamente expondré los más importantes. Desde el 15 de febrero de 1956 soy padre: Hilda Beatriz Guevara es la primogénita. Pertenezco al grupo de Roca del CE de México. Fracasaron cinco puestos que se me ofrecían y me metí de camarógrafo con una pequeña compañía, mis progresos en el arte cinematográficos son rápidos. Mis proyectos para el futuro son nebulosos pero espero terminar un par de trabajos de investigación. Este año puede ser importante para mi futuro. Ya me fui de los hospitales. Escribiré con más detalle.

EL MÉDICO Y EL MEDIO[4]

(Texto inédito de su libro inconcluso *La Función Social del médico en América Latina*, del que elaborara sólo algunos acápites entre 1954 y 1956)

Al iniciar la lucha por la salud del pueblo, como primera medida, el médico debe ocuparse de cotejar sus posibilidades frente al complejo escenario que lo rodea. De los análisis anteriores se desprende que los medios son muy diferentes según las regiones, países, clases sociales o grupos étnicos con que se deba entender el facultativo.

La lucha siempre debe plantearse con una fórmula general que garantice el buen éxito posterior y que sea conducente a ganar para el profesional, la confianza primero y el cariño luego de los grupos que estén bajo su responsabilidad médica. Aunque en líneas generales no se puede sino esbozar el problema, como regla axiomática es bueno asentar que la primer arma a utilizar es la flexibilidad. La flexibilidad le permitirá llegar —sin que sean muy aparentes sus tanteos— a ganarse el respeto del pueblo en general. Naturalmente, las condiciones de la lucha variarán mucho, pero en el camino de la consolidación el médico deberá siempre realizar este primer paso.

Se estima que una de las primeras trampas a sortear es la tendida por los colegas y gente de profesión afín. En los pequeños pueblos, algún médico rival o el farmacéutico, en los mayores una serie de colegas y especialistas; siempre, de todas maneras, la primera escaramuza se librará contra su flanco monetario. Únicamente después de haberse mostrado absolutamente inexpugnable al soborno será objeto de ataques más recios. Es este período que media entre la neutralidad armada y la guerra abierta que el médico debe aprovechar efectivamente. Luego, la guerra deberá llevarse no solo contra los estigmas comerciales de la profesión, sino también contra las lacras de otro tipo. La lucha por mejores condiciones de trabajo para los obreros y por una adecuada atención médica le llevará fácilmente a chocar con las autoridades constituidas del sector analizado, siempre obsecuentes para responder al imperativo de los amos económicos del lugar — con los que a veces se confunden. Todas las acciones deben llevarse simultáneamente con movimientos de opinión en favor de la causa popular defendida; aquí es donde el médico debe desplegar al máximo su capacidad de psicólogo. Sobre todo en los lugares donde la lucha debe plantearse cara a cara con el capital, sin la ayuda de ley obrera alguna. La huelga es muy difícil de organizar, a menos que las causas determinantes sean de una gravedad tal que alcance a golpear eficazmente la conciencia poco desarrollada de las masas trabajadoras de nuestro continente, lo que en pocas oportunidades ocurre y, en general, hay que tener mucho cuidado con la calificación de médico huelguista que puede acabar con la reputación de un profesional en un lugar dado.

La función general del médico, sino es posible quedar totalmente al lado, será la de un orientador de tipo doctrinario sin interés aparente en la conducción del movimiento. En los lugares pequeños hay fuerzas a las que no es posible despreciar. Hay que tener siempre en cuenta que en estos lugares la opinión pública es mucho más importante que en las ciudades y el médico debe tener siempre a mano la anécdota ejemplarizante de las malas condiciones de trabajo o de vida de los defendidos por él.

Para trazarse una línea general de conducta, es necesario entrar al lugar de batalla imbuido de una serie de conocimientos esenciales. Son ellos la natalidad, la mortalidad infantil, prenatal y general; la [...]* (no muy importante en realidad) y, ayudado por otros datos, la morbilidad general. En los casos en que no haya registros de defunciones y otras características —que serán la mayoría de los lugares de América— es conveniente hacer visita a los lugareños e ir posesionándose de su interioridad doméstica en forma gradual.

El cuadro general de las enfermedades dará una serie de ideas

*Ilegible en el original.

sobre los problemas fundamentales a resolver. En otro punto hablaré sobre la necesidad del médico de hacer que los vecinos entren activamente en la vida sanitaria del pueblo, pero siempre se puede adelantar que las enfermedades de tipo epidémico y, sobre todo, endémico, deben combatirse por medio del uso adecuado de las medidas generales de sanidad pública, ayudados por una exacta comprensión del problema, explicado por el facultativo.

Una de las cartas de triunfo, aunque siempre peligrosa, del facultativo, la creación de cooperativas sanitarias. Las cooperativas son siempre un arma de doble filo y en general que sean rápidamente copadas por las "damas" del pueblo y otra gente que en general tiende a estancar el normal desarrollo de la sanidad, pero en los lugares donde la cooperativa deba ser creada es fácil que no haya nada todavía de manera que siempre será un paso adelante. No concierne en este momento insistir mucho en la representación obrero-campesina en las sociedades de beneficencia para evitar el tilde de "rojo" que enseguida caería sobre las espaldas del médico, pero sí es importante que este, con mucho tino, vaya formando la conciencia de las clases menesterosas y convenciéndolas de la importancia que tiene la sanidad en los problemas de la vida diaria.

En la parte médica es esencial remachar sobre la importancia de la nutrición en cada una de las más comunes enfermedades endémicas.

El adecuado tratamiento nutritivo y su éxito correspondiente llamará la atención sobre esa importancia. El médico deber recordar que en las condiciones actuales de la lucha las preocupaciones económicas ocupan el primer lugar y recién el segundo y como complemento del anterior, lo ocupa la sanidad, siguiéndole la educación.

Un hombre bien comido se preocupará inmediatamente de su salud y al mejorarla lo que será un hecho en los lugares malsanos y abandonados pasará a ocuparse del siguiente problema en orden de importancia: la educación propia y de sus familiares.

En este último aspecto, si bien debe tener una función orientadora importante, no es conveniente que el médico figure en primera plana, sobre todo en los tipos de estudios cuya naturaleza los llevará indefectiblemente a luchar contra las concepciones de las clases dominantes.

En los lugares de arraigada tradición religiosa hay que cuidarse en ese aspecto, por lo menos hasta el momento de haber neutralizado personalmente a las personas más capaces de hacer una oposición sistemática contra él.

En el ramo estricto de la sanidad pública debe recordarse siempre que son los niños los que deben recibir el mejor tratamiento posible, tratando en todo momento de que los beneficios sean el resultante de la acción colectiva de la comunidad, más que de la acción individual del médico. La higiene individual, no interesa tanto como problema ya que está destinada a agrupaciones humanas que han pasado el estado de deficiencia sanitaria colectiva o sólo está destinado a una pequeña parte de la comunidad, tarea que no debe ser nunca la de un médico revolucionario. En el ramo de la higiene y profilaxis colectiva, además de las medidas que en cada caso y de acuerdo con leyes y ordenanzas establecidas dicte autoridad; el facultativo puede organizar sistemas de búsquedas y aislamiento de las enfermedades en los campos en que se encuentran. Para ello y considerando una comunidad de alguna importancia ya es bueno este tipo de organización tomada del libro del doctor Germinal Rodríguez, *Higiene y Profilaxis*.

Es una oficina bastante pretenciosa pero que el médico sólo puede llevar satisfactoriamente con la ayuda de una secretaria, un laboratorista y dos asistentes sociales más algún voluntario general. Una oficina de este tipo además del inapreciable servicio sanitario que presta, tiene la virtud de aficionar a los habitantes al ejercicio de derecho ciudadano que cuando se hagan costumbres en ellos atraerán hacia la vida en común a muchos "lobos esteparios".

Uno de los puntos a los que el médico debe prestar mayor interés es el de asegurar por lo menos la neutralidad del Estado. América tiene una divergencia aparentemente grande entre todos sus sistemas de gobierno, pero casi todos ellos están dentro de un denominador común: el colonialismo. Este nombre que encierra en sí la tragedia de los grupos humanos que viven el presente latinoamericano tiene toda una época de cierto tinte especial cuyas cualidades generales son:

Dominio de los grandes terratenientes
Autoridades prepotentes y antipopulares

Franco dominio del clero
Ausencia de leyes sociales efectivas
Predominio de las corporaciones monopolistas extranjeras

En este panorama, con las autoridades como representante directo de las clases sociales superiores, el médico tiene que andar con pies de plomo para mantener cuando menos la neutralidad del Estado. Para ello deberá cumplir con las autoridades sanitarias superiores, al mismo tiempo que exigir de ellas el máximo de elementos posibles y al mismo tiempo, independizar de la burocracia central la lucha casi personal que deberá dirigir contra los elementos explotadores pero sin que la lucha política aparezca como el nivel de su acción médico-social.

Es casi innecesario recalcar que la labor del médico debe ejercitarse con una total dedicación pues en ello va el triunfo de la idea que sustenta y es favorable comparación con la acción inconsecuente e interesada de sus colegas individualistas, que no ven en su acción más que una acción delimitada que los conducirá a la meta por ellos ansiada, ya sea el poder (relativo poder de médico de aldea), la fama o el dinero. El médico revolucionario debe tener siempre presente que su deber es atacar las lacras de todo tipo que atacan al pueblo, el único gobierno a quien sirven.

Necesidad de estudio
Necesidad de intercambio con revistas médicas

SELECCIÓN DE LA BIBLIOGRAFÍA CONSULTADA (1954-1956)

Obras Consultados para *La función social del médico en América Latina*

Lipschutz, Alejandro, *El indoamericanismo y el problema racial en las Américas.* Editorial Nascimento, Santiago de Chile, 1944 (c.) (I.)

Heiser, Víctor, *Odisea de un médico por 45 países.* Editor Joaquín Gil, Bs. As. 1938 (c.) (Cm.)

Adams, Richard N. *Un análisis de las creencias y prácticas médicas en un pueblo indígena de Guatemala (Con sugerencias relacionadas con la práctica de medicina en el área maya).* Publicaciones especiales del instituto indigenista nacional, N° 17. Editorial del Ministerio de Educación Pública, Guatemala, 1952 (C.)

Vinogradov, No. *La protección de la salud de los trabajadores en la Unión Soviética.* Ediciones en lenguas extranjeras, Moscú, 1950

Constitución (ley fundamental) de la U.R.S.S. Ediciones en lenguas extranjeras, Moscú 1947 (C.)

Troise, Emilio. *Materialismo dialéctico.* Editorial la Facultad. Bs. As., 1938

Rodríguez, Germinal. *Higiene y Profilaxis.* Editorial Américalee, Bs. As., 1944

Obras Importantes para
La función social del médico en América Latina

Mason, J. A.: *Idiomas indígenas y su estudio*. América indígena, México, 1943, vol. 3 pág. 231

Cottevieille-Giraudet, R.: "*Questions de raciologie humaine*". *Revue Anthropologique*. París, N° 46, 1937

Newman, H. H.: *Twins, a study in heridity and enviroment*. University of Chicago Press, 1937

Gauze, G. F.: *The struggle for existence*. Williams and Wilkins Co., Baltimore, 1934

Redfield, R.: *Levels of integration in biological and social system*. The Jaques Cattell Press, Lancastes, Pensylvania, 1942

S/ A: *Malaria and its influence in world health*. New York Academy of Medicine, vol. 19, pág. 599, 1943

Poblete Troncoso, M.: *El standard de vida de las poblaciones de América*. Prensas de la Universidad de Chile, Santiago, 1942

APUNTES DE LECTURAS[5]

(Lecturas presumiblemente realizadas entre 1954 y 1956 —no aparecen consignadas las fechas en los originales— y publicadas en 1991)

Historia verdadera de la conquista de la Nueva España, de Bernal Díaz del Castillo

En la literatura americana hay un entronque primitivo con la vieja España constituido por españoles que desarrollaron su obra en esta tierra. De ese tipo es la extraordinaria historia de Bernal Díaz.

Bernal Díaz es español, pero lo medular de su crónica se refiere a la conquista de México por Hernán Cortés y sus huestes, aventura que llega a los límites concebibles de la audacia humana y que, en labios del cronista, toma calor de cosa viva.

Esto es lo más importante y literario de su obra; su valor de confesión personal. No importa que a través de sus páginas se desarrolle la historia, lo que importa es que un soldado inteligente pero sin mayor cultura deja correr sus recuerdos de la época heroica de la España imperial, y Cortés, Sandoval, Alvarado, Cristóbal de Olid, toman su dimensión precisa, no por humana menos extraordinaria.

Bernal Díaz no se ha puesto a investigar si la conquista tenía o no justificación teológica, como su más ilustrado contemporáneo Cieza de León, que comparaba muchas veces desfavorablemente a sus compatriotas con los incas. Para él lo hecho tenia la justificación primaria de que él lo hacía; mejor dicho, de que él estaba entre las huestes atacantes.

Bernal ni lo pretendió ni hubiera podido pintar el espíritu indio, pero ha dado la más extraordinaria pintura del conquistador que guarda la historia.

Aparece en su prosa, que tiene el colorido de lo añejo y fresco, la figura central de este drama (desde el punto de vista del invasor), el intrépido, huidizo, hábil, intrigante, melifluo y amargado capitán Hernán Cortés. Muestra mucho mejor que la historia deificadora el carácter del capitán y su grandeza, grandeza que no solo sintieron sus enemigos de raza sino también sus enemigos y amigos españoles.

Cuando Bernal narra su horror frente al sonido bajo y profundo de las trompas con que los aztecas anunciaban el sacrificio de los españoles hechos prisioneros, el lector se transporta al estado de ánimo de aquellos soldados incultos pero convencidos de la superioridad de su dios sobre el sanguinario Huitzilobos, pero cuya fe flaqueaba al sentir, en los miembros el mordisco subjetivo de los guerreros aztecas y ellos sabían que las amenazas no eran fantochadas. Ya cerca de mil compañeros de la reducida tropa habían pasado por el estómago de las huestes enemigas. Sin embargo, sabiendo que no había alternativa siguieron peleando hasta dominar a nativos. Y entonces viene la parte triste de las peleas por dinero, por indios, por gloria. Esa expedición heroica e inútil a las Higueras, y esa muerte inútil y estúpida del emperador Cuactemoc, ajusticiado más, quizás, para calmar la ira interna que para aplacar una revuelta que no podía cristalizar ya, de un emperador vencido física (por el tormento que le diera Cortés buscando oro) y moralmente.

En estas páginas se puede conocer la síntesis de la nacionalidad mexicana que ha unido dos razas antagónicas plasmando el magnifico tipo humano que es el mexicano de hoy.

La crónica del Perú, de Pedro Cieza de León

En realidad esta es la primera parte de una obra monumental escrita sobre todo lo acaecido en el Perú desde que sus habitantes tuvieron memoria hasta el momento que Cieza de León se sentara a escribir. Él dice [en] el prólogo, hablando de las cuatro partes de la obra:

Esta primera parte trata la demarcación y división de las provincias del Perú, así por la parte de la mar como por la tierra, y lo que tienen de longitud y latitud; la descripción de todas ellas; las fundaciones de las nuevas ciudades que se han fundado de españoles; quién fueron los fundadores; en qué tiempo se poblaron; los ritos y costumbres que tenían antiguamente los indios naturales, y otras cosas extrañas y muy diferentes de las nuestras, que son dignas de notar.

Las tres partes siguientes contienen el Señorío de los Incas, la guerra de conquista y las guerras civiles, respectivamente.

Maravilla, frente a tanta crónica insustancial y mentida, la justeza y veracidad de los datos de Cieza, que no citaba si no era conocido de él mismo o de persona que le mereciera amplia fe de la que da a veces el testimonio escrito.

Esta parte, la menos interesante de la crónica, da, sin embargo, una precisa idea del escenario histórico donde le tocó actuar, y, aún defendiendo la necesidad religiosa de la conquista, enjuicia duramente a los españoles culpables de malos tratos para con los indios y es indulgente con los pecados de estos, dado que no conocían la luz del cristianismo.

Lo que más maravilla de la obra de Cieza es precisamente el contacto con el hombre: donde los conquistadores sedientos de oro arrasaron todo lo que se opuso a su paso surgió este extraño producto humano que se interesa mucho menos por el oro o la hazaña bélica que por la fisonomía moral de conquistados y conquistadores.

La araucana, de Alonso de Ercilla

El primer poema épico de índole americana. El primer gran poema americano. Estos son los grandes rasgos distintivos de *La araucana,* pero ésta es una obra que escapa a la precisión diagnóstica de los críticos. Toda ella respira un doble matiz que solo repite en prosa el ingenuo Bernal: la admiración por ambos bandos combatientes que el autor manifiesta. Esto le permite cantar el valor ciclópeo del español invasor y el tesón y la inteligencia con que las huestes de Lautaro se defendieron de los agresores.

La obra es demasiado larga para ser toda ella buena, pero en la acertada selección de Antonio de Undurraga se tiene una síntesis preciosa del poema. Asombra pensar que el soldado fue contemporáneo de Cervantes y de Lope de Vega. Verdaderamente, un poeta de tal categoría debería ser el clásico indiscutido de América. Desde que se inicia el poema:

> Chile, fértil provincia y señalada
> en la región antártica famosa...

hasta el último verso, Ercilla mantiene el interés. No siempre es poesía lo que escribe, a veces es simplemente una crónica, pero siempre muestra en sus endecasílabos una perfección técnica considerable unida a una naturalidad completa que hace fluir el poema como en un chorro continuo.

Lo popular es base constante del poema. Las masas son los actores de la historia, los nombres son accidentes de esa masa. Dice Colocolo, cuando la disputa por el poder:

> ¿Qué furor es el vuestro, ¡oh araucanos!,
> qué a perdición os lleva sin sentillo?
> ¿Contra vuestras entrañas tenéis manos,
> y no contra el tirano en resistillo?

Y su admonición surte efecto, se toma como prueba para aspirar a la jefatura el llevar un tronco en los hombros. Caupolicán es el triunfador y el circunstante pueblo en vos conforme pronunció la sentencia y le decía:

> "Sobre tan firmes hombros descargamos
> el peso y grave carga que tomamos".

Y prosigue la lucha sin cuartel hasta que Valdivia cae en manos de los defensores de su predio.

No hay pinturas heroicas, palabras teatrales o cosa por el estilo. Valdivia quiere la vida y se humilla ante el vencedor:

> Caupolicán, gozoso en verle vivo
> y en el estado y término presente,
> con voz de vencedor y gesto altivo
> le amenaza y pregunta juntamente:
> Valdivia, como mísero cautivo,
> responde y pide humilde y obediente
> que no le dé la muerte, y que le jura
> dejar libre la tierra en paz segura.

Se ve en todo el poema el respeto que sentía Ercilla por sus contrincantes, reconociendo en Lautaro al verdadero caudillo de la guerra:

Fue Lautaro industrioso, sabio, presto,
de gran consejo, término y cordura,
manso de condición y hermoso gesto,
ni grande ni pequeño de estatura;

y cuando, sorprendido en su lecho de amor por la traición de un indio, muere Lautaro en la pelea, los lamentos de Ercilla alcanzan su plenitud, parece que no quisiera la victoria de sus armas:

Por el siniestro lado, ¡oh dura suerte!,
rompe la cruda punta, y tan derecho,
que pasa el corazón más bravo y fuerte
que jamás se encerró en humano pecho,...

Los indios mueren en torno a su jefe, sin aceptar rendición honrosa ni cuartel de ninguna especie, y con pena Ercilla va relatando la muerte de sus héroes indígenas sobre el telón de fondo del verdugo español, pretexto para colocar sobre todo el valor indómito de la raza vencida. Y Ercilla sabe que el español triunfará, sabe que un día toda la comarca será de las huestes de los reyes de Castilla, pero se adivina, en los versos de la estrofa final, una sutil melancolía cuando pintando a Chile dice:

Ves las manchas de tierras, tan cubiertas
que pueden ser apenas divisadas,
son las que nunca han sido descubiertas
ni de extranjeros pies jamás pisadas...
hasta que Dios permita que aparezcan
porque más sus secretos se engrandezcan.

Facundo (Civilización o barbarie), de Domingo F. Sarmiento

Sarmiento es uno de esos meteoros que cruzan de vez en cuando la faz de un pueblo para perderse en el recodo del camino pero dejando siempre el recuerdo de su destello. De su obra histórica habrá que recordar su amor por la educación popular; de su obra política, la entrega de la Argentina a la voracidad imperialista de los ferrocarriles; de su obra literaria, la que hará que su nombre sobreviviera aun cuando todo lo demás quedara olvidado, el Facundo.

Facundo quiere ser histórico y desapasionado; frío como un relato de las épocas pretéritas. Es todo lo contrario; es un relato vigoroso, anecdótico, apasionado y apasionante hasta el punto de constituir hoy un documento de actualidad. La historia es el marco donde el novelista Sarmiento hace actuar a sus caracteres dotándolos de una vida extraordinaria, y así, junto al salvaje con cierta nobleza que es Facundo, prototipo de la pampa, de la "barbarie" que fustiga Sarmiento; Rosas, el déspota frío e inteligente, el cual tiene el acierto de interpretarlo como el producto de la gran propiedad ganadera y sobre los personajes, campea el actor más importante: la pampa con su bárbara grandeza.

En la primera parte de la obra Sarmiento da un bosquejo de la pampa, bosquejo cuya hondura y penetración poética sólo pudieron ser superadas por Hernández. La segunda esta dedicada entera a la vida y muerte de Facundo Quiroga, hasta el trágico Barranca-Yaco. Sarmiento da por sentado que el autor intelectual de esa muerte fue Rosas, hipótesis que la historia ha repetido sistemáticamente sin que haya una evidencia contundente.

Lo cierto es que Facundo era un rival temible y el beneficiario directo de su muerte fue el tirano. En la tercera parte se dedica Sarmiento a vislumbrar el porvenir, cuando toda la pesadilla haya acabado.

Toda la grandeza épica, casi novelesca del libro aumenta más cuando vemos el acertado análisis de los acontecimientos (Sarmiento da muestra de haber leído a Guizot e interpretado su teoría de la lucha de clases) que él vivía. Efectivamente, Sarmiento era un hombre genial, el Facundo lo prueba.

El Evangelio y el Syllabus y Un dualismo imposible, del Dr. Lorenzo Montúfar

Estos dos opúsculos sirven de magnífico jalón para medir el adelanto de la humanidad. En las postrimerías del siglo pasado, época en que fue escrito, era un terrible anatema contra la iglesia y se necesitaba tener valor para hacerlo.

El abanderado y guía, el anticristo, eran los Estados Unidos, símbolo de liberalismo. En el primer opúsculo el Dr. Montúfar analiza detenidamente el Syllabus expedido por Pío IX, y demuestra su falsedad desde el punto de vista cristiano primitivo. En el segundo aboga por la separación de la iglesia y el estado como única solución valedera al problema de los dos poderes coexistentes.

La obra amena y ágil nos hace sonreír hoy, pero en su tiempo debe haber provocado más de un anatema. Está dedicada a Montalvo, que en esa época había visto caer a García Moreno en el Ecuador.

El análisis final prueba que todo estado que reconozca tener una religión no da libertad de cultos. Analiza varios tipos de trato entre la iglesia y el Estado y se queda, por mucho, con el de los Estados Unidos.

Martín Fierro, de José Hernández

Los comentarios a una obra clásica son tantos y tan exhaustivos que no se puede casi agregar nada a ella, máxime en este caso en que la intención no confesada del autor era la puja contra Sarmiento, que en aquel entonces representaba lo más progresista de la sociedad argentina. La intención social del poema tiene valor de por sí, pues es una buena exposición de la vida y de los vejámenes a que estaban expuestos los gauchos, pero no es lo fundamental ni mucho menos.

Martín Fierro alcanza su valor perenne por el sostenido tono novelado y autentico del poema, que pinta con colores nítidos el panorama general de la época, y por la acertada pintura que de sí hacen los caracteres a través de sus palabras. Valor poético sólo se alcanza en contadísimas excepciones, pero frases y sentencias de algunos de ellos son de antologías.

La merecida fama del pasaje del viejo Vizcacha se debe a la perfecta sincronización del habla gaucha con el gracejo popular de todos los países. El Sancho Panza argentino es mucho más alerta y más conscientemente vivillo que su antecesor famoso, y hay estrofas de una crudeza total como aquella:

Dejá que caliente el horno
el dueño del amasijo;
lo que es yo, nunca me aflijo
y a todito me hago el sordo
el cerdo vive tan gordo
y se come hasta los hijos.
y aquella otra:
No te debéis afligir
aunque el mundo se desplome:
lo que más precisa el hombre
tener, según yo discurro,
es la memoria del burro
que nunca olvida onde come.

Pero si bien el viejo Vizcacha es el personaje más logrado, Fierro y Cruz lo son en igual manera disminuyendo un tanto la fuerza de los caracteres en los hijos de ambos; además, en esto hay algo que no concuerda, pues el autor hace contar diez años y en realidad da la impresión de que fueron muchos más.

Es la parte en que la novela deja de serlo para convertirse en autentica poesía, aparece muchas veces el frac de que hablaba Calixto Oyuela haciendo la crítica de la obra; pero más que todo es algo subjetivo, mas bien se supone que un gaucho no analice así sus impulsos, aunque la rigurosa autocrítica del autor ha atomizado perfectamente el vocabulario.

Yo no sé lo que pasó
en mi pecho en ese instante;
estaba el indio arrogante,
con una cara feroz:
para entendernos los dos
la mirada fue bastante.

Pero en todo caso, estos matices poéticos que caen intermitentemente sobre lo popular contribuyen a solidificar el libro.

Se encuentra en el transcurso de las dos partes una clara alusión a dos períodos diferentes: Sarmiento, el pueblero desconsiderado que niega todo lo gauchesco, y Avellaneda, el hombre culto que rinde homenaje al substrato pampeano de la sociedad argentina.

De lo más falso del libro es el momento en que Fierro hace un recuento de sus hazañas y se disculpa de ellas en la misma forma en que lo haría José Hernández, pero nunca el protagonista. Los años y la situación política han hecho que Hernández-Fierro envejecidos olviden el grito de angustiosa rebelión:

> No tiene hijos, ni mujer,
> ni amigos, ni protectores,
> pues todos son sus señores
> sin que ninguno lo ampare;
> tiene la suerte del güey,
> ¿y dónde irá el güey que no are?
> Para concluir, después de vivir tanta injusticia:
> El que obedeciendo vive
> nunca tiene suerte blanda;
> más con su soberbia agranda
> el rigor en que padece:
> obedezca el que obedece
> y será bueno el que manda.

Toda la trágica rebelión de Fierro se ha pulido para llegar templada a los consejos a sus hijos y el de Cruz. Reconoce que la suerte del gaucho no es nada envidiable, y al final de su canto dice:

> Vive el águila en su nido,
> el tigre vive en la selva,
> el zorro en la cueva ajena,
> y, en su destino incostante,
> solo el gaucho vive errante
> donde la suerte lo lleva.
> Y recomienda:
> Es el pobre en su orfandá
> de la fortuna el desecho,
> porque naides toma a pecho
> el defender a su raza;
> debe el gaucho tener casa,
> escuela, iglesia y derechos.

Pero pide perdón a quien se haya molestado, pues [sic] sus ataques en la última estrofa del poema:

> Es la memoria un gran don,
> calidá muy meritoria;
> y aquellos que en esta historia

sospechen que les doy palo,
sepan que olvidar lo malo
también es tener memoria.

Pero sea como fuere, Hernández alcanza su objetivo en narrar la vida gauchesca en la sociedad feudal que lo tiraniza y en pintar el desierto, sus indios bravos y toda la lucha por la existencia.

Tal vez si Sarmiento hubiera gobernado en la segunda época no hubiera ocurrido aquel cambio:

(1ra. parte)

Yo sé que allá los caciques
amparan a los cristianos,
y que los tratan de "hermanos"
cuando se van por su gusto.
¿A qué andar pasando sustos?
Alcemos el poncho y vamos.
(2da. parte)
Fuera cosa de engarzarlo
a un indio caritativo;
es duro con el cautivo,
le dan un trato horroroso,
es astuto y receloso,
es audaz y vengativo.

Sin embargo, no hay que olvidar que la primitiva exclamación de Fierro, llamando a su amigo Cruz al desierto es el fruto de la angustia por todas las desgracias pasadas y la segunda es después de haber vivido la experiencia en el desierto. De todas maneras se acercaba la bárbara campaña de Roca y todos los preparativos debían hacerse.

Del desierto y de su vida allí, Fierro da una colorida y triste narración llena de finas observaciones sobre el rey del desierto, el hombre y sus recursos...

Y aves, y vichos y pejes,
se mantienen de mil modos;
pero el hombre en su acomodo,
es curioso de oservar:
es el que sabe llorar
y es el que los come a todos.

Va por todo este segundo canto, Martín Fierro, a veces tropezando consigo mismo para finalizar luego de su payada contra el moreno con sus contra el moreno con sus consejos a los hijos.

Los consejos son el final de su claudicación de lucha. El hombre debe ser honrado, bueno, trabajador, etc. El hombre no debe ser rebelde. Fierro esta viejo y conforme pero cabe preguntar: ¿el gaucho mismo, el Fierro de la vida a diaria no tenía como máximas aspiraciones las de éste? Si así fuera, la parte más condenable del poema estaría salvada y Martín Fierro, además de argumento para poema gauchesco, no sería el instrumento artístico de protesta, por el que una clase derrotada hace su intencionada defensa.

Obras escogidas, de Enrique Gómez Carrillo

Tiene un gran acierto la selección del profesor Edelberto Torres. Sobre todo ese primer artículo, "Evocación de Guatemala", es como un autorretrato hacia el futuro. De sus páginas brota un encanto cansado de cosa muerta, de sala de tía vieja, y eso es lo que deja como impresión la prosa entera de Gómez Carrillo.

Es una enseñanza enorme. Sólo los gritos de las almas del pueblo llegaran a la posteridad. El grito robusto de Rubén Darío, de Pablo Neruda. La voz armoniosa, rítmica y ligera del gran cronista encantó a los lectores de su tiempo y le dio más fama quizás que a los hombres potentes de su generación. Pero llegó la muerte y con ella el olvido.

Todo lo lírico de su prosa parece hoy el retrato sobrecoloreado de la tía cuando era joven, en el salón de marras.

De su prosa se levanta un impalpable polvillo al removerlo, y hay en todo él, milagros del tiempo, una suave modorra de aburrimiento.

Hay que leerlo en días de añoranzas, si es posible junto a un buen fuego de chimenea con lluvia afuera, y después dormir...

Martí: Raíz y ala del libertador de Cuba, de Vicente Sáenz

Es una pequeña semblanza del libertador con abundancia de citas que dan una idea del pensamiento tan claro y tan elegante del poeta revolucionario. No se puede hablar de que sea una obra maestra, no es esa su función tampoco. Simplemente el autor se diluye frente a la palabra de Martí que basta por sí sola para aclarar conceptos, él sólo la ordena más o menos cronológicamente hasta su muerte.

Si el folleto tiene algún pero, es un parangón final que hace con ciertos políticos adocenados, contemporáneos nuestros.

Llamar iguales de Martí a Rómulo Betancourt y Haya de la Torre es un insulto al hombre que vivió en el monstruo y le conoció la entraña, aún cuando la entraña era mucho menos negra y pestilente que la actual. Mejoraría mucho el libro sin la invocación final.

Breve historia de México, de José Vasconcelos

Pocas veces un hombre de fama internacional ha traicionado tan profunda e hipócritamente todo aquello por lo que dijo luchar en algún momento de su carrera.

La Breve historia no es tal, sino una plaga de improperios contra todo lo indígena y para asumir una actitud sinarquista que disfraza de odio al gringo su tranquila sumisión frente a él.

El autor parte de la base de que los aztecas eran una nación de bárbaros idolatras, por lo que Dios hizo bien en castigarlos, pero, clemente al fin, les mandó a los más finos, más valientes y más buenos y sabios conquistadores del mundo, a los españoles, cuyo jefe, Cortés, es el arquetipo de estas cualidades.

Todos los problemas posteriores derivan de dos pecados fundamentales: haber traicionado a la madre España, independizándose de ella y dando preeminencia al indio, y haber perseguido a la religión católica (la única verdadera)

Vasconcelos escoge conceptos de Spengler (y no lo más original de este filósofo) para aplicar sus conceptos del hombre superior al modelo hispánico.

La obra es antihistórica, en cuanto a que es polémica y no siempre se ajusta a la verdad, sobre todo tiene barbaridades tales como la de apoyar a Maximiliano frente a Juárez (para Vasconcelos, representante de los gringos) Además, es desagradable y antinacionalista. Es el producto de una mentalidad ególatra y resentida que disfraza su fracaso personal en forma de odio hacia magnitudes superiores al individuo aislado. Las tesis que sustenta están muchos años atrasadas de moda, y la forma de representarlas es ridícula.

En resumen, una obra que define a su autor como un traidor, ególatra resentido y de poca profundidad filosófica, en la que hay que reconocer su valentía cívica para denunciar abusos de tipo económico de los jerarcas de la revolución mexicana.

Trayectoria de Goethe, de Alfonso Reyes

Uno de los más altos espíritus americanos se acerca aquí a la obra de uno de los más grandes talentos de la humanidad. Pero el acercamiento, sin ser irreverente, no es de rodillas. Desde el siglo y medio que ha pasado desde Goethe, Reyes mira con cierta displicencia a su modelo germánico y se da el lujo de apuntar las fallas de su carácter, fallas que fueron particularmente sensibles en su condescendencia con los poderosos a los que siempre plegaba el consejero Goethe su opinión aparentemente esclarecedora.

El libro nos guía a través de las etapas afectivas hasta "las últimas cumbres", traspuestas las cuales, entra el poeta en la inmortalidad después de una larga y sosegada vida. Constituye la obra un adecuado comienzo para ir inteligentemente guiado al conocimiento de Goethe, el maestro de maestros, el poeta, pintor, científico y hombre de Estado cuyo genio polifacético cristalizó en Fausto.

La rebelión de los colgados, de Bruno Traven

Bruno Traven es un extraño personaje, desconocido aún de sus editores, que parece escribir en inglés y ser extranjero. Si se comenta es por el aporte que sus libros de aventuras hacen al cuadro de la novela costumbrista americana.

La rebelión de los colgados es un pedazo de realidad histórica y social colocado en el marco de personajes irreales. Irreales porque su lenguaje y su sicología son extraños al indio.

Se nota que el autor es o bien extranjero a México o extranjero a la clase social que pinta; pero su simpatía por los oprimidos es clara y no se ocupa de ocultarla. Los últimos capítulos son mas bien un alegato revolucionario (con muchas particularidades anarquistas) que una novela.

La acción transcurre en una montería del sur de México en épocas inmediatas a la revolución de 1910. La opresión de que son víctimas los obreros es terrible. Tres hermanos son los dueños de la montería y rivalizan para llevarse el cetro de la brutalidad. Por fin el espíritu rebelde se adueña de los obreros, y primero es uno de los hermanos, luego los otros dos junto con todos los capataces, los que caen bajo el machete reivindicador de los alzados. El título de la obra se debe a que los patrones hacían colgar de manos, pies y hasta testículos a los obreros que no cumplían su tarea diaria.

Al principio de la rebelión se respetó la vida de los empleados menores, pero llegaron obreros desertores que habían vivido meses ocultos en la selva y rápidamente, al ser dejados de guardia, acabaron con hombres, mujeres y niños.

La columna emprende el camino hacia las zonas pobladas y allí acaba la obra.

Casi no podría llamarse novela, debido a que la pintura individual de caracteres es muy débil, en cambio las acciones generales de las masas insurrectas están magistralmente pintadas y la escena general de las arbitrariedades patronales, de sobra conocidas por quien ha caminado las rutas de América, es exacta.

Biografía del Caribe, de Germán Arciniegas

Es el Caribe una zona neurálgica de América; hoy como lo fue ayer. Es el asentamiento de las más poderosas compañías de piratas, ya sean los filibusteros de Drake o la United Fruit Company.

Esto es un paralelo histórico cuyo meollo no trata de dilucidar el autor. Para él todo el Caribe se desenvuelve de acuerdo con leyes inexplicables y pasa de unas manos a otras, en guerras interminables, sólo por la codicia pasajera de algún monarca.

El hecho económico, el *leit motiv* sobre el que gira la accidentada biografía ribereña al mar del Caribe se diluye en ironías intrascendentes, en demostraciones de una profundísima cultura anecdótica y de un ágil y bien manejado castellano.

La secuencia histórica esta dada por la aparición de un poder naval que reemplaza a otro poder naval o terrestre en decadencia, y si en algún momento roza el drama de la época, la terrible amenaza del imperialismo yanqui, lo hace con frases lamidas y tangenciales y refiriéndose a hechos que ya casi pertenecen a la historia, como el arrebato del Canal de Panamá.

Tiene frases de amable complacencia con el aventurero que actuando como plenipotenciario y poniendo pistola al pecho del gobierno de Panamá hace firmar un comercio indigno, y si resalta la pistoleril acción de Teodoro Roosevelt téngase en cuenta que su fino, despreciativo y caballeresco sarcasmo se abate sobre los que cercenaron a su patria.

Arciniegas tiene inteligencia y, sobre todo, cultura para dar una gran obra sobre el tema, pero no puede hacerlo porque su saber está sólo a disposición de su causa personal.

Mamita Yunai, de Carlos Luis Fallas

Este libro fue escrito por un obrero para participar en el concurso de la mejor novela latinoamericana de 1940. El jurado costarricense "por considerar que no se podía tomar en cuenta como novela, lo desechó". Así reza una nota que, a manera de colofón, cierra el libro, y tal vez desde un punto de vista técnico tenga razón el jurado, pues este relato no es completamente una novela, es un documento vivo elaborado en la entraña de la selva y al calor de la "acogedora" Mamita Yunai, la United Fruit Co., cuyos tentáculos chupan la savia de todos los pueblos de Centroamérica y algunos suramericanos.

El relato es de estilo claro y seco y de técnica sencilla. En una primera parte narra sus vicisitudes como fiscal de una elección y matufias que en ella se hacen, hasta que vuelve a Limón y en el camino se encuentra con un viejo amigo, lo que da pie a narrar en forma de recuerdo la segunda parte, con sus aventuras en el bananal y la injusticia y el robo de que son objeto por parte de la compañía hasta que uno de los compañeros trata de matar a un "Tútile" [sic], un italiano de la "Yunai", y va a la cárcel.

La tercera parte, a manera de epílogo, cuenta en forma de diálogo entre los dos lo que fue de sus vidas en los años de intervalo para acabar con una separación cada uno siguiendo su camino: el autor, la primera persona que narra, en las luchas de reivindicación política; el amigo, en las bananeras de la Yunai.

El tipo principal es a las claras el autor, y tiene el acierto de no mezclarse con el pueblo a quien relata. Lo ve sufrir, lo comprende y lo compadece, pero no se identifica. Es testigo mas que actor. Conoce los lugares que relata y se nota que los ha vivido. Los tipos sicológicos de los compañeros y las anécdotas insertadas son acertadas aunque a veces estas últimas llegan un poco traídas de los pelos al relato.

Como siempre en este tipo de novela, no hay complejidad sicológica en nadie, pero sobre todo los "machos" (gringos); parecen figuras del "malo" recortadas con cartulina.

Cuando sus quejas se transforman en alaridos efectistas cae en lugares comunes de la novela social americana, pero es, por sobre todas las cosas, un notable y vivo documento de tropelías de la Compañía y "autoridad" y de la vida miserable de los "linieros" (que trabajan en la línea férrea) a quienes está dedicado este libro.

Canto General, de Pablo Neruda

Cuando el tiempo haya tamizado un poco los andares políticos y al mismo tiempo —ineluctablemente— haya dado al pueblo su triunfo definitivo, surgirá este libro de Neruda como el más vasto poema sinfónico de América.

Es poesía que muestra un hito y quizás una cumbre. Todo en ella, hasta los pocos (e inferiores) versos personales del final, respiran trascendencia. El poeta cristaliza esa media vuelta que dio, cuando abandonara su diálogo consigo mismo y descendiera (o subiera) a dialogar con nosotros, los simples mortales, los integrantes del pueblo.

Es un canto general de América que da un repaso a todo lo nuestro desde los gigantes geográficos hasta las pobres bestezuelas del señor monopolio.

El primer capítulo se llama "La lámpara en la tierra", y entre otros suena su saludo para el gigantesco Amazonas:

> Amazonas Capital de las sílabas del agua,
> padre patriarca...

Al exacto colorido une la metáfora justa, da el ambiente, muestra su impacto en él, para ya no como vagabundo alambicado, sino como hombre.

Y precisamente el primer capítulo de su descripción que pudiéramos llamar "precolombina" se cierra con "Los hombres", nuestros abuelos lejanos:

> Como la copa de arcilla era
> la raza minera, el hombre
> hecho de piedras y de atmósfera,
> limpio como los cántaros, sonoro

Luego el poeta encuentra la síntesis de lo que era la América nuestra, su símbolo más grande, y canta entonces a las "Alturas de Macchu Picchu".

Es que Macchu Picchu es la obra de ingeniería aborigen que llega más a nosotros; por su simpleza elegante, por su tristeza gris, por el maravilloso panorama circundante, por el Urubamba aullando abajo. La síntesis de Macchu Picchu es hecha por tres versos que son tres definiciones de una categoría casi goethiana:

> Madre de piedra, espuma de los cóndores.
> Alto arrecife de la aurora humana
> Pala perdida en la primera arena

Pero no se conforma con definirla e historiarla, y en un arranque de locura poética echa todo su saco de metáforas deslumbrantes y a veces herméticas sobre la ciudad símbolo y después invoca su ayuda:

> Dadme el silencio, el agua, la esperanza
> Dadme la lucha, el hierro, los volcanes

¿Que ha sucedido? Todos conocen la secuencia de la historia: en el horizonte aparecieron "Los conquistadores".

> Los carniceros desolaron las islas
> Guahananí fue la primera
> en esta historia de martirios

Y van pasando Cortés, Alvarado, Balboa, Ximénez de Quesada,

Pizarro, Valdivia. Todos son lacerados sin piedad por su canto detonante como un pistoletazo. Para el único que tiene palabras de cariño es para Ercilla, el cantor de la gesta Araucana:

> Hombre, Ercilla sonoro, oigo el pulso del agua
> de tu primer amanecer, un frenesí de pájaros
> y un trueno en el follaje
> Deja, deja tu huella
> de águila rubia, destroza
> tu mejilla contra el maíz salvaje,
> todo será en la tierra devorado.

Sin embargo, la conquista seguirá y dará lo suyo a América, por eso dice Neruda, "A pesar de la ira":

> Pero a través del juego y la herradura
> como de un manantial iluminado
> por la sangre sombría,
> con el metal hundido en el tormento
> se derramó una luz sobre la tierra:
> número, nombre, línea y estructura.
>
> Así con el sangriento
> titán de piedra,
> halcón encarnizado
> no sólo llegó sangre sino trigo.
>
> La luz vino a pesar de los puñales.

Pero la noche de España acaba y la noche del monopolio es amenazada. Todos los grandes de América tienen su sitio en el canto, desde los viejos libertadores hasta los nuevos, los Prestes, los que luchan con el pueblo codo a codo.

Ahora la detonación desaparece y un gran canto de alegría y esperanza salpica al lector. Pero suena especialmente la gesta de su tierra. Lautaro y sus guerreros y Caupolicán el empalado.

"Lautaro contra el centauro (1554)" da la idea justa.

> La fatiga y la muerte conducían
> la tropa de Valdivia en el follaje.
>
> Se acercaban las lanzas de Lautaro.
> Entre los muertos y las hojas iba
> como en un túnel Pedro de Valdivia.

En las tinieblas llegaba Lautaro.
Pensó en Extremadura pedregosa,
en el dorado aceite, en la cocina,
en el jazmín dejado en ultramar.
Reconoció el aullido de Lautaro.
Valdivia vio venir la luz, la aurora,
tal vez la vida, el mar.
Era Lautaro

No podía faltar en su canto la reunión misteriosa de Guayaquil, y en las líneas de la entrevista política palpita el espíritu de los dos grandes generales.

Pero no todo fue lucha heroica y limpia de los libertadores, también hubo traiciones, verdugos, carceleros, asesinos. "La arena traicionada" se abre con "Los verdugos":

Sauria, escamosa América enrollada
al crecimiento vegetal, al mástil
erigido en la ciénaga:
amamantaste hijos terribles
con venenosa leche de serpiente,
tórridas cunas encubaron
y cubrieron con barro amarillo
una progenie encarnizada.
El gato y la escorpiona fornicaron
en la patria selvática

Y aparecen y desfilan los Rosas, Francias, García Morenos, etc., y no sólo nombres, instituciones, castas, grupos.

A sus colegas "Los poetas celestes" les pregunta:

Qué hicisteis vosotros gidistas,
intelectualistas, rilkistas,
misterizantes, falsos brujos
existenciales, amapolas
surrealistas encendidas
en una tumba, europeizados
cadáveres de la moda
pálidas lombrices del queso
capitalista,...

Y cuando llega a las compañías norteamericanas, su poderosa voz respira piedad por las víctimas y asco y odio hacia los pulpos, hacia todos los que fraccionen y degluten nuestra América:

> Cuando sonó la trompeta, estuvo
> todo preparado en la tierra,
> y Jehová repartió el mundo
> a Coca-Cola Inc., Anaconda,
> Ford Motors, y otras entidades:
> la Compañía Frutera Inc.
> se reservó lo más jugoso,
> la costa central de mi tierra,
> la dulce cintura de América.

A González Videla, el presidente que lo envía al exilio, le grita:

> Triste clown, miserable
> mezcla de mono y rata, cuyo rabo
> peinan en Wall Street con pomada de oro.

Pero no todo ha muerto tampoco, y de la esperanza brota su grito:

> América, no invoco tu nombre en vano.

Se concentra luego en su patria dando el "Canto general de Chile" donde después de describirlo y cantarlo da su "Oda de invierno al río Mapochu".

> Oh, sí, nieve imprecisa,
> oh, sí, templando en plena flor de nieve,
> párpado boreal, pequeño rayo helado
> ¿quién, quién te llamó hacia el ceniciento valle,
> quién, quién le arrastró desde el pico del águila
> hasta donde tus aguas puras tocan
> los terribles harapos de mi patria?

Y entonces viene la tierra, "La tierra se llama Juan", y entre el canto inhábil que cada obrero da, se oye el de Margarita Naranjo, que desgarra con su patetismo desnudo:

> Estoy muerta. Soy de Maria Elena.

Y después se vuelve furioso contra los principales culpables, contra los monopolios, y le dedica a un soldado yanqui su poema "Que despierte el leñador":

Al oeste de Colorado River
hay un sitio que amo

Y le advierte:

Será implacable el mundo para vosotros.
No sólo serán las islas despobladas, sino el aire
que ya conoce las palabras que les son queridas.

Y desde el laboratorio cubierto de enredaderas
saldrá también el átomo desencadenado
hacia vuestras ciudades orgullosas.

González Videla desata la persecución contra él y lo convirtió en "El fugitivo", desde aquí su canto cae algo, parece como si la improvisación campeara desde ese momento en su canto y pierde entonces la altura de su metáfora y el delicado ritmo de su idea. Luego siguen "Las flores de Punitaqui" y luego saluda a sus colegas de habla hispánica.

En "Coral de año nuevo para mi patria en tinieblas" polemiza con el gobierno de Chile y después recuerda "El gran océano" con su Rapa Nui:

Tepito-Te-Henúa, ombligo del mar grande.
taller del mar, extinguida diadema.

Y acaba el libro con su "Yo soy", donde hace su testamento luego de repasarse a sí mismo:

Dejo a los sindicatos
del cobre, del carbón y del salitre
mi casa junto al mar de Isla Negra.
Quiero que allí reposen los maltratados hijos
de mi patria, saqueada por hachas y traidores,
desbaratada en su sagrada sangre,
consumida en volcánicos harapos.

Dejo mis viejos libros, recogidos
en rincones del mundo, venerados
en su tipografía majestuosa,
a los nuevos poetas de América,
a los que un día
hilarán en el ronco telar interrumpido
las significaciones de mañana.

Y finalmente grita:

> Aquí termino:
> y nacerá de nuevo esta palabra,
> tal vez en otro tiempo sin dolores,
> sin las impuras hebras que adhirieron
> negras vegetaciones en mi canto,
> y otra vez en la altura estará ardiendo
> mi corazón quemante y estrellado.
> Así termina este libro, aquí dejo
> mi Canto General escrito
> en la persecución cantando, bajo
> las olas clandestinas de mi patria.
> Hoy 5 de febrero, en este año
> de 1949, en Chile, en "Godomar
> de Chena", algunos meses antes
> de los cuarenta y cinco años de mi edad.

y con este final de François Villon acaba el libro más alto de América poética. La épica de nuestro tiempo de tocar con sus alas curiosas todo lo bueno y lo malo de la gran patria.

No hay espacio para otra cosa que la lucha; como en *La araucana* de su antecesor genial, todo es combate continuo, y su caricia es la caricia desmañada del soldado, no por eso menos amorosa pero cargada de fuerzas de la tierra.

Guatemala: la democracia y el imperio, de Juan José Arévalo

Han pasado veinte años desde el libro anterior (*La pedagogía de la personalidad*, La Plata, 1937).

Arévalo fue presidente de un país durante seis años; se paró con todo su pequeño país detrás contra la prepotencia yanqui y sus voraces monopolios que se tiraban sin cesar contra las riquezas guatemaltecas. Pasados sus seis años de gobierno, entregó el mando a Arbenz, y a la mitad del ejercicio de este se produce la abierta agresión a Guatemala. Arévalo resucita entonces viejos recuerdos de su época presidencial y los ofrecimientos yanquis para tentarlo personalmente a aceptar su juego.

Analiza el complejo panorama de la política mundial y puntualiza con seria ironía las estupideces de la propaganda yanqui sobre el peligro guatemalteco. Analiza la acción del gobierno de Arbenz sobre la UFCO, LA IRCA y la Bond and Share y llega a la conclusión de que estas son las indirectamente responsables del atraco.

Naturalmente, nadie que piense que puede dejar de conocer ese hecho tan enormemente claro, pero la valentía está en decirlo sin pelos en la lengua en este especial momento de la historia de América.

No es este un libro que vaya a sobrevivir a su época, morirá con ella pues no hay valores eternos en sus cien inflamadas páginas, pero es interesante notar las diferencias que veinte años han dado a la obra pedante del joven doctor en filosofía y la viril alocución de un patriota que fue presidente de su patria y, como tal, debió poner el hombro cotidianamente para desempequeñecer a su país.

El hechicero, de Carlos Solórzano

Un pequeño drama bien hecho. De hondura filosófica, aunque no de originalidad. Al fin y al cabo, el tema del alquimista enamorado de una idea es tan viejo como la alquimia. Lo importante es que el autor encuentra en la obra el tema social y se siente en su grito el grito de los humildes.

El tema y el desarrollo son clásicos: Shakespeare (*Hamlet* y *Macbeth*) le van unido (sic) en mucho, pero también O'Neill ha puesto su grano de arena en la obra.

El hechicero es muerto por su hermano, incitado por la mujer de aquél, pero no consiguen nada, ya que el hechicero sólo tenía ilusiones y no una fórmula para el oro. La hija de éste se venga en una forma que recuerda al dramaturgo norteamericano por su complejidad sicológica.

El fondo está dado por un pueblo sojuzgado que tiene hambre y que busca a su salvador en cualquier parte.

ARTÍCULOS PERIODÍSTICOS (1953-1954)

Un vistazo a las márgenes del gigante de los ríos[6]

(Publicado en el suplemento *Panamá-América Dominical*, 22 de noviembre de 1953)

El Amazonas, con su cortejo tributario, configura un enorme continente pardo enclavado en el centro de América. En los largos meses lluviosos, todos los cursos de agua aumentan su caudal en tal forma que esta invade la selva convirtiéndola en morada de animales acuáticos o aéreos. Sólo en las tierras, estas que, como manchas emergen de la sabana parda de las aguas, se pueden refugiar las bestias terrestres. El caimán, la piraña o el canero son los nuevos peligrosos huéspedes de la Tronda, reemplazando al tigrilla, al yaguareté o al pecarí en la tarea de impedir al ser humano sentar sus reales sobre la maraña.

Desde la lejana época en que las huestes de Orellana, angustiadas y hambrientas, posaron su vista en ese mar barroso y lo siguieron en improvisados navíos hacia el mar, se han hecho miles de conjeturas sobre el exacto lugar donde nace el gigante. Mucho tiempo se consideró al Marañón como el verdadero nacimiento del río, pero la moderna investigación geográfica ha derivado sus investigaciones hacia el otro poderoso tributario, el Ucallaly, y siguiendo pacientemente sus márgenes, desmembrándolo en afluentes cada vez mas pequeños, se llegó a un diminuto lago, que, en la cima de los Andes, da nacimiento al Apurimac, arroyo cantarín primero, poderosa voz de la montaña posteriormente, justificando entonces su nombre, ya que en quechua, apurimac significa el gran aullador. Allí nace el Amazonas.

Pero, ¿quién se acuerda aquí de los límpidos torrentes de montaña? ¿Aquí donde el río alcanzó su definitiva categoría de coloso y su silencio enorme aumenta el misterio de la noche de la selva? Estamos en San Pablo, una colonia de enfermos del mal de Hansen que el gobierno peruano sostiene en los confines de su territorio y nosotros utilizamos como base de operaciones para entrar en el corazón del bosque.

En todas las imágenes de la selva, ya sean los paraísos policromos de Hudson o aquellas de sombríos tonos de José E. Rivera, se subestima al más pequeño y más terrible de los enemigos, el mosquito. Al caer la tarde, una nube cambiante flota en el agua de los ríos y se arroja sobre cuanto ser viviente pase por allí. Es mucho más peligroso entrar a la selva sin un mosquitero que sin un arma. Las fieras carniceras difícilmente ataquen al hombre, no todas las "cochas" que hay que vadear están habitadas por caimanes o pirañas, ni los ofidios se arrojarán sobre el viajero para inocularle el veneno o ahogarlo en un abrazo de muerte: pero los mosquitos atacarán. Lo picarán inexorablemente en todo el cuerpo dejándole, a cambio de la sangre que se llevan, fastidiosas ronchas y, una que otra vez, el virus de la fiebre amarilla o más frecuentemente, el parásito productor del paludismo.

Hay que descender siempre a lo pequeño para ver al enemigo. Otro, invisible y poderoso, es el Anchylostorna, un parásito cuyas larvas se introducen perforando la piel desnuda de las gentes descalzas y luego de un viaje por todo el organismo, se instalan en el tubo digestivo, provocando, con las continuas extracciones de sangre, anemias muy serias que padecen casi todos los habitantes de la zona, en mayor o menor escala.

Caminamos por la selva, siguiendo el flexuoso [sic] trazo de un sendero indígena, rumbo a las chozas de los Yaguas, aborígenes de la región. El monte es enorme y sobrecogedor, sus ruidos y sus silencios, sus surcos de agua oscura o la gota limpia que se desprende de una hoja, todas sus contradicciones tan bien orquestadas, reducen al caminante hasta convertirlo en un punto en algo sin magnitud, ni pensamiento propio. Para escapar al influjo poderoso hay que fijar la vista en el amplio y sudoroso cuello del guía o en las huellas esbozadas en el piso del bosque que indican la presencia del hombre y recuerda la fuerza de la comunidad que lo respalda. Cuando toda la ropa se ha pegado sobre el cuerpo y varios manantiales resbalan por nuestras cabezas abajo, llegamos al caserío. Un corto número de chozas construidas sobre estacas, en un claro de la selva y un matorral de yucas, que constituye la base alimenticia de estos indios, son sus riquezas: efímeras riquezas que deben ser abandonadas cuando las lluvias hinchen las venas de la selva y el agua los empuje hacia las tierras altas, con la cosecha de yucas y frutos de palmera que los harán subsistir.

Durante el día, los yaguas viven en casas abiertas con techo de palma y una plataforma que los aleja de la humedad del suelo, pero al caer la noche, la plaga de mosquitos es más fuerte que sus cueros estoicos y el aceite de repugnante olor con que se untan el cuerpo, y deben refugiarse en unas cabañas de hoja de palmera, a las que cierran herméticamente con una puerta del mismo material. Las horas que dure la oscuridad permanecen encerrados en el refugio todos los integrantes de la tribu, para quienes, la promiscuidad en que transcurren no tiene efectos molestos sobre su sensibilidad, ya que las reglas morales por las que nos regimos no significan nada en su mundo tribal. Me asomé a la puerta de la choza y un olor repugnante de untos extraños y cuerpos sudorosos me repelió enseguida.

La vida de esta gente se reduce a seguir mansamente las órdenes que la naturaleza da por intermedio de las lluvias.

En esa época invernal comen la yuca y las patatas recolectadas en verano y salen con sus canoas de tronco a pescar entre la maraña de la selva. Es curioso verlos: una inmovilidad vigilante a la que nada turba y en la diestra el pequeño arpón levantado; el agua oscura no deja ver nada, de pronto, un movimiento brusco y el arpón se hunde en ella, se agita el agua un momento y luego se ve solo la diminuta boya que este se lleva en un extremo, unida a la varilla por un hilo de uno o dos metros de largo. Los fuertes golpes de pala mantienen la canoa cerca del flotador hasta el momento en que el pez, exhausto, deja de luchar.

En época propicia viven también de la caza. A veces cobran una gran pieza con alguna vieja escopeta conseguida por quién sabe que extraña transacción pero, en general, prefieren la silenciosa cerbatana. Cuando las bandas de micos cruzan entre el follaje, una pequeña púa untada de curare hiere a alguno de los monos; este, sin lanzar un grito, se extrae la incómoda punta y sigue su camino durante algunos metros, hasta que el veneno surte efecto y el mico se desploma vivo, pero incapaz de emitir un sonido. Durante todo el tiempo en que pasa la bulliciosa pandilla, la cerbatana funciona constantemente, mientras, la vigilante mirada compañera del cazador va marcando en el follaje los puntos donde caen los animales heridos. Cuando el último mico, ajeno a la tragedia, se aleja, sin que una sola de las piezas quede sin recoger, vuelven los cazadores con su contribución alimenticia a la comunidad.

Festejando el arribo de los visitantes blancos, nos obsequiaron con uno de los monos cobrados en la forma relatada. En un improvisado asador preparamos el animal a la usanza de nuestras pampas argentinas y probamos su carne, dura y amarga pero con agradable sabor agreste, dejando entusiasmados a los indígenas con la forma de aderezar el manjar.

Para corresponder al regalo, entregamos dos botellas de un refresco que llevábamos con nosotros. Los indios bebieron animadamente el contenido y guardaron las tapitas con religiosa unción, en la bolsa de fibra trenzada que llevan pendiente de su cuello y donde se encuentran sus mas preciados tesoros: algún amuleto, los cartuchos, un collar de pepas, un sol peruano etc.

Al volver, algo hostilizados por la noche que caía, uno de ellos nos guió por atajos que nos permitieron llegar antes al seguro refugio que significaban las telas metálicas de la colonia. Nos despedimos con un apretón de manos a la usanza europea, dándome el guía de regalo una de las fibras que formaban su pollera, única vestimenta de los yaguas.

Se ha exagerado mucho sobre los peligros y tragedias del monte, pero hay un punto en que tenemos una experiencia que certifica la verdad. Se dice siempre que es peligroso separarse del sendero trazado cuando uno marcha en la selva, y es cierto. Un día hicimos la prueba, relativamente cerca de la base de operaciones que habíamos tornado y de pronto nos miramos desconcertados, ya que el sendero que queríamos retomar parecía haberse diluido. Dimos cuidadosas vueltas en tomo, buscándolo, pero fue en vano.

Mientras uno se quedaba fijo en un punto, otro camina en línea recta y volvía guiado por los gritos. Hicimos así una estrella completa, sin resultado. Afortunadamente, nos habían puesto sobre aviso previniendo la situación en que nos encontrábamos y buscamos un árbol especial, cuyas raíces forman tabiques de unos centímetros de grueso que sobresalen de la tierra hasta dos metros a veces y que parecen hacer de sostén adicional de la planta.

Con un palo de regular tamaño, comenzamos a darles con todas nuestras fuerzas a los tabiques vegetales: se produjo entonces un ruido sordo, no muy fuerte, pero que se oye a gran distancia, mucho más efectivo que un disparo de arma de fuego al que el follaje ahoga. Al rato, un indio de sonrisa burlona apareció con su escopeta y con una seña nos condujo al camino, mostrándonos la ruta con un gesto: sin saber cómo, nos habíamos separado unos quinientos metros del sendero.

En general, se tiene la idea de que la selva es un lujurioso paraíso de alimentación; no es así. Un habitante conocedor nunca morirá de hambre en ella, pero si algún incauto se pierde en el bosque los problemas alimenticios son serios. Ninguna de las especies de frutas tropicales conocidas por nosotros crece espontáneamente en él. Como alimentación vegetal silvestre hay que recurrir a ciertas raíces y frutos de palmera que sólo una persona experimentada puede diferenciar de similares venenosos; es sumamente difícil cazar a quien no este acostumbrado a ver en una ramita partida el rastro de algún chancho del monte o un venado, a quien no conozca los abrevaderos y sepa deslizarse por la maraña sin hacer el menor ruido; y pescar, en un lugar donde la densidad de animales acuáticos es tan grande, constituye, no obstante, un arte bastante complejo ya que existe una remota posibilidad de que los peces muerdan el anzuelo y el sistema de arponearlos no es sencillo ni mucho menos. Pero la tierra trabajada, ¡qué piñas enormes, que papayas, que plátanos! Una pequeña labor se ve recompensada con éxitos rotundos. Y sin embargo, parece que el espíritu de la selva tomara a los moradores de esta y los confundiera con ella. Nadie trabaja si no es para comer. Como el mono, que busca entre las ramas el diario sustento sin pensar en el mañana o el tigrillo que sólo mata para satisfacer sus necesidades alimenticias, el colono cultiva lo preciso para no morirse de hambre.

Los días pasaron con mucha rapidez en medio de trabajos científicos, excursiones y cacerías por los alrededores. Llegó la hora de la despedida y, la noche de la víspera, dos canoas repletas de enfermos del mal de Hansen se acercaron al embarcadero de la zona sana de la colonia para testimoniarnos su afecto. Era un espectáculo impresionante el que formaban sus facies leoninas, alumbradas por la luz de las antorchas, en la noche amazónica. Un cantor ciego entonó huaynitos y marineras, mientras la heterogénea orquesta hacía lo imposible por seguirlo. Uno de los enfermos pronunció el discurso de despedida y agradecimiento; de sus sencillas palabras emanaba una emoción profunda que se unía a la imponencia de la noche. Para esas almas simples, el solo hecho de acercarse a ellas, aunque no sea sino con un afán de curiosidad merece el mayor de los agradecimientos. Con la penosa mueca con que quieren expresar el cariño que no pueden manifestar en forma de apretón de manos, aunque sea, ya que las leyes sanitarias se oponen terminantemente, al contacto de una piel sana con otra enferma, se acabó la serenata y la despedida. La música y el adiós han creado un compromiso con ellos.

La pequeña balsa en que seguiríamos nuestro camino acuático estaba atestada de regalos comestibles del personal de la colonia y de los enfermos que rivalizaban en darnos la pifia más grande, la papaya más dulce, o el pollo más gordo. Un pequeño empujoncito hacia el centro del río y ya estábamos sólo conversando con el.

> "Sobre las ancas del río
> viene el canto de la selva,
> viene el dolor que mitigan
> sobre las balsas que llegan.
> Y los balseros curtidos
> sobre las rutas sangrientas
> del caracol de los ríos
> vienen ahogando sus penas."

Llevamos dos días de navegación río abajo y esperábamos el momento en que apareciera Leticia, la ciudad colombiana a donde queríamos llegar, pero había un serio inconveniente ya que nos era imposible dirigir el armatoste. Mientras estábamos en medio del río, muy bien, pero si por cualquier causa pretendíamos acercarnos a la orilla, sosteníamos con la corriente un furioso duelo del que esta salía triunfante siempre, manteniéndonos en el medio hasta que, por su capricho, nos permitía arrimar a una de las márgenes, la que ella quisiera. Fue así que en la noche del tercer día, se dejaron ver las luces del pueblo; y así fue que la balsa siguió imperturbable su camino pese a nuestros desaforados intentos. Cuando parecía que el triunfo coronaba nuestros afanes, los troncos hacían pirueta y quedaban orientados nuevamente hacia el centro de la corriente. Luchamos hasta que las luces se fueron apagando río arriba y ya nos íbamos a meter en el refugio del mosquitero, abandonando las guardias periódicas que hacíamos, cuando el último pollo, el apetecido manjar, se asustó y cayó al agua. La corriente lo arrastraba un poco más ligero que a nosotros; me desvestí. Estaba listo para tirarme, sólo tenia que dar dos brazadas, aguantar, la balsa me alcanzaba sola. No sé bien lo que pasó; la noche, el río tan enigmático, el recuerdo, subconsciente o no, de un caimán, en fin, el pollo siguió su camino mientras yo, rabioso conmigo mismo, me prometía tirarme y nuevamente retrocedía, hasta abandonar la empresa. Sinceramente, la noche del río me sobrecogió; fui cobarde frente a la naturaleza. Y luego, ambos, los compañeros, fuimos enormemente hipócritas: nos condolimos de la horrible suerte del pobre pollo.

Despertamos varados en la orilla, en tierra brasileña, a muchas horas de la canoa de Leticia adonde fuimos trasladados gracias a la amabilidad proverbial de los pobladores del gigantesco río.

Cuando volábamos en el "Catalina" de las fuerzas armadas de Colombia, mirábamos abajo la selva inmensa. Un gran coliflor verde, interrumpido apenas por el hilo pardo de un río estrecho, desde la altura, se extendió por miles de kilómetros y horas de vuelo. Y por eso era sólo una ínfima parte del gigantesco continente amazónico con el que habíamos sostenido una íntima amistad durante varios meses y a cuya franqueza nos inclinábamos reverente.

Abajo, emergiendo del follaje y flotando sobre los ríos, el espíritu de Canaima, el dios de la selva, levantaba su mano en seña de despedida.

Machu-Picchu, enigma de piedra en América

(Publicado en el semanario *Siete* de Panamá, 12 de diciembre de 1953)

Coronando un cerro de agrestes y empinadas laderas, a 2 800m sobre el nivel de mar y 400 sobre el caudaloso Urubamba, que baña la altura por tres costados, se encuentra una antiquísima ciudad de piedra que, por ampliación, ha recibido el nombre del lugar que la cobija: Machu-Picchu.

¿Es esa su primitiva denominación? No, este término quechua significa Cerro Viejo, en oposición a la aguja rocosa que se levanta a pocos metros del poblado, Husina Picchu, Cerro Joven; descripciones físicas referidas a cualidades de los accidentes geográficos, simplemente. ¿Cuál será entonces su verdadero nombre? Hagamos un paréntesis y traslademonos al pasado.

El siglo XVI de nuestra era fue muy triste para la raza aborigen de América. El invasor barbado cayó como un aluvión por todos los ámbitos del continente y los grandes imperios indígenas fueron reducidos a escombros. En el centro de América del Sur, las luchas intestinas entre los dos postulantes a heredar el cetro del difunto Huaina-Capac, Atahualpa y Huascar, hicieron más fácil la tarea destructora sobre el más importante imperio del continente.

Para mantener quieta la masa humana que cercaba peligrosamente el Cuzco, uno de los sobrinos de Huascar, el joven Manco II, fue entronizado. Esta maniobra tuvo inesperada continuación: los pueblos indígenas se encontraron con una cabeza visible, coronada con todas las formalidades de la ley incaica, posibles bajo el yugo español y un monarca no tan fácilmente manejable como quisieran los españoles. Una noche desapareció con sus principales jefes, llevándose el gran disco de oro, símbolo del sol, y, desde ese día, no hubo paz en la vieja capital del imperio.

Las comunicaciones no eran seguras, bandas armadas correteaban por el territorio e incluso cercaron la ciudad, utilizando como base de operaciones la vieja e imponente Sacsahuaman, la fortaleza tutora del Cuzco, hoy destruida. Corría el año 1536.

La revuelta en gran escala fracasó, el cerco del Cuzco hubo de ser levantado y otra importante batalla en Ollantaitambo, ciudad amurallada a orillas del Urubamba, fue perdida por las huestes del monarca indígena. Este se redujo definitivamente a una guerra de guerrillas que molestó considerablemente el poderío español. Un día de borrachera, un soldado conquistador, desertor, acogido con seis compañeros más en el seno de la corte indígena, asesinó al soberano, recibiendo, junto con sus desafortunados compinches, una muerte horrible a manos de los indignados súbditos que expusieron las cercenadas cabezas en las puntas de lanzas como castigo y reto. Los tres hijos del soberano, Sairy Túpac, Tito Cusi y Túpac Amaru, uno a uno fueron reinando y muriendo en el poder. Pero con el tercero murió algo mas que un monarca: se asistió al derrumbe definitivo del imperio incaico.

El efectivo e inflexible Virrey Francisco Toledo tomó preso al último soberano y lo hizo ajusticiar en la plaza de armas del Cuzco, en 1572. El inca, cuya vida de confinamiento en el templo de las vírgenes del sol, tras un breve paréntesis de reinado, acababa tan trágicamente, dedicó a su pueblo, en la hora postrera, una viril alocución que lo rehabilita de pasadas flaquezas y permite que su nombre sea tomado como apelativo por el precursor de la independencia americana, José Gabriel Condorcanqui: Túpac Amaru II.

El peligro había cesado para los representantes de la corona española y a nadie se le ocurrió buscar la base de operaciones, la tan bien guardada ciudad de Vilcapampa, cuyo último soberano la abandonó antes de ser apresada, iniciándose entonces un paréntesis de tres siglos en que el más absoluto silencio reina en torno al poblado. El Perú seguía siendo una tierra virgen de plantas europeas en muchas partes de su territorio, cuando un hombre de ciencia italiano, Antonio Raimondi, dedicó 19 años de su vida, en la segunda mitad del siglo pasado, a recorrerlo en todas direcciones.

Si bien es cierto que Raimondi no era arqueólogo profesional, su profunda erudición y capacidad científica, dieron al estudio del pasado incaico un impulso enorme. Generaciones de estudiantes peruanos tornaron sus ojos al corazón de una patria que no conocían, guiados por la monumental obra *El Perú*, y hombres de ciencia de todo el mundo sintieron reavivar el entusiasmo por la investigación del pasado de una raza otrora grandiosa.

A principios de este siglo un historiador norteamericano, el profesor Bingham, llegó hasta tierras peruanas, estudiando en el terreno itinerarios seguidos por Bolívar, cuando quedó sojuzgado por la extraordinaria belleza de las regiones visitadas y tentado por el incitante problema de la cultura incaica. El profesor Bingham, satisfaciendo al historiador y al aventurero que en el habitaban, se dedicó a buscar la perdida ciudad, base de operaciones de los cuatro monarcas insurgentes.

Sabia Bingham, por las crónicas del padre Calancha y otras, que los incas tuvieron una capital militar y política a la que llamaron Vitcos y un santuario más lejano, Vilcapampa, la ciudad que ningún blanco había hollado y, con estos datos, inició la búsqueda.

Para quien conozca, aunque sea superficialmente la región, no escapará la magnitud de la tarea emprendida. En zonas montañosas, cubiertas de intrincados bosques subtropicales, surcadas por ríos que son torrentes peligrosísimos, desconociendo la lengua y hasta la psicología de los habitantes, entró Bingham con tres armas poderosas: un inquebrantable afán de aventuras, una profunda intuición y un buen puñado de dólares.

Con paciencia, comprando cada secreto o información a precio de oro, fue penetrando en el seno de la extinguida civilización y, un día, en 1911, tras años de ardua labor, siguiendo, rutinariamente a un indio que vendía un nuevo conglomerado de piedras, Bingham, el solo, sin compañía de hombre blanco alguno, se extasió ante las imponentes ruinas que, rodeadas de malezas, casi tapadas por ellas, le daban la bienvenida.

Aquí hay una parte triste. Todas las ruinas quedaron limpias de malezas, perfectamente estudiadas y descriptas y... totalmente despojadas de cuanto objeto cayera en manos de los investigadores, que llevaron triunfalmente a su país más de doscientos cajones conteniendo inapreciables tesoros arqueológicos y también, por qué no decirlo, importante valor monetario. Bingham no es el culpable; objetivamente hablando, los norteamericanos en general, tampoco son culpables; un gobierno imposibilitado económicamente para hacer una expedición de la categoría de la que dirigió el descubridor de Machu-Picchu, tampoco es culpable. ¿No los hay entonces? Aceptémoslo, pero, ¿dónde se puede admirar o estudiar los tesoros de la ciudad indígena?

La respuesta es obvia: en los museos norteamericanos.

Machu-Picchu no fue para Bingham un descubrimiento cualquiera, significó el triunfo, la coronación de sus sueños límpidos de niño grande — que eso son casi todos los aficionados a este tipo de ciencias. Un largo itinerario de triunfos y fracasos coronaba allí y la ciudad de piedra gris llevaba sus ensueños y vigilias, impeliéndole a comparaciones y conjeturas a veces alejadas de las demostraciones experimentales. Los años de búsqueda y los posteriores al triunfo convirtieron al historiador viajero en un erudito arqueólogo y muchas de sus aseveraciones cayeron con incontrastable fuerza en los medios científicos, respaldadas por la experiencia formidable que había recogido en sus viajes.

En opinión de Bingham, Machu-Picchu fue la primitiva morada de la raza quechua y centro de expansión, antes de fundar el Cuzco. Se interna en la mitología incaica e identifica tres ventanas de un derruido templo con aquellas de donde salieron los hermanos Ayllus, míticos personajes del incario; encuentra similitudes concluyentes entre un torreón circular de la ciudad descubierta y el templo del sol de Cuzco; identifica los esqueletos, casi todos femeninos, hallados en las ruinas, con los de las vírgenes del sol; en fin, analizando concienzudamente todas las posibilidades, llega a la siguiente conclusión: la ciudad descubierta fue llamada, hace más de tres siglos, Vilcapampa, santuario de los monarcas insurgentes y, anteriormente, constituyó el refugio de las vencidas huestes del inca Pachacuti cuyo cadáver guardaron en la ciudad, luego de ser derrotados por las tropas chinchas, hasta el resurgimiento del imperio. Pero el refugio de los guerreros vencidos, en ambos casos, se produce por ser esta Tampu-Toco, el núcleo inicial, el recinto sagrado, cuyo lugar de emplazamiento sería este y no Pacaru Tampu, cercano a Cuzco, como le dijeran al historiador Sarmiento de Gamboa, los notables indios que interrogara por orden del Virrey Toledo.

Los investigadores modernos no están muy de acuerdo con el arqueólogo norteamericano, pero no se expiden sobre la definitiva significación de Machu-Picchu.

Tras varias horas de tren, un tren asmático, casi de juguete, que bordea al principio un pequeño torrente para seguir luego las márgenes del Urubamba pasando ruinas de la imponencia de Ollantaitambo, se llega al puente que cruza el río. Un serpeante camino cuyos 8 kilómetros de recorrido se eleva a 400 m sobre el nivel del torrente, nos lleva hasta el hotel de las ruinas, regentado por el señor Soto, hombre de extraordinaria erudición en cuestiones incaicas y un buen cantor que contribuye, en las deliciosas noches del trópico, a aumentar el sugestivo encanto de la ciudad derruida.

Machu-Picchu se encuentra edificada sobre la cima del cerro, abarcando una extensión de 2 km de perímetro. En general, se la divide en tres secciones: la de los templos, la de las residencias principales, la de la gente común.

En la sección dedicada al culto, se encuentran las ruinas de un magnífico templo formado por grandes bloques de granito blanco, el que tiene las tres ventanas que sirvieran para la especulación mitológica de Bingham. Coronando una serie de edificios de alta calidad de ejecución, se encuentra el Intiwatana, el lugar donde se amarra el sol, un dedo de piedra de unos 60 cm de altura, base del rito indígena y uno de los pocos que quedan en pie, ya que los españoles tenían buen cuidado de romper este símbolo apenas conquistaban una fortaleza incaica.

Los edificios de la nobleza tienen muestras de extraordinario valor artístico, como el torreón circular ya nombrado, la serie de puentes y canales tallados en la piedra y muchas residencias notables por la ejecución y el tallado de las piedras que la forman.

En las viviendas presumiblemente dedicadas a la plebe, se nota una gran diferencia por la falta de esmero en el pulido de las rocas. Las separa de la zona religiosa una pequeña plaza o lugar piano, donde se encuentran los principales reservorios de agua, secos ya, siendo esta una de las razones, supuestas dominantes, para el abandono del lugar como residencia permanente.

Machu-Picchu es una ciudad de escalinatas; casi todas, las construcciones se hallan a niveles diferentes, unidas unas a otras por escaleras, algunas de roca primorosamente tallada, otras de piedras alineadas sin mayor afán estético, pero todas capaces de resistir las inclemencias climáticas, como la ciudad entera, que sólo ha perdido los techos de paja y tronco, demasiado endebles para luchar contra los elementos. Las necesidades alimenticias podían ser satisfechas por los vegetales cosechados mediante el cultivo en andenes, que todavía se conservan perfectamente.

Su defensa era muy fácil debido a que dos de sus lados están formados por laderas casi a pique, el tercero es una angosta garganta franqueable sólo por senderos fácilmente defendibles, mientras el cuarto da la Huainca-Picchu. Este es un pico que se eleva unos 200 m sobre el nivel de su hermano, difícil de escalar, casi imposible para el turista, si no quedaran los restos de la calzada incaica que permiten llegar a su cima bordeando precipicios cortados a pique. El lugar parece ser más de observación que otra cosa, ya que no hay grandes construcciones. El Urubamba contornea casi completamente los dos cerros haciendo su toma prácticamente imposible para una fuerza atacante.

Ya dijimos que está en controversia la significación arqueológica de Machu-Picchu, pero, poco importa cual fuera el origen primitivo de la ciudad o, de todas maneras, es bueno dejar su discusión para los especialistas. Lo cierto, lo importante es que nos encontramos aquí frente a una pura expresión de la civilización indígena más poderosa de América, inmaculada por el contacto de las huestes vencedoras y plena de inmensos tesoros de evocación entre sus muros muertos o en el paisaje estupendo que lo circunda y le da el marco necesario para extasiar al soñador, que vaga porque sí entre sus ruinas, o al turista yanqui que cargado de practicidad, encaja los exponentes de la tribu degenerada, que puede ver en el viaje, entre los muros otrora vivos, y desconoce la distancia moral que los separa, porque éstos son sutilezas que sólo el espíritu semindígena del latinoamericano puede apreciar.

Conformémonos, por ahora, con darle a la ciudad los dos significados posibles: para el luchador que persigue lo que hoy se llama quimera, el de un brazo extendido hacia el futuro cuya voz de piedra grita con alcance continental: "ciudadanos de Indoamérica, reconquistad el pasado"; para otros, aquellos que simplemente "huyen del mundanal ruido", es válida una frase anotada en el libro de visitantes que tiene el hotel y que un súbdito ingles dejó estampada con toda la amargura de su añoranza imperial: "I am lucky to find a place without Coca-Cola propaganda."*

*"Soy afortunado de encontrar un lugar sin propaganda de la Coca-Cola."

El dilema de Guatemala[7]

(Artículo escrito aproximadamente en abril de 1954, enviado a su familia y publicado por primera vez en *Aquí va un soldado de América*, de Ernesto Guevara Lynch, 1987)

Quien haya recorrido estas tierras de América habrá escuchado las palabras desdeñosas que algunas personas lanzaban sobre ciertos regímenes de clara inspiración democrática. Arranca de la época de la República Española y su caída. De ella dijeron que estaba constituida por un montón de vagos que sólo sabían bailar la jota, y que Franco puso orden y desterró el comunismo de España. Después, el tiempo pulió opiniones y uniformó criterios y la frase hecha con que se lapidaba una fenecida democracia era más o menos: "allí no había libertad, había libertinaje." Así se definía a los gobiernos que en Perú, Venezuela y Cuba habían dado a América el sueño de una nueva era. El precio que los grupos democráticos de esos países tuvieron que pagar por el aprendizaje de las técnicas de la opresión ha sido elevado. Cantidad de víctimas inocentes han sido inmoladas para mantener un orden de cosas necesario a los intereses de la burguesía feudal y de los capitales extranjeros, y los patriotas saben ahora que la victoria será conquistada a sangre y fuego y que no puede haber perdón para los traidores; que el exterminio total de los grupos reaccionarios es lo único que puede asegurar el imperio de la justicia en América.

Cuando oí nuevamente la palabra "libertinaje" usada para calificar a Guatemala sentí temor por esta pequeña república. ¿Es que la resurrección del sueño de los latinoamericanos, encarnado en este país y en Bolivia, estará condenado a seguir el camino de sus antecesores? Aquí se plantea el dilema.

Cuatro partidos revolucionarios forman la base en que se apoya el gobierno, y todos ellos, salvo el PGT, están divididos en dos o más fracciones antagónicas que disputan entre sí con más saña que con los tradicionales enemigos feudales, olvidando en rencillas domésticas el norte de los guatemaltecos. Mientras tanto la reacción tiende sus redes. El Departamento de Estado de los EE.UU. o la United Fruit Company, que nunca se puede saber quién es uno y otro en el país del norte —en franca alianza con los terratenientes y la burguesía timorata y chupacirios— hacen planes de toda índole para reducir a silencio al altivo adversario que surgió como un grano en el seno del Caribe. Mientras Caracas espera las ponencias que den cauce a las intromisiones más o menos descaradas, los generalitos desplazados y los cafetaleros temerosos buscan alianza con los siniestros dictadores vecinos.

Mientras la prensa de los países aledaños, totalmente amordazada, sólo puede tañir loas al "líder" en la única nota permitida, aquí los periódicos titulados "independientes" desencadenan una burda tempestad de patrañas sobre el gobierno y sus defensores, creando el clima buscado. Y la democracia lo permite.

La "cabecera de playa comunista", dando un magnífico ejemplo de libertad e ingenuidad, permite que se socaven sus cimientos nacionalistas; permite que se destroce otro sueño de América.

Miren un poco hacia el pasado inmediato, compañeros, observen a los líderes prófugos, muertos o prisioneros del Apra del Perú; de Acción Democrática de Venezuela; a la magnífica muchachada cubana asesinada por Batista. Asómense a los veinte orificios que ostenta el cuerpo del poeta soldado, Ruiz Pineda; a las miasmas de las cárceles venezolanas. Miren, sin miedo pero con cautela, el pasado ejemplarizante y contesten, ¿es ese el porvenir de Guatemala?

¿Para eso se ha luchado y se lucha? La responsabilidad histórica de los hombres que realizan las esperanzas de Latinoamérica es grande. Es hora de que se supriman los eufemismos. Es hora de que el garrote conteste al garrote, y si hay que morir, que sea como Sandino y no como Azaña.

Pero que los fusiles alevosos no sean empuñados por manos guatemaltecas. Si quieren matar la libertad que lo hagan ellos, los que la esconden. Es necesario no tener blandura, no perdonar traiciones. No sea que la sangre de un traidor que no se derrame cueste la de miles de bravos defensores del pueblo. La vieja disyuntiva de Hamlet suena en mis labios a través de un poeta de América-Guatemala: "¿Eres o no eres, o quién eres?" Los grupos que apoyan al gobierno tienen la palabra.

La clase obrera de los EEUU ... ¿amiga o enemiga?

(Artículo escrito aproximadamente en abril de 1954, enviado a su familia y publicado por primera vez en *Aquí va un soldado de América*, de Ernesto Guevara Lynch, 1987)

El mundo está actualmente dividido en dos mitades diferentes: aquella donde se ejerce el capitalismo con todas sus consecuencias y esa otra en que el socialismo ha sentado sus reales. Pero los países con el sistema de vida capitalista no pueden agruparse en un único casillero. Entre ellos hay marcadas diferencias.

Hay países coloniales, en los que la clase terrateniente aliada con los capitales extranjeros monopoliza la vida de la comunidad y mantiene a la nación en el atraso necesario a sus fines de lucro. Aquí están encuadrados casi todos los países de Asia, África y América. Hay unos pocos en los que el capitalismo no ha trascendido las propias fronteras, pero la intromisión del capital foráneo no es tan marcada como para constituir un problema que necesite solución inmediata. En este estado se encuentran uno que otro país de Europa con pequeñas burguesías desarrolladas al extremo. Hay otro interesante grupo de países que podrían denominarse colonialimperialistas o preimperialistas, cuya economía, sin haber tomado totalmente las características de naciones industriales, inicia, en combinación con los paternales capitales que la subyugan, una lucha por la posesión de los mercados inmediatos, caracterizados en general por pertenecer manifiestamente al grupo colonial. Tal es el caso que representan la Argentina, Brasil, India y Egipto. Un rasgo dominante de estos países es la propensión a formar bloques sobre los que ejercen cierto liderato.

Uno de los grupos más importantes es el de las naciones cuya expansión imperialista ha sido frenada luego de la ultima guerra. Tal es el caso de los Países Bajos, Italia, Francia y, el más importante, Inglaterra. Pese a que asistimos al desmembramiento del colosal imperio inglés, sus personeros todavía luchan. Naturalmente, frente al justo anhelo de libertad de los pueblos oprimidos se junta la rapiña de los grandes capitales norteamericanos que precipitan las crisis para sacar partido propio (Irán).

En el último grupo, el de los países imperialistas en plena expansión, solo está, Estados Unidos —el gran problema de Latinoamérica—. Uno se pregunta ¿por qué en los Estados Unidos, país industrializado al máximo y con todas las características de los imperios capitalistas, no se sienten las contradicciones que colocan al capital y el trabajo en pugna total? La respuesta hay que buscarla en las condiciones especiales del país norteño. Salvo los negros, segregados y germen de la primera rebelión seria, los demás obreros (los que tienen trabajo, naturalmente) pueden gozar de salarios enormes comparados con los que comúnmente dan las empresas capitalistas, debido a que la diferencia entre lo requerido normalmente por las necesidades de la plusvalía y la paga actual es compensada con creces por grupos de obreros de dos grandes comunidades de naciones: los asiáticos y los latinoamericanos.

El Asia convulsionada y con el antecedente de la magnífica victoria del pueblo chino lucha con nueva fe por su liberación, y lentamente van quedando fuera del radio de acción de los capitales imperialistas fuentes de materia prima cuya mano de obra era extremadamente barata. Pero los capitales no van a sufrir todavía en carne propia la derrota y la trasladan íntegra sobre los hombros del obrero.

Y aunque parte de la victoria asiática nos duela en carne propia a los latinoamericanos, los obreros del norte también sienten el impacto en forma de despidos y baja del salario real. Para una masa con completa falta de cultura política el mal no puede verse más allá de sus narices, y allí, en sus narices, está el triunfo de "la barbarie comunista sobre las democracias". La reacción guerrera es lógica; pero difícil de realizar; Asia está muy distante y tiene mucha gente dispuesta a morir por el ideal de la tierra propia. Y la pequeña burguesía norteamericana, cuyo peso político es enorme, no permite que sus hijos, aunque en mínima proporción, encuentren la muerte en tierra extranjera. Frente a la inexorable pérdida de Asia en poco tiempo, la potencia imperialista se ve abocada al problema de los dos caminos posibles: la guerra total contra todo el enemigo socialista y los pueblos con ansias nacionalistas, o el abandono de Asia para circunscribir su esfera de acción a dos continentes por ahora controlables: África y América, sosteniendo, claro está, pequeñas guerras limitadas que le permitan mantener su industria armamentista sin perdida de vidas, ya que siempre se encuentran gobernantes traidores dispuestos a sacrificar su tierra por el mendrugo que arrojará el amo.

La guerra total es temida por los Estados Unidos, que no puede desencadenar un ataque atómico porque las represalias serían terribles en estos momentos, y en una guerra "ortodoxa" perdería en un santiamén toda Europa, y Asia caería casi totalmente en poco tiempo también. Frente a este cuadro, los Estados Unidos se inclinan más a defender sus posesiones en América y las recientes de África. Los panoramas en ambos continentes son diferentes: mientras aquí su dominio es total y no puede tener interferencias, allá sólo posee pequeñas manchas territoriales y su control se ejerce a través de las naciones subsidiarias que se reparten todo el continente. Por eso las disensiones y luchas intestinas y manifestaciones de nacionalismo son toleradas y hasta provocadas por los Estados Unidos, que ve, con la paulatina debilitación de los amos tradicionales, aumentar su poderío imperial.

Ahora bien, cualquier manifestación de nacionalismo verdadero llevará a los pueblos de América Latina a tratar de emanciparse del opresor, que no es otro que el capital monopolista, pero los poseedores de ese capital están en gran mayoría en Estados Unidos y tienen enorme influencia en las decisiones del gobierno de este país. La constitución del equipo gubernamental y las conexiones con las compañías más importantes de esos individuos nos dan la clave del comportamiento político de los vecinos del norte.

En estos momentos de vacilaciones y cuando los Estados Unidos han asumido la dirección del titulado mundo libre, no se puede atacar e interferir sobre un país cualquiera a menos que haya un motivo poderoso; y ese motivo ha sido creado y esta siendo vigorizado por ellos: "el comunismo internacional". Ese es el caballito de batalla con el cual se puede usar por ahora de la mentira organizada en toda su efectividad por la propaganda moderna, y luego, quizá, de la intervención económica y hasta, ¿por qué no?, la intervención armada.

Todo este sistema defensivo es vital para los capitalistas si quieren mantener su sistema actual, pero también es importante, en un plazo limitado, para los obreros norteamericanos, ya que la brusca pérdida de las fuentes baratas de materia prima provocaría inmediatamente el conflicto inmanente de la contradicción entre capital y trabajo y el resultado sería desastroso para éste, mientras no pudiera tomar las fuentes de producción. Insisto en que no se puede exigir a la clase obrera del país del norte que vea más lejos de sus narices. Inútil seria tratar de explicar desde lejos, con la prensa totalmente en manos de los grandes capitales, que el proceso de descomposición interna del capitalismo solo seria detenido un tiempo más, pero nunca parado por las medidas de tipo totalitario que se tomen, tendientes a mantener a Latinoamérica en estado colonial.

La reacción, hasta cierto punto lógica, de la clase obrera, será apoyar a los Estados Unidos, siguiéndolos tras el emblema de un eslogan cualquiera, como seria en este caso "el anticomunismo". Por otra parte, no debe olvidarse que la función de los sindicatos obreros en los Estados Unidos es más bien la de servir de paragolpes entre las dos fuerzas en pugna y, subrepticiamente, limar la potencia revolucionaria de las masas.

Con estos antecedentes y frente a la realidad americana no es difícil suponer cual será la actitud de la clase obrera del país norteño cuando se plantee definitivamente el problema de la pérdida brusca de mercados y fuentes de materia prima barata.

Esta es, a mi entender, la cruda realidad frente a la que estamos los latinoamericanos. El desenvolvimiento económico de EE.UU. y las necesidades de los trabajadores de mantener su nivel de vida son los factores que harán, en términos finales, que la lucha liberadora no se plantee contra un régimen social dado, sino contra una nación que defiende, unida en un solo bloque armado por la suprema ley de la comunidad de intereses, los adquiridos tutelajes sobre la vida económica de Latinoamérica.

Preparémonos, pues, a luchar contra el pueblo todo de EE.UU., que el fruto de la victoria será no solo la liberación económica y la igualdad social, sino la adquisición de un nuevo y bienvenido hermano menor: el proletariado de ese país.

POESÍAS INÉDITAS[8]

A los mineros de Bolivia

En un 9 de abril

Es el trueno y se desboca
con inimitable fragor.
Cien y mil truenos estallan,
y es profunda su canción.
Son los mineros que llegan,
son los mineros del pueblo,
los hombres que se encandilan
cuando salen al sol,
y que dominan el trueno
y aman su recio fragor.

Que la metralla los siega
y la dinamita
estalla
y sus cuerpos se disfunden
en partículas de horror,
cuando llega alguna bala
hasta el ígneo cinturón?

¡QUE IMPORTA!;

Es el trueno y se desboca
con inimitable fragor.
Cien mil truenos estallan,
y es profunda su canción.
Por la boca del trueno
se oye volar el valor.

Son los mineros de acero,
son el pueblo y su dolor.

Salen de una caverna
colgada en la montaña.
Son enjambres de topos
que llegan a morir
sin miedo a la metralla.
Morir, tal la palabra
que es norte de sus días;
morir despedazado,
morir de silicosis,
morir anemizado,
morir lenta agonía
en la cueva derrumbada

¿Qué más da?

María Bárzola los guía
y hay resortes que impulsan
a los topos combatientes:
Son mujeres no-mujeres
que duermen en sus camas,
son niños esqueletos
que maman de esas mamas;
es el hambre y la miseria,
la sed de justicia humana,
las que impulsan al combate
a la fiera grey armada.

Ellos lanzan a Bolivia,
desde su muerte ignorada,
la anunciaron de un futuro
que la vida les cobrara.

"Cuando caigan los barones
que el estaño fabricó
y el pueblo diga: 'son míos',
sobre los campos yermos,

callarán estos fusiles,
callará también el trueno,
no sonará el pututu
ni se oirán nuevos lamentos,
y las espaldas felices
se doblarán bajo el peso
que pesa todo lo nuestro."

M.I.O.

España en América

¿Recuerdas, Guatemala,
esos días de julio del año 36?
Claro que sí.
En tu pétreo esqueleto,
en tus venas cantarinas,
en tu cabellera verde,
en tu volcánico seno
lo recuerdas.

Como a mí,
con mi memoria de niño
succionando el pasado,
aflora a tu recuerdo invertebrado
de democracia en pañales,
el tableteo lejano de la infamia.

Tus viejos poetas lo recuerdan,
tus jóvenes vates lo adivinan:
en Granada y en la noche sin aurora
el plomo brotaba de las manos
que llorando balas ahogaban
la voz del Rey de los gitanos.
Todos tus cantores lo recuerdan.

Granada, Bananera,
nombres frescos de frutas sacarinas.
Granada, Bananera,
símbolos trágicos del hombre en el ocaso.

Allí, en Europa, los que "tienen
—por eso no lloran—
de plomo las calaveras."
Aquí, en América, los que se venden ,
—por lo que den—
al dólar de la frutera.

No pudieron desmenuzar poetas,
pero con granadas abrieron
—como granadas frutas sacarinas—
el pecho de los hijos de tu pueblo.
El delito de ser libres los llevó hasta el cementerio.
El delito de ser hombres los puso entre los muertos
Y los títeres gritaban,
mataban, escarnecían,
con la voz y con la acción
de "mamita compañía".

Castillo Armas aquí
allá se llamó Franco.
Dos nombres y el pueblo ensangrentado,
y un grito que cementa el viejo abrazo.
¿Y Chamberlain, Hitler, Mussolini?
Murieron, mas sus hijos proliferan.
El gran retoño en que perdura el Eje
es un venerable abuelo de lustrosa calva,
evangélica sentencia y puñal aleve.
Venera antepasados con religiosa unción
y enciende cirios ante el jefe de su clan,
el mítico personaje esclavizador;
el Señor Monopolio.

Y Chamberlain, ¿no tuvo hijos?
¡Ay los tuvo!
Ay, su pútrido esperma
germinó en América.
Vargas y Pinillas se llaman los traidores
que la faz de los pueblos
mancharon de vergüenza.
(No hablemos de Gálves ni Somoza,
viejos receptáculos de mierda)
En sus manos tienen sangre americana
Y en la cara escupitajo

de los hijos de Brasil, de Colombia,
de Honduras, Nicaragua y Guatemala.

"Anticípole defensa del mundo occidental".
"Jamás olvidaré al glorioso general".
¡Como aúllan los chacales en la noche!
¡Como azuza el abuelo a sus coyotes!
Mas la historia consumió decenios
enseñando la meta a donde lleva el miedo.
Ni Hitler ni Mussolini tienen tumbas
ni flores que jalonen el recuerdo.
Abre los ojos la mitad del mundo
la otra mitad esta despierto.

Guernica, Chiquimula,
bombas que enlazan democracias hermanas.
Hermanas en los muertos inocentes,
hermanas en la sangre derramada,
hermanas en la impotencia desesperada.

Guatemala, tu pueblo despierta
como despertó en Madrid
y, de México a Argentina,
tus latinas hermanas
te nombran su adalid.

Guatemala, Guatemala,
¡esperanza de América!
Llama a los pueblos, te dirán "presente".
Juntos castigaremos el puñal atómico
y encenderemos su propio polvorín,
y el continente entero admirará sonriendo
la llamarada roja que esperaba el pueblo.

M.I.O.
Junio del 54

Una lagrima hacia ti

Ay, Guatemala
yo preparé mi sangre en batallones rojos
para regarla entera sobre la tierra santa.
¡La conservo intacta
en mi purpúrea alcurnia de soldado ileso!

Silencios de derrota atisban mis insomnios.
Los siento, en resabios de miel amarga,
pringando mis acciones de recelo.

Haz caído, Guatemala.
Guía, esperanza, ejemplo de América, haz caído.
¡Titán de cenizas!
¡Desintegrada imagen de la fe vencida!

El polvo que la ruina anuncia
en los aires grises va formando nubes.
Allá en los horizontes, se confunden
con las nubes negras que provocan cascos
de centauros-pulpos de prosapia rubia.
Vienen sedientos a tu fresca sabia;
la tomaran a sorbos, "por la democracia".

Mis ojos no pueden seguir siempre secos
cuando están tan húmedos los de tu pueblo.

El pueblo llora, Guatemala, pero cree.
Llora pero sabe que el porvenir es fiel.

Por aquel que no murió en la hora del combate
(ese mismo que ahora muere sin cielos por testigo);
por el que escapó a la muerte y la encontró de nuevo;
por el dolor de dejarte y el de haberte perdido;
por la enorme lágrima que llora el pueblo;
por el porvenir;
por ti y por mí;
Guatemala, hoy que me alejo,
envío esta lágrima esperanzada y doliente
a dialogar futuros con tu pueblo inerme.

M.I.O
Septiembre 1954

Invitación al camino

para Helena Leiva
Hermana, falta mucho para llegar al triunfo

Hermana, falta mucho para llegar al triunfo.
El camino es largo y el presente incierto;
¡el mañana es nuestro!
No te quedes a la vera del camino.
Sacia tus pies en este polvo eterno.

Conozco tu cansancio y tu desazón tan grandes;
sé que en el combate se te opondrá tu sangre
y sé que morirías antes que dañarla;
A la reconquista ven, no a la matanza.

Si desdeñas el fusil, empuña la fe;
si la fe te falla, lanza un sollozo;
si no puedes llorar, no llores,
pero avanza, compañera,
aunque no tengas armas y se niegue el norte.

No te invito a regiones de ilusión,
no habrá dioses, paraísos, ni demonios
—tal vez la muerte oscura sin que una cruz la marque—
Ayúdanos hermana, que no te frene el miedo,
¡vamos a poner en el infierno el cielo!

No mires a las nubes, los pájaros o el viento;
nuestros castillos tienen raíces en el suelo.
Mira el polvo, la tierra tiene
la injusticia hambrienta de la esencia humana.
Aquí este mismo infierno es la esperanza.

No te digo allí, detrás de esa colina;
no te digo allá, donde se pierde el polvo;
no te digo, de hoy, a tantos días visto...
Te digo: ven, dame tu mano cálida
—esa que conocen mis enjugadas lágrimas—
Hermana, madre, compañera... ¡CAMARADA!
este camino conduce a la batalla.

Deja tu cansancio, deja tus temores,
deja tus pequeñas angustias cotidianas.
¿Qué importa el polvo acre?, ¿qué importan los escollos?
¿Qué importa que tus hijos no escuchen el llamado?
A su cárcel de green-backs vamos a buscarlos.
Camarada, sígueme; es la hora de marchar...

Diciembre del 54

Uaxactún... dormida

A Morley, el desconocido y venerado amigo

Uaxactún, la de grises ensueños,
voz escondida detrás del misterio;
bella durmiente de los bosques nuestros!
he venido a besarte los ruedos,
o la verde maraña del pelo,
o el aire que mide el silencio.
Uaxactún, Uaxactún.

Yo sé que tu muerte es invento del blanco:
te dormiste cansada de andar por los siglos,
compañera sola del monte infinito.
Adivino el comienzo del sueño,
cuando lanzaste tus glóbulos pardos
—retoños del bronce— al fluir de los vientos,
Uaxactún, Uaxactún,

Imitando en atávico gesto
La dispersión que de allende los mares
nos enviara el asiático ancestro.
Y cuando lanzaste tu grito de adiós
despidiendo al abuelo del abuelo
del quetzalíneo Tecum.
Uaxactún, Uaxactún.

Y cuando cerraste tus ojos de templos,
Y cuando cruzaste tus brazos de estelas
(detenidos relojes que duermen el tiempo).
Más tu embrujada quietud y el silencio
Cederán al influjo de un príncipe bello
que "levántate y anda" te ordene en un beso.
Uaxactún, Uaxactún.

Ya se oye en tu sueño de siglos
el trinar de aurorales alondras,
anunciando el final de la noche
cuando tus nuevos retoños de bronce
se bañan al sol que alumbra SUS tierras.

UAXACTÚN
UAXACTÚN
Es el final del sueño:
se anuncia el príncipe;
deviene el pueblo
con pífanos y tamboriles,
sembrando ejemplos rojos
en el corazón de América.

M.I.O.

SELECCIÓN DE CARTAS (1953-1956)[9]

(Tomadas del libro *Aquí va un soldado de América*, de Ernesto Guevara Lynch, 1987)

Carta a su madre desde Guayaquil, Ecuador

Guayaquil [21 de octubre de 1953]

Te escribo la carta que leerás vaya a saber cuándo desde mi nueva posición de aventurero 100%. Mucha agua corrió bajo los puentes luego de mi última noticia epistolar.

El grano es así: Caminábamos un poco añorantes de la amada patria, Calica, García* (una de las adquisiciones) y yo. Hablábamos de lo bien que estaban los dos componentes del grupo que habían conseguido partir para Panamá y comentábamos la formidable entrevista con X.X., este ángel de la guarda que me diste, lo que te cuento luego. El hecho es que García, como al pasar, largó la invitación de irnos con ellos a Guatemala, y yo estaba en una especial disposición psíquica para aceptar. Calica prometió dar su respuesta al día siguiente y la misma fue afirmativa, de modo que había cuatro nuevos candidatos al oprobio yanqui. Pero en ese momento se iniciaron nuestras desdichas en los consulados, llorando todos los días para conseguir la visa a Panamá, que es el requisito que falta, y después de variadas alternativas con sus correspondientes altibajos psíquicos pareció decidirse por el no. Tu traje, tu obra maestra, la perla de tus sueños, murió heroicamente en una compraventa, y lo mismo sucedió con todas las cosas innecesarias de mi equipaje, que ha disminuido

*Eduardo García (Gualo), amigo argentino.

mucho en beneficio de la alcanzada (suspiro) estabilidad económica del terceto.

Lo concreto es lo siguiente: si un capitán semiamigo accede a hacer la matufia* necesaria, podremos viajar a Panamá García y yo, y luego el esfuerzo mancomunado de los que llegaron a Guatemala, más los de aquel país, remolcaran al rezagado que queda en prenda de las deudas existentes; si el capitán de marras se hace el burro, los mismos dos compinches seguirán con rumbo a Colombia, quedando siempre la prenda aquí, y de allí partirán con rumbo guatemalteco en lo que dios todopoderoso ponga incauto al alcance de sus garras.

Guayaquil 24, después de muchas idas y venidas y de llamar harto, más meter un perro** discreto, tenemos la visa a Panamá. Salimos mañana domingo y estaremos el 29 a 30 por allí. Escribí rápido al consulado.

ERNESTO

Carta a su tía Beatriz desde Costa Rica

San José de Costa Rica
(10 de diciembre de 1953)
Tía-Tía-mía:

Mi vida ha sido un mar de encontradas resoluciones hasta que abandoné valientemente mi equipaje, y mochila al hombro emprendí con el compañero García el sinuoso camino que acá nos condujo. En El Paso tuve la oportunidad de pasar por los dominios de la United Fruit convenciéndome una vez más de lo terrible que son esos pulpos capitalistas. He jurado ante una estampa del viejo y llorado camarada Stalin no descansar hasta ver aniquilados estos pulpos capitalistas. En Guatemala me perfeccionaré y lograré lo que me falta para ser un revolucionario auténtico.

Informo que además de médico, soy periodista y conferenciante, cosas que me darán (aunque pocos) $US.

---

*Argentinismo: trampa.
**Argentinismo: usar un artilugio.

Junto con tus aditamentos, te abraza, te besa y te quiere tu sobrino, el de la salud de hierro, el estómago vacío y la luciente fe en el porvenir socialista.

Chau
Chancho

Carta a su tía Beatriz desde Guatemala

Enero 5 de 1954

De todas maneras el dinero para mi no significa nada, porque estoy siguiendo el camino del burro (ando por las seis pajitas diarias). Este es un país en donde uno puede dilatar los pulmones y henchirlos de democracia. Hay cada diario que mantiene la United Fruit que si yo fuera Arbenz lo cierro en cinco minutos, porque son una vergüenza y sin embargo dicen lo que se les da la gana y contribuyen a formar el ambiente que quiere Norteamérica, mostrando esto como una cueva de ladrones, comunistas, traidores, etc. No te diré que es un país que respire abundancia ni mucho menos, pero hay posibilidades de trabajar honradamente en cosas interesantes. Y si consigo salvar cierto burocratismo un poco incómodo, me voy a quedar un tiempo por aquí.

Carta a su tía Beatriz desde Guatemala

12 de febrero de 1954

Mi muy querida, siempre adorada y nunca bien ponderada tía:

Recibí con gusto tu última carta, culminación y complemento de las dos capitalistas anteriores, de las cuales sólo llegó a mi poder una, con lo que el democrático empleado de correos hizo una justa distribución de las riquezas.

No me mandés más plata, a vos te cuesta un Perú y yo encuentro aquí los dólares por el suelo, con decirte que al principio me dio lumbago de tanto agacharme para recogerlos. Ahora sólo tomo uno de cada diez, como para mantener la higiene publica, porque tanto papel volando y por el suelo es un peligro.

Mi plan para los próximos años: por lo menos seis meses de Guatemala, siempre que no consiga algo bien remunerativo económicamente que me permita quedarme dos años. Si se da lo primero luego iré a trabajar a otro país durante un año, ese país podría ser, en orden decreciente de probabilidades, Venezuela, México, Cuba, Estados Unidos. Si se cumple el plan de los dos años, tras un período de visita por los tres últimos países nombrados y Haití y Santo Domingo, me voy a Europa Occidental, probablemente con la Vieja, donde estaré hasta quemar el último cartucho monetario. Si queda tiempo y dinero de por medio les haré una visita en algún medio baratieri como el avión de arriba* o barco, trabajando como médico, etc.

De todo este plan hay dos cosas sumamente cambiantes que pueden enderezarlas para uno y otro lado. La primera es el dinero, que para mí no tiene importancia fundamental, pero hace abreviar estadías o modificar itinerarios, etc. La segunda y la más importante es la situación política. MI POSICIÓN NO ES DE NINGUNA MANERA LA DE UN DILETANTI HABLADOR Y NADA MÁS; HE TOMADO POSICION DECIDIDA JUNTO AL GOBIERNO GUATEMALTECO Y, DENTRO DE ÉL, EN EL GRUPO DEL PGT, QUE ES COMUNISTA, RELACIONÁNDOME ADEMÁS CON INTELECTUALES DE ESA TENDENCIA QUE EDITAN AQUÍ UNA REVISTA Y TRABAJANDO COMO MÉDICO EN LOS SINDICATOS, LO QUE ME HA COLOCADO EN PUGNA CON EL COLEGIO MÉDICO QUE ES ABSOLUTAMENTE REACCIONARIO.** Me imagino todo lo que dirás y comentarás pero no te podés quejar de que no hablé claro.

En el campo de la medicina social, y amparado en mi pequeña experiencia personal, estoy preparando un libro muy pretencioso, el que creo me llevará dos años de trabajo. Su titulo es: *La función del médico en América Latina* y sólo tengo el plan general y los dos primeros capítulos escritos. Creo que con paciencia y método puede decir algo bueno.

---

*Argentinismo: gratis.
**El subrayado es del autor.

Un abrazo de acero de tu proletario sobrino.

Una P.D. importante: Contáme qué pensás hacer con el departamento y si se pueden mandar a tu dirección libros para que los tengas, no te asustes que no son comprometedores.

Carta dirigida a Tita Infante

(escrita en papel timbrado del Instituto de Fomento de la Producción de Guatemala)

Ciudad de Guatemala, ya por marzo del 54

A pesar de todo, mi querida Tita, se volvemos viejo:
Casi a un año de la salida y no he avanzado mucho en nada; pero supongo que a Ud. le gustarán las aventuras exóticas, de modo que paso a contarle mis proyectos, andanzas y desventuras.

Lo primero la disculpa por no haberle contestado antes; sucedieron varias cosas que lo impidieron pues quise mandarle una crónica de Guatemala como la gente y no tuve tiempo, luego estuve a la caza de un escritor autóctono que lo hiciera por mí, para publicar en algún lado por allí, lo que también falló, debido a que aquí vino a morir, hace muchos años, el que inventó el laburo; más luego me pidieron una crónica de Guatemala para una revista de allí, que no sé como se llama, y pensé mandarle una copia, pero no lo he hecho ni creo que la termine en poco tiempo, debido a que pienso hacerla bien.

Todo esto le digo porque considero que Guatemala es un país digno de ser bien conocido e interpretado. Me parece que los temores de Ud. no son injustificados, dada la beligerante y hasta ahora victoriosa situación de esa República. El primero de marzo, en su mensaje anual al Congreso, el presidente Arbenz anunció en términos inequívocos la cooperación del Partido Comunista con el gobierno y la necesidad del propio gobierno de defender el derecho de los enrolados en este grupo político contra cualquier tipo de sanción. En general el comunismo toma posiciones con cautela, y si no fuera por la alharaca que hace la prensa nacional contra "la intromisión de doctrinas exóticas" no se lo notaría, pero es el único grupo político de Guatemala que fue al gobierno a cumplir un programa en el que los intereses personales no cuentan (tal vez haya un demagogo en su elenco directivo) en franco contraste con los otros tres grupos de partido que son verdaderas ollas de grillos, hasta el punto de haberse fraccionado cada uno de ellos en por lo menos dos alas antagónicas y llegar a la vergüenza de hacer pactos con la oposición para obtener la presidencia en el Congreso (una sola cámara no lo pasará). Para su información, si es que no conoce mejor que yo el problema, le diré que la influencia del PGT es grande en parte de los otros tres partidos, por intermedio de elementos que han tirado hacia la izquierda y están dispuestos a ayudar a la socialización total de Guatemala, tarea sumamente difícil, entre otras cosas, porque no hay mucha calidad humana en la revolución (me refiero al sentido intelectual de la palabra, sobre todo).

Esto es un país de típica economía agrícola que recién sale de las trabas del feudalismo casi "ortodoxas" que tienen como única carta en la baraja un monocultivo que pesa en la balanza internacional: el café. Sin ser muy pesimista se puede asegurar que una baja grande en este producto hace caer al gobierno a menos que se tomen medidas de emergencia, lo que sólo sería posible frente a un boicot internacional por la consiguiente venia de los gringos. Creo que el momento más difícil de Guatemala se producirá dentro de 3 años, cuando haya que elegir un nuevo presidente. Los nombres que se barajan no son de fiar para la consecución de la revolución en la forma magnífica en que lo vienen haciendo. Si Ud. tiene interés y no tiene miedo de que la moleste allí puedo hacer mandar algunas publicaciones interesantes, pero no lo haré hasta no tener su contestación.

Pensaba escribirle una hoja pues las condiciones económicas mías son bastante precarias y la nueva recargará en 0,10 la carta, pero tengo interés en saber algunas cosas:

Primero, qué es de su vida de estudiante en este mes de marzo (y los que pasarán hasta que me conteste), cuáles son sus planes o desplanes. Le pregunto esto porque su carta me indica que Ud. anda por una situación de desesperanza muy romántica y muy peligrosa. Como consejo le diré que hay que ser fatalista en sentido positivo si se quiere ser fatalista y no preocuparse tanto por el correr inútil de los días y algún fracaso de cualquier tipo, lo difícil es detener los días y eso es lo que Ud. quiere hacer llorándolos uno a uno. Si mira uno o dos años atrás verá entonces los adelantos que ha hecho. Disculpe el tono doctoral.

Segundo, qué es de su grupo intelectual y de la revista —doble contra sencillo a que se fundieron—, qué es de la vida de Paz y de su salud.

Tercero, qué es de la vida de Montenegro. Le escribí una carta y no me contestó y después le escribí a Dicstein y tampoco me contestó, de modo que no se nada de la vida del pequeñísimo grupo que conociera por allí, por los antros médicos. Cuando se decida a escribirme de nuevo lea las preguntas y contéstemelas.

Pasando a hablarle de mí, le diré que mis gestiones para trabajar como médico fueron todo un fracaso debido al espíritu cerrado de la ley, hecha para satisfacer a un grupo de oligarcas en todas sus prerrogativas. Estos son los herederos de los que quisieron la revolución —típicamente burguesa— del 44 y ahora no quieren largar el botín ni por broma. Entre mis ocupaciones circunstanciales me aproximé a su oficio con resultados pavorosos para la estadística: 98% de niños infectados con áscaris o necator y, además, me dediqué a romperles el trasero a las pobres vinchucas (triatomas que le dicen) para buscar tripanosomas cruxi y rangelis, los que también se encuentran en cantidad. Eso en la parte sanitaria, porque afuera me he desempeñado en lo que permite no morirse de hambre, para llegar al final a pegar el gran golpe: parece que me voy al Petén, zona selvática de Guatemala, contratado como enfermero con un sueldo malo, pero a meterme en pleno monte con los extractores de chicle, goma y madereros; en zona de la antigua cultura maya (ya que en Yucatán es una versión más modernizada de esta perdida en la selva) y con oportunidad para estudiar en forma las enfermedades tropicales de todo tipo. Falta —porque aquí siempre falta algo— que el sindicato consienta en mi nombramiento, ya que es un puesto importante en el juego patrono-sindical. Espero convencerlos de que no soy tan mal tipo como ellos suponen, desde que me recomienda el patrón, y, si eso sucede así, dentro de 15 días los mosquitos se pararán en mi cuerpo y comulgaré nuevamente con mamá natura. Lo único que me tiene un poco triste es el pensar que en Venezuela hubiera hecho lo mismo, pero en vez de ganar 125 ganaría 800 d. ¡Mal haya la poca plata!

Tita, las fraternas vibraciones, espero noticias por el mismo conducto consular y empuje para acabar la vía crucis.

Hasta mas ver.

ERNESTO

Carta de Ernesto desde Guatemala a su madre

20 de junio de 1954

Querida vieja:

Esta carta te llegara un poco después de tu cumpleaños, que tal vez pases un poco intranquila con respecto a mí. Te diré que si por el momento no hay nada que temer, no se puede decir lo mismo del futuro, aunque personalmente yo tengo la sensación de ser inviolable (inviolable no es la palabra pero tal vez el subconsciente me jugó una mala pasada). La situación someramente pintada es así: hace unos 5 ó 6 días voló por primera vez sobre Guatemala un avión pirata proveniente de Honduras, pero sin hacer nada.

Al día siguiente y en los días sucesivos bombardearon diversas instalaciones militares del territorio y hace dos días un avión ametralló los barrios bajos de la ciudad matando una chica de dos años. El incidente ha servido para aunar a todos los guatemaltecos debajo de su gobierno y a todos los que, como yo, vinieron atraídos por Guatemala.

Simultáneamente con esto, tropas mercenarias, acaudilladas por un ex coronel del ejército, destituido por traición hace tiempo, salieron de Tegucigalpa, la capital de Honduras, de donde fueron transportadas hasta la frontera y ya se han internado bastante en territorio guatemalteco. El gobierno, procediendo con gran cautela para evitar que Estados Unidos declarara agresora a Guatemala, se ha limitado a protestar ante Tegucigalpa y enviar el total de los antecedentes al Consejo de Seguridad de las Naciones Unidas, dejando entrar las fuerzas atacantes lo suficiente para que no hubiera lugar a los pretendidos incidentes fronterizos. El coronel Arbenz es un tipo de agallas, sin lugar a dudas, y está dispuesto a morir en su puesto si es necesario. Su discurso último no hizo más que reafirmar esto que todos sabíamos y traer tranquilidad. El peligro no está en el total de tropas que han entrado actualmente al territorio pues esto es ínfimo, ni en los aviones que no hacen más que bombardear casas de civiles y ametrallar algunos; el peligro está en cómo manejen los gringos (aquí los yanquis) a sus nenitos de las Naciones Unidas, ya que una declaración, aunque no sea más que vaga, ayudaría mucho a los atacantes. Los yanquis han dejado definitivamente la careta de buenos que les había puesto Roosevelt y están haciendo tropelías y media por estos lados. Si las cosas llegan al extremo de tener que pelear contra aviones y tropas modernas que mande la frutera o los EE.UU., se peleará. El espíritu del pueblo es muy bueno y los ataques tan desvergonzados sumados a las mentiras de la prensa internacional han aunado a todos los indiferentes con el gobierno, y hay un verdadero clima de pelea. Yo ya estoy apuntado para hacer servicio de socorro médico de urgencia y me apunté en las brigadas juveniles para recibir instrucción militar e ir a lo que sea. No creo que llegue el agua al río, pero eso se verá después de la reunión del Consejo de Seguridad que creo se hará mañana. De todos modos al llegar esta carta ya sabrán a qué atenerse en este punto.

Por lo demás no hay mayores novedades. Como estos días la Embajada Argentina no funcionó, no he tenido noticias frescas después de una carta de Beatriz y otra tuya la semana pasada.

El puesto en Sanidad dicen que me lo van a dar de un momento a otro, pero también estuvieron las oficinas muy ocupadas con todos los líos de modo que me apareció un poco imprudente ir a jeringar con el puestito cuando están con cosas mucho más importantes.

Bueno, vieja, que lo hayas cumplido lo más feliz posible después de este accidentado año, en cuanto pueda mando noticias.

Chau

(No lleva firma)

Carta a su madre desde México

Noviembre de 1954

Vieja, la mi vieja (te confundí con la fecha)

[...] Hasta Beatriz ha resuelto aplicar sus represalias y ya no llegan más los telegramas esos que mandaba.

Contarles de mi vida es repetirme, pues no hago nada nuevo. La fotografía sigue dando para vivir y no hay esperanzas demasiado sólidas de que deje eso en poco tiempo, a pesar de que trabajo todas las mañanas en investigación en dos hospitales de aquí. Yo creo que lo mejor que me podría pasar sería que consiguiera una changuita de médico rural de contrabando muy cerca de la capital, lo que me permitiría dedicar con más holgura mi tiempo a la medicina durante algunos meses. Eso lo hago porque me di perfecta cuenta de todo lo que aprendí de alergia con Pisani recién ahora que me cotejo con gente que ha estudiado en Estados Unidos y no se chupa el dedo en cuanto al saber ortodoxo, y creo que el método de Pisani está muchas leguas por encima de todo esto y quiero ponerme práctico en todas las tretas de sus sistemas para caer parado en donde sea [...].

[...] estoy con un laburo de órdago pues tengo todas las mañanas ocupadas en el hospital, y por las tardes y el domingo me dedico a la fotografía, y por las noches a estudiar un poco. Creo que te conté que estoy en un buen departamento y me hago la comida y todo yo, además de bañarme todos los días gracias al agua caliente a discreción que hay. Como ves, estoy transformado en ese aspecto, en lo demás sigo igual porque la ropa la lavo poco y mal y no me alcanza todavía para pagar lavandera.

La beca es un sueño que abandoné ya, y me parece que en este país tan amplio no hay que pedir, se hace y listo el pollo. Vos sabés que siempre he sido partidario de las decisiones drásticas y aquí pagan macanudo, pues todo el mundo es fiaca* pero no se opone a que otros hagan, de modo que tengo el campo libre, aquí o en la campiña donde tal vez vaya. Naturalmente que esto no me hace perder de vista mi norte que es Europa, y adonde pienso ir sea como sea.

A EE.UU. no le he perdido ni medio gramo de bronca, pero quiero conocer bien Nueva York por lo menos. No tengo el menor miedo al resultado y sé que saldré exactamente tan antiyanqui como entré (si es que entro).

Me alegra que se despierte algo la gente, aunque no sé siguiendo qué directivas lo hacen, de todas maneras la verdad es que Argentina

---

*Argentinismo: perozozo.

está de lo más insulsa, a pesar de que en términos generales el panorama que se ve desde aquí afuera parece indicar que progresan a pasos notables y que se va a poder defender perfectamente de la crisis que están por desatar los yanquis con el *dooping* de sus excedentes alimenticios [...].

Los comunistas no tienen el sentido que vos tenés de la amistad, pero entre ellos lo tienen igual o mejor que el que vos tenés. Lo vi bien claro a eso, y en la hecatombe que fue Guatemala después de la caída, donde cada uno atendía solo el sálvese quien pueda, los comunistas mantuvieron intacta su fe y su compañerismo y es el único grupo que siguió trabajando allí.

Creo que son dignos de respeto y que tarde o temprano entraré en el Partido, lo que me impide hacerlo más que todo, por ahora, es que tengo unas ganas bárbaras de viajar por Europa y no podría hacer eso sometido a una disciplina rígida.

Vieja, hasta París.

Carta para su madre desde México

(escrita a fines de 1954)

Vieja, la mi vieja:

Es cierto, estoy bastante haragán para escribir, pero el culpable fue, como siempre, Don Dinero. Al parecer, el fin del desdichado año económico 54, que me trató como tu cara, coincide con el fin de mis hambres crónicas; tengo un puesto de redactor en la Agencia Latina* donde gano 700 pesos mexicanos, es decir, un equivalente a 700 de allí, lo que me da la base económica para subsistir, teniendo, además, la ventaja de que sólo me ocupa tres horas tres veces por semana. Esto me permite dedicar las mañanas íntegras al hospital donde estoy haciendo roncha con el método de Pisani [...].

Sigo en la fotografía pero dedicándome a cosas más importantes como "estudios", y algunas cositas raras que salen por estos lados. El

*Agencia de Noticias financiada por el gobierno argentino.

sobresueldo es poco, pero espero redondear los mil este dichoso mes de diciembre, y si la suerte me ayuda pondremos una pequeña fotografía al final del año que viene (principio quise decir). Contra lo que pudieras creer, no soy más malo que la mayoría de los fotógrafos y sí el mejor del grupo de compañeros, eso sí, en este grupo no se necesita ser tuerto para la corona.

Mis planes inmediatos contemplan unos seis meses de permanencia en México que me interesa y me gusta mucho, y en ese tiempo pedir como de pasada la visa para conocer bien a los "hijos de la gran potencia", como los llama Arévalo. Si se da, allí estaré, y si no, veré qué se hace en firme.

Siempre sin despreciar la ida directa detrás de la cortisona para ver qué pasa también. Como ves, nada nuevo sobre lo anterior.

En el terreno científico estoy con mucho entusiasmo y lo aprovecho porque esto no dura. Estoy haciendo dos trabajos de investigación y tal vez inicie un tercero, todos sobre alergia y, aunque muy lentamente, sigo juntando material para un librito que vera la luz —si la ve— dentro de varios años y que lleva el pretencioso título de *La función del medico en Latinoamérica.* Con algo de autoridad puedo hablar sobre el tema ya que, si no conozco mucho de medicina, a Latinoamérica la tengo bien junada*. Por supuesto, fuera del plan general de trabajo y de unos tres o cuatro capítulos no hay nada más, pero el tiempo me sobra.

Con respecto a las diferencias de pensar que según vos se acentúan te aseguro que será por poco tiempo. A aquello que tanto le temés se llega por dos caminos: el positivo, de un convencimiento directo, o el negativo, a través de un desengaño de todo. Yo llegué por el segundo camino, pero para convencerme inmediatamente de que hay que seguir por el primero. La forma en que los gringos tratan a América (acordáte que gringos son yanquis) me iba provocando una indignación creciente, pero al mismo tiempo estudiaba la teoría del porqué de su acción y la encontraba científica.

Después vino Guatemala y todo eso difícil de contar, de ver cómo todo el objeto del entusiasmo de uno se diluía por la voluntad de esos señores y cómo se fraguaba ya el nuevo cuento de la culpabilidad y criminalidad rojas, y cómo los mismos guatemaltecos traidores se

*Argentinismo: Bien calada.

prestaban a propagar todo eso para mendigar algo en el nuevo orden de cosas. En qué momento dejé el razonamiento para tener algo así como la fe no te puedo decir, ni siquiera con aproximación, porque el camino fue bastante larguito y con muchos retrocesos. [...]

Carta a su madre desde México

Septiembre 24 de 1955
Querida vieja:

Esta vez mis temores se han cumplido, al parecer, y cayó tu odiado enemigo de tantos años; por aquí la reacción no se hizo esperar: todos los diarios del país y los despachos extranjeros anunciaban llenos de júbilo la caída del tenebroso dictador; los norteamericanos suspiraban aliviados por la suerte de 425 millones de dólares que ahora podrían sacar de la Argentina; el obispo de México se mostraba satisfecho de la caída de Perón, y toda la gente católica y de derecha que yo conocí en este país se mostraba también contenta; mis amigos y yo, no; todos seguimos con natural angustia la suerte del gobierno peronista y las amenazas de la flota de cañonear Buenos Aires. Perón cayó como cae la gente de su estirpe, sin la dignidad póstuma de Vargas, ni la denuncia enérgica de Arbenz que nombró con pelos y señales a los culpables de la agresión.

Aquí, la gente progresista ha definido el proceso argentino como "otro triunfo del dólar, la espada y la cruz".

Yo sé que hoy estarás muy contenta, que respirarás aire de libertad [...].

Hace poco te señalaba en otra carta que los militares no entregan el poder a los civiles si estos no le garantizan el dominio de casta; hoy por hoy, sólo lo entregarán a un gobierno que surja del partido demócrata, o sea, de alguno de los recién fundados partidos socialcristianos, donde me imagino que estarás militando..., futuro diputado a la honorable cámara de Diputados donde tal vez se siente, con el correr del tiempo..., líder del partido argentinista, a fundarse. Vos podrás hablar en todos lados lo que te dé la gana con la absoluta impunidad que te garantizará el ser miembro de la clase en el poder, aunque espero por vos que seas la oveja negra del rebaño. Te confieso con toda sinceridad que la caída de Perón me amargó profundamente, no por él, por lo que significa para toda América, pues mal que te pese y a pesar de la claudicación forzosa de los últimos tiempos, Argentina era el paladín de todos los que pensamos que el enemigo está en el norte. Para mí, que viví las amargas horas de Guatemala, aquello fue un calco a distancia, y cuando vi que junto a las noticias leales (es raro llamarlas así) se escuchaba la voz de Córdoba, que teóricamente estaba ocupada, empecé a ver mal la situación, después todo sucedió exactamente igual: el presidente renunciaba, una junta empezaba a negociar pero desde la posición de resistencia; luego eso se acababa, subía un militar con su marinerito al lado, único dato agregado con respecto a Guatemala, y entonces el cardenal Copello hablaba al pueblo lleno de orgullo y calculando cómo iría su negocio bajo la nueva junta; los diarios del mundo entero —de este lado del mundo— lanzaron sus aullidos archiconocidos, la junta se negaba a darle pasaporte a Perón, pero anunciaba libertad para todo el mundo. Gente como vos creerá ver la aurora de un nuevo día; te aseguro que Frondizi ya no la ve, porque en el supuesto caso de que suban los radicales no será él quien lo haga, sino Yadarola, Santander o algún otro que sirva a los intereses yanquis y del clero, amén de los militares. Tal vez en el primer momento no verás la violencia porque se ejercerá en un circulo alejado del tuyo [...].

El Partido Comunista, con el tiempo, será puesto fuera de circulación, y tal vez llegue un día en que hasta papá sienta que se equivocó. Quién sabe que será mientras tanto de tu hijo andariego. Tal vez haya resuelto sentar sus reales en la tierra natal (única posible) o iniciar una jornada de verdadera lucha [...].

Tal vez alguna bala de esas tan profusas en el Caribe acaben con mi existencia (no es una baladronada, pero tampoco una posibilidad concreta, es que las balas caminan mucho en estos lares), tal vez, simplemente siga de vagabundo el tiempo necesario para acabar una preparación sólida y darme los gustos que me adjudiqué dentro del programa de mi vida, antes de dedicarla seriamente a perseguir mi ideal. Las cosas caminan con una rapidez tremenda y nadie puede predecir dónde ni por qué causa estará al año siguiente.

No sé si han recibido la noticia protocolar de mi casamiento y la llegada del heredero, por carta de Beatriz parece que no. Si no es así, te comunico la nueva oficialmente, para que la repartas entre la gente; me casé con Hilda Gadea y tendremos un hijo dentro de un tiempo. Recibí los diarios de Beatriz, me interesan mucho, quisiera una correspondencia de los de estos días y, sobre todo, semanalmente *Nuestra Palabra.**

Chau.

Un beso a toda la familia, Hilda los saluda.

Carta a sus padres

México, julio 6 de 1956. Cárcel de la Gobernación
Queridos viejos:

Recibí tu carta (papá) aquí en mi nueva y delicada mansión de Miguel Schultz, junto con la visita de Petit que me informó de los temores de ustedes. Para que tengas una idea historiaré el caso.

Hace un tiempo, bastante tiempo ya, un joven líder cubano me invitó a ingresar a su movimiento, movimiento que era de liberación armada de su tierra, y yo, por supuesto, acepté. Dedicado a la ocupación de preparar físicamente a la muchachada que algún día debe poner los pies en Cuba, pasé los últimos meses manteniéndolos con la mentira de mi cargo de profesor. El 21 de junio (cuando hacía un mes que faltaba a mi casa en México pues estaba en un rancho de las afueras) cayó preso Fidel con un grupo de compañeros y en la casa figuraba la dirección donde estábamos nosotros, de manera que caímos todos en la redada. Yo tenía mis documentos que me acreditaban como estudiante de ruso, lo que fue suficiente para que se me considerara eslabón importante en la organización, y las agencias de noticias amigas de papá empezaron a bramar por todo el mundo.

Eso es una síntesis de los acontecimientos pasados; los futuros se dividen en dos: los mediatos y los inmediatos. De los mediatos, les diré, mi futuro está ligado a la Revolución cubana. O triunfo con ésta o muero allá. (Ésta es la explicación de una carta algo enigmática y

*Organo oficial del Partido Comunista Argentino.

romántica que mandé a la Argentina hace algún tiempo). Del futuro inmediato tengo poco que decir porque no sé qué será de mí. Estoy a disposición del juez y será fácil que me deporten a la Argentina a menos que consiga asilo en un país intermedio, cosa que estimo sería conveniente para mi salud política.

De todas maneras tengo que salir al nuevo destino, quede en esta cárcel o salga libre. Hilda retornará al Perú, que ya tiene nuevo gobierno y ha dado amnistía política.

Por motivos obvios disminuirá mi correspondencia, además, la policía mexicana tiene la agradable costumbre de secuestrar las cartas, de modo que no escriban sino cosas de la casa, banales. A Beatriz le das un beso, le explicás por qué no escribo y le dicen que no se preocupe en mandar diarios por ahora.

Estamos en vísperas de declarar una huelga de hambre indefinida por las detenciones injustificadas y las torturas a que fueron sometidos algunos de mis compañeros. La moral de todo el grupo es alta.

Por ahora sigan escribiendo a casa.

Si por cualquier causa que no creo puedo escribir más y luego me toca las de perder consideren estas líneas como de despedida, no muy grandilocuente, pero sincera. Por la vida he pasado buscando mi verdad a los tropezones y ya en el camino y con una hija que me perpetúa he cerrado el ciclo. Desde ahora no consideraría mi muerte una frustración, apenas como Hikmet: "Sólo llevaré a la tumba la pesadumbre de un canto inconcluso."

Los besa a todos.

Ernesto

Carta a su madre

México, julio 15 de 1956

No soy Cristo y filántropo, vieja, soy todo lo contrario de un Cristo, y la filantropía me parece cosa de... (aquí hay una palabra ilegible), por las cosas que creo, lucho con toda las armas a mi alcance y trato de dejar tendido al otro, en vez de dejarme clavar en una cruz o en cualquier otro lugar. Con respecto a la huelga de hambre estás totalmente equivocada: dos veces la comenzamos, a la primera soltaron a 21 de los 24 detenidos, a la segunda anunciaron que soltarían a Fidel Castro, el jefe del Movimiento, eso sería mañana, de producirse como lo anunciaron quedaríamos en la cárcel sólo dos personas. No quiero que creas como insinúa Hilda que los dos que quedamos somos los sacrificados, somos simplemente los que no tienen los papeles en condiciones y por eso no podemos valernos de los recursos que usaron nuestros compañeros. Mis proyectos son los de salir al país más cercano que me dé asilo, cosa difícil dada la fama interamericana que me han colgado, y allí estar listo para cuando mis servicios sean necesarios. Vuelvo a decirles que es fácil que no pueda escribir en un tiempo más o menos largo.

Lo que realmente me aterra es tu falta de comprensión de todo esto y tus consejos sobre la moderación, el egoísmo, etc., es decir las cualidades más execrables que pueda tener un individuo. No sólo no soy moderado sino que trataré de no serlo nunca, y cuando reconozca en mí que la llama sagrada ha dejado lugar a una tímida lucecita votiva, lo menos que pudiera hacer es ponerme a vomitar sobre mi propia mierda. En cuanto a tu llamado el moderado egoísmo, es decir, al individualismo ramplón y miedoso, a las virtudes de X.X. debo decirte que hice mucho por liquidarlo, no precisamente a ese tipo desconocido, menguado, sino al otro, bohemio, despreocupado del vecino y con el sentimiento de autosuficiencia por la conciencia equivocada o no de mi propia fortaleza. En estos días de cárcel y en los anteriores de entrenamiento me identifiqué totalmente con los compañeros de causa. Me acuerdo de una frase que un día me pareció imbécil o por lo menos extraña, referente a la identificación tan total entre todos los miembros de un cuerpo combatiente, que el concepto yo había desaparecido totalmente para dar lugar al concepto nosotros. Era una moral comunista y naturalmente puede parecer una exageración doctrinaria, pero realmente era (y es) lindo poder sentir esa remoción de nosotros.

(Las manchas no son lagrimas de sangre, sino jugo de tomate.)

Un profundo error tuyo es creer que de la moderación o el "moderado egoísmo" es de donde salen inventos mayúsculos o obras maestras de arte. Para toda obra grande se necesita pasión y para la revolución se necesita pasión y audacia en grandes dosis, cosas que tenemos como conjunto humano. Otra cosa rara que te noto es la repetida cita de Tata Dios, espero que no vuelvas a tu redil juvenil. También prevengo que la serie de S.O.S. que lanzaron no sirve para nada: Petit se cagó, Lezica escurrió el bulto y le dio a Hilda (que fue contra mis ordenes) un sermón sobre las obligaciones del asilado político. Raúl Lynch se portó bien, desde lejos, y Padilla Nervo dijo que eran ministerios distintos. Todos podían ayudar pero a condición de que abjurara de mis ideales, no creo de vos que prefieras un hijo vivo y Barrabás a un hijo muerto en cualquier lugar cumpliendo con lo que él considere su deber. Las tratativas de ayuda no hacen más que poner en aprietos a ellos y a mí.

Además es cierto que después de deshacer entuertos en Cuba me iré a otro lado cualquiera y es cierto también que encerrado en el cuadro de una oficina burocrática o en una clínica de enfermedades alérgicas estaría jodido. Con todo, me parece que ese dolor, dolor de madre que entra en la vejez y que quiere a su hijo vivo, es lo respetable, lo que tengo obligación de atender y lo que además tengo ganas de atender, y me gustaría verte no sólo para consolarte, sino para consolarme de mis esporádicas e inconfesables añoranzas.

Vieja, te besa y te promete su presencia si no hay novedad.

Tu hijo, el CHE

Carta de Ernesto para su madre desde México

(Aproximadamente octubre de 1956)

Querida mamá:

Tu pinchurriente hijo, hijo de mala madre por añadidura, no está seminada; está como estaba Paul Muni cuando decía lo que decía con una voz patética y se iba alejando en medio de sombras que aumentaban y música *ad hoc*. Mi profesión actual es la de saltarín, hoy aquí, mañana allí, etc., y a los parientes... no los fui a ver por esa causa (además, te confesaré que me parece que tendría más afinidad de gustos con una ballena que con un matrimonio burgués, dignos empleados de beneméritas instituciones a las que haría desaparecer de la faz de la tierra, si me fuera dado hacerlo. No quiero que creas que es aversión directa, es más bien recelo; ya Lezica demostró que hablamos idiomas diferentes y que no tenemos puntos de contacto). Toda la explicación tan larga del paréntesis te la di porque después de escrita me pareció que vos te imaginarías que estoy en tren de morfaburgués, y por pereza de empezar de nuevo y sacar el párrafo me metí en una explicación kilométrica y que se me antoja poco convincente. Punto y aparte. Hilda irá dentro de un mes a visitar a su familia, en Perú, aprovechando que ya no es delincuente política sino una representante algo descarriada del muy digno y anticomunista partido aprista. Yo, en tren de cambiar el ordenamiento de mis estudios: antes me dedicaba mal que bien a la medicina y el tiempo libre lo dedicaba al estudio en forma informal de San Carlos. La nueva etapa de mi vida exige también el cambio de ordenación; ahora San Carlos es primordial, es el eje, y será por los años que el esferoide me admita en su capa más externa; la medicina es un juego más o menos divertido e intrascendente salvo en un pequeño aparte al que pienso dedicarle más de un medular estudio, de esos que hacen temblar bajo su peso los sótanos de la librería. Como recordarás, y si no lo recordás te lo recuerdo ahora, estaba empeñado en la redacción de un libro sobre la función del medico, etc., del que sólo acabé un par de capítulos que huelen a folletín tipo *Cuerpos y almas*, nada más que mal escrito y demostrando a cada paso una cabal ignorancia del fondo del tema; decidí estudiar. Además, tenía que llegar a una serie de conclusiones que se daban de patadas con mi trayectoria esencialmente aventurera; decidí cumplir primero las funciones principales, arremeter contra el orden de cosas, con la adarga al brazo, todo fantasía, y después, si los molinos no me rompieron el coco, escribir.

A Celia le debo la carta laudatoria que escribiré después de ésta si me alcanza el tiempo. Los demás están en deuda conmigo pues yo tengo la última palabra con todos, aun con Beatriz. A ella decíle que los diarios llegan magníficamente y me dan un panorama muy bueno de todas las bellezas que está haciendo el gobierno. Los recorté cuidadosamente para seguir el ejemplo de mi progenitor, ya que Hilda se encarga de seguir el ejemplo de la progenitora.

A todos un beso con todos los aditamentos adecuados y una

contestación, negativa a afirmativa, pero contundente, sobre el guatemalteco.

Ahora no queda nada más que la parte final del discurso, referente al hombrín y que podría titularse: "¿Y ahora qué?". Ahora viene lo bravo, vieja; lo que nunca he rehuido y siempre me ha gustado. El cielo no se ha puesto negro, las constelaciones no se han dislocado ni ha habido inundaciones o huracanes demasiado insolentes; los signos son buenos. Auguran victoria. Pero si se equivocaran, que al fin hasta los dioses se equivocan, creo que podré decir como un poeta que no conocés: "Sólo llevaré bajo tierra la pesadumbre de un canto inconcluso." Para evitar patetismos "pre mortem", esta carta saldrá cuando las papas quemen de verdad y entonces sabrás que tu hijo, en un soleado país americano, se puteará a sí mismo por no haber estudiado algo de cirugía para ayudar a un herido y puteará al gobierno mexicano que no lo dejó perfeccionar su ya respetable puntería para voltear muñecos con más soltura. Y la lucha será de espaldas a la pared, como en los himnos, hasta vencer o morir.

Te besa de nuevo, con todo el cariño de una despedida que se resiste a ser total.

Tu hijo

ESTUDIOS AUTODIDACTAS Y SELECCION DE LECTURAS (FACSIMILES INEDITOS)

Indice de Lecturas

Hoja 1

Hoja 2

Hoja 3

Asch, Schalom — ([illegible])
El [illegible] de [illegible]
Aquino, santo Tomás de (Italiano)
La ley (filosofía) Summa teológica (teología)
Ambrosio, San (Italiano)
Tratado de las vírgenes (filosofía)
Aristóteles (Griego)
Metafísica / Ética
~~[illegible]~~
Aymé, Marcel (Francés)
La jument verte
Aragon (francés)
Aurélien (en francés)

Hoja 4

Zola Emilio (Francés)
Trabajo (2 tomos). Lourdes (2 tomos)
Verdad (2 tomos). La débâcle. Miserias
humanas. Naná. La Taberna
La bestia humana. Germinal *
Zweig Stefan (austriaco)
María Antonieta (biografía). Ma-
gallanes (biografía). Confusión de sentimien-
tos. El candelabro enterrado. Amok.
Tres maestros (biografía). La tragedia de
una vida (biografía) Romain Rolland (biografía)
Zambrano, María (cubana)
La agonía de Europa (político-filos.)

Hoja 5

Verne Julio _ (Francés)
La Isla Misteriosa (2 tomos) +
Las tribulaciones de un chino en
China, Las aventuras de tres
rusos y de tres ingleses en el
africa austral, los naufragos
del Chancellor, Hector Servadac,
Un capitán de 15 años, Los
hijos del Capitán Grant, La
invasión del mar, los piratas del Halifax, los Indios Negros,
La vuelta al mundo en 80 días
5 semanas en globo, La jangada,
La estrella del Sur, Miguel Strogoff
Viaje al centro de la tierra, Matías Sandorf (2 tomos). Norte contra Sur
Ante la Bandera. La Isla de hélice
Familia sin nombre. 20 mil
leguas de viaje submarino. Alrededor de la Luna. La agencia
Thompson y Cia.

Índice de libros (adolescencia)

Hoja 1:

Ameghino, Florentino - Doctrinas y descubrimientos

Alarcón, Pedro A. de (español) - El Capitán veneno y el escándalo del sombrero de tres picos

Alighieri, Dante (italiano) - La Divina Comedia

Anuario socialista 1937

Anechenko, Arcadio (ruso) - Cuentos

Alekhine, Alejandro (ruso) - Mis mejores partidas de ajedrez

Amadeo, Octavio R. (argentino) - Vidas argentinas (biografías)

Azorín (español) - Confesiones de un pequeño filósofo

Alarcón, Luis de (español) - La verdad sospechosa

Hoja 2:

Maquiavelo, Nicolás (italiano) - El Príncipe (sociología)

Manyot - El buque fantasma

Milton, Juan (inglés) - El paraíso perdido (Epopeya mística) (2 tomos)

Moratin, Leandro F. de - El sí de las niñas (comedia)

Menéndez y Pelayo, Marcelino (español) - Las cien mejores poesías líricas de la lengua castellana

(3) Miró, Gabriel (español) - Años y leguas. El libro de sigüenza

(1) Marx, Karl (alemán) - El 18 brumario de Luis Bonaparte

Malraux, André (francés) - La condition humaine (francés)

Macterlink, M... (belga) - La vida de las abejas. La vida de las hormigas (científicos)

Hoja 3:

Arch, Shalom (norteamericano) -

Aquino, Santo Tomás de (italiano) - La Ley (filosofía) Suma teológica (religión)

Ambrosio, San (italiano) - Tratado de las mujeres (filosofía)

Aristóteles (griego)

Aymé, Marcel (francés) - La juvent verte

Aragón (francés) - Amélien (en francés)

Hoja 4:

Zola, Emilio (francés) - Trabajo (2 tomos) ... (2 tomos) Verdad (2 tomos) Le débacle. Miserias humanas. Naná. La Taberna. La cuestión humana. Germinal*.

Zweig, Stefan (austríaco) - María Antonieta (biografía) Magallanes (biografía) Confusión de sentimientos. El candelabro enterrado. Amantes (?) Tres maestros (biografías) La tragedia de una vida (biografía) Romain Rolland (biografía)

Zambrana, María (cubana) - La agonía de Europa (político-filosófico)

Hoja 5:

Verne, Julio (francés) - La Isla Misteriosa (2 tomos) Las tribulaciones de un chino en China. Las aventuras de tres rusos y tres ingleses en el África austral. Los náufragos del ... Héctor... Un capitán de 15 años. Los hijos del Capitán Grant. La mansión del mar. Los piratas del ... Los indios negros. La vuelta al mundo en 80 días. 5 semanas en globo. La ... La estrella del Sur. Miguel Strogoff. Viaje al centro de la Tierra. Matías Sandorf (2 tomos) Norte contra Sur. Ante la bandera. La Isla de ... Familia sin nombre. 20 mil leguas e viaje submarino. Alrededor de la Luna. La agencia Thompson y Cía.

Cuaderno Filosófico III

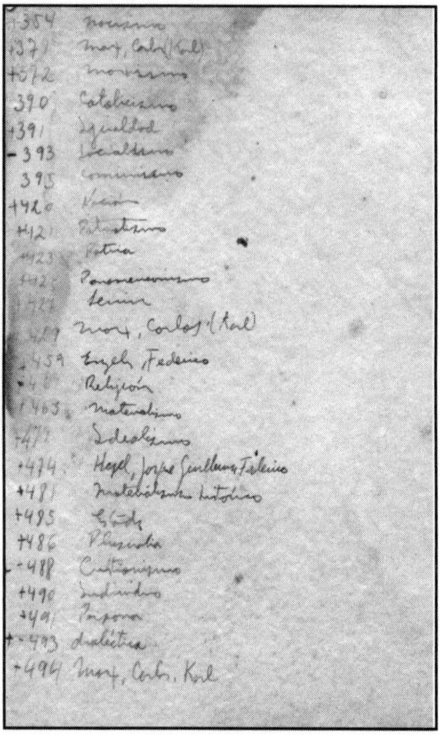

354	Nazismo
371	Marx, Carlos (Karl)
372	Marxismo
390	Catolicismo
391	Igualdad
393	Socialismo
395	Comunismo
420	Nación
421	Estatismo
423	Patria
425	Panamericanismo
427	Lenin
429	Marx, Carlos (Karl)
459	Engels, Federico
461	Religión
463	Materialismo
471	Idealismo
474	Hegel, Jorge Guillermo Federico
481	Materialismo histórico
485	Estado
486	Plusvalía
488	Cristianismo
490	Individuo
491	Persona
493	Dialéctica
494	Marx, Carlos, Karl

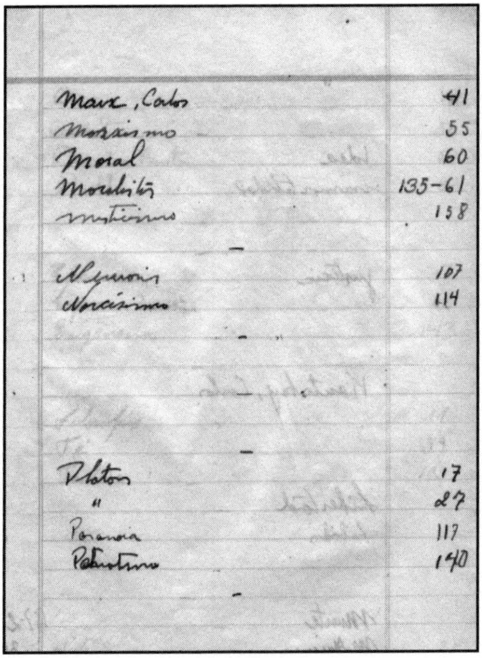

Marx, Carlos	41
Marxismo	55
Moral	60
Moralistas	135-61
Misticismo	158
Neurosis	107
Narcisismo	114
Platón	17
Platón	27
Paranoia	117
Patriotismo	140

Marx, Carlos (1818-1883)

Nació en Treven (Alemania) y murió en Londres. Siguió la carrera de derecho. Se dedicó desde muy joven a la historia y filosofía. En 1842 es director de "La Gaceta Germana", siendo suspendido el diario un año después. En este año se casa con Jenny de Westpholen y en París funda con ella "Los Anales Franco-Alemanes" en colaboración con Paul Ruc, publicando sus primeros trabajos socialistas. Debe abandonar París por haber pedido su destierro el gobierno prusiano; escribe "La Sagrada Familia". En Bruselas, donde se radica, publica "Discurso sobre le libre cambio" y "Miseria de la filosofía", contestación a la filosofía...

MARX, CARLOS

"Marx era un genio y nosotros, cuando más, talentos. Sin él, la teoría
estubiera muy lejos de ser lo que es. Por lo tanto, es a justo título que ella lleva su nombre."
(Federico Engels)

"Karl Marx fué sencillamente y en realidad, el único individuo entre
millones que en el lodazal de un mundo corrompido descubrió con el o-
jo seguro del profeta. La ponsoña indispensable, estractandola como por
arte de magia en una solución concentrada a fin de acelerar la destruc
ción de la existencia independiente de las naciones libres de esta ti
rra. Y todo ello con el propósito de servir a su propia raza."
(Adolfo Hitler, "Mi lucha". Editorial pag 105)

"Marx y Engels habían salido los dos de medios burgueses renanos. El
primero nación en Treven el 5 de mayo de 1818; su padre, abogado israelita, se hiso protestante por oportunismo político. El segundo nació en
Barnen el 28 de noviembre de 1820 de un padre industrial. Ambos hicieron sus estudios en el liceo de su ciudad natal. Sin embargo Engels hu
bo de interrumpirlos a los 18 años por razones familiares y entrar como dependiente en una casa de comercio de Bremen. lo que no le impidio
continuar estudiando con ahinco. Marx, sin sus ideas suversivas que le
hacían rechazar de todas partes, había seguido la carrera de profesor."
"Marx y Engels siguieron, sin conocerse un itinerario intelectual completamente paralelo. La filosofía de Hegel brillaba entonces en Alemania. Marx y Engels comenzaron por ser fervorosos hegelianos. Pero los
dos se clasificaron de entrada entre los "Jovenes hegelianos", llamados
tambien "La izquierda hegeliana", que interpretaba el hegelianismo en
su sentido dialectico revolucionario, al contrario de los que no retenían de él más que el aspecto por el cual esta filosofía divinizaba el
Estado y el orden establecidos. Pero, Hegel era idealista: Marx y Engels lo fueron tambien hasta 1840 en que apareció el libro de Feuerbach,
"La experiencia del cristaianismo". Feuerbach adoptaba una posición
netamente materialista. "es preciso haber experimentado en si mismo la
acción libertadora de este libro, -escribía más tarde Engels-para poder
darse una idea de él. El entusiasmo era general y durante cierto tiempo nosotros fuimos todos "fehuerbacianos". Feuerbach constituye así un
eslabón entre la filosofía hegeliana y la concepción comunista"
"Pero tambien en el plano de las ideas raciales, Karl Marx y Engels siguen un itinerario común. El movimiento juvenil hegeliano. al principio
no había sido revolucionario más que en el plano intelectual y espiritual, pero poco a poco y de más en más llegó a serlo politicam y racia
mente, aunque fuera siempre y sobre todo con armas intelectuales. Por
otra parte la revolución estaba representada en Alemania por la burgue
sía capitalista, democratica. cuyo impulso hacia crujir las cuadernas
del orden social medioeval y feudal que hasta entonces se había conser
vado. Jovenes hegelianos, Marx y Engels fueron al principio revoluciona
rios de esta clase. Y a este titulo colabora Marx en la gaceta germana
a partir de 1842, de la que no tarda en ser redactor jefe. El periodico
fué suprimido por la censura y la vida de vagabundo expulsado de todas
partes empezó. Marx fué primero a Paris, donde permaneció desde Septiem
bre de 1843 hasta Enero de 1845. Este período de su vida fué extraordi
nariamente importante. Hasta su llegada a París, Marx se conservaba de-
mocrata de izquierda, un revolucionario burgués; fué en. Paris donde se
convirtió en revolucionario proletario. Su contacto con las agrupaciones obreras francesas contribuyó a su evolución, como igualmente su encuentro con Engels, al que una permanencia en Inglaterra había conquis
tado a la causa del proletariado. Es en efecto en septiembre de 1844
cuando los dos se encuentran en Pris y, desde entonces, se anudó entre
ellos una amistad y colaboración exepcionales: "El proletariado europeo
, declara orgullosamente Lenin, puede decir que su doctrina le ha sido
dada por dos sabios, dos luchadores cuya unión sobrepasó todo cunto los
antiguos nos cuentan sobre la amistad." Entre ellos la comunidad de
acción, de pensamiento, llegó a ser completa y es dificil decir lo que
en la elaboración de la doctrina comunista corresponde a cada uno. Hay
algo de emotivo en la declaración de Engels de este propósito: "No puedo negar que me coresponde cierta parte independiente, antes y durante

Marx, Carlos

Marx, Carlos

"Marx era un genio y nosotros, cuando más, talentos. Sin él, la teoría estuviera lejos de ser lo que es. Por lo tanto, es a justo título que lleva su nombre."

(Federico Engels)

"Karl Marx fue sencillamente y en realidad, el único individuo entre millones que en el lodazal de un mundo corrompido descubrió con el ojo seguro del profeta. La ponzoña indispensable, extractándola como por arte de magia en una solución concentrada a fin de acelerar la destrucción de la existencia independiente de las naciones libres de esta Tierra. Y todo ello con el Propósito de servir a su propia raza."

(Adolfo, *Mi Lucha,* Pág. 105)

"Marx y Engels habían salido los dos de medios burgueses renanos. El primero nació en Treven el de 5 de mayo de 1818; su padre, abogado israelita, se hizo protestante por oportunismo político. El segundo nació en Barnen el 28 de noviembre de 1820 de un padre industrial. Ambos hicieron sus estudios en el liceo de su ciudad natal. Sin embargo Engels hubo de interrumpirlos a los 18 años por razones familiares y entrar como dependiente en una casa de comercio de Bremen, lo que no le impidió continuar estudiando con ahínco. Marx sin sus ideas subversivas que le hacían rechazar de todas partes, había seguido la carrera de profesor.

Marx y Engels siguieron sin conocerse, un itinerario intelectual completamente paralelo. La filosofía de Hegel brillaba entonces en Alemania. Marx y Engels comenzaron por ser fervorosos hegelianos. Pero los dos se clasificaron de entrada entre los "Jóvenes hegelianos", llamados también "La izquierda hegeliana", que interpretaba el hegelianismo en su sentido dialéctico revolucionario, al contrario de los que no retenían de él más que el aspecto por el cual esta filosofía divinizaba el Estado y el orden establecidos. Pero Hegel era idealista; Marx y Engels lo fueron también hasta 1840 en que apareció el libro de Feuerbach, "La experiencia del cristianismo". Feuerbach adoptaba una posición netamente materialista. "Es preciso haber experimentado en sí mismo la acción libertadora de este libro, -escribía más tarde Engels- para poder darse una idea de él. El entusiasmo era general y durante cierto tiempo nosotros fuimos todos "feuerbacianos". Feuerbach constituye así un eslabón entre la filosofía hegeliana y la concepción comunista".

Pero también en el plano de las ideas raciales, Karl Marx y Engels siguen un itinerario común. El movimiento juvenil hegeliano, al principio no había sido revolucionario más que en el plano intelectual y espiritual, pero poco a poco y de más en más llegó a serlo política y racistamente, aunque fuera siempre y sobre todo con armas intelectuales. Por otra parte la revolución estaba representada en Alemania por la burguesía capitalista democrática, cuyo impulso hacía crujir las cuadernas del orden social medieval y feudal que hasta entonces se había conservado. Jóvenes hegelianos, Marx y Engels fueron al principio revolucionarios de esta clase. Y a este título colabora Marx en la Gaceta Germana, a partir de 1842, de la que no tarda en ser redactor jefe. El periódico fue suprimido por la censura y la vida de vagabundo expulsado de todas partes empezó. Marx fue primero a París, donde permaneció desde septiembre de 1843 hasta enero de 1845. Este período de su vida fue extraordinariamente importante. Hasta su llegada a París, Marx se conservaba demócrata de izquierda, un revolucionario burgués; fue en París donde se convirtió en revolucionario proletario. Su contacto con las agrupaciones obreras francesas contribuyó a su evolución, como igualmente su encuentro con Engels, al que una permanencia en Inglaterra había conquistado a la causa del proletariado. Es en efecto en septiembre de 1844 cuando los dos se encuentran en París y, desde entonces, se anudó entre ellos un amistad y colaboración excepcionales: "El proletariado europeo, declara orgullosamente Lenin, puede decir que su doctrina le ha sido dada por dos sabios, dos luchadores cuya unión sobrepasó todo cuanto los antiguos nos cuentan sobre la "amistad". Entre ellos la comunidad de..."

MARXISMO

"El marxismo desembarazó el camino del estudio vasto y profundo del nacimiento, del desemvolvimiento y de la declinación de las formaciones sociales y económicas, examinando el conjunto de las tendencias contradictorias, relacionadas con las condiciones de existencia y de producción, bien determinados, de las diversas clases de là sociedad, eliminando el subjetivismo y la arbitrariedad de la elección de las ideas directrices o en su interpretación, descubriendo el origen de todas las ideas y de todas las diversas tendencias, sin exepción, en el estado de las fuerzasproductoras materiales."
(Lenin, "La Docrina Filosófica y Social de Marx". Editorial
pag)

"El marxismo es el materialismo. Por lo tanto es tan implacablemente hostil a la religión como el materialismo de los enciclopedistas del siglo XVIII o el materialismo de Feuerbach. He ahí lo innegable. Pero el materialismo dialectico de Marx y de Engels va más lejos que los enciclopedistas y Feuerbach en la aplicación de la filosofía materialista al dominio de la historia o al dominio de las ciencias sociales."
(Lenin, "La religión")

"La doctrina judia del marxismo rechaza el principio aristocrático en la naturaleza, y en el lugar del eterno privilegio de la fuerza y de la energia, coloca su montón y su peso muerto de números. De esta suerte, niega el valor del individuo entre los hombres y combate la importancia de la nacionalidad y de la raza, privando así a la humanidad de todo lo que significa su existencia y su cultura. Esto provoca, por consiguiente y como principio del Universo, el fin de todo orden concebible para la humanidad. Y como nada, fuera del caos, podría resultar en aquel gran organismo discernible de la aplicación de semejante ley, el único resultado para los habitantes de esta tierra consistiría en la ruina."
"Si el judio conquistara, con la ayuda del credo marxista, las naciones de este mundo, su corona sería la guirnalda fúnebre de la raza humana y el planeta volvería a girar en el espacio, despoblado como lo hacía millones de años atrás."
(Adolfo Hitler, "Mi lucha". Editorial pag. 22)

"El judío procede de la siguiente manera:
Se dirige a los trabajadores fingiendo compadecerse de la suerte de los mismos o indignarse ante su pobreza y miseria, con el objeto de conquistar su confianza. Tomase la molestia de estudiar la dureza real o imaginaria de la existencia del obrero y logra despertar el anhelo de un cambio de existencia. Empleando indecible sagacidad, intensifica la demanda de justicia social, latente en todo individuo de raza aria, e imprime a la lucha por la estirpación de los males sociales un caracter bieb definido, de importancia universal. Funda la doctrina del marxismo."
"Mezclando esta última en forma inestimables con multitud de exigencias socialmente justificadas, el judio asegura la popularidad del credo al paso que contribuye, por otra parte, a que los hombres decentes se rehucen a apollar demandas que, presentadas en semejante forma, aparecen desde un principio no ya descabelladas, sino impposibles de llevar a la práctica. Porque bajo la capa de un ideal puramente social, se ocultan intenciones verdaderamente diabolicas, expuestas con desvergonzada claridad y franqueza. Al negar en forma categórica la importancia de la

Marxismo

Marxismo

"El marxismo desembarazó el camino del estudio vasto y profundo del nacimiento, del desenvolvimiento y de la declinación de las formaciones sociales y económicas, examinando el conjunto de las tendencias contradictorias, relacionadas con las condiciones de existencia y de producción, bien determinados, de las diversas clases de la sociedad, eliminando el subjetivismo y la arbitrariedad de la elección de las ideas directrices o en su interpretación, descubriendo el origen de todas las ideas y de todas las diversas tendencias, sin excepción, en el estado de las fuerzas productoras materiales."

(Lenin, "La Doctrina Filosófica y Social de Marx")

"El marxismo es el materialismo. Por lo tanto es implacablemente hostil a la religión como el materialismo de los enciclopedistas del siglo XVIII o el materialismo de Feuerbach. He ahí lo innegable. Pero el materialismo dialéctico de Marx y de Engels va más lejos que los enciclopedistas y Feuerbach en la aplicación de la filosofía materialista al dominio de la historia o al dominio de las ciencias sociales."

(Lenin, "La religión")

"La doctrina judía del marxismo rechaza el principio aristocrático en la naturaleza, y en el lugar del eterno privilegio de la fuerza y de la energía, coloca su montón y su peso muerto de números. De esta suerte, niega el valor del individuo entre los hombres y combate la importancia de la nacionalidad y de la raza, privando así a la humanidad de todo lo que significa su existencia y su cultura. Esto provoca, por consiguiente y como principio del Universo, el fin de todo orden concebible para la humanidad. Y como nada, fuera del caos, podría resultar en aquel gran organismo discernible de la aplicación de semejante ley, el único resultado para los habitantes de esta tierra consistiría en la ruina."

"Si el judío conquistara, con la ayuda del credo marxista, las naciones de este mundo, su corona sería la guirnalda fúnebre de la raza humana y el planeta volvería a girar en el espacio, despoblado como lo hacía millones de años atrás."

(Adolfo Hitler, "Mi lucha" - pág. 22)

"El judío procede de la siguiente manera:

Se dirige a los trabajadores fingiendo compadecerse de la suerte de los mismos o indignarse ante su pobreza y miseria, con el objeto de conquistar confianza. Tomase la molestia de estudiar la dureza real o imaginaria de la existencia del obrero y logra despertar el anhelo de un cambio de existencia. Empleando indecible sagacidad, intensifica la demanda de justicia social, latente en todo individuo de raza aria, e imprime a la lucha por la extirpación de los males sociales un carácter bien definido, de importancia universal. Funda la doctrina del marxismo."

"Mezclando esta última en forma inestimables con multitud de exigencias socialmente justificadas, el judío asegura la popularidad del clero al paso que contribuye, por otra parte, a que los hombres decentes se rehusen a apoyar demandas que, presentadas en semejante forma, aparecen desde un principio no ya descabelladas, sino imposibles de llevar a la..."

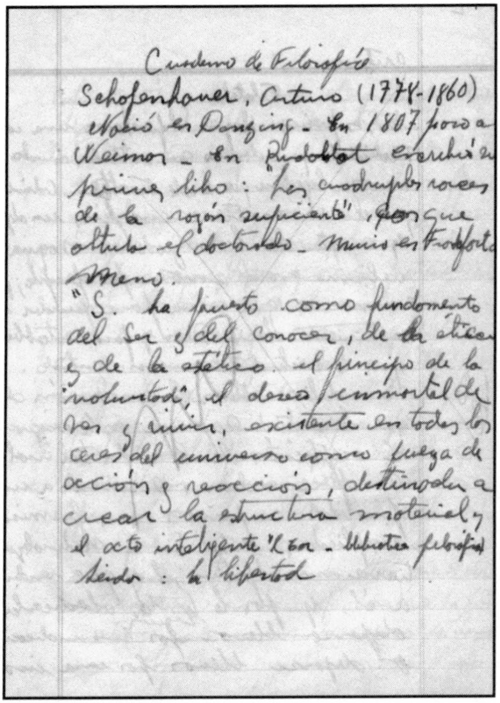

Cuaderno de Filosofía
Schopenhauer, Arturo (1778-1860)
Nació en Danzing. En 1807 pasó a Weimar. En Rudolstat escribió su primer libro: Las cuádruples voces de la razón suficiente", porque obtuvo el doctorado. Murió en Frankfort del Meno.
"S. ha puesto como fundamento del ser y del conocer, de la ética y de la estética el principio de la "voluntad", el deseo inmortal de ser y vivir, existente en todos los seres del universo como fuerza de acción y reacción, destinado a crear la estructura material y el acto inteligente" (Ed. - Biblioteca filosófica)
Leído: la libertad

Cuaderno de Filosofía

Schopenhauer, Arturo (1778-1860)

Nació en Danzing. En 1807 pasó a Weimar. En ... escribió su primer libro: "Las cuádruples voces de la razón suficiente", con que obtuvo el doctorado. Murió en...

"S. ha puesto como fundamento del ser y del conocer, de la ética y de la estética, el principio de la "voluntad", el deseo inmortal de ser y vivir, existente en todos los seres del universo como fuerza de acción y reacción, destinado a crear la estructura material y el acto inteligente." (... – Biblioteca filosófica)

Leído: la libertad

SCHOPENHAUER, ARTURO

FIBRIELO

"SI, es preciso. Hay en Schopenhauer una contradicción que desdice su actitud, mucho menos legitima que la de Fichte. Admito que el Universo tiene un fin, un objeto, y acepta de buen grado el maquiavelismo en el amor, por ejemplo; pero no se que sirva para fundar el sentimiento hacia Dios y para establecer que la virtud tiene un sentido."

"Schopenhauer dèbió obtener la conclusión de que la virtud suprema es la resignación, la aceptación de la vida tal cual se ofrece, es decir, sirviendo a una finalidad superior. sus premisas implicaban esto: Si la naturaleza tiene un objetivo, hay que rendirse a él, y por lo tanto, obedecerla, seguir sus indicaciones o dejarse llevar por una inspiración es ya una ley. yY desde luego que si la vida tiene una ley atesora tambien un sentido. Y no es un revolucionario a la manera que lo son Byron o Heine, que no aceptan la ley moral; es un rebelde más vergonzante que sólo pretende ir contra los deseos de la naturaleza porque no se resigna a su imperio."

"En primer lugar ella es culpable; en segundo es inutil cuanto se haga, porque triunfará siempre por tenerlo todo bien dispuesto y por arreglar y combinar los engaños a la perfección. La naturaleza atenderá siempre, hagamos lo que queramos, a su fin, que no es otro que el de utilizarnos en su provecho. La gran cuestión esta en saber si ella tiene un objativo que llenar. Se puedenegar ello en apariencia; pero Schopenhauer no le niega formas y desde ese punto no se niega su inmoralidad. Ya veo claramente con Schopenhauer que hay un gran egoísta que nos utiliza, pero a diferencia de él, me resigno y acepto y me someto a los designios del ser supremo. De esta suerte, la moral se reduce a la sumisión, dejando la inmoralidad para los rebeldes contra un estado de cosas que juzgan vergonsoso. La cuestión esta en que al mismo tiempo es preciso verlo y someterse."

"Esta rebeldía del hombre es un crimen, a decir verdad, el único crimen que existe. El hombre ligado por algunos engaños a la Naturaleza, tales como le religión, el amor el placer del bien ye de lo verdadero. los instintos, que si es cierto obedecen a una consideración egoísta, no es menos que lo empujan a los fines que estan fuera de él. El hombre, gracias a la reflexión que despierta por el empuje de la crítica, de la religión, del amor, del bien y de lo verdadero, reconoce cada vez más los engaños de la Naturaleza. Llegará el a su fin o se dejara avasallar por la Naturaleza? Los planetas muertos son aquellos en que la crítica domi-

Schopenhauer, Arturo

Fibrielo

"SI, es preciso. Hay en Schopenhauer una contradicción que desdice su actitud, mucho menos legítima que la de Fichte. Admito que el Universo tiene un fin, un objeto, y acepta de buen grado el maquiavelismo en el amor, por ejemplo; pero no se sirva para fundar el sentimiento hacia Dios y para establecer que la virtud tiene sentido.

Schopenhauer debió obtener la conclusión que la virtud suprema es la resignación, la aceptación de la vida tal cual se ofrece, es decir, sirviendo a una finalidad superior. Sus premisas implicaban esto: Si la naturaleza tiene un objetivo, hay que rendirse a él, y por lo tanto, obedecería, seguir sus indicaciones o dejarse llevar por una inspiración es ya una ley. Y desde luego que si la vida tiene una ley atesora también un sentido. Y no es revolucionario a la manera que los son Byron o Heine, que no aceptan la ley moral; es un rebelde más vergonzante que solo pretende ir contra los deseos de la naturaleza porque no se resigna a su imperio.

En primer lugar ella es culpable; en segundo es inútil cuanto se haga, porque triunfará siempre por tenerlo todo bien dispuesto y por arreglar y combinar los engaños a la perfección. La naturaleza atenderá siempre, hagamos lo que queramos, a su fin, que no es otro que el de utilizarnos en su provecho. La gran cuestión está en saber si ella tiene un objetivo que llenar. Se puede negar ello en apariencia; pero Schopenhauer no le niega formas y desde ese punto de vista no se niega su inmoralidad. Ya veo claramente con Schopenhauer que hay un gran egoísta que nos utiliza, pero a diferencia de él, me resigno y acepto y me someto a los designios del ser supremo. De esta suerte, la moral se reduce a la sumisión, dejando la inmoralidad para los rebeldes contra un estado de cosas que juzgan vergonzoso. La cuestión está en que al mismo tiempo es preciso verlo y someterse.

Esta rebeldía del hombre es un crimen, a decir verdad, el único crimen que existe. El hombre ligado por algunos engaños a la naturaleza, tales como la religión, el amor, el placer del bien y de lo verdadero, los instintos, que si es cierto obedecen a una consideración egoísta, no es menos que lo empujan a los fines que están fuera de él. El hombre, gracias a la reflexión, del amor, del bien y de lo verdadero, reconoce cada vez más los..."

/ Historia sucinta de la medicina mental – [illegible]
AM. X Stalin – H. Barbusse
/ Obras 5 – Stalin
AM X Poética, G. W. F. Hegel
/ La crónica del Perú – Cieza de León
/ El comité regional clandestino actúa – Fiodorov
/ Tropa Vieja – General Urquizo
/ Antología de cuentistas hispanoamericanos – J. Sanz y D.
/ Chapaev – Furmanov
/ Desembarco en Luperón. Horacio Ornes
/ A los pobres del campo – Lenin
/ Historia del P.C. (b) de la URSS
En torno a [illegible]
A.M. X Obras 2 – Stalin
A.M. X La catástrofe que nos amenaza y como combatirla
A.M. X Carlos Marx – Federico Engels — Lenin
/ Tempestad en el Caribe – Alberto Bayo
/ La epopeya de Stalingrado – V. Grossman y otros
/ La China acusa – Documentos para las Naciones Unidas
A.M. X Los conceptos políticos y filosóficos de Belinski – Z. Smirnova

Relación de Libros

Historia sucinta de la medicina mundial - Löbel

Stalin - H. Barbousse

Obras 5 - Stalin

Poética - G. W. F. Hegel

La Crónica del Perú - Cieza de León

El comité regional clandestino actúa - Fiodorov

Tropa vieja - General Urquiza

Antología de cuentistas hispanoamericanos - J. Sanz y Díaz

Chapaev - Fulmanov

Desembarco en Luperon - Horacio Orves

A los pobres del campo - Lenin

Historia del P.C. (b) de la URSS

En torno a Agramonte

Obras 2 - Stalin

La catástrofe que nos amenaza y cómo combatirla - Lenin

Carlos Marx - Federico Engels

Tempestad en el Caribe - Alberto Bayo

La epopeya de Stalingrado - V. Grossman y otros

La Chine acusse - Documentos para las Naciones Unidas

Los conceptos políticos y filosóficos de Belinski - Z. Smirnova

A.M.X Los orígenes de la familia, de la propiedad privada y del Estado _ Federico Engels
/ Incidentes de un viaje por Centro América, Chiapas y el T.I. Yucatán : John L. Stephens.
/ Conferencias sobre Pavlov. Academia de Ciencias de la U.S.
/ La protección de la salud de los trabajadores en la U.S. = N. Vinogradov
A.M.X El imperialismo fase superior del capitalismo = V.I. Lenin
A.M.X Sobre el materialismo dialéctico y el materialismo histórico. J. Stalin
A.M.X Constitución (ley fundamental) de la U.R.S.S.
/ Entre la piedra y la cruz. Mario Monteforte Toledo
/ El imperialismo en Guat. Asoc. Investigadora del Trabajo de E.U.
/ A propósito de la Práctica. En torno a la contradicción = Mao Tse-Tung
/ Incidentes de un viaje por Centroamérica, Chiapas y el Yucatán T. II = John L. Stephens
A.M.X Un paso adelante, dos pasos atrás. V.I. Lenin
/ Donde acaban los caminos = Mario Monteforte Toledo
/ Oda a Guatemala = Raul Leiva
/ Viento Fuerte = Miguel Angel Asturias
/ Introducción al materialismo dialéctico. A Thalheimer
/ Prisión Verde - R. Amaya Amador
/ Historia Antigua de la Conquista del Salvador = S.I. Barberena
/ La historia oculta de la guerra de Corea = I.F. Stone

Relación de Libros

Los orígenes de la familia, la propiedad privada y el Estado - Federico Engels

Incidentes de un viaje por Centroamérica, Chiapas y el Yucatán - T. I - John L. Stephens

Conferencias sobre Pavlov - Academia de Ciencias de la URSS

La protección de la salud de los trabajadores en la URSS - N. Vinogradov

El imperialismo fase superior del capitalismo - V. I. Lenin

Sobre el materialismo dialéctico y el materialismo histórico - J. Stalin

Constitución (Ley fundamental) de la URSS

De la piedra y la cruz - Mario Fonforte Toledo

El imperialismo de hoy - Asoc. Investigadora del Trabajo de Estados Unidos

A propósito de la práctica en torno a la contradicción - Mao Tse Tung

Incidentes de un viaje por Centroamérica, Chiapas y el Yucatán - T. II - John L. Stephens

Un paso adelante, dos pasos atrás - V. I. Lenin

Donde acaban los caminos - Mario Monforte Toledo

Oda a Guatemala - Raúl Leiva

Viento fuerte - Miguel Ángel Asturias

Introducción al materialismo dialéctico - A. Talheiemer

Prisión verde - R. Amaya Amador

Historia antigua y de la conquista del Salvador - S. I. Banbere

Historia oculta de la guerra de Corea - I. F. Stone

Otra Vez

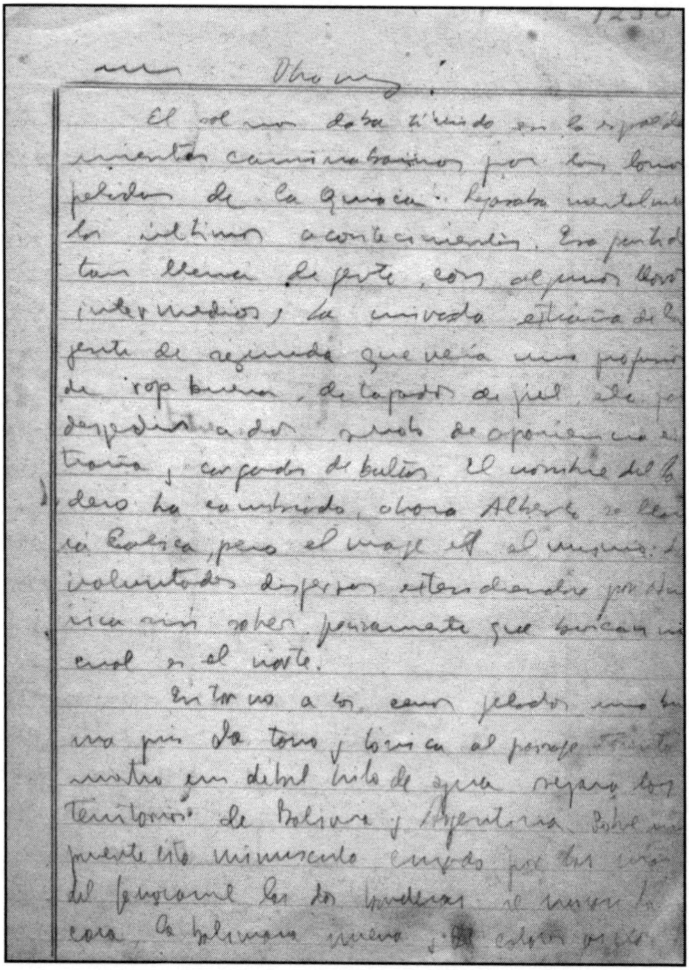

El sol nos daba tímido en la espalda mientras caminábamos por las lomas peladas de la Quiaca. Repasaba mentalmente los últimos acontecimientos. Esa partida tan llena de gente, con algunos lloros intermedios, la mirada extraña de la gente de segunda que veía una profusión de tapados de piel, etc., para despedir a dos *snobs* de apariencia extraña y cargados de bultos. El nombre del ladero ha cambiado, ahora Alberto se llama Calica; pero el viaje es el mismo: dos voluntades dispersas extendiéndose por América sin saber precisamente qué buscan ni cuál es el norte.

En torno a los cerros pelados una bruma gris da tono y tónica al paisaje. Frente nuestro un débil hilo de agua separa los territorios de Bolivia y Argentina. Sobre un puentecito minúsculo cruzado por las vías del ferrocarril las dos banderas se miran la cara, la boliviana nueva y de colores vivos...

NOTAS

1. Como antecedente de recorridos posteriores, el viaje por el interior de Argentina en 1950, cuando cursaba los estudios de Medicina y que fuera realizado en una motobicicleta, lo llevan a recorrer más de 4 500 km por 12 provincias del norte.

   Las páginas que se reproducen, como un testimonio inigualable, fueron tomadas de un Diario de memorias sobre el itinerario seguido y publicadas por el padre en su libro *Mi hijo el Che.*

   A pesar de la brevedad de las páginas se pueden apreciar elementos reiterativos que se repetirán a lo largo de su vida:

   La necesidad imperiosa de dejar plasmado en sus notas personales vivencias y sensaciones, aún cuando son tomadas al paso, como las que se reproducen, sin embargo en ellas se vislumbran ya un lenguaje y estilo propios.

   El modo en que comienza a penetrar en su entorno, del que registra problemas acuciantes y que le sirven para ampliar su percepción de los problemas sociales que lo rodean.

2. En el libro *Notas de viaje,* título dado por el Centro de Estudios Che Guevara para su publicación, se recopilaron 42 crónicas que redactara el joven Ernesto al año de haber realizado su primer recorrido por América Latina, a fines de 1952 hasta mediados de 1953, donde visitara Chile, Perú, Colombia y Venezuela. Para la redacción de estas crónicas utilizó su Diario de viaje, comenzando de esta forma a emplear un método de escritura basado en notas personales y cuyo exponente mayor está expresado en sus conocidos *Pasajes de la guerra revolucionaria,* editados con posterioridad al triunfo de la Revolución cubana. El orden dado a las crónicas, en su casi totalidad, sigue cronológicamente el

itinerario del viaje, excepto "Acotación al margen", que se colocó al final, pero que por su contenido reflexivo pudiera aparecer también al principio. Es sin dudas un documento que posee un valor intrínseco propio e imprescindible dentro de sus notas de juventud.

En la selección que se presenta, se reproducen 11 de estas crónicas para que el lector, además de poder apreciar el valor literario de las mismas, pueda comprender el significado de este viaje para el joven Ernesto, el que sin dudas rebasó todos sus propósitos.

3. Estos apuntes forman parte del Diario personal que redactara cuando inició su segundo viaje por Latinoamérica, en agosto de 1953 y que titulara *Otra vez.* Por tal motivo no media ninguna revisión o reconstrucción como en *Notas de viaje,* ni tampoco un final pues su redacción es interrumpida a su salida de México en noviembre de 1956, cuando parte hacia Cuba en el yate Granma. De los países que visitó en esta oportunidad, que comprenden Bolivia, Perú, Ecuador, Panamá, Costa Rica, Nicaragua, Guatemala y México se hizo una selección basada en la importancia que tuvieron en acontecimientos posteriores, muy vinculados a su trayectoria revolucionaria.

4. El material que se reproduce, de carácter inédito, a pesar de ser sólo el esbozo del acápite de un libro que comenzó a redactar en Guatemala (ver carta de 12/2/54 en la presente edición) y que retomó en varias oportunidades en México, es un documento de inapreciable valor, a través del cual se puede conocer sus percepciones sobre la medicina social y lo avanzado de sus posiciones al respecto.

   De extraordinaria importancia es la bibliografía consultada, por su amplitud y heterogeneidad y de la que se ha querido dar una muestra para comprender la dimensión de sus estudios y las posibles soluciones que plantea.

5. Con el título *Apuntes de lecturas* se publicaron un conjunto de apreciaciones sobre libros leídos por Ernesto Guevara, fundamentalmente durante su estancia en México entre 1954 a

1956, aunque no consigna la fecha de su redacción.

En los *Apuntes* se observa la vastedad de sus intereses literarios y el rigor y profundidad con que leía las obras de su interés. Sobresale entre ellos, *Canto General* de Neruda, lectura que lo acompañara durante toda su vida y que consideraba "el libro más alto de América toda".

6. "Un vistazo a las márgenes del gigante de los ríos" y "Machu-Pichu, un enigma de piedra en América" son artículos publicados durante su estadía en Panamá, donde permanece del 21 de octubre hasta fines de noviembre de 1953, como parte del recorrido emprendido en su segundo viaje.

   El primer relato narra parte de lo vivido en Perú durante su primer viaje en 1952 y el segundo sintetiza las experiencias obtenidas en ambos viajes, cuando visita Machu-Pichu, lugar que, como expone en su Diario *Otra Vez*, no sabía cuando podía admirar de nuevo, ni sustraerse a la idea de no contemplarlo de nuevo: "...es uno de los espectáculos más maravillosos que pueda yo imaginar".

7. Los artículos "El dilema de Guatemala" y "La clase obrera de los Estados Unidos..." fueron dados a conocer por primera vez en el libro *Aquí va un soldado de América*, compilación elaborada por su padre y en el que se recogen cartas íntimas enviadas a su familia durante su segundo viaje.

   Estos artículos fueron enviados por Ernesto a Argentina cuando salió de Guatemala rumbo a México a donde arriba el 18 de septiembre de 1954.

   Aún cuando sus reflexiones no alcanzan la profundidad que caracterizan escritos posteriores, llama poderosamente la atención la caracterización de la época y sobre todo el papel de Estados Unidos y su proyección imperialista.

8. En esta selección, se presenta otra faceta muy íntima, el Che poeta, como otras de las formas de expresión a través de la cual puede recoger sentimientos y huellas indelebles en su inmenso recorrido: Bolivia, Guatemala, México. Todas poesías inéditas y que deja entrever la alta sensibilidad con que es capaz de percibir, en

lenguaje poético, los acontecimientos con los que paso a paso se encontraba.

9. Las cartas seleccionadas forman parte del referido libro *Aquí va un soldado...* y abarcan de julio de 1953 hasta su salida hacia Cuba en diciembre de 1956. Aunque mantienen un tono íntimo y muy particular, poseen un alto valor para penetrar en sus proyecciones políticas y el futuro de sus acciones, desde su asombrosa definición de querer convertirse en un verdadero revolucionario, hasta su convencimiento de que la única solución para la liberación de América es a través de la lucha.

10. Los facsimilares que se reproducen forman parte de uno de los legados imprescindibles que dejara Che en su archivo personal, sobre todo para conocer en toda su magnitud la etapa formativa de su vida.

    Los *Cuadernos Filosóficos,* según su propio testimonio, comienza a elaborarlos desde los 17 años, cuando emprende la enorme tarea de estudiar toda la Filosofía, incluso se puede apreciar la letra todavía del adolescente que transita por un ejercicio intelectual de altos vuelos y con un rigor metodológico que va evolucionando en la medida en que profundiza en lecturas y llega a criterios más sólidos. Es así, que se puede observar cómo de los primeros Cuadernos manuscritos ya en su estadía en México los resume mecanografiados, eliminando lo que consideraba irrelevante y ganando en preponderancia sus estudios marxistas y de economía.

    De igual forma se seleccionaron algunas páginas de un *Indice de Libros,* que al igual que los *Cuadernos* comenzó a preparar en su primera juventud y que expresan la vastedad de su cultura y su carácter heterógeneo.

PARTE II

América Latina por dentro

1956–1965

Período de desarrollo y confirmación revolucionaria, que comienza con su participación en la lucha armada en Cuba, para continuarle su experiencia al triunfo de la misma el 1° de enero de 1959, cuando en sus funciones de dirigente supo multiplicar acciones para erigirse en un teórico por el Socialismo y un analista profundo sobre la situación económico-social de América Latina.

En esos años su compromiso con los movimientos de liberación se consolida, al nutrirse de un proceso, que como el cubano, perseguía objetivos mayores en su empeño por construir una sociedad más justa y de plena participación popular.

Muchas fueron las respuestas encontradas en esos caminos de revolución, pero también múltiples análisis para ampliar los horizontes que lograran encauzar a Latinoamérica y en general al Tercer Mundo por la vía del desarrollo de un mundo más solidario y humanizado, fin último de toda explotación.

En el contenido de los trabajos, discursos y entrevistas que se publican, el lector podrá encontrar las tesis fundamentales en que Che basó su andamiaje conceptual y teórico para precisar los cambios imprescindibles que debían obtenerse y enfrentar al enemigo imperialista a través de una alianza común.

En su caso particular lo hizo conjugando ejemplo y ética, factores esenciales de su práctica revolucionaria y de su entrega desinteresada y sin límites por los explotados del mundo.

1956–1958
GUERRA DE LIBERACIÓN EN CUBA

ARTÍCULOS

Qué cubano nos parece el mundo

Sin bala en el directo, por Francotirador[1]
(Articulo publicado en el periódico *El cubano libre*, durante la lucha guerrillera en la Sierra Maestra)

A los firmes de nuestra Sierra llega la voz del mundo distante a través del radio y los periódicos, más explícitos en los sucesos de allá porque no pueden narrar los crímenes diarios de acá.

Así nos enteramos de los desórdenes y muertes en Chipre, Argelia, Ifni o Malaya. Todos tienen características comunes:

a) El poder gobernante "ha infligido numerosas bajas a los rebeldes"

b) No hay prisioneros

c) El gobierno "sin novedad"

d) Todos los revolucionarios, cualquiera sea el nombre del país o región, están recibiendo "ayuda solapada de los comunistas".

Qué cubano nos parece el mundo. Todo es igual: Se asesina a un grupo de patriotas, tengan o no armas, sean o no rebeldes y se apunta el tanto a las armas opresoras "tras recia lucha". Se matan todos los testigos, por eso no hay prisioneros.

El gobierno nunca sufre una baja, lo que a veces es cierto, pues asesinar seres indefensos no es muy peligroso pero a veces también es una soberana mentira y la S.M. es testigo.

Y, por último, la socorrida acusación de siempre: "comunistas". Comunistas son todos los que empuñan las armas cansados de tanta miseria, cualquiera sea el lugar de la tierra donde se produzca el hecho; demócratas son los que asesinan a ese pueblo indignado, sean hombres, mujeres o niños.

Todo el mundo es cubano y en todos lados ocurrirá como aquí: contra la fuerza bruta y la injusticia, el Pueblo dirá su última palabra, la de la victoria.

El alma se nos llena de compasión

Sin bala en el directo, por Francotirador
(Articulo publicado en el periódico *El cubano libre*, durante la lucha guerrillera en la Sierra Maestra)

Las sociedades protectoras de animales hicieron desfilar frente al edificio de la ONU seis perros con carteles pidiendo clemencia para su congénere siberiano Laika, que vuela en los espacios siderales.

El alma se nos llena de compasión pensando en el pobre animal que morirá gloriosamente en aras de una causa que no comprende.

Pero no hemos oído que ninguna sociedad filantrópica norteamericana haya desfilado frente al noble edificio pidiendo clemencia para nuestros guajiros; y ellos mueren en buen número, ametrallados por los aviones P47 y B26, destrozados por los obuses enviados por los profetas y acribillados por los componentes M-1 de la tropa.

¿Sabrán los miembros de las sociedades filantrópicas que esas muertes se producen con armas suministradas por sus compatriotas desde el gobierno de Estados Unidos?

¿O será que, en el marco de las conveniencias políticas vale más una perra siberiana que mil guajiros cubanos?

ENTREVISTAS

Entrevista del periodista argentino Jorge Ricardo Masetti en la Sierra Maestra, abril de 1958.[2]

(Tomado del libro *Los que luchan y los que lloran*, de Jorge Ricardo Masetti)

Cuando desperté estaba decepcionado. Había dormido plácidamente hasta las cinco y en ningún momento escuché metralla. Los guardias habían hecho una corta incursión, pero regresaron de inmediato a su cuartel al enterarse de que el Che no se encontraba en La Otilia y que estaría tendiéndoles alguna emboscada.

Había esperado anhelante el momento en que escuchase la voz de fuego, tendido en la semipenumbra de la sala, mientras Virelles, con la ametralladora sin seguro, se prometía a sí mismo un viaje a Buenos Aires, exclusivamente para escuchar tangos. Cerca de las dos, Sorí Marín y yo nos tendimos en los dos únicos colchones que había, y que juntos podían dar cabida a tres personas; pero no a los cinco que me encontré al despertar. Virelles se había ido a ocupar su posta y Cantellops roncaba sobre un sillón. Llibre apareció rascándose, a los pies de la cama, y me contó dolorido que había estado tratando de disolver toda la noche una reunión de granitos que le habían surgido imprevistamente en el estómago.

En pocos minutos lo que parecía un dormitorio se convirtió en comedor, oficina y enfermería. Todo el mundo estaba en pie y lo único que preguntaba, estuviese haciendo cualquier cosa, era si había llegado el comandante.

Guevara llegó a las seis. Mientras yo observaba admirado a un grupo de muchachos que se preocupaba insólitamente en hacer algo que yo hacía mucho tiempo había dejado de practicar: lavarse la cara, comenzaron a llegar desde distintos lados, grupos de rebeldes sudados, cargados con su mochila ligera y su pesado armamento. Los bolsillos estaban hinchados de balas y las cananas se cruzaban sobre el pecho dejado sin protección por una camisa sin botones.

Era la gente que había tendido la noche anterior una emboscada a la tropa de Sánchez Mosquera y volvía cansada, con sueño y con las ganas contenidas de trenzarse con los guardias del odiado coronel. A poco llegó Ernesto Guevara: Venía montado en un mulo, con las piernas colgando y la espalda encorvada prolongada en los caños de una beretta y de un fusil con mira telescópica, como dos palos que sostuviesen el armazón de su cuerpo aparentemente grande.

Cuando el mulo se fue acercando pude ver que le colgaba de la cintura una canana de cuero colmada de cargadores y una pistola. De los bolsillos de la camisa asomaban dos magazines, del cuello colgaba una cámara de fotos y del mentón anguloso algunos pelos que querían ser barbas.

Bajó del mulo con toda calma, asentándose en la tierra con unas botas enormes y embarradas, y mientras se acercaba a mí calculé que mediría un metro setenta y ocho y que el asma que padecía no debía crearle ninguna inhibición.

Sorí Marín hizo las presentaciones ante los ojos de veinte soldados que nunca habían visto a dos argentinos juntos, y que quedaron un poco decepcionados al ver que nos saludábamos con bastante indiferencia.

El famoso Che Guevara me parecía un muchacho argentino típico de clase media, y también me parecía una caricatura rejuvenecida de Cantinflas.

Me invitó a desayunar con él y comenzamos a comer casi sin hablar.

Las primeras preguntas fueron, lógicamente, de él. Y, lógicamente también, se refirieron a la política argentina.

Mis respuestas parecieron satisfacerle y a poco de hablar nos dimos cuenta que coincidíamos en muchas cosas y que no éramos dos sujetos peligrosos. Pronto hablamos sin muchas reservas —algunas manteníamos, como buenos argentinos de la misma generación— y comenzamos a tutearnos.

Un soldado guajiro que trataba de escucharnos hizo soltar a Guevara un comentario humorístico sobre la gracia que les causaba a los cubanos nuestra manera de hablar y la risa mutua nos unió casi de inmediato en un diálogo menos reticente.

Entonces le manifesté los motivos de mi viaje a Sierra Maestra. El deseo de esclarecer, primero que nada ante mí mismo, qué clase de revolución era la que se libraba en Cuba desde hacía 17 meses; a quien respondía; cómo era posible que se mantuviese durante tanto tiempo sin el apoyo de alguna nación extranjera; por qué el pueblo de Cuba no terminaba de derribar a Batista, si realmente estaba con los revolucionarios, y decenas de preguntas más, muchas de las cuales ya tenían respuesta en mi convicción, luego del viaje hasta La Otilia. Luego de sentir de cerca el terror de las ciudades y la metralla de los montes; luego de ver a guerrilleros desarmados participar en emboscadas suicidas para hacerse de un arma con la que pelear realmente; luego de escuchar explicar a los campesinos analfabetos, cada uno a su manera, pero claramente, por qué luchaban; luego de darme cuenta de que no estaba entre un ejército fanatizado capaz de tolerar cualquier actitud de sus jefes, sino entre un grupo de hombres conscientes de que cualquier desvío de la línea honesta que tanto los enorgullece significaría el fin de todo y la nueva rebelión.

Pero yo, pese a todo eso, desconfiaba. Me negaba a dejarme arrastrar por entero por mi simpatía hacia los campesinos combatientes, mientras no escrutase con la mayor severidad las ideas de quienes los conducían. Me negaba a admitir definitivamente que algún consorcio yanqui no estuviese empeñado en apoyar a Fidel Castro, pese a que los aviones a reacción que la misión aeronáutica norteamericana había entregado a Batista, habían ametrallado varias veces el lugar en donde me encontraba.

Mi primera pregunta concreta a Guevara, el joven médico argentino metido a comandante héroe y hacedor de una revolución que no tenía nada que ver con su patria fue:

—¿Por qué estás aquí?

Él había encendido su pipa y yo mi tabaco y nos acomodamos para una conversación que sabíamos larga. Me contestó con su tono tranquilo, que los cubanos creían argentino y que yo calificaba como una mezcla de cubano y mexicano:

—Estoy aquí, sencillamente, porque considero que la única forma de liberar a América de dictadores es derribándolos. Ayudando a su caída de cualquier forma. Y cuanto más directa, mejor.

—¿Y no temés que se pueda calificar tu intervención en los asuntos internos de una patria que no es la tuya, como una intromisión?

—En primer lugar, yo considero mi patria no solamente a la Argentina, sino a toda América. Tengo antecedentes tan gloriosos como el de Martí y es precisamente en su tierra en donde yo me atengo a su doctrina. Además, no puedo concebir que se llame intromisión al darme personalmente, al darme entero, al ofrecer mi sangre por una causa que considero justa y popular, al ayudar a un pueblo a liberarse de una tiranía, que sí admite la intromisión de una potencia extranjera que le ayuda con armas, con aviones, con dinero y con oficiales instructores. Ningún país hasta ahora ha denunciado la intromisión norteamericana en los asuntos cubanos ni ningún diario, acusa a los yanquis de ayudar a Batista a masacrar a su pueblo. Pero muchos se ocupan de mí. Yo soy el extranjero entremetido que ayuda a los rebeldes con su carne y su sangre. Los que proporcionan las armas para una guerra interna no son entremetidos. Yo sí.

Guevara aprovechó la pausa para encender su pipa apagada. Todo lo que había dicho había salido de unos labios que parecían sonreír constantemente y sin ningún énfasis, de manera totalmente impersonal. En cambio yo estaba absolutamente serio. Sabía que tenía que hacer aún muchas preguntas que ya juzgaba absurdas.

—¿Y que hay del comunismo de Fidel Castro?

Ahora la sonrisa se dibujó netamente. Dio una larga chupada a la pipa chorreante de saliva y me contestó con el mismo tono despreocupado de antes:

—Fidel no es comunista. Si lo fuese, tendría al menos un poco más de armas. Pero esta revolución es exclusivamente cubana. O mejor dicho, latinoamericana. Políticamente podría calificárselo a Fidel y a su movimiento, como "nacionalista revolucionario". Por supuesto que es antiyanqui, en la medida que los yanquis sean antirrevolucionarios. Pero en realidad no esgrimimos un antiyanquismo proselitista. Estamos contra Norteamérica — recalcó para aclarar perfectamente el concepto— *porque Norteamérica está contra nuestros pueblos.*

Me quedé callado para que siguiese hablando. Hacía un calor espantoso y el humo caliente del tabaco fresco era tan tonificante como el café que tomábamos en grandes vasos. La pipa en forma de S de Guevara colgaba humeante y se movía cadenciosamente a medida que seguía la charla con melodía cubano-mexicana.

—*Al que más atacan con el asunto comunista es a mí. No hubo periodista yanqui que llegase a la Sierra, que no comenzase preguntándome cuál fue mi actuación en el Partido Comunista de Guatemala – dando ya por sentado que actué en el partido comunista de ese país –, sólo por que fui y soy un decidido admirador del gobierno democrático del coronel Jacobo Arbenz.*

—¿Ocupaste algún cargo en el gobierno?

—*No, nunca.* —Seguía hablando plácidamente, sin sacarse la pipa de los labios. *Pero cuando se produjo la invasión norteamericana traté de formar un grupo de hombres jóvenes como yo, para hacer frente a los aventureros fruteros. En Guatemala era necesario pelear y casi nadie peleó. Era necesario resistir y casi nadie quiso hacerlo.*

Yo seguí escuchando su relato sin hacer preguntas. No había necesidad.

—*De ahí escapé a México, cuando ya los agentes del FBI estaban deteniendo y haciendo matar directamente, a todos los que iban a significar un peligro para el gobierno de la United Fruit. En tierra azteca me volví a encontrar con algunos elementos del 26 de Julio que yo había conocido en Guatemala y trabé amistad con Raúl Castro, el hermano menor de Fidel. Él me presentó al jefe del Movimiento, cuando ya estaban planeando la invasión a Cuba.*

Como la pipa se le había apagado, hizo una pausa para encender un tabaco y me convidó a mí con otro. Para señalar qué existía aun detrás de la espesa cortina de humo le pregunté cómo se había incorporado a los revolucionarios cubanos.

—*Charlé con Fidel toda una noche. Y al amanecer, ya era el médico de su futura expedición. En realidad, después de la experiencia vivida a través de mis caminatas por toda Latinoamérica y del remate de Guatemala, no hacía falta mucho para incitarme a entrar en cualquier revolución contra un tirano, pero Fidel me impresionó como un hombre extraordinario. Las cosas más imposibles eran las que encaraba y resolvía. Tenía una fe excepcional en que una vez que saliese hacia Cuba, iba a llegar. Que una vez llegado iba a pelear. Y que peleando, iba a ganar. Compartí su optimismo. Había que hacer, que luchar, que concretar. Que dejar de llorar y pelear. Y para demostrarle al pueblo de su patria que podía tener fe en él, porque lo que decía lo hacía, lanzó su famoso: "En el 56 o seremos libres o seremos mártires" y anunció que antes de terminar ese año iba desembarcar en un lugar de Cuba al frente de su ejército expedicionario.*

—¿Y que ocurrió al desembarcar?

Ya la conversación constituía tema para más de treinta auditores. Sentados en el suelo, con el arma entre las rodillas y las gorras protegiendo a los ojos de la reflexión solar, "los hombres del Che" fumaban y escuchaban atentamente, sin proferir una sola palabra. Un joven médico, barbudo, componía un dedo vendándolo perfectamente, sin prestar atención más que a lo que oía. Llibre, apasionado admirador de los jefes de la revolución pero vigilante doctrinario, analizaba cada una de las palabras de Guevara, rascándose los granos del estómago con las uñas marrones de tierra arcillosa. Virelles, escuchaba durmiendo. Guillermito, un muchacho imberbe de melena larguísima, limpiaba su fusil con la misma atención que el médico componía el dedo. Desde algún lugar, llegaba a incorporarse al olor del tabaco, el de un chancho que estaban friendo en una marmita, al aire libre.

Guevara siguió relatando con el tabaco en la boca y las piernas cómodamente estiradas:

—*Cuando llegamos nos deshicieron. Tuvimos un viaje atroz en el yate "Granma", que ocupábamos 82 expedicionarios, aparte de la tripulación. Una tormenta nos hizo desviar el rumbo y la mayoría de nosotros estábamos descompuestos. El agua y los alimentos se habían terminado y para colmo de males, cuando llegamos a la isla, el yate varó en el barro. Desde el aire y de la costa nos tiraban sin parar y a poco, ya estábamos menos de la mitad con vida —o con media vida, si se tiene en cuenta nuestro estado—. En total de los 82, solo quedamos con Fidel 12. Y en el primer instante, nuestro grupo se reducía a 7, puesto que los otros cinco se habían desperdigado. Eso era lo que quedaba del ambicioso ejército invasor del Movimiento 26 de Julio. Tendidos en la tierra, sin poder hacer fuego para no delatarnos, aguardábamos la decisión final de Fidel, mientras a lo lejos sonaban las baterías navales y las ráfagas de las ametralladoras de la aviación.*

Guevara lanzó una corta carcajada al recordar.

—*Qué tipo, este Fidel. Vos sabés que aprovecho el ruido de la metralla para ponerse de pie y decimos: "Oigan como nos tiran. Están aterrorizados. Nos temen porque saben que vamos a acabar con ellos". Y sin decir una palabra más, cargó con su fusil y su mochila y encabezó nuestra corta caravana. Íbamos en busca del Turquino, el monte más alto y el más inaccesible de la Sierra, en el cual fijamos nuestro primer campamento. Los campesinos nos miraban pasar sin ninguna cordialidad. Pero Fidel no se alteraba. Los saludaba sonriendo y lograba a los pocos minutos entablar una conversación más o menos amistosa. Cuando nos negaban comida, seguíamos nuestra marcha sin protestar. Poco a poco el campesinado fue advirtiendo que los barbudos que andábamos "alzados", constituíamos precisamente todo lo contrario de los guardias que nos buscaban. Mientras el ejército de Batista se apropiaba de todo cuanto le conviniese de los bohíos – hasta las mujeres, por supuesto –, la gente de Fidel Castro respetaba las propiedades de los guajiros y pagaba generosamente todo cuanto consumía. Nosotros notábamos no sin asombro, que los campesinos se desconcertaban ante nuestro modo de actuar. Estaban acostumbrados al trato del ejército batistiano. Poco a poco se fueron haciendo verdaderos amigos y a medida que librábamos encuentros con los grupos de guardias que podíamos sorprender en las sierras, muchos manifestaban su deseo de unirse a nosotros. Pero esos primeros combates en busca de armas, esas emboscadas que comenzaron a preocupar a los guardias, fueron también el comienzo de la más feroz ola de terrorismo que pueda imaginarse.*

En todo campesino se veía a un rebelde en potencia y se le daba muerte. Si se enteraban de que habíamos pasado por una zona determinada, incendiaban los bohíos a los que pudimos llegar. Si llegaban a una finca y no encontraban hombres —porque estaban trabajando o en el pueblo—, imaginaban o no que se habrían incorporado a nuestras filas, que cada día eran más numerosas, y fusilaban a todos los que quedaban. El terrorismo implantado por el ejército de Batista, fue indudablemente, nuestro más eficaz aliado en los primeros tiempos. La demostración más brutalmente elocuente para el campesinado de que era necesario terminar con el régimen batistiano.

El ruido del motor de un avión reclamó la atención de todos.

—¡Avión! —gritaron varios y todo el mundo echó a correr hacia el interior de La Otilia. En un segundo desaparecieron del secadero de café los arreos de las bestias y las mochilas y alrededor de la finca no se veía otra cosa que el sol que hacía blancos a los árboles, al secadero de cemento y al rojo camino de arcilla.

Una avioneta gris oscura apareció detrás de una loma e hizo dos amplios giros sobre La Otilia, a bastante altura, pero sin disparar ni una ráfaga. Minutos después desapareció.

Salimos todos de la casa, como si hubiésemos estado horas encerrados.

Le recordé a Guevara mi intención de encontrarme lo antes posible con Fidel Castro, para grabar mi reportaje y luego regresar hasta la planta para tratar de transmitirlo directamente a Buenos Aires. En pocos minutos se me encontró un guía que conocía la zona de Jibacoa, en donde probablemente estaría operando Fidel y un mulo más o menos fuerte y sin demasiadas mataduras.

—Tenés que salir ahora mismo —me explicó Guevara— para llegar no muy tarde al primer campamento y mañana a la mañana seguís hasta Las Mercedes. Ahí quizás te puedan decir por dónde anda Fidel. Si tenés suerte, en tres días podés ubicarlo.

Monté en el mulo y me despedí de todos, comprometiendo a Guevara para encontrarnos en La Mesa unos días después cuando yo regresase con el reportaje grabado. Le entregué a Llibre varios rollos de fotos ya usados y dos cintas magnetofónicas, para que las guardase en la planta transmisora.

Era cerca del mediodía y el cerdo comenzaba a freír de nuevo, pasado el susto de la avioneta. El olor a grasa que tanto me descomponía al principio, me pareció delicioso. Mi estómago comenzaba a sentir la ofensiva del aire purísimo de la Sierra Maestra. Sorí Marín me acercó media docena de bananas que esta vez —nunca me pude enterar por qué—, se llamaban malteños.

Guevara recomendó al guía mucho cuidado, al acercarnos a Las Minas.

—Es el primer compatriota que veo en mucho tiempo —gritó riendo—, y quiero que dure por lo menos hasta que envíe el reportaje a Buenos Aires.

—Chau — saludé de lejos.

Y como treinta voces contestaron a los gritos y riendo, como si acabase de hacer el saludo más cómico que pueda concebirse.

Salimos del camino que llevaba a La Otilia y nos metimos por un campo de café. Los granos aún estaban verdes y no despedían más aroma que el de las plantas frescas. De vez en cuando las ramas trataban de quitarme la gorra, aprovechando que yo iba entretenido en pelar un malteño de cuarenta centímetros. Pero la proximidad de Las Minas, si bien no me quitaba el apetito, mantenía mi atención mucho más allá de la conducción del mulo o el pelar bananas. Mi guía —que tenía un sobrenombre muy apropiado para una señorita francesa que muestre las piernas, pero no para un guajiro barbudo y con pocos dientes: Niní— iba pocos metros delante, montado en una mulita paticorta. De improviso desmontó y se deslizó sin hacer ruido, hacia mí, por sobre el colchón de hojas. Antes de que hubiese llegado yo también había desmontado, y nos apartamos enseguida de los animales. El ruido de las ramas golpeando sobre algo que podría ser el casco de acero de algún guardia, se escuchaba ahora nítidamente. Niní corrió el seguro de su pistola.

—¿Qué hay compay? — gritó de pronto.

Un guajiro avanzaba dificultosamente entre los árboles de café, procurando que las ramas se enganchasen lo menos posible en la liviana caja rectangular de madera blanca que llevaba al hombro.

—¿Qué hubo? — respondió jadeante.

1959

ARTÍCULOS

América desde el balcón afroasiático[4]

(Publicado en la revista *Humanismo*, septiembre-octubre 1959)

Para los asiáticos, hablar de América (la nuestra, la irredenta) es hablar de un continente impreciso, tan desconocido para ellos como lo es para nosotros esa inmensa parte del mundo cuyas ansias libertarias encontraron el vehículo de expresión apropiado en el pacto de Bandung.

Nada se conocía de América, salvo, quizás, que era un gigantesco sector del mundo donde vivían nativos de piel oscura, taparrabos y lanzas, y donde una vez había arribado un tal Cristóbal Colón, más o menos en la misma época en que otro tal Vasco de Gama cruzara el Cabo de las Tormentas e inaugurara un terrible paréntesis de siglos en la vida cultural, económica y política de esos pueblos. Nada concreto se agrega a este conocimiento, excepto un hecho para ellos casi abstracto, que se llama "Revolución cubana". Efectivamente, Cuba es para ese mundo lejano una abstracción que significa sólo despertar, apenas la base necesaria para que surgiera el ser mitológico llamado Fidel Castro. Barbas, cabello largo, uniforme verde olivo y unos montes sin localización precisa en un país del que apenas saben su nombre —y no todos saben que es isla— es la Revolución cubana, es Fidel Castro; y esos hombres barbados son "los hombres de Castro" y esos hombres, provenientes de una isla indiferenciable en el mapa, movidos por el resorte mágico de un nombre mitológico, es América, la nueva

América, la que despereza sus miembros entumidos de tanto estar de rodillas.

Hoy va desvaneciéndose la otra América, la que tiene hombres desconocidos que trabajan miserablemente el estaño, por cuya causa, y en cuyo nombre, se explota hasta el martirio a los trabajadores del estaño indonesio; la América de los grandes cauchales amazónicos donde hombres palúdicos producen la goma que hace más ínfimo el salario de los caucheros de Indonesia, Ceilán, o Malaya; la América de los fabulosos yacimientos petrolíferos, por los cuales no se puede pagar más a1 obrero del Irak, la Arabia Saudita o el Irán; la del azúcar barato que hace que el trabajador de la India no pueda recibir mayor remuneración por el mismo trabajo bestial bajo el mismo sol inclemente de los trópicos.

Distintas, y sorprendidas, aún de su osadía de desear ser libres, el África y el Asia empiezan a mirar mas allá de los mares. ¿No será que ese otro almacén de granos y materias primas tiene también una cultura detenida por la colonia y millones de seres con los mismos anhelos simples y profundos de la grey afroasiática? ¿No será que nuestra hermandad desafía el ancho de los mares, el rigor de idiomas diferentes y la ausencia de lazos culturales, para confundirnos en el abrazo del compañero de lucha? ¿Se deberá ser más hermano del peón argentino, el minero boliviano, el obrero de la United Fruit Company o el machetero de Cuba que del orgulloso descendiente de un samurai japonés, aunque quien esto analice sea un obrero japonés? ¿No será que Fidel Castro es, más que un hecho aislado, la vanguardia del pueblo americano en su lucha creciente por la libertad? ¿No será un hombre de carne y hueso? ¿Un Sukarno, un Nerhu o un Nasser?

Los pueblos liberados empiezan a darse cuenta del enorme fraude que se cometiera con ellos, convenciéndolos de una pretendida inferioridad racial, y saben ya que podían estar equivocados también en la valorización de pueblos de otro continente.

A la nueva conferencia de los pueblos afroasiáticos ha sido invitada Cuba. Un país americano expondrá las verdades y el dolor de América ante el augusto conclave de los hermanos afroasiáticos. No irá por casualidad; va como resultado de la convergencia histórica de todos los pueblos oprimidos, en esta hora de liberación. Irá a decir que es cierto, que Cuba existe y que Fidel Castro es un hombre, un héroe popular, y no una abstracción mitológica; pero además, explicará que Cuba no es un hecho aislado sino signo primero del despertar de América.

Cuando cuente de todos los oscuros héroes populares, de todos los muertos sin nombre en el gran campo de batalla de un Continente; cuando hable de los "bandidos" colombianos que lucharon en su patria contra la alianza de la cruz y la espada; cuando hable de los "mensú" paraguayos que se mataron mutuamente con los mineros de Bolivia, representando, sin saberlo, a los petroleros de Inglaterra y Norteamérica, encontrará un brillo de estupor en las miradas; no es el asombro de escuchar algo inaudito, sino el de oír una nueva versión, idéntica en desarrollo y consecuencias a la vieja versión colonial que vivieron y padecieron durante siglos de ignominia.

América toma forma y se concreta. América, que quiere decir Cuba; Cuba, que quiere decir Fidel Castro (un hombre representando un Continente con el solo pedestal de sus barbas guerrilleras), adquiere la verosimilitud de lo vivo. El Continente se puebla, ante la imaginación afroasiática, de hombres reales que sufren y luchan por los mismos ideales.

Desde la nueva perspectiva de mi balcón, aprendo también a valorar esto de que fui copartícipe desde el momento sublime de los "doce", y veo diluirse las pequeñas contradicciones que agigantaba la perspectiva para darle su verdadera trascendencia de acontecer popular americano. Con esta perspectiva puedo valorar el gesto infantil, por lo ingenuo y espontáneo, del hombre lejano que acaricia mis barbas preguntando en lengua extraña: "¿Fidel Castro?", agregando: "¿Son ustedes los miembros del Ejército guerrillero que esta encabezando la lucha por la libertad de América? ¿Son, entonces, nuestros aliados del otro lado del mar?" Y tengo que contestarle a él, y a todos los cientos de millones de afroasiáticos que como él marchan hacia la libertad en estos nuevos e inseguros tiempos atómicos, que sí; más aún: que soy otro hermano, otro entre la multitud de hermanos de esta parte del mundo que espera con ansiedad infinita el momento de consolidar el bloque que destruya, de una vez y para siempre, la presencia anacrónica de la dominación colonial...

DISCURSOS

Discurso pronunciado en un acto en su honor, organizado por el Colegio Médico[5] (16 de enero de 1959)

La verdad es que no traigo ningún discurso escondido, como el que se aparece con el discursito bajo el brazo, declinando el inmerecido honor de ser designado para hablar por no estar preparado. Yo vine aquí a cumplir con mis deberes un poco olvidado de médico, a presentar mis saludos nada más.

Sinceramente estoy un poco desacostumbrado, mejor dicho estoy totalmente desacostumbrado, a ocupar la presidencia o el estrado de una reunión de profesionales y creo que si hubiera seguido mi vida por los cauces de la ciencia nunca hubiera llegado aquí. Esto prueba que todavía los espadones tienen su beligerancia en América, ya que he podido rápidamente llegar aquí a este estrado y decir algunas palabras.

Considero, ya para decir algo, que no hay que maravillarse de ninguna manera que un extranjero venga a luchar por Cuba, porque precisamente en Cuba vivió Martí, y habló y enseñó Martí, cuya aspiración máxima era hacer de toda América una sola. Yo les confieso que nunca me sentí extranjero, ni en Cuba ni en cualquiera de todos los países que he recorrido, he tenido una vida un poco aventurera.

Me he sentido guatemalteco en Guatemala, mexicano en México, peruano en Perú, como me siento hoy cubano en Cuba y naturalmente como me siento argentino aquí y en todos los lados, ese el estrato de mi personalidad, no puedo olvidar el mate y el asado.

Lo único es que yo creo, que ya que estamos aquí podemos hablar de algo más importante todavía, del aporte necesario de la clase médica a nuestra Revolución, no de lo que ya daba, lo que ya ha dado es reconocido por todo el mundo, quizás haya sido de todas las profesiones la que más aporte de sangre, mas aporte de hombres ha dado a la Revolución, no recuerdo ninguna de nuestras columnas que no contara con los servicios de algún médico y a veces con más de un médico.

Yo considero, como médico, que siempre me han preocupado las cuestiones sociales, que ahora llega el momento de hacer aportes sustanciales, para cambiar radicalmente los sistemas de salubridad imperantes en Cuba, como en todas las naciones.

En este andar que hacía, un poco curioso por todos los países de América, he visto que desgraciadamente una de las cosas que estaban más atrasadas era la sanidad y es nuestra experiencia de la Sierra Maestra, que no hay sanidad.

Muchos muchachos me decían a mí en México, que Cuba era algo diferente, que Cuba no era un país como México, donde realmente la sanidad fuera de la Capital es cero; pero yo me he podido dar cuenta de que en muchos lados de Cuba también la sanidad es completamente desconocida.

La Sierra Maestra es un lugar de Cuba que parecía sacado de Cuba, venido de otro lado; después he visto que en las ciudades e incluso en las zonas agrícolas más ricas e incluso del campo tenían un panorama completamente diferente.

Yo creo que lo que hay que hacer ahora, en estos días de triunfo y de paz, es prepararse a luchar honestamente y ardientemente para que toda la sanidad cubana dé un paso adelante importante, para poder hacer todos los dispensarios y todos los servicios en esas zonas y también para modernizar muchos otros.

No hemos tenido oportunidad de pasar todavía por centros de investigaciones y por muchos servicios aquí en la capital, pero me doy cuenta que todavía hay mucho que hacer y me tomo el atrevimiento de iniciar la crítica aquí, justamente porque me considero cubano y creo que no sólo tengo el derecho sino el deber de llamar la atención cada vez que encuentre que algo no está bien.

Yo creo que ahora es el momento de empezar a pensar seriamente, yo lo estaba comentando hace un momento con los compañeros, el doctor del Valle y el doctor Rodríguez sobre los nuevos derroteros que tiene que tomar la medicina en Cuba, ya que hemos hecho una revolución que quizás sea absolutamente histórica y marque un nuevo paso, en el desarrollo de la lucha de los pueblos de América por su liberación, debemos completarlas también en todas las ramas y llevar valientemente a la medicina social y llegar hasta donde sea posible.

Desde ya, no voy a sentar pautas, nada más que dar ese toque de atención sobre el punto, porque no tengo ninguna preparación para ello y además, me toca ahora también pedir disculpas por meterme en camisa de once varas y hablar de cosas que no debía tocar. En todo caso yo aquí debía de hablar de temas de guerrillas, que sí los conozco bien porque los he aprendido y no de temas médicos, pero como he sido invitado par el Colegio Médico y se me dio la oportunidad de decir estas palabras, quería llamar la atención de todos los compañeros sobre este particular.

ENTREVISTAS

Entrevista para Radio Rivadavia de Argentina[6] (3 de noviembre de 1959)

En un reportaje grabado en La Habana y transmitido aquí esta noche, por Radio Rivadavia, el Comandante del Ejército Revolucionario Cubano, Ernesto Che Guevara, dijo que *"pocos gobernantes han podido ir a los Estados Unidos y volver con la conciencia tranquila, como lo hizo nuestro Primer Ministro, Fidel Castro"*.

El Comandante Guevara hizo aquella afirmación sobre Fidel Castro, al referirse a la diferencia de procederes que *"se observa entre los movimientos antes y después de obtener el poder. Estando en el poder,* añadió Guevara, *la gran dificultad es mantener una línea de conducta, frente a los inevitables ataques del capital monopolista extranjero y a la presión económica"*.

"Si esta condición se lograra en la América Latina —añadió—, *se conseguiría una cohesión política para defender su posición en el campo internacional similar a la que se ha adoptado por los países de la zona afroasiática, los llamados del Pacto de Bandung, que a pesar de las enormes diferencias en sus sistemas sociales, que van desde sistemas prácticamente socialistas hasta sultanes internacionales, mantienen una cohesión envidiable para nuestros países de América"*.

Al referirse al Fondo Monetario Internacional (FMI) el Comandante Guevara expresó que *"si es un elemento de liberación para América Latina, yo creo que tendría que habérselo demostrado, y hasta ahora* —recalcó—, *no conozco ninguna demostración de que haya sucedido tal cosa. El FMI cumple funciones totalmente diferentes: la de asegurar precisamente el control de toda la América, por parte de unos cuantos capitales que están instalados fuera de América".*

Guevara dijo también que el FMI *"sabe que en caso de producirse cualquier agresión contra nosotros, responderemos en la medida en que ellos saben que nosotros hacemos las cosas. Los intereses del Fondo Monetario* —agregó—, *son grandes intereses internacionales que hoy parecen que están asentados y tienen su base en Wall Street".*

"El complejo problema del déficit de las balanzas comerciales —dijo—, *se resuelve con la diversificación de la producción y la diversificación del comercio exterior. Mi viaje a los países afroasiáticos y europeos obedeció a la decisión del Gobierno cubano, de buscar nuevos mercados en todas partes del mundo. Nosotros tenemos la pretensión de comerciar con todos los países del mundo, porque no hay barreras ideológicas para el comercio".*

Guevara agregó que *"lo único que puede interesar a Cuba de los países extranjeros es de qué productos disponen para intercambiar por los cubanos, y en qué condiciones quieren hacerlo".*

Anunció que durante su gira al exterior, y después de ella, se habían firmado o están en camino de firmarse convenios comerciales con distintos países, y se abrieron las posibilidades para el intercambio comercial entre Cuba y Yugoslavia, India, Ceilán, Indonesia, Dinamarca y Pakistán.

Señaló que los países visitados tienen un panorama político-social semejante al de Cuba, y que *"están luchando por su liberación, ya que tienen sus mercados y comercio exterior, controlados por intereses coloniales".*

"Tienen la necesidad —agregó—, *de reformas agrarias integrales, y la necesidad posterior de luchar por la industrialización. Cuba está alineada con ellos en el mismo camino, hacia una recuperación completa del país".*

Reiteró que Cuba piensa desarrollar el comercio con los países de Europa, tanto del Este como del Oeste, *"ya que creemos que el comercio es una cosa y los problemas ideológicos, otros completamente distintos".*

Dijo también que existe interés en que el comercio cubano se centre en un intercambio con todos los países de América y que se daría preferencia a cualquier negociación que se hiciera con país americano que de otro continente.

Luego de expresar que una definición económica directamente da una definición política, el Comandante Guevara dijo que *"los sectores cubanos que combaten al actual Gobierno Revolucionario, son el capital parásito, que ha sido directamente afectado por la tarea del Gobierno; entre ellos los grandes latifundistas".*

Citó un latifundio de 150 mil hectáreas de compañía de intereses norteamericanos —la Atlántica del Golfo—, y afirmó que esos intereses no están vinculados con cierto tipo de capital latifundista norteamericano, que *"en algunos casos financió los intentos de golpes que se han visto aquí en los últimos tiempos. No dudamos* —agregó—, *que se puedan producir algunos más en el futuro".*

Al referirse al apoyo popular al Gobierno Revolucionario cubano, dijo que *"proviene de todos los sectores que tienen algo que ganar económica y moralmente: los sectores campesinos y obreros, fundamentalmente, y además, los sectores de la clase media, profesionales de todo tipo y comerciantes honestos".*

"Los hombres —agregó—, *no pueden ser sino representación de una ideología, de un modo de pensar; y de ese modo de pensar tiene que estar sustentado por una base popular amplia. Existen en América movimientos que pueden crear un nexo de apoyo y solidaridad a toda posición que signifique rechazar el sojuzgamiento económico y político de América Latina".*

"Llenan esas condiciones en mayor o menor grado —afirmó—, *el General Cárdenas, en México; Larrazábal, en Venezuela; Palacios, en Argentina; De Aranha, en Brasil, y otros".*

El Comandante Guevara señaló que *"la estructuración de cualquier movimiento latinoamericano que tuviera las bases comunes, tan fáciles de alcanzar entre pueblos de una misma estructura económica y de una parecida orientación política, en cuanto a anhelos populares, sería una medida muy saludable para el desarrollo de la futura lucha de América por su liberación completa".*

Afirmó que el *"magnífico discurso pronunciado por el General Cárdenas en La Habana, el 26 de julio de este año, contribuyó a afianzar las relaciones de Cuba con el estado mejicano".*

Al finalizar, el Comandante dijo que *"el hecho de que en Cuba no exista una sola mata de trigo, es una base para conversaciones que puedan llevar a un convenio comercial entre Argentina y Cuba".*

Aclaró que no ha renunciado a su nacionalidad argentina, pese a la ciudadanía cubana "por nacimiento", que le fue concedida por el Gobierno Cubano, y dijo que es muy difícil hacer un viaje a su país natal, *"pues tareas intensísimas a que se dedican todos los hombres del*

Gobierno Revolucionario prácticamente nos impiden salir del país, si no es con un fin, como ha sido, por ejemplo, nuestro viaje al Oriente".

SELECCIÓN DE CARTAS[7]

Carta a Sra. María Teresa Díaz de Dicon

Departamento Militar de La Cabaña,
La Habana, 1ro. de Junio de 1959

Sra. María Teresa Díaz de Dicon
Hotel Bouchard
Bouchard 487
Buenos Aires. Rep. Argentina
Señora:

Recibí con mucho gusto su carta a la que hoy contesto.

Realmente dado la forma en que tenemos que afrontar las necesidades de Cuba, no podemos negarle la participación a nadie que nos ofrezca sus servicios que pueden ser de gran utilidad al logro de la Revolución.

Así que no veo ningún inconveniente para que se traslade a ésta a donde será bien recibida, pero quiero aclararle que todo puesto se gana por estricta oposición y Ud. tendrá que someterse a esta norma.

Reciba un cordial saludo de
Dr. Ernesto Che Guevara
Comandante Jefe del Departamento
Militar de La Cabaña

1960

ARTÍCULOS PERIODÍSTICOS

El desarme continental y otras claudicaciones[8]

(Publicado en la revista *Verde Olivo*, 24 de abril de 1960)

Hay pueblos de América muy "institucionalizados", tan institucionalizados que casi se olvidaron de la palabra revolución y a veces soportan durante cierto tiempo un fraude más o menos organizado o una burla más o menos descarada a las ambiciones populares; en general tienen gobernantes muy serios, muy ponderados, que respetan profundamente la doctrina panamericana (aquella que empezó con Monroe, el presidente aquel que se quería coger todo el continente para los norteamericanos). Estos señores de América, ponderados, respetuosos de la libertad de imprenta y de expresión y de todos los compromisos internacionales, firmados siempre para defender nuestra América de la agresión de terribles poderes extranjeros, han encontrado de pronto que ya no hace falta pelear en América. Ya aquí está todo conseguido, vivimos en una paz paradisíaca, los campesinos tienen sus tierras; los obreros tienen jornadas magníficas de trabajo y retribuciones extraordinariamente buenas, los capitalistas ganan moderadamente; y no hay garroteros ni existen los monopolios; y, ¿para qué en un paraíso de estos vamos a tener armas? Existe sí, un demonio incubado en otros continentes llamado "comunismo internacional", que a veces prende entre las masas incultas y groseras y los incita a declarar que tienen hambre, hacer exigencias ridículas de aumento de salarios, o a pedir la tierra tratando de despojar de ella a sus legítimos dueños, los latifundistas.

El ángel bueno que cada país de América tiene para velar por su libertad y por su soberanía se llama Estados Unidos; tiene no solo el derecho sino el deber de armarse hasta los dientes y de tirar hacia el cielo toda clase de proyectiles de prueba (muchos de ellos quizás contagiados por el espíritu del mal, se niegan a seguir en el cielo, vuelven y se destrozan en la tierra); esa es una atribución que los reyes del monopolio tienen para sí; el derecho fundamental, por supuesto, su deber también es el de cuidarnos, del "comunismo internacional". Cada vez que haya un Fidel Castro que levante la bandera de redención de los humildes habrá que investigar rápidamente para descubrir al comunista que hay detrás y liquidarlo.

La tesis del desarme americano se planteó allá por el lejano Chile, donde su presidente está identificado con la política de "paz" de Eisenhower, se planteó también durante la visita del candidato presidencial brasilero Janio Quadros, por parte de algunos periodistas de su comitiva que preguntaban entre curiosos y mal intencionados, cuánto gastábamos en armamentos y para qué. Ahora lanza la consigna uno de los más "ponderados", si no el más ponderado de todos los genuflexos continentales y el vocerío es terrible; entre el democrático instrumento de la OEA y las formidables declaraciones, otorgándole por sí y ante sí a los reyes del monopolio, el monopolio también exclusivo de la defensa continental, uno se siente a veces como en el cuento para niños, preguntándole a la abuelita buena arropada en la cama —los encargados de defender América—, ¡qué boca más grande tienes, abuelita! Otras veces, sin embargo, viendo tanto deshonor, viendo tanta traición disfrazada de circunspección, tanto genuflexo canalla rondando por los pasillos de Washington, dan ganas de gritar con toda la voz de nuestros pulmones multitudinarios:

DE RODILLAS PARA QUÉ.

No seas bobo, compadre, y otras advertencias

(Publicado en la revista *Verde Olivo*, 1 de mayo de 1960)

Esta admonición es lanzada al aire sin rumbo fijo; a cualquiera le cabe el sayo y, si quiere, se lo puede poner. No es obligación hacerlo, naturalmente. Pero suponiendo (un ejemplo sin localización geográfica ni histórica), suponiendo que algún militar desplazado entrara por alguna frontera de un país vecino cuyo presidente —suponiendo—, haya estado en Washington... "conversando". Que ese coronel, proveniente de un país cuyo presidente haya estado en Washington conversando, hable por cinco emisoras potentes, que salen de muchos lugares de América, que se caracterizan todas por defender la democracia y atacar el "comunismo" cubano. Suponiendo que el gobierno cubano ofrezca ayuda de armas y de hombres —hombres que saben manejar las armas que se ofrecen y que han aprendido a vencer en la lucha—, ¿qué harías tú, compadre, presidente ideal de una república que no existe, puesto que es un ejemplo abstracto? ¿Rechazarla?; ¿distraerla?, ¿ignorarla?, ¿aplazarla? No seas bobo compadre.

Los poderes coloniales pueden tener muchas intenciones, todas malas. Pueden advertirte, por ejemplo, que si no eres un chico bueno y no le das mas apoyo al amiguito Figueres, o al bellísimo "trío" que "envía Cuba" a la conferencia "democrática", te puede ir muy mal. Puede también ser el primer paso para la intervención de la OEA y para que levante sus acciones esta maltrecha agencia de los poderes coloniales. Y pueden también ("también pueden compadre") tratar de cogerte el gobierno, de tirarte como un trapo sucio como un vaso de papel usado y poner otro en tu lugar, y en cualquiera de todas estas alternativas, o de otras que pudieran surgir, hay un puñal escondido, pero dirigido siempre contra Cuba: y tú ¿vas a hacerle el juego a los que quieren asesinar la democracia cubana, compadre? Por mantenerte en un cómodo y tambaleante sillón, "vas a tener la pata", cuidado... que es tan culpable, como el que mata la vaca.

Pero además, presidente ideal, ejemplo abstracto, suponiendo que la vaca de nuestro cuento, fuera descogotada algún día, al día siguiente —históricamente al día siguiente—, te desiquitrillarían compadre:

segurito. No hueles a petróleo como tus antecesores y en este ejemplo ideal, no eres un militar, "traga gente" Te desiquitrillarían. Frente a esto, presidente ideal, invitante del "trío", representante de la más pura democracia, ¿tendrás la pata? Escucha el consejo de un francotirador inveterado, escucha la admonición cariñosa y cordial: NO SEAS BOBO, COMPADRE.

El salto de la rana, los Organismos Internacionales y otras genuflexiones

(Publicado en la revista *Verde Olivo*, 22 de mayo de 1960)

Como ustedes sabrán, queridos compañeros de este Ejército Rebelde, el salto de rana es uno de los preferidos ejercicios de castigo y también de endurecimiento de los músculos de las piernas.

En todos los ejércitos del mundo con mentalidad castrense —y también al nuestro algún día le llegará—, el salto de rana se hace por cualquier falta leve. Consiste en acuclillarse y dar saltos como rana. Para acuclillarse hay que doblar las rodillas; y doblar las rodillas, en lenguaje fino, se llama genuflexión; y los que doblan mucho sus rodillas, genuflexos. Hay genuflexos bien pagados y genuflexos mal pagados. Ejemplo de genuflexos criollos bien pagados: nuestros amigos del *Diario de la Marina* o de *Prensa Libre*, nuestro querido amiguito Conte Agüero y otros ejemplares de su calaña.

En el orden internacional hay unos cuantos organismos bien pagados; sesudos, moderados. Están dirigidos en general, por algún moderador sesudo y distinguido genuflexo, que muchas veces suele recolectarse en la zona escandinava.

Estos distinguidos genuflexos doblan sus rodillas ante Dios, naturalmente ante su Dios, el monopolio, dueño y señor de todas las cosas y a veces, cuando lo ordenan los distinguidos genuflexos que suelen pertenecer a la zona escandinava, niegan a algún pequeño país subdesarrollado del área del Caribe, que piensa convocar en septiembre una conferencia de sus países colegas pero que no nombro para que no se me considere indiscreto, los tres técnicos necesarios para mejor organizarla y acoplarla a su calidad internacional.

No se han dado, en el futuro se darán pero no es el único caso, otra distinguida organización del mismo tipo se está llevando a sus funcionarios con cualquier pretexto o presionándolos para que se vayan y seguirá la cosa.

El señor monopolio, el mismo que ha visto achatada sus narices en la Conferencia de la Cumbre, lo ha ordenado así y en esta parte de América hay que hacer lo que él diga, o si no... tratarán de obligarnos a realizar saltos de rana o alguna otra genuflexión.

Cacareco, los votos argentinos y otros rinocerontes

(Publicado en la revista *Verde Olivo*, 8 de mayo de 1960)

Los sesudos y medulares defensores de la democracia representativa y electoralista, han dejado oír su voz crepuscular. Los deseos mesurados de constitucionalización de Cuba, se han dejado caer suave e insidiosamente. Es el primer paso para hacer que nuestro país sea declarado con el tiempo una dictadura más. Ellos no quieren líderes como Fidel Castro, mantenidos y erigidos por el voto popular.

Ellos quieren a Cacareco el rinoceronte del zoológico de Sao Pablo, elegido como demostración de repulsa absoluta a los políticos del Estado. O ellos quieren que ganen, como en la Argentina, en una reñida elección, los votos en blanco; y, ¿qué significan, amables defensores de la constitucionalidad, estos votos en blanco, sino la única forma de expresión de un pueblo que no se siente satisfecho y que trata por todos los medios de demostrar ese espíritu rebelde?

Y por algo Fidel Castro, este Fidel Castro que no se quiere, es el mismo que es vitoreado en la Guatemala de Ydígoras que ha roto sus relaciones con nosotros, y es el mismo que está presente en el pueblo venezolano, cuyo primer mandatario abandonara despechado el desfile del Primero de Mayo.

Y si nos ponemos en el plano de la elección, ¿qué pasaría si Fidel Castro exigiera que, también por el sistema de los papelitos democráticos e institucionales, se estableciera, la puja electoral entre el señor Ydígoras, por ejemplo, y él, Fidel, para presidente de Guatemala; y para presidente de muchas otras repúblicas que no nombro? ¡Ah!, pero es que allí el sistema del papelito dentro del cofre de madera, está subordinado a un cuidadoso sistema que permite siempre que ciertas oligarquías nacionales, ligadas a oligarquías internacionales más poderosas, burlen la voluntad popular.

El voto significa que los segregacionista de África del Sur puedan ocupar el poder para balacear trágicamente a los negros; que Syngman Rhee pueda, hasta que la ira popular lo destrone, ajusticiar (asesinar es la palabra) a sus opositores políticos. Y la maravilla del papelito dentro del cofre de madera, es la que permite que Ydígoras o que Somoza o que Duvalier o Stroessner, sean representantes constitucionales de la institucional república de tal y tal; y que se, firme un curioso pacto de no agresión y amistad mutua por doce años, entre dos partidos políticos en algún rincón de América.

Nosotros preferimos nuestro voto directo enarbolado en la punta de un fusil, agresivo, retador, belicoso, para el hombre que es capaz de reunir la gigantesca mole humana del Primero de Mayo. Tenemos miedo que el otro sistema nos dé por resultado UN RINOCERONTE.

Ydígoras, Somoza y otras pruebas de amistad

(Publicado en la revista *Verde Olivo*, 12 de junio de 1960)

Es curioso. Esta Revolución Cubana, que fue unánimemente aplaudida aquel primero de enero, empezó a perder entre los gobiernos de América una serie de amigos. Hay que recalcar, entre los gobiernos, porque en el pueblo se está ganando amigos. Y se pierden amigos en esos gobiernos por la dictadura, por la supresión de periódicos, porque la libertad de palabra es conculcada, porque no se dan elecciones, porque se llega a la estatificación de toda la hacienda pública y la empresa privada está por el suelo, en fin, es variado el porqué de la repulsa.

Naturalmente, nosotros sabemos que Ydígoras, Somoza y Trujillo, realizan elecciones ejemplares; sabemos también, por ejemplo, que la economía de Santo Domingo está en manos privadas, porque al fin y al cabo, que Trujillo sea dueño de toda la Isla, bueno, pero lo es como Trujillo, no como Jefe del Estado; él no es ni siquiera presidente. Que los Somoza, por otro lado sean la misma cosa, bueno, pero es Somoza como Somoza, no como mandatario. Que los periódicos de la oposición hace muchos años que no existen en esos países, que una agencia de noticias internacionales se haya expulsado de Guatemala, bueno, eso no importa.

Es decir, que nosotros somos vilipendiados por hacer algo que ellos también hacen, pero con otro sentido, y que otras veces hacen y nosotros no hacemos. Es distinto fusilar a un criminal de guerra que asesinar a un estudiante.

Pero, tomemos nuestros saltimbanqui del título: ¿Quién es el señor Ydígoras? El señor Ydígoras es un militar que ha intervenido en muchas, muchísimas batallas por la liberación de América, que estaba en contra de Arbenz, firmó un "pacto de caballeros" con Castillo Armas y un buen día entre "saltos de soga" al por mayor, gritos histéricos y otras payasadas, impulsado por un pueblo que creyó ver en él el menos malo, a lo que se sumó un poquito de fraude electoral, subió al poder. Él es naturalmente, un leal aliado de su viejo amigo Castillo Armas. No ha desmentido en nada su línea política; ha mantenido una amistad firme hacia los norteamericanos, con el "mundo libre". Él solamente siente odio hacia los comunistas, hacia los fidelocomunistas y hacia todos los "istas" que luchen por la libertad de su patria. Por ello, un buen día, despertándose quizás bajo la influencia del "guaro" del día anterior, un poco molesto dentro de su palacio verde de Guatemala, decidió de una vez por todas seguir los consejos de su amigo el embajador norteamericano y romper con Cuba. Y rompió. Después los obreros, el Primero de Mayo le repegaron a Cuba por las narices, pero él rompió.

Un poquito más abajo está Centroamérica revuelta, hay un sujeto llamado Luis Somoza, que parece la reproducción de un cuadro de hace treinta años donde se cambiara solamente la primera palabra; Anastasio. Hace treinta años, más o menos, el presidente Roosevelt decía, con su practicismo norteamericano: "será un HP pero es nuestro" y era cierto (las dos cosas eran ciertas). Este señor, el asesino de Sandino, el asesino de las libertades, el asesino de todo lo puro que había en Nicaragua, era hombre de los norteamericanos, y lo fue durante toda su vida, y le llamaron asesino al mártir que lo ajustició, y los médicos norteamericanos pusieron toda la ciencia norteamericana, en un hospital norteamericano de la arrebatada zona panameña del canal, para salvar la vida del monigote agujereado. Se murió, sin embargo, su dinastía no acabó; allí está el retrato de su padre, don Luis Somoza, seguro de la dinastía; con las mismas características de su amado progenitor; amigo de los norteamericanos, leal hasta la muerte. Y este amigo de los norteamericanos ha expulsado a los miembros de nuestra Misión cubana en Nicaragua, también después de escuchar las advertencias sabias de su amigo, el embajador norteamericanos en Managua. La verdad es que el presupuesto de nuestro Ministerio de Relaciones Exteriores va a quedar grande después de tantos recortes, porque hay en el ambiente un airecito suave, de un plan al que se la ha dado el nombre de otro demócrata del continente, mediante el cual Trujillo sería la moneda de cambio por la cual se trocaría Cuba. Aislar a Trujillo primero y luego a Cuba; los dos iguales, los dos sangrientos, los dos dictatoriales, los dos arbitrarios, los dos malas gentes. Y los más "buena gente" y los más amigos de sus amigos, han iniciado la larga carrera para aislar a Cuba. Primero Ydígoras, después Somoza, después... yo lo sé, lo sé amigos lectores, pero no les voy a decir quién.

Sólo sé que será el más amigo de los amigos de los que quedan, un poco menos amigo que Ydígoras o Somoza.

Y nos quedamos solos en este hemisferio, solos, desoladoramente solos. Al parecer, amenazan con que nos quedaremos sin el apoyo de veinte gobernantes, ni de sus ministros, ni de sus cámaras, ni de sus periódicos, ni de sus hombres de negocios. Nos quedaremos tan solos que nada más con nosotros estarán los ciento cincuenta millones que constituyen lo más débil, mezquino y depreciado de América: su pueblo; el que lucha y sufre con la Revolución cubana y el que vencerá con ella.

El Plan Marshall, el Plan Eisenhower y otros planes

(Publicado en la revista *Verde Olivo*, 17 de junio de 1960)

Marshall era un general norteamericano. Representaba lo que representan todos los generales norteamericanos en la política norteamericana que es defender los intereses de los monopolios norteamericanos contra todos los pueblos del mundo, incluyendo al norteamericano.

Fue en los años siguientes a esta última guerra mundial, con todos los países de Europa recién liberados del nazismo, trágicamente pobres. Millones de dólares norteamericanos se regaron por los pueblos hambrientos, para volver tarde o temprano a las arcas de los grandes monopolios y esclavizar todos los pueblos a los Estados Unidos. Fueron pasando los años y otro general toma importancia definitiva en el campo de la política norteamericana, se llama Eisenhower. Dicen que es un gran jugador de *bridge*, además juega *golf*, y tiene un plan. Su plan —pensado con su cabeza o tal vez con la de otro—, no es un plan sobre campos de *golf* o sobre las reglas del *bridge*; es un plan sobre el Oriente Medio y está destinado a garantizar los campos petroleros, en posesión de unos monopolios cuya influencia conocemos en Cuba, los petroleros.

Esos son los planes de los generales. Hay sin embargo en América un plan nuevecito, tan nuevo que el nombre de su autor se dice extraoficialmente en los corrillos de los sabihondos de la política internacional y se murmura que se va cumpliendo bastante exactamente.

El plan de este gerifalte de los monopolios, consiste, simplemente, en estructurar el andamiaje que iguale a Trujillo y Fidel Castro. República Dominicana-Cuba. Una vez igualados, la OEA, dándole categoría y sentando los precedentes, después de aislado, estrangulado y quizás destruido Trujillo, caería las furias de todos los países sobre la pobre Cuba. En este paso estamos, se van cumpliendo simultáneamente, frente a la presión general de los pueblos, se va rompiendo relaciones con el dictador Trujillo. Magnífico. ¡Que Trujillo hizo un Revolución por ahí! Rompamos con Trujillo ¡Trujillo malo. Trujillo el asesino! ¿Y quién mueve la mano asesina del malo Trujillo? ¿Qué oscura fuerza imperial manda a los generales, que aparentemente, bajo el signo de Trujillo invaden un país amigo y petrolero? Mejor es no averiguar porque nos metemos en líos. Rompamos con Trujillo es la voz de los pueblos y de los gobiernos, pero algunos gobiernos, además rompen con Cuba. Trujillo-Castro; Cuba-República Dominicana. Los extremos se tocan y se convierten en moneda intercambiable. Ese es el plan que se va cumpliendo. El plan que dicen las malas lenguas que fue ideado por un gran demócrata, tan gran demócrata, que no puedo decir su nombre, y que este gran demócrata padece una irreconciliable fidelocastritis que se exacerba mucho cuando hay que recibir presidentes, y hasta lo postra en cama. Pero eso dicen las malas lenguas, no pensemos cuál es el nombre de algún presidente democrático que haya que ponerle el plan; es muy probable que sea mentira, que no merezca tal nombre, o que tal vez pueda merecer un largo nombre, combinado con muchas letras de muchos apellidos de muchos gobernante que ven en peligro sus canonjías.

En definitiva lo que importa es que se pretende convertir a Fidel ante los ojos del pueblo latinoamericano, en un Trujillo al que hay que destruir, usar las fuerzas de la solidaridad internacional de los gobiernos para destruir a Trujillo y usar esa fuerza o la de alguien que diga representarla para destruir a Cuba. Y ahí está lo difícil, todas las otras partes del plan las vemos sencillas y fáciles de hacer, lo difícil es eso, confundir al pueblo y, además, lo otro, destruir a Cuba por las armas. Venga quien venga.

Nixon, Eisenhower, Hagerty y otros toques de atención

(Publicado en la revista *Verde Olivo*, 26 de junio de 1960)

Toda América recuerda cómo la gira del vicepresidente Nixon, hace más de un año, se caracterizó por una serie ininterrumpida de derrotas que culminaron con el ataque de una multitud enfurecida a su carro, en Caracas, donde lo llenaron de insultos, de escupitajos y hasta ladrillos.

Era la repulsa unánime de todo un continente a una política, a la política cruda de un imperio. Después de eso, el presidente Eisenhower toma el camino de América del Sur, para hablar con una serie de gobernantes latinoamericanos y tratar de inclinar la balanza contra Cuba.

La repulsa fue nuevamente unánime. En Brasil, enormes cartelones hablaban de la actitud antinorteamericana y procubana. En Argentina fue rescatado en un helicóptero que se lo llevó a la Embajada. En Chile, sostuvo luchas campales con la CUT y en Uruguay lloró el presidente por el influjo de los gases lacrimógenos que debieron tirarse contra la multitud enardecida. Hasta la pobre Puerto Rico, tan abatida, tan sumida en su dolor y en su opresión, tuvo fuerzas para mostrar su queja. Posteriormente a raíz del tan anunciado pacto de seguridad con el Japón y de la no menos anunciada visita del presidente, se han producido los acontecimientos que culminaron con la invitación oficial a que aplazara el viaje, después de la terrible paliza propinada al secretario de la presidencia, Mr. Hagerty.

Es hora de que piensen los mandatarios norteamericanos, que todo este rosario de violencias populares, de manifestaciones tumultuosas en las que pierden la vida o son atropellados muchos jóvenes entusiastas, responden a algo, y es preciso que los mandatarios norteamericanos comprendan, de una vez por todas, que la opinión de los pueblos vale, que no se les puede impedir que expresen su manera de pensar en alguna forma y cuando ésta es tan abiertamente hostil, como en el Japón o en Caracas, hay que sacar conclusiones. Se va achicando ya el mundo donde el presidente pudiera ir a pasear su augusta figura de héroe de la democracia sin problemas. Una parte de este mundo, quizás la más segura de todas, sería nuestro país, siempre que viniera el presidente con la sana intención de mejorar nuestras relaciones y no para demostrar su derecho de cónsul o para colocar algunos procónsules nuevos.

De todas maneras, todas esas manifestaciones populares han significado el más duro toque de atención a los Estados Unidos, que en esta larga lucha contra la liberación del mundo, están en una situación cada vez más peligrosa. Ya no pueden hacer que los gobiernos títeres reduzcan a sus pueblos y éstos se alzan y expresan su repulsa. Ya no pueden maniatar ni amordazar naciones. Escuchen pues, por más sordos que tengan los oídos, este último toque de atención. Cuenten con los pueblos.

La acusación ante la OEA, las Naciones Unidas y otras fintas

(Publicado en la revista *Verde Olivo*, 10 de julio de 1960)

Dicen que las hábiles aves del campo ponen los huevos en un lado y gritan en otro; quieren así evitar que los enemigos pongan en peligro su descendencia; tal ocurre con las aves de rapiña llamadas monopolios. Ellos ya han decidido el ataque a Cuba, quizás estén pensando los medios que utilizarán o ya los tengan pensado; quizás sea una tenebrosa acción de Allen Dulles mezclada con el Departamento de Estado, o sea una prístina intervención de todo el Pentágono con sus rígidos generalotes de cinco estrellas calculándolo todo en base a fórmulas matemáticas.

Lo único cierto es que están haciendo lo mismo que las aves del campo. Van a la OEA y emiten allí sus griticos y todo el mundo marcha hacia la OEA a defender ese "bastión de Libertad de América".

Allí hay que hablar, allí hay que gritar, allí hay que ponerse lívido, mientras los huevitos se van empollando del lado de Cuba.

Los legalistas norteamericanos, en la Cámara de Representantes, en la OEA, hablan de cosas, pero el Pentágono trabaja en silencio haciendo fórmulas y algún día vendrán a buscar sus polluelos, que piensan ya grandecitos entre las tierras cálidas y acogedoras de Cuba, y vendrán precedidos de sus aviones multimotores, de sus bombas multitoneládicas, de sus múltiples divisiones, de los cañones de sus acorazados, navegando sobre sus fórmulas.

Y vendrán matemáticamente a ocupar sus lugares con precisión de mecanismo de relojería. Qué lástima, qué lástima tan grande que después de tanto trabajo esmerado, después de tanto cálculo llevado hasta el décimo decimal, después de tanta decisión de afrontar las iras de la opinión pública mundial, vayan a encontrar que todas sus fórmulas fallan, se tambalean, se vienen al suelo, porque habían olvidado en la resolución del esquema cubano un pequeño factorcito, insignificante, sin valor alguno, pero que será el que cambiará los sueños del imperio y convertirá en derrota una fórmula: SU PUEBLO.

La "Corte de los Milagros" y otros motes de la OEA

(Publicado en la revista *Verde Olivo*, 31 de julio de 1960)

La Corte de los Milagros, es un nombre de leyenda y es también el símbolo de algo donde todas las cosas se transforman, es decir, donde se confunden los conceptos. Y el extraordinario engendro llamado OEA, es precisamente una Corte de los Milagros. Esta Corte de los Milagros, hace valgan igual Chapitas o Tachito, que los gobernantes de los países democráticos; esa Corte de los Milagros hace que los traidores a sus pueblos valgan mucho más que los defensores de la libertad de los suyos.

La Corte de los Milagros tiene tales características que nunca deja sin transformar en buena gente a la mala, y en mala a la buena; para ella vale igual también el voto de una minúscula isla o el de un representante de un país de 60 millones de habitantes. No se confundan, no es democracia; para ella vale igual, porque todo está dominado por ese padre generoso y espiritual que es señor de la América: los Estados Unidos. Papá Estados Unidos mueve sus dedos ágiles y, abajo, las marionetas Frondizi, las marionetas Beltrán, se mueven graciosamente con unos movimientos muy bonitos, muy armónicos, que hacen creer que caminaron y hablaron solas. Por eso también a la OEA se le llama "el gran teatro".

Pero, a veces el artista principal, el Señor monopolio, se enoja y entonces las marionetas adquieren una apariencia temblorosa como incordinadas y se les nota que son nada más que marionetas.

No pueden romper con Cuba, por ejemplo, con el mismo desplante y el donaire con que rompen con Santo Domingo, pero esa reunión de preclaros ciudadanos, de las preclaras cuasinaciones de nuestra América, se reúnen solícitamente y votan veintitantos contra cero cada vez que el pastorcito palmotea sus manos, a todos los corderos a seguir su paso. Por eso también se suele llamar nuestra institución "El Gran Rebaño".

Pero, naturalmente, que este rebaño inocente, cuando se reúne para disponer de vidas y haciendas de un puñado de hombres convertidos en pueblo libre por su voluntad soberana se vuelve a veces prepotente y absurdo, a veces profundamente preocupado por la penetración soviética.

Ellos defienden la Doctrina Monroe. ¿Qué dijo Monroe?

Bueno, Monroe dijo: "América para los americanos", es decir, América, nuestra "india virgen y hermosa", para el gigante del Norte, pero además dijo: "Nosotros no intervendremos en Europa, pero ninguna potencia extracontinental puede intervenir en América". Y ¿qué quedó de aquella fanfarria verbal de Mr. Monroe? Si tanto se invoca su doctrina de no intervención, nunca se han puesto a pensar los que la invocan en que lejano país de Marte quedarán las bases inglesas o bases griegas o las bases italianas o alemanas o dinamarquesas o suecas o francesas o españolas. ¿ A dónde botaron la tremenda frase admonitoria, "en Europa no intervendremos? Se han olvidado de ella, los preciosos títeres que bailan al son del titiritero conocen el olvido pero se prestan con tanto deleite a esta maraña tejida contra nuestra democracia olvidando los verdaderos lazos de solidaridad que habría que bautizarlas con el nombre del puro y delicado lugar cuyo perfume azota las narices de todos los que pasan por la Vía Blanca, el lugar donde va toda la basura de La Habana, Cayo Cruz, y sería tan poético y mucho más ceñido a la verdad que las tres vocales de su nombre actual.

Para muestra basta un botón y otras historias breves

(Publicado en la revista *Verde Olivo*, 7 de agosto de 1960)

En todas las tiendas de todas las partes del mundo, un simple botoncito se muestra al cliente para probar la calidad de la mercancía. Para probar la calidad de nuestra mercancía monopolista, transcribimos este cable:

"San Juan, P.R. (PL) — Los resultados del programa del control de la natalidad en Puerto Rico, serán estudiados, por el doctor Alan Guttmacher, profesor de la Escuela de Medicina de la Universidad 'John Hopkins', quien llegó a esta capital expresamente para ello."

El Hospital Sinaí, de Puerto Rico, es usado como laboratorio en la experimentación de métodos anticonceptivos, conocidos con el nombre de Emko y Enovid.

Los estudios incluyen a 17 000 familias en toda la isla, que ha sido dividida en 20 áreas para la investigación.

El programa lo dirige Celestina Zalduondo, directora ejecutiva de Planificación Familiar para Puerto Rico.

Guttmacher declaró que el objetivo de los estudios "es hallar un método sencillo y efectivo para el control de la natalidad, que no perjudique la salud y la felicidad del pueblo".

Las píldoras Enovid constituyen el método más simple, pero aún son sumamente costosas. El anticonceptivo Emko ha sido más usado en los proyectos y se vende al costo, sin beneficio alguno para los laboratorios productores, gracias a la donación anual de la Fundación Sunnen.

"Son muchos los países superpoblados que tienen sus ojos puestos en estos estudios", dijo finalmente Guttmacher.

Este es el tipo de ayuda que el Imperio brinda a los países subdesarrollados; los puertorriqueños tienen la "libertad" de ir a morir a Corea, para defender "el modo de vida americano", los puertorriqueños no tienen la libertad de tener hijos porque no conviene que una raza inferior procree nuevos vástagos que pueden entrar libremente a los Estados Unidos. El país que muestra los dólares regados por todo el mundo y que ofrece ahora, como una dádiva especial, 500 milloncitos para toda la América, no han encontrado mejor modo de suprimir el hambre en Puerto Rico que impedirles tener hijos.

¡Ah, viste Patria de Albizu Campos! Ah, laboratorio del hambre y de los anticonceptivos; qué triste es verte caminar con el dogal al cuello, tras los pasos del rubio prepotente que es su amo. ¿No nos daría aquí material para una nueva historia, aunque sea muy breve, que empiece así?: "Puerto Rico, la más joven de las naciones independientes americanas, nació a la vida el día X, del mes Z, de 196... Su forma de gobierno, republicana, su héroe epónimo, Pedro Albizu Campos; sus esfuerzos, más grandes en la hora actual: está comprando, en un país de Europa, cuatro patas bien grandes para echarse a andar y alejarse lo más posible de los verdugos que asesinaron sus hijos, que los torturaron, que trataron de idiotizarlos, que estudiaron en ellos el hambre, como estudian los científicos el hambre en el ratón y que, luego trataron de castrarlo para aniquilarlo y 'mejorar la raza'."

Qué bien le caería al continente americano una breve historia como esta. Todos los pueblos irían a darle su consejo: "No te compres las patas, muchacho. Mejor te compras como nosotros unos dientes postizos y aprendes a morder. A ellos les duele."

DISCURSOS

Al Primer Congreso Latinoamericano de Juventudes[9]

(Discurso en el acto de apertura del Primer Congreso Latinoamericano de Juventudes, el 28 de julio de 1960.)

Compañeros de América y del mundo entero:

Sería largo enumerar ahora el saludo individual que nuestra patria da a cada uno de ustedes, y a cada uno de los países que representan. Queremos, sin embargo, hacer un distingo con algunas personas representantes de países castigados por catástrofes de la naturaleza o por catástrofes del imperialismo. Queremos saludar especialmente esta noche, al representante del pueblo de Chile, Clotario Bletz, cuya voz juvenil ustedes escucharon hace un momento, y cuya madurez, sin embargo, puede servir de ejemplo y de guía a nuestros hermanos trabajadores de ese sufrido pueblo, que ha sido castigado por uno de los más terribles terremotos de la historia.

Queremos saludar especialmente, también, a Jacobo Arbenz, presidente de la primera nación latinoamericana que levantó su voz, sin miedo, contra el colonialismo, y que expresó, en una reforma agraria profunda y valiente, el anhelo de sus masas campesinas. Y queremos agradecer también, en él, y en la democracia que sucumbió, el ejemplo que nos diera y la apreciación correcta de todas las debilidades que no pudo superar aquel Gobierno, para ir nosotros a la raíz de la cuestión y decapitar de un solo tajo a los que tienen el poder y a los esbirros de los que tienen el poder.

Y queremos saludar también a dos de las delegaciones más sufridas, quizás, de América: a la de Puerto Rico que todavía hoy, después de ciento cincuenta años de haberse declarado la libertad por primera vez, en América, sigue luchando por dar el primer paso, el más difícil quizás, el de lograr, al menos formalmente, un gobierno libre y quisiera que los delegados de Puerto Rico llevaran mi saludo y el de Cuba entera, a Pedro Albizu Campos; quisiéramos que le trasmitieran a Pedro Albizu Campos toda nuestra emocionada cordialidad, todo nuestro reconocimiento por el camino que enseñara con su valor, y toda nuestra fraternidad de hombres libres hacia un hombre libre, a pesar de estar en una mazmorra de la sedicente democracia norteamericana. Pero quisiera también saludar hoy, por paradójico que parezca, a la delegación que representa lo más puro del pueblo norteamericano. Y quisiera saludarla, porque no solamente el pueblo norteamericano no es culpable de la barbarie y de la injusticia de sus gobernantes, sino que también es victima inocente de la ira de todos los pueblos del mundo, que confunden a veces un sistema social con un pueblo.

Por eso, a las distinguidas personalidades que he nombrado, y a las delegaciones de los pueblos hermanos que he nombrado, va mi saludo individualizado, aunque mis brazos y los brazos de toda Cuba están abiertos para recibir a ustedes, y para mostrarles aquí lo que hay de bueno y lo que hay de malo, lo que se ha logrado y lo que esta por lograrse, el camino recorrido y lo que falta por recorrer. Porque aún cuando todos ustedes vengan a deliberar, en nombre de sus respectivos países, en este Congreso de la Juventud Latinoamericana, cada uno de ustedes —y de eso estoy seguro— vino acicateado por la curiosidad de conocer exactamente que cosa era este fenómeno nacido en una isla del Caribe, que se llama hoy Revolución cubana.

Y muchos de ustedes, de diversas tendencias políticas, se preguntarán hoy, como se han preguntado ayer, y como quizás se pregunten mañana también ¿qué es la Revolución cubana? ¿Cuál es su ideología? Y enseguida surgirá la pregunta, que en adeptos o en contrarios siempre se hace en estos casos: ¿Es la Revolución cubana comunista? Y unos contestaran esperanzados que sí, o que va camino de ello, y otros, quizás decepcionados piensen también que sí y habrá quienes decepcionados piensen que no, y quienes esperanzados, piensen también que no. Y si a mí me preguntaran si esta Revolución que está ante los ojos de ustedes es una revolución comunista, después de las consabidas explicaciones para averiguar que es comunismo y dejando de lado las acusaciones manidas del imperialismo, de los poderes coloniales, que lo confunden todo, vendríamos a caer en que esta Revolución, en caso de ser marxista —y escúchese bien que digo marxista—, sería porque descubrió también, por sus métodos, los caminos que señalara Marx.

Recientemente una de las altas personalidades de la Unión Soviética, el viceprimer ministro Mikoyan, al brindar por la felicidad de la Revolución cubana, reconocía él —marxista de siempre—, que esto era un fenómeno que Marx no había previsto. Y acotaba entonces que la vida enseña más que el más sabio de los libros y que el más profundo de los pensadores.

Y esta Revolución cubana, sin preocuparse por sus motes, sin averiguar que se decía de ella, pero oteando constantemente que quería el pueblo de Cuba de ella, fue hacia adelante, y de pronto se encontró con que no solamente había hecho, o estaba en vías de hacer la felicidad de su pueblo, si no que habían volcado sobre esta Isla, las miradas curiosas de amigos y enemigos, las miradas esperanzadas de todo un continente, y las miradas furiosas del rey de los monopolios.

Pero todo esto no surgió de la noche a la mañana, y permítanme ustedes que les cuente algo de mi experiencia, experiencia que puede servir a muchos pueblos en circunstancias parecidas, para que tengan una idea dinámica de como surgió este pensamiento revolucionario de hoy, porque la Revolución cubana de hoy, continuadora si, no es la Revolución cubana de ayer, aún después de la victoria, y mucho menos es la insurrección cubana de antes de la victoria; de aquellos jóvenes que en numero de ochenta y dos cruzaron en un barco que hacía agua las difíciles zonas del Golfo de México, para arribar a las costas de la Sierra Maestra, a estos representantes de la Cuba de hoy, hay una distancia que no se mide por años, o por lo menos no se mide por años en la forma correcta de hacerlo, con sus días de veinticuatro horas y sus horas de sesenta minutos.

Todos los miembros del Gobierno cubano, jóvenes de edad, jóvenes de carácter y de ilusiones, han sin embargo, madurado en la extraordinaria Universidad de la experiencia y en contacto vivo con el pueblo, con sus necesidades y con sus anhelos. Todos nosotros pensamos llegar un día a algún lugar de Cuba y tras de algunos gritos y algunas acciones heróicas y tras de algunos muertos y algunos mítines radiales tomar el poder y expulsar al dictador Batista. La historia nos enseñó que era mucho más difícil que eso derrotar a todo un gobierno respaldado por un ejército de asesinos, que además de ser asesinos, eran socios de ese Gobierno y respaldados en definitiva por la más grande fuerza colonial de toda la tierra.

Y fue así como poco a poco cambiaron todos nuestros conceptos. Como nosotros, hijos de las ciudades, aprendimos a respetar al campesino, a respetar su sentido de la independencia, a respetar su lealtad, a reconocer sus anhelos centenarios por la tierra que le había sido arrebatada y a reconocer su experiencia en los mil caminos del monte. Y como los campesinos aprendieron de nosotros el valor que tiene un hombre, cuando en sus manos hay un fusil y cuando ese fusil está dispuesto a disparar contra otro hombre, por más fusiles que acompañen a este otro hombre.

Los campesinos nos enseñaron su sabiduría y nosotros enseñamos nuestro sentido de la rebeldía a los campesinos. Y desde ese momento hasta ahora y para siempre, los campesinos de Cuba y las fuerzas rebeldes de Cuba, y hoy el Gobierno Revolucionario cubano, marchan unidos como un solo hombre.

Pero siguió progresando la Revolución y expulsamos de las abruptas laderas de la Sierra Maestra a las tropas de la dictadura, y llegamos entonces a tropezarnos con otra realidad cubana, que era el obrero, el trabajador, ya sea el obrero agrícola o el obrero de los centros industriales y aprendimos de él también y también le enseñamos que en un momento dado, mucho mas fuerte y positivo que la más fuerte y positiva de las manifestaciones pacificas, es un tiro bien dado a quien se le debe dar. Aprendimos el valor de la organización, pero enseñamos de nuevo el valor de la rebeldía y de este resultado surgió la rebeldía organizada por todo el territorio de Cuba.

Ya había transcurrido mucho tiempo y ya muchas muertes, muchas de ellas combativas y otras inocentes, jalonaban el camino de nuestra victoria. Las fuerzas imperialistas empezaron a ver que en lo alto de la Sierra Maestra había algo más que un grupo de bandoleros o algo más que un grupo de ambiciosos asaltantes del poder; sus bombas, sus balas, sus aviones y sus tanques fueron dados generosamente a la dictadura y con ellos de vanguardia, pretendieron volver a subir, y por última vez, a la Sierra Maestra.

A pesar del tiempo transcurrido, a pesar de que ya columnas de nuestras fuerzas rebeldes habían partido a invadir otras regiones de Cuba y estaba formado ya el Segundo Frente Oriental "Frank Pais", bajo las órdenes del comandante Raúl Castro, a pesar de todo eso, de nuestra fuerza en la opinión pública, de que éramos ya materia de cintillos en periódicos en sus secciones internacionales en todos los lados del mundo, la Revolución cubana contaba con doscientos fusiles, no con doscientos hombres, pero con doscientos fusiles para detener la última ofensiva del régimen, la cual acumuló diez mil soldados y toda clase de instrumentos de muerte, y la historia de cada uno de esos doscientos fusiles es una historia de sacrificio y de sangre, porque eran fusiles del imperialismo, que la sangre y la decisión de nuestros mártires habían dignificado y convertido en fusiles del pueblo. Y así se desarrolló la última etapa de la gran ofensiva del ejército, que llamaron ellos "de cerco y aniquilamiento".

Por eso les digo yo a ustedes, juventud estudiosa de toda América, que si nosotros hoy hacemos eso que se llama marxismo, es porque lo descubrimos aquí. Porque en aquella época, y después de derrotar a las tropas de la dictadura y después de hacer sufrir a esas tropas mil bajas, es decir, de hacerles cinco veces más bajas que el total de nuestras fuerzas combatientes, y después de haber ocupado mas de seiscientas armas, cayó en nuestras manos un pequeño folleto que estaba escrito por Mao Tse-tung, y en ese folleto que trataba precisamente sobre los problemas estratégicos de la guerra revolucionaria en China, se describían incluso las campañas que Chiang Kai-Chek llevaba contra las fuerzas populares y que el dictador denominaba como aquí "campañas de cerco y aniquilamiento". Y no solamente se habían repetido las palabras con que ambos dictadores, en lugares opuestos del mundo, bautizaban su campaña, repitió el tipo de la campaña que esos dictadores hicieron para tratar de destruir a las fuerzas populares y se repitió por parte de las fuerzas populares, sin conocer los manuales que ya estaban escritos sobre estrategia y táctica de la guerra de guerrillas, lo mismo que se preconizaba en el otro extremo del mundo para combatir a esa fuerza; porque naturalmente, cuando alguien expone una experiencia puede ser por cualquiera aprovechada, pero también puede ser vuelta a realizar esa experiencia sin necesidad de que se conozca la experiencia anterior.

Nosotros no conocíamos las experiencias de las tropas chinas en veinte años de lucha en su territorio, pero aquí conocíamos nuestro territorio, conocíamos nuestro enemigo y usamos algo que todo hombre tiene sobre sus hombros y que si lo sabe usar vale mucho: usamos la cabeza también para combatir al enemigo. De allí resultó su derrota.

Después siguió una historia de invasiones hacia occidente, de ruptura de las vías de comunicaciones y de aplastante caída de la dictadura, cuando nadie lo esperaba. Llegó entonces el primero de enero. Y la Revolución de nuevo, sin pensar en lo que había leído, pero oyendo lo que tenía que hacer de labios del pueblo, decidió primero y antes que nada castigar a los culpables y los castigó.

Las potencias coloniales enseguida sacaron a primera plana la historia de eso, que ellos llamaban asesinatos, y trataron enseguida de sembrar algo que siempre pretenden sembrar los imperialistas, la división. Porque "aquí había asesinos comunistas que mataban, sin embargo había un patriota ingenuo llamado Fidel Castro, que no tenía nada que ver y que podía ser salvado". Trataban de dividir ellos a los hombres que habían luchado por una misma causa, con pretextos y con argumentos baladíes, y siguieron manteniendo durante cierto tiempo esa esperanza. Pero un día se encontraron con que la ley de Reforma Agraria aprobada, era mucho más violenta y mucho más profunda que lo que habían aconsejado los sesudos autoconsejeros del Gobierno; todos ellos, entre paréntesis, están hoy en Miami o en alguna otra ciudad de Estados Unidos. Pepín Rivero en el *Diario de la Marina* o Medrano en *Prensa Libre*... o había más, había incluso un primer ministro en nuestro gobierno que aconsejaba mucha moderación porque "estas cosas hay que tratarlas con moderación".

La "moderación" es otra de las palabras que les gusta usar a los agentes de la colonia, son moderados, todos los que tienen miedo o todos los que piensan traicionar de alguna forma. El pueblo no es de ninguna manera moderado.

Ellos aconsejaban repartir marabú —que es un arbusto que crece en nuestros campos— y que campesinos con sus machetes tumbaran ese marabú o se aposentaran en alguna ciénaga o agarraran algún pedazo de tierra del Estado, que todavía hubiera escapado a la voracidad de los latifundistas; pero tocar la tierra de los latifundistas era un pecado que estaba por encima de lo que ellos podían pensar que fuera posible. Pero fue posible.

Yo recuerdo, en aquella época, una conversación con un señor, que me decía que estaba libre de todo problema con el Gobierno Revolucionario, porque no tenía nada más que novecientas caballerías; novecientas caballerías son más de diez mil hectáreas. Y por supuesto que ese señor tuvo problemas con el Gobierno Revolucionario, y se le quitaron las tierras, y se repartieron además, y se dio en propiedad la tierra al pequeño campesino individual; y además se crearon las cooperativas, en las tierras en que ya estaba acostumbrado el obrero agrícola, el trabajador agrícola, a trabajar en comunidad por un salario.

Y aquí se asienta una de las peculiaridades que es necesario estudiar en la Revolución cubana, el que esta Revolución hizo su Reforma Agraria por primera vez en América, atacando unas relaciones sociales de propiedad, que no eran feudales, había sí resabios feudales en el tabaco o en el café; y eso, el tabaco o el café, se dio a los pequeños trabajadores individuales que hacia tiempo que estaban en ese pedazo de tierra y que querían su tierra; pero la caña, o el arroz o incluso el ganado, en la forma en que es explotado en Cuba, está ocupado en su conjunto y trabajado en su conjunto por obreros que tienen la propiedad conjunta de todas esas tierras, que no son poseedores de una partícula de tierra, sino de todo ese gran conjunto llamado cooperativa, y eso nos ha permitido ir muy rápido y muy profundo en nuestra Reforma Agraria. Porque es algo que debe caer en cada uno de ustedes y colocarlo como una verdad que no se puede desmentir de ninguna manera, que no hay gobierno que pueda llamarse revolucionario aquí en América, si no hace como primera medida una Reforma Agraria. Pero además no puede llamarse revolucionario el gobierno que diga que va a hacer o que haga una Reforma Agraria tibia; revolucionario es el gobierno que hace una Reforma Agraria cambiando el régimen de propiedad de la tierra, no solamente dándole al campesino la tierra que sobra, sino, y principalmente, dándole al campesino la que no sobre, la que está en poder de los latifundistas, que es la mejor, que es la que rinde más, y es además la que le robaron al campesino en épocas pasadas.

Eso es Reforma Agraria y con eso deben de empezar todos los

gobiernos revolucionarios, y sobre la Reforma Agraria vendrá la gran batalla de la industrialización del país que es mucho menos simple, que es muy complicada, donde hay que luchar con fenómenos muy grandes y donde se naufragaría muy fácil en épocas pasadas si no existiera hoy en la tierra fuerzas muy grandes que son amigas de estas pequeñas naciones, porque hay que anotarlo aquí, para todos, para los que lo son, para los que no lo son y para los que lo odian, que países como Cuba en este momento, países revolucionarios y nada moderados, pueden plantearse la pregunta de si la Unión Soviética o la China Popular es amiga nuestra, y no pueden responder en una forma tibia, tienen que responder con toda la fuerza que la Unión Soviética, la China y todos los países socialistas, y aun muchos otros países coloniales o semicoloniales que se han liberado, son nuestros amigos y que en esa amistad, en la amistad con esos gobiernos de todo el mundo, es que se pueden basar las realizaciones de una revolución americana, porque si a nosotros se nos hubiera hecho la agresión que se nos hizo con el azúcar y el petróleo y no existiera la Unión Soviética que nos diera petróleo y nos comprara azúcar, se necesitaría toda la fuerza, toda la fe y toda la devoción de este pueblo, que es enorme, para poder aguantar el golpe que eso significaría; y las fuerzas de la desunión trabajarían después, amparadas en el efecto que causaría en el nivel de vida de todo el pueblo cubano, las medidas que tomó la "democracia norteamericana" contra esta amenaza del mundo libre, porque ellos nos agredieron desembozadamente.

Y hay gobernantes de América, que todavía nos aconsejan a nosotros, que lamamos la mano de quien nos quiere pegar y escupamos a quien nos quiere defender. Y nosotros les contestamos a esos gobernantes de esos países que preconizan la humillación en pleno siglo XX que, en primer lugar, Cuba no se humilla ante nadie, y que en segundo lugar, Cuba conoce porque ha conocido por experiencia propia, y sus gobernantes las conocen, muy bien que las conocen, conocen las debilidades y las lacras del gobierno que aconseja esa medida, pero sin embargo Cuba no se ha dignado ni se ha permitido, ni lo creyó permisible, hasta este momento, aconsejar a los gobernantes de ese país, que fusilaran a toda su oficialidad traidora, que nacionalizaran todas las empresas monopolistas que tienen.

El pueblo de Cuba fusiló a sus asesinos y disolvió el ejército de la dictadura, pero no ha ido a decirle a ningún gobierno de América que fusile a los asesinos del pueblo o liquide el sostén de la dictadura. Sin embargo, Cuba sabe bien que hay asesinos en cada uno de los pueblos; y si no, lo pueden decir, incluso, los cubanos miembros de nuestro propio Movimiento, asesinados en un país amigo, por esbirros que quedan de la anterior dictadura.

Nosotros no pedimos paredón tampoco para el asesino de nuestros militantes, aunque sí le hubiéramos dado paredón en este país. Lo que queremos, simplemente, es que ya que no se puede ser solidario en América, no se sea, al menos, traidor a América; que no se repita más en América que nosotros nos debemos a una alianza continental con nuestro gran esclavizador, porque esa es la mentira más cobarde y más denigrante que pueda proferir un gobernante en América. Nosotros, los miembros de la Revolución cubana, que somos el pueblo entero de Cuba, llamamos amigo a nuestros amigos y enemigos a nuestros enemigos, y no admitimos términos medios: o se es amigo, o se es enemigo.

Nosotros, pueblo de Cuba, no le indicamos a ningún pueblo de la tierra lo que tiene que hacer con el Fondo Monetario Internacional, por ejemplo, pero no admitimos que nos vengan a dar consejos. Sabemos lo que hay que hacer; si lo quieren hacer, bien; si no lo quieren hacer, allá ellos. Pero nosotros no admitimos consejos, porque estuvimos aquí solos hasta el último momento, esperando de pie la agresión directa del más fuerte poder que hay en el mundo capitalista, y no pedimos ayuda a nadie. Y estábamos dispuestos aquí, nosotros con nuestro pueblo: a aguantar hasta las últimas consecuencias de nuestra rebeldía.

Por eso podemos hablar con nuestra frente en alto y con nuestra voz muy clara, en todos los congresos y en todos los consejos donde se reúnan nuestros hermanos del mundo. Cuando la Revolución cubana habla, podrá estar equivocada, pero nunca dice una mentira. La Revolución cubana expresa en cada tribuna en que tiene que hablar, la verdad de los hijos de su tierra y la expresa siempre de cara a los amigos o a los enemigos. Nunca se esconde para lanzar una piedra y nunca da consejos que llevan un puñal adentro, pero que están forrados con terciopelo.

A nosotros se nos ataca, se nos ataca mucho por lo que somos, pero se nos ataca muchísimo más, porque mostramos a cada uno de los pueblos de América lo que se puede ser. Y le importa mucho más al imperialismo que las minas de níquel o que los centrales de azúcar de Cuba, el petróleo de Venezuela, o el algodón de México, o el cobre de Chile, o las vacas de Argentina, o la hierba de Paraguay, o el café de Brasil; y le importa el total de esas materias primas que nutren los monopolios.

Por eso, cada vez que pueden nos ponen una piedra en el camino. Y cuando las piedras que nos ponen, no pueden ponerlas ellos, hay desgraciadamente, en América, quienes se prestan a poner esas piedras. No importa los nombres, porque incluso, nadie es culpable, porque nosotros no podemos decir aquí que el presidente Betancourt sea el culpable de la muerte de nuestro compatriota y de nuestro correligionario, no es culpable el presidente Betancourt; el presidente Betancourt es, simplemente, un prisionero de un régimen que se dice democrático. Ese régimen democrático, ese régimen que pudo ser otro ejemplo de América, cometió, sin embargo, la gran pifia de no usar el paredón a tiempo. Y hoy, el gobierno democrático de Venezuela es prisionero de los esbirros que conoció Venezuela hasta hace poco, que conoció Cuba, y que conoce la mayor parte de América.

Nosotros no podemos echarle en cara al presidente Betancourt una muerte; nosotros solamente podemos decir aquí, amparados en nuestra historia de revolucionarios, y en nuestra fe de revolucionarios, que el día en que el presidente Betancourt, elegido por su pueblo, se sienta tan prisionero que no pueda seguir adelante, y decida pedir ayuda a algún pueblo hermano, aquí está Cuba, para mostrarle a Venezuela alguna de sus experiencias en el campo revolucionario; que sepa el presidente Betancourt, que no fue —de ninguna manera pudo ser—, nuestro representante diplomático, el que inició todo ese lío que se tradujo en una muerte. Fueron ellos, en último extremo, los norteamericanos o el Gobierno norteamericano. Un poquito más aquí, los batistianos, otro poco más aquí, todos aquellos que eran la reserva del Gobierno norteamericano en este país, y que se vestían de antibatistianos, pero querían derrotar a Batista y mantener el sistema: los Miró, los Quevedo, los Díaz Lanz, los Hubert Matos. Y visiblemente, las fuerzas de la reacción que operan en Venezuela. Porque, es muy triste decirlo, pero el gobernante venezolano está a merced de que su propia tropa lo asesine, como ocurrió hace poco con un automóvil cargado de dinamita. El presidente venezo1ano, en este momento es prisionero de sus fuerzas de represión.

Y duele, duele porque de Venezuela llegó la más fuerte y la más solidaria de las ayudas al pueblo cubano cuando estábamos nosotros en la Sierra Maestra. Duele, porque logró sacarse, por lo menos, a lo más odioso del sistema opresivo, representado por Pérez Jiménez, mucho antes que nosotros. Y duele porque recibió a nuestra delegación, cuando llegó allí, en primer lugar, Fidel Castro, y luego nuestro presidente Dorticós, con las más grandes demostraciones de cariño y de afecto.

Un pueblo que ha alcanzado la alta conciencia política y la alta fe combatiente del pueblo venezolano, no estará mucho tiempo prisionero de algunas bayonetas o de algunas balas, porque las balas y las bayonetas pueden cambiar de manos, y pueden resultar muertos los asesinos.

Pero no es mi misión aquí, enumerar los gobiernos de América, enumerar, en estos últimos días, las puñaladas traperas que nos han dado y echar leña al fuego de la rebelión. No es esa mi tarea porque, en primer lugar, Cuba todavía no está exenta de peligro, y todavía hoy es el centro único de las miradas de los imperialistas en esta parte del mundo, y necesita de la solidaridad de todos ustedes, de la solidaridad de los de Acción Democrática, en Venezuela, igual que de los de URD, o de los comunistas, o de COPEI, o de cualquier partido; de la solidaridad de todo el pueblo de México, de la solidaridad de todo el pueblo de Colombia, de Brasil y de cada uno de los pueblos de América. Porque sí es cierto que los colonialistas se asustaron. Ellos también les tienen miedo a los cohetes, y también les tienen miedo a las bombas como todo el mundo, y vieron hoy, por primera vez en su historia, que las bombas destructoras podían caer sobre sus mujeres y sus hijos, sobre todo lo que habían construido con tanto amor, como cualquiera quiere a su riqueza. Empezaron a sacar cálculos; hicieron funcionar sus máquinas electrónicas de calcular, y vieron que no era bueno ese sistema. Pero eso no quiere decir que hayan renunciado, de ninguna manera, a suprimir la democracia cubana. Están de nuevo sacando laboriosos cálculos en sus máquinas multiplicadoras, para saber cuál es el mejor de los otros métodos alternos que tienen, para agredir a la Revolución cubana. Porque tienen el método Ydígoras y el método Nicaragua, y el método Haití —ya no el método Santo Domingo por ahora—, pero tienen, también, el de los mercenarios que están en la Florida, tienen el método OEA, tienen muchos métodos. Y tienen fuerza, tienen fuerza para ir perfeccionando esos métodos.

El presidente Arbenz conoció, él y su pueblo, que tienen muchos métodos y mucha fuerza. Desgraciadamente para Guatemala, el presidente Arbenz tenía un ejército a la antigua usanza, y no había conocido enteramente de la solidaridad de los pueblos y de su capacidad de hacer retroceder cualquier agresión.

Esa es una de nuestras grandes fuerzas: las fuerzas que se mueven en todo el mundo y que olvidan todas las banderas particulares de las luchas políticas nacionales, para defender, en un momento dado, a la Revolución cubana. Y me permitiría decirlo, que es un deber de la juventud de América, porque esto que hay aquí es algo nuevo, y es algo digno de estudio. No quiero decirles yo lo que tiene de bueno; ustedes podrán constatar lo que tiene de bueno.

Que tiene mucho de malo lo sé; que hay mucha desorganización aquí, yo lo sé. Todos ustedes ya lo sabrán, quizás, si han ido a la Sierra. Que hay guerrillerismo todavía, yo lo sé. Que aquí faltan técnicos en cantidades fabulosas de acuerdo con nuestras pretensiones, yo lo sé. Que todavía nuestro ejército no ha alcanzado el grado de madurez necesaria, ni los milicianos han alcanzado la suficiente coordinación para constituirse en un ejército, yo lo sé.

Pero lo que yo sé, y quisiera que todos ustedes supieran, es que esta Revolución se hizo siempre contando con la voluntad de todo el pueblo de Cuba, y que cada campesino y cada obrero, si maneja mal el fusil, está trabajando todos los días para manejarlo mejor, para defender su Revolución y si no puede en este momento entender el complicado mecanismo de una máquina cuyo técnico se fue ya a los Estados Unidos, lo estudia todos los días para aprenderlo, para que su fábrica ande mejor. Y el campesino estudiará su tractor, para resolver los problemas mecánicos que tenga, para que los campos de su cooperativa rindan más.

Y todos los cubanos, de las ciudades y del campo, hermanados en un solo sentimiento, van siempre hacia el futuro pensando con una unidad absoluta, dirigidos por un líder en el que tienen la más absoluta confianza, porque ha demostrado en mil batallas y en mil ocasiones diferentes, su capacidad de sacrificio, y la paciencia y la clarividencia de su pensamiento.

Y ese pueblo que hoy está ante ustedes, les dice que, aún cuando debiera desaparecer de la faz de la tierra porque se desatara a causa de él, una contienda atómica, y fuera su primer blanco; aun cuando desapareciera totalmente esta Isla y sus habitantes, se consideraría completamente feliz, y completamente logrado, si cada uno de ustedes al llegar a sus tierras es capaz de decir: "Aquí estamos. La palabra nos viene húmeda de los bosques cubanos. Hemos subido a la Sierra Maestra, y hemos conocido a la aurora, y tenemos nuestra mente y nuestras manos llenas de la semilla de la aurora, y estamos dispuestos a sembrarla en esta tierra y a defenderla para que fructifique."

Y de todos los otros hermanos países de América, y de nuestra tierra, si todavía persistiera como ejemplo, les contestará la voz de los pueblos, desde ese momento y para siempre: "¡Así sea: que la libertad sea conquistada en cada rincón de América!".

En respaldo de la Declaración de La Habana[10]

(Discurso pronunciado el 18 de septiembre de 1960)

Compañeros:

Estamos reunidos una vez más, el pueblo y el Gobierno Revolucionario de Cuba, para dialogar sobre los acontecimientos que últimamente se han sucedido en esta parte del mundo, en el Continente americano, y para poner a consideración de ustedes la ratificación del Acuerdo tomado por la Asamblea General del Pueblo en La Habana.

Bueno es recordar que la Declaración de La Habana, como se conocerá de ahora en adelante en la Historia, es la respuesta del pueblo cubano, reunido en Asamblea General, a las agresiones imperialistas fraguadas en San José de Costa Rica por el "amo" Herter y sus "lacayos" de América.

Bueno es recordar también que todo el avance revolucionario de este año y medio, plagado de acontecimientos importantísimos para la historia de América, constituye una respuesta constante del pueblo a las agresiones del extranjero, o de los latifundistas, o de cualquier tipo de contrarrevolucionario interno.

Empezamos en los días siguientes al primero de enero de 1959, ajusticiando a todos los criminales de guerra convictos de crímenes terribles contra la humanidad. Se desató entonces la primera campaña de los periódicos yanquis y de toda la prensa mercenaria en el Continente americano, condenando los fusilamientos en nombre de la humanidad, de esa misma humanidad a la cual no habían acudido aquí en Cuba, como en muchas partes de América, se asesinaba al pueblo inmisericordemente. Y la respuesta del Gobierno Revolucionario fue convocar a su pueblo entero frente al Palacio de gobierno, en La Habana, para que dijera de cuerpo presente si quería o no justicia revolucionaria. Y ustedes recuerdan como el pueblo entero se pronunció por esa justicia revolucionaria y contra la intromisión del extranjero en nuestras leyes y en nuestro desarrollo.

Cuando se aprobó la Ley de Reforma Agraria, inmediatamente empezó la campaña que no ha acabado hasta hoy contra todos los miembros del Gobierno, acusándonos de crímenes inicuos y acusándonos también de ser la "cabeza de playa" del comunismo internacional, entronizada aquí en América. Nos acusaban, entre otras cosas de que aquí en Camagüey había una base de cohetes, de que en el sur de nuestra Isla había una base de submarinos, de que de aquí partían todas las agresiones contra el coloso del Norte.

Y parece que nos consideran en verdad un peligroso adversario. Fíjense ustedes que ahora, al iniciarse en la Organización de Naciones Unidas una conferencia general más, solamente hay cuatro gobernantes del mundo entero que tienen el alto privilegio y el alto honor de ser execrados por la plutocracia yanqui, y uno de esos cuatro gobernantes es, precisamente, nuestro Primer Ministro Fidel Castro.

Precisamente, eso nosotros debemos preguntarnos: ¿qué tiene Fidel, que tanto le preocupa a los norteamericanos? ¿Qué tiene el pueblo de Cuba, pequeña isla subdesarrollada —como nos llaman ellos—, de seis millones de habitantes apenas, que está comparada en el odio yanqui hoy con la Unión Soviética, de más de 200 millones de habitantes, dueña de los más poderosos elementos de destrucción de la tierra, dueña del más poderoso ejército del mundo, y enemiga declarada de los Estados Unidos? ¿Qué tiene Cuba, que pueda compararse con la China Popular, de 650 millones de habitantes, la nación más poblada de la tierra, y la segunda potencia del mundo socialista? ¿Qué es lo que tiene Cuba? ¿Cuál es el peligro de la Revolución cubana? Y el peligro de la Revolución cubana, hombres y mujeres de Camagüey, el peligro son ustedes y somos nosotros; el peligro es que se riegue por América esto que estamos haciendo, que se riegue por América la costumbre de dialogar con el pueblo y pedirle consejo al pueblo, cada vez que sea necesario, porque cuando se le pregunta a cualquier pueblo de América que es lo que hay que hacer con los latifundistas, todos los pueblos contestarán igual que ustedes, ¡todos condenarán el latifundio!

Y cuando, pasando de lado las muchas veces mentirosa urna electoral, se pregunte directamente al pueblo de América quién es el enemigo de ese pueblo, quién ha atentado durante cincuenta años contra su desarrollo, quién ha puesto gobernantes que masacraban a su pueblo, como Trujillo o como Somoza, todo el pueblo de América contestará que el Gobierno de los Estados Unidos es el culpable del más terrible de los crímenes, de haber favorecido el genocidio de un inmenso Continente y de estar todavía manteniendo con sus fusiles, como aquí lo hizo con Batista, la opresión de unos pocos sobre el pueblo entero de América. Por eso nos temen, por eso quieren aislarnos y quieren destruirnos, porque tienen miedo de que este ejemplo cunda y de que por toda América florezcan las cooperativas, y por toda América se extinga el latifundio, y, antes que todo eso, por toda América empiecen a nacer las barbas guerrilleras y toda la Cordillera de los Andes se convierta en otra Sierra Maestra.

A eso le temen, a nuestro ejemplo. Ellos saben que es mentira lo de los cohetes de Camagüey, como lo saben todos ustedes; ellos saben que es mentira lo de la base de submarinos, como todos ustedes lo saben; ellos saben que este Gobierno no se ha vendido a ningún otro Gobierno de la tierra, y que si algún día, para prestarnos su ayuda, la Unión de Repúblicas Socialistas Soviéticas o el Gobierno de China Popular, o cualquier potencia de la tierra, pusiera como condición entregar algo de nuestra soberanía o de nuestra dignidad, en ese mismo momento Cuba rompería con cualquier potencia que se animara a plantear eso. Porque si nosotros hemos aceptado la ayuda de la Unión Soviética y la mano fraterna que nos tendieran todas las potencias socialistas, es precisamente porque lo han hecho sin anteponer condición política alguna.

Ellos saben bien que nuestras condiciones no son similares, ellos saben bien que aquí no está establecido el socialismo; simplemente, ellos nos brindan su ayuda para que nosotros pudiéramos seguir nuestro camino libremente elegido, y por eso la aceptamos, porque ninguna condición manchó esa ayuda, porque esas armas que ustedes ven, esas armas que son vendidas por el gobierno de la República Checoslovaca, fueron entregadas sin ninguna condición; no hay pacto de ninguna especie que nos ate en el uso de esas armas; esas son nuestras, para defender nuestra soberanía, y no hay ninguna otra condición que las ate.

Y la historia de las armas es otro de los empleos que no les gusta a ellos, ¿por qué están esas armas aquí? ¿Fuimos nosotros a buscarlas desde el primer momento a Checoslovaquia, o no recuerdan todos como estuvimos por todos los países de Europa, tratando de comprar armas y aviones, y cómo se realizó toda una colecta popular para poder comprar esos aviones y esas armas?

¿Pero cuál fue la respuesta del imperio? Presionar a todos los gobiernos de Europa, los sometidos a su esfera de influencia, para que no llegara ni una bala a Cuba y el último gobierno, que hasta hace poco había resistido las presiones imperiales, nos ha comunicado también que no nos enviarán más fusiles. Nosotros teníamos la gran disyuntiva: o nos atacan por comunistas, aceptando ayuda de los países socialistas, o nos liquidan por imbéciles, cruzándonos de brazos aquí.

Y el pueblo cubano, compañeros, hace tiempo que no se le puede engañar con palabras, con promesas, con actitudes vacías. Cuando se nos puso en ese dilema, nosotros aceptamos el reto y aquí están las armas checas y pronto volarán los cielos aviones de cualquier potencia que nos los vendan, y habrá tanques de otras potencias y habrá cañones, y habrá bazucas, y habrá ametralladoras, y habrá proyectiles de todo tipo para esas armas, compradas a quien nos las venda.

Y es un ejemplo, que no le gusta tampoco a los yanquis.

Hace tiempo pasó igual con la democracia guatemalteca.

Un buen día no le vendieron más armas, empezaron a ponerse viejos los fusiles y a acabarse los cartuchos, y aquella democracia empezó a buscar armas con que defenderse de una agresión que estaban preparándole, precisamente quienes no les vendían las armas. Y cuando al final, en el uso de su legítimo derecho, compró algún puñado de fusiles en un país socialista, entonces vino la agresión, porque no se podía permitir que tan cerca del Canal de Panamá hubiera una base comunista. Y entonces los aviones piratas, que sí podían, sin embargo, salir sin ninguna insignia de los aeropuertos de Panamá, bombardeaban inmisericordemente al pueblo guatemalteco hasta reducir al gobierno y sumirlo en la miseria, en el oprobio en que está hoy en día. Eso es lo que quieren y cuando ven el ejemplo de Cuba sufren y sufren mucho, porque esas reacciones bestiales son hijas del despecho, son hijas del sufrimiento de quien ve, de una vez y para siempre, disminuidos sus privilegios imperiales.

Ellos tratan de confinar a Fidel Castro en una parte mínima de su territorio, contra todo derecho; ellos tratan de asesinarlo también, si es posible; ellos tratan de destruir nuestra democracia, les gustaría pisotear a nuestro pueblo y masacrarlo. Y cuando le llegó de pronto la advertencia de los cohetes soviéticos tuvieron que reemplazar toda esa descarga que pensaban echar sobre nuestro pueblo, por palabras altisonantes, y tuvieron que guardarse su furia y por eso están así; son igual que las fieras, que cuando están acorraladas y heridas se vuelven más peligrosas y más agresivas. Así esta el imperialismo yanqui hoy, acorralado por las fuerzas que quieren su liberación en el mundo entero, azotados todos los gobiernos títeres por los pueblos que día a día claman por su libertad, en peligro de perder sus privilegios, en peligro de ver hundirse toda la riqueza que amasaron con el sudor y la sangre de los pueblos por eso están así, por eso rugen de impotencia, por eso atacan al que se le acerca, como los perros enfermos de rabia.

Conocido todo esto, conocida la importancia de la Declaración de La Habana, conocidos los antecedentes y el porqué de esa declaración, procederemos a leerla y si ustedes están de acuerdo al finalizar la lectura, la ratificarán levantando la mano.

DECLARACION DE LA HABANA

Junto a la imagen y el recuerdo de José Martí, en Cuba, Territorio Libre de América, el pueblo, en uso de las potestades inalienables que dimanan del efectivo ejercicio de la soberanía expresada en el sufragio directo, universal y público, se ha constituido en Asamblea General Nacional.

En nombre propio y recogiendo el sentir de los pueblos de Nuestra América, la Asamblea General Nacional del Pueblo de Cuba:

1. Condena en todos sus términos la denominada "Declaración de San José de Costa Rica" documento dictado por el imperialismo norteamericano y atentatorio a la autodeterminación nacional, la soberanía y la dignidad de los pueblos hermanos del Continente.

2. La Asamblea General Nacional del Pueblo de Cuba, condena enérgicamente la intervención abierta y criminal que durante más de un siglo ha ejercido el imperialismo norteamericano sobre todos los pueblos de la América Latina, pueblos que más de una vez han visto invadido su suelo en México, Nicaragua, Haití, Santo Domingo o Cuba, que han perdido ante la voracidad de lo imperialistas yanquis, extensas y ricas zonas como Tejas, centros estratégicos vitales como el Canal de Panamá, países enteros como Puerto Rico convertido en territorio de ocupación; que han sufrido, además, el trato vejaminoso de los Infantes de Marina, lo mismo contra nuestras mujeres e hijas que contra los símbolos más altos de la historia patria como la efigie de José Martí.

Esa intervención, afianzada en la superioridad militar, en tratados desiguales y en la sumisión miserable de gobernantes traidores, ha convertido a lo largo de más de cien años a Nuestra América —la América que Bolívar, Hidalgo, Juárez, San Martín, O'Higgins, Sucre, Tiradentes y Martí quisieron libre—, en zona de explotación, en traspatio del imperio financiero y político yanqui, en reserva de votos para los organismos internacionales en los cuales los países latinoamericanos hemos figurado como arrias de "el Norte revuelto y brutal que nos desprecia".

La Asamblea General Nacional del Pueblo declara, que la aceptación por parte de gobiernos que asumen oficialmente la representación de los países de América Latina de esa intervención continuada e históricamente irrefutable, traiciona los ideales independentistas de sus pueblos, borra su soberanía e impide la verdadera solidaridad entre nuestros países, lo que obliga a esta Asamblea a repudiarla a nombre del pueblo de Cuba y con voz que recoge la esperanza y la decisión de los pueblos latinoamericanos y el acento liberador de los próceres inmortales de Nuestra América.

3. La Asamblea General Nacional del Pueblo rechaza asimismo el intento de preservar la Doctrina de Monroe, utilizada hasta ahora, como lo previera José Martí, "para extender el dominio en América" de los imperialistas voraces, para inyectar mejor el veneno también denunciado a tiempo por José Martí, "el veneno de los empréstitos, de los canales, de los ferrocarriles..." Por ello, frente al hipócrita panamericanismo que es solo predominio de los monopolios yanquis sobre los intereses de nuestros pueblos y manejo yanqui de gobiernos posternados ante Washington; la Asamblea del Pueblo de Cuba proclama el latinoamericanismo liberador que late en Martí y Benito Juárez.

Y, al extender la amistad hacia el pueblo norteamericano —el pueblo de los negros linchados, de los intelectuales perseguidos, de los obreros forzados a aceptar la dirección de gangsters—, reafirma la voluntad de marchar "con todo el mundo y no con una parte de él".

4. La Asamblea General Nacional del Pueblo declara, que la ayuda espontáneamente ofrecida por la Unión Soviética a Cuba en caso de que nuestro país fuere atacado por fuerzas militares imperialistas, no podrá ser considerada jamás como un acto de intromisión, sino que constituye un evidente acto de solidaridad y que esa ayuda, brindada a Cuba ante un inminente ataque del Pentágono yanqui, honra tanto al gobierno de la Unión Soviética que la ofrece, como deshonran al gobierno de los Estados Unidos sus cobardes y criminales agresiones contra Cuba.

Por tanto, la Asamblea General del Pueblo declara ante América y el mundo, que acepta y agradece el apoyo de los cohetes de la Unión Soviética si su territorio fuere invadido por fuerzas militares de los Estados Unidos.

5. La Asamblea General Nacional del Pueblo de Cuba niega categóricamente que haya existido pretensión alguna por parte de la Unión Soviética y la República Popular China de "utilizar la posición económica, política y social de Cuba para quebrantar la unidad

continental y poner en peligro la unidad del hemisferio". Desde el primero hasta el último disparo, desde el primero hasta el último de los veinte mil mártires que costó la lucha para derrocar la tiranía y conquistar el poder revolucionario, de la primera hasta la última ley revolucionaria, desde el primero hasta el último acto de la Revolución, el pueblo de Cuba ha actuado por libre y absoluta determinación propia, sin que, por tanto, se pueda culpar jamás a la Unión Soviética o a la República Popular China de la existencia de una Revolución que es la respuesta cabal de Cuba a los crímenes y las injusticias instauradas por imperialismo en América.

Por el contrario, la Asamblea General Nacional del Pueblo Cuba entiende que la política de aislamiento y hostilidad hacia la Unión Soviética y la República Popular China preconizada por el gobierno de los Estados Unidos e impuesta por éste a los gobiernos de la América Latina y la conducta guerrerista y agresiva del gobierno norteamericano y su negativa sistemática al ingreso de la República Popular China en las Naciones Unidas, pese a representar aquélla la casi totalidad de un país de más seiscientos millones de habitantes, sí ponen en peligro la paz y la seguridad del hemisferio y del mundo.

Por tanto, la Asamblea General Nacional del Pueblo de Cuba ratifica su política de amistad con todos los pueblos del mundo, reafirma su propósito de establecer relaciones diplomáticas también con todos los países socialistas y desde este instante, en uso de su soberana y libre voluntad, expresa al Gobierno de la República Popular China, que acuerda establecer relaciones diplomáticas entre ambos países y que, por tanto, quedan rescindidas las relaciones que hasta hoy Cuba había mantenido con el régimen títere que sostienen en Formosa los barcos de la Séptima Flota yanqui.

La Asamblea General Nacional del Pueblo reafirma —y está segura de hacerlo como expresión de un criterio común a los pueblos de la América Latina—, que la democracia no es compatible con la oligarquía financiera, con la existencia de la discriminación del negro y los desmanes del Ku-Klux-Klan, con la persecución que privó de sus cargos a científicos como Oppenheimer, que impidió durante años que el mundo escuchara la voz maravillosa de Paul Robeson, preso en su propio país, y que llevó a la muerte, ante la protesta y el espanto del mundo entero y pese a la apelación de gobernantes de diversos países y del Papa Pío XII, a los esposos Rosemberg.

La Asamblea General Nacional del Pueblo de Cuba expresa la convicción cubana de que la democracia no puede consistir sólo en el ejercicio de un voto electoral que casi siempre es ficticio y esta manejado por latifundistas y políticos profesionales, sino en el derecho de los ciudadanos a decidir, como ahora lo hace esta Asamblea del Pueblo, sus propios destinos. La democracia, además, sólo existirá en América Latina cuando los pueblos sean realmente libres para escoger, cuando los humildes no estén reducidos —por el hambre, la desigualdad social, el analfabetismo y los 5 sistemas jurídicos—, a la más ominosa impotencia.

Por eso, la Asamblea General Nacional del Pueblo de Cuba:

Condena el latifundio, fuente de miseria para el campesino y sistema de producción agrícola retrógrado e inhumano; condena los salarios de hambre y la explotación inicua del trabajo humano por bastardos y privilegiados intereses; condena el analfabetismo, la ausencia de maestros, de escuelas, de médicos y de hospitales; la falta de protección a la vejez que impera en los países de América; condena la discriminación del negro y del indio; condena la desigualdad y la explotación de la mujer; condena a las oligarquías militares y políticas que mantienen a nuestros pueblos en la miseria, impiden su desarrollo democrático y el pleno ejercicio de su soberanía; condena las concesiones de los recursos naturales de nuestros países a los monopolios extranjeros como política entreguista y traidora al interés de los pueblos; condena a los gobiernos que desoyen el sentimiento de sus pueblos para acatar los mandatos de Washington; condena el engaño sistemático a los pueblos por órganos de divulgación que responden al interés de las oligarquías y a la política del imperialismo opresor; condena al monopolio de las noticias por agencias yanquis, instrumentos de los trusts norteamericanos y agentes de Washington; condena las leyes represivas que impiden a los obreros, a los campesinos, a los estudiantes y a los intelectuales, a las grandes mayorías de cada país, organizarse y luchar por sus reivindicaciones sociales y patrióticas; condena a los monopolios y empresas imperialistas que saquean continuamente nuestras riquezas, explotan a nuestros obreros y campesinos, desangran y mantienen en retraso nuestras economías, y someten la política de la América

Latina a sus designios e intereses.

La Asamblea General Nacional del Pueblo de Cuba condena, en fin, la explotación del hombre por el hombre y la explotación de los países subdesarrollados por el capital financiero imperialista.

En consecuencia, la Asamblea General Nacional del Pueblo de Cuba proclama ante América: El derecho de los campesinos a la tierra; el derecho del obrero al fruto de su trabajo; el derecho de los niños a la educación; el derecho de los enfermos a la asistencia médica y hospitalaria; el derecho de los jóvenes al trabajo; el derecho de los estudiantes a la enseñanza libre, experimental y científica; el derecho de los negros y los indios a la dignidad plena del hombre; el derecho de la mujer a la igualdad civil, social y política; el derecho del anciano a una vejez segura; el derecho de los intelectuales, artistas y científicos, a luchar con sus obras, por un mundo mejor; el derecho de los Estados a la nacionalización de los monopolios imperialistas, rescatando así las riquezas y recursos nacionales; el derecho de los países al comercio libre con todos los pueblos del mundo; el derecho de las naciones a su plena soberanía; el derecho de los pueblos a convertir sus fortalezas militares en escuelas, y a armar a sus obreros, a sus campesinos, estudiantes, intelectuales, al negro, al indio, a la mujer, al joven, al anciano, a todos los oprimidos y explotados, para que defiendan, por si mismos, sus derechos y sus destinos.

La Asamblea Nacional del Pueblo de Cuba postula:

El deber de los obreros, de los campesinos, de los estudiantes, de los intelectuales, de los negros, de los indios, de los jóvenes, de las mujeres, de los ancianos, a luchar por sus reivindicaciones económicas, políticas y sociales; el deber de las naciones oprimidas y explotadas a luchar por su liberación; el deber de cada pueblo a la solidaridad con todos los pueblos oprimidos, colonizados, explotados o agredidos, sea cual fuere el lugar del mundo en que estos se encuentren y la distancia geográfica que los separe.

¡Todos los pueblos del mundo son hermanos!

La Asamblea General Nacional del Pueblo de Cuba reafirma su fe en que la América Latina marchará pronto, unida y vencedora, libre de las ataduras que convierten sus economías en riqueza enajenada al imperialismo norteamericano y que le impiden hacer oír su verdadera voz, en las reuniones donde Cancilleres domesticados hacen de coro infamante al amo despótico. Ratifica, por ello, su decisión de trabajar por ese común destino latinoamericano que permitirá a nuestros países edificar una solidaridad verdadera, asentada en la libre voluntad de cada uno de ellos y en las aspiraciones conjuntas de todos.

En la lucha por esa América Latina liberada, frente a las voces obedientes de quienes usurpan su representación oficial, surge ahora, con potencia invencible, la voz genuina de los pueblos, voz que se abre paso desde las entrañas de sus minas de carbón y estaño; desde sus fábricas y centrales azucareros, desde sus tierras enfeudadas, donde rotos, cholos; gauchos, jíbaros, herederos de Zapata y de Sandino, empuñan las armas de su libertad, voz que resuena en sus poetas y en sus novelistas, en sus estudiantes, en sus mujeres y en sus niños, en sus ancianos develados.

A esa voz hermana, la Asamblea del Pueblo de Cuba le responde:

¡Presente! Cuba no fallará. Aquí está hoy Cuba para ratificar, ante América Latina y ante el mundo, como un compromiso histórico, su dilema irrenunciable: "Patria o Muerte".

Antes de proceder a la votación que ratifique esta Asamblea General del Pueblo, quisiera hacer algunas consideraciones sobre cada uno de los puntos más importantes de esta Declaración. Porque esta es una Declaración histórica que vivirá mientras haya historia en el mundo. Este es el primer grito de libertad auténtica, razonada, que un pueblo de América da a los oídos del mundo entero. Aquí se desenmascara, y esto es lo importante, la verdadera esencia de la democracia norteamericana. Es la democracia donde un gran cantor negro Paul Robeson porque era negro y porque luchaba por el derecho de los negros a ser tratados como seres humanos fue mantenido a veces directamente en prisión y otras veces fue mantenido en la gran prisión que es los Estados Unidos, para quienes no piensan como los opresores imperialistas.

La democracia norteamericana es la democracia que asesina a los esposos Rosemberg pero que antes de asesinarlos, condenándolos por espías, les planteó un dilema terrible: ese matrimonio, un par de intelectuales humildes, honrados, que se habían ganado su sustento trabajando día a día, estaban condenados a muerte pero podían salvarse, la única condición —la que siempre pide el imperio—, era entregar su dignidad. Si ellos se confesaban agentes de una potencia extranjera, si ellos confesaban un delito que no habían cometido podían salvarse; pero si ellos proclamaban su inocencia ante el mundo, estaban irremisiblemente condenados, como lo estuvieron, porque fueron ejecutados.

Esa es la esencia de la democracia yanqui: la hipocresía como norma de acción. Y aquel matrimonio deja para el mundo un recuerdo sencillo y emocionante cuando dijeron, más o meno así: "Somos jóvenes, tenemos hijos, amamos la vida, y no queremos morir; pero el precio que se pide por nuestra vida es demasiado grande, y frente a eso preferimos morir".

Así fueron al suplicio los esposos Rosemberg, condenados en el momento en que el "macarthismo" se extendía por Estados Unidos, condenados por presuntos comunistas y por pertenecer a la religión o al pueblo hebreo.

También son ellos los que condenan al linchamiento a los negros del sur; son ellos los que linchan a algún muchacho negro que mirara demasiado a alguna mujer blanca; son ellos los que establecen en todo la división entre los hombres; son ellos los que golpean y masacran a todos los que se les oponen. Y esta bien claro que al aprobar esta resolución de la Asamblea General, el pueblo establece desde ya la misma disyuntiva que establecieron los esposos Rosemberg: la vida es muy linda, la vida vale la pena vivirla, pero si como precio de esa vida se exige la dignidad de un pueblo ¡entonces es preferible morir! Y ese es el dilema que se plantea en el final de la Declaración de La Habana, dicho simplemente en tres palabras: Patria o Muerte.

Pero, además, la Declaración de La Habana toma posición frente a dos de las plagas más grandes que ha tenido la humanidad: frente al latifundio, explotador de por sí, condenándolo en todas sus formas, por lesivo a la dignidad humana; y además, establece, por primera vez en América y ante el mundo entero, apoyado por todo un pueblo, la afirmación que todos hubiéramos querido ver desde hace muchos años y haber nacido bajo su advocación: la Declaración de La Habana condena la explotación del hombre por el hombre y establece como aspiración fundamental de los pueblos el que desaparezca totalmente esta explotación, el que no se pueda decir que en un pueblo haya una sola persona que explota a uno solo de los ciudadanos de ese pueblo.

Esa es nuestra aspiración, es la aspiración por la que lucha lo mejor del mundo, durante años y años, y en la que han dejado sus huesos, sus cuerpos, muchos mártires en todos los países del mundo.

Si esta Asamblea del Pueblo de Camagüey está de acuerdo con todos los pronunciamientos establecidos en la Declaración de La Habana; si condena conscientemente el latifundio; condena a la sedicente democracia yanqui, como falsa y explotadora de los pueblos; si establece como aspiración fundamental de los pueblos la abolición de la explotación del hombre por el hombre; ¡que todos los que estén de acuerdo levanten la mano!

Bien, compañeros: aprobada por aclamación la Declaración de La Habana, vamos a poner en consideración de ustedes el texto de un telegrama que enviamos a nuestro Primer Ministro, estableciendo precisamente las conclusiones a que hemos arribado hoy. El telegrama dirá, si ustedes lo aprueban:

"Comandante Fidel Castro Ruz, Primer Ministro del Gobierno Revolucionario. En la misma Plaza en que hace más de un siglo Joaquín de Agüero, José Tomas Betancourt, Fernando de Zayas y Miguel Benavides ofrendaron sus vidas generosas, luchando por la libertad política y la justicia social de la Patria, el pueblo de Camagüey, constituido en Asamblea General Provincial, acuerda: Primero, ratificar en todos sus puntos la histórica Declaración de La Habana; segundo: respaldar su firme actitud en la denuncia de la explotación imperialista norteamericana a los pueblos subdesarrollados de la América Latina y del mundo; tercero: exhortar a la Asamblea General de la Organización de Naciones Unidas a la eliminación de los planes guerreristas del imperialismo yanqui, para facilitar así la conquista definitiva de la paz mundial; cuarto: jurar, con el ejemplo de Ignacio Agramonte y de todos los que cayeron por la felicidad de nuestro pueblo, mantenernos unidos y decididos para defender el suelo de la Patria de toda agresión proveniente del 'norte revuelto y brutal que nos desprecia'. Con las banderas de la patria desplegadas, Camagüey proclama que ¡Venceremos!, ¡Patria o Muerte!"

Queda a consideración de ustedes el texto de esta comunicación, y los que la aprueben que levanten la mano.

Con el firme convencimiento de que a esta Asamblea General Provincial de Camagüey seguirán otras, apoyadas por las manos puras de sus obreros, campesinos, estudiantes, intelectuales y pueblo en general, y por los fusiles de nuestro Ejército Revolucionario y de nuestras milicias, es que declaramos cerrada esta Primera Asamblea General del Pueblo de Camagüey.

Vamos a cantar todos nuestro glorioso Himno Nacional.

Despedida a las Brigadas Internacionales de Trabajo voluntario

(Palabras pronunciadas el 30 de septiembre de 1960)

Compañeros de Cuba y de todos los países del mundo que vinieron a dar su mensaje de solidaridad con la Revolución cubana, en los contrafuertes de la Sierra Maestra:

Hoy es un día alegre, un día de juventud, pero también es un día triste de despedida. Hoy decimos hasta luego a los compañeros de todo el mundo que llegaron aquí a trabajar por la Revolución cubana, y a conocer esta Revolución y su pueblo. Trabajaron con todo el entusiasmo juvenil y revolucionario de que son capaces, y creo que, además, aprendieron a conocer a nuestro pueblo, un pueblo como cualquier otro, compuesto de millones de personas que forman hoy una masa unida y beligerante en la defensa de sus recién adquiridos derechos, y firmes hasta la muerte para mantenerlos y para seguir caminando hacia nuevas conquistas.

Pecaríamos nosotros si pensáramos explicarle a cada uno de los compañeros que vino desde diversas partes del mundo, qué es una Revolución, y si pensáramos incitarlos a seguir este ejemplo, como si esto fuera único en el mundo.

Esto no es nada más, pero tampoco nada menos, que un pueblo que ha entrado en Revolución, y que está muy firmemente dentro de ella. Muchos de los jóvenes del mundo entero saben ya lo que es entrar en Revolución, como lo saben los cubanos, y saben también los resultados magníficos que obtiene el pueblo cuando se ha podido desligar de las trabas que han impedido su desarrollo.

Pero también, desgraciadamente, hay muchos compañeros de América y del mundo entero, que todavía no han podido ver a su pueblo entrar en Revolución. Todavía, quizás, no puedan explicarse bien cuál es el fenómeno histórico, por el cual Cuba, un país más colonizado que otro, no más explotado que otro, encontró, sin embargo, en su desesperación, la fuerza necesaria para empezar la lucha que rompería las cadenas. Y es, en verdad, difícil explicarlo, de acuerdo con las teorías conocidas, el por qué ha sido aquí, precisamente en Cuba, donde se dio el primer grito de libertad definitiva en América, y donde se pudo avanzar hasta el momento que vivimos. No pretenderemos tampoco explicarlo; no pretenderemos, tampoco, que este ejemplo cubano sea la única forma de realizar el anhelo del pueblo, que sea este camino de luchas el único y definitivo para alcanzar la felicidad verdadera, que es la libertad y el bienestar económico. Sin embargo muchas de las cosas que aquí hicimos, se pueden hacer en casi todos los países oprimidos; oprimidos, colonizados, semicolonizados, no subdesarrollados como nos llaman, porque nosotros no somos subdesarrollados. Estamos, simplemente, mal desarrollados, mal desarrollados porque el imperialismo hace tiempo que ocupó nuestras fuentes de materias primas y se dedicó a desarrollarlas de acuerdo con las necesidades imperiales.

No es necesario abundar en ejemplos. Ustedes conocen cómo es el azúcar de Cuba, cómo es el algodón de México o el petróleo de Venezuela, o el estaño de Bolivia, o el cobre de Chile, o la ganadería o el trigo argentino, o el café brasileño. Todos tenemos un denominador común: somos países de monoproducto, y tenemos también el denominador común de ser países de monomercado.

Ya sabemos, entonces, que en el camino de la liberación hay que luchar contra el monomercado primero, contra el monoproducto después, y diversificar el comercio exterior, y diversificar la producción interna. Y, hasta aquí, todo es sencillo. El problema es cómo hacerlo. ¿Se va a hacer vía parlamentaria; se va a hacer por la vía de los fusiles; se va a hacer por una mezcla de vía parlamentaria y vía de los fusiles? Yo no sé ni puedo responder exactamente a esa pregunta. Lo que sí puedo decirles es que las condiciones cubanas bajo la opresión imperialista, y bajo la opresión de sus títeres internos, no vimos otra salida para el pueblo cubano que la voz de los fusiles.

Y a quienes pregunten llenos de tecnicismos, por ejemplo, qué capital se necesita para iniciar una Reforma Agraria, le diríamos que no necesita; el único capital: el de un pueblo armado, consciente de sus derechos. Con ese solo capital pudimos aquí en Cuba realizar nuestra reforma agraria, profundizarla, seguir adelante en ella, e iniciar el camino de la industrialización.

Naturalmente que no se puede resumir en una fórmula tan sencilla, todo el esfuerzo de un pueblo, porque esta es una lucha que ha costado sangre y sufrimiento, y que tratan los imperios del mundo de que siga costando más sangre y más sufrimiento. Por eso hay que unirse firmemente en torno a esos fusiles, en torno a la única voz que vaya guiando al pueblo entero hacia sus metas definitivas, unirse intransigentemente, no permitir que nada siembre la división, porque si los hermanos se pelean —decía Martín Fierro—, los devoran los de afuera. Y el imperio conoce bien esa máxima, que simplemente, el poeta la recogió del pueblo, el imperio sabe que hay que dividir para vencer. Así, nos dividió en países productores de café, de cobre, de petróleo, de estaño o de azúcar, y así nos dividió también en países que competían por un mercado en un solo país, bajando constantemente los precios, para poder, más fácilmente, derrotar uno a uno a esos países.

Es decir que la máxima que puede aplicarse a un pueblo, debe aplicarse también a todos los pueblos cuyo desarrollo no es completo. Tenemos que unirnos todos, todos los pueblos del mundo deben unirse para conseguir lo más sagrado, que es la libertad, que es el bienestar económico, que es el sentimiento de no tener absolutamente ningún problema insalvable por delante, y el saber que con el trabajo de todos los días, entusiasta y creador, podemos llegar a nuestras metas, sin que nada se cruce en el camino.

Pero existen los imperios que todos ustedes conocen, los imperios que conocemos nosotros, porque nos han explotado; los imperios que conocen, incluso los compañeros que han nacido en esos países, porque han vivido dentro del monstruo, y conocen lo terrible que es el vivir en esas condiciones, cuando se tiene fe en la esencia humana, y lo conocen, también todos los países amantes de la paz, que se ven hoy rodeados por un cerco de bases atómicas, sin poder cumplir totalmente sus deseos de desarrollo.

Todos los conocemos, y por eso nuestro deber común es el de tratar de unirnos aún por sobre los gobiernos que quieran separarnos, estrechar nuestras manos, no solamente los jóvenes, como lo hicimos aquí, sino también los hombres maduros, los viejos y los niños, en un solo haz de voluntades, para evitar hoy la más terrible de las guerras que amenazan a la humanidad, y para conseguir, también, esos anhelos tan deseado por todo el mundo. Pero cuando los pueblos que conocen todo esto, porque los pueblos no son ignorantes, quieren realizar esas uniones, empiezan, como le ocurrirá a muchos de ustedes, la presión de todos los países que tienen gobernantes vendidos para meterlos en la cárcel, para oprimirlos de cualquier manera, para hacerlos olvidar lo que aprendieron en un país libre, o para dar en ustedes mismos, el ejemplo que haga que los timoratos no se animen a seguir el camino de la dignidad.

Ya sucedió varias veces con quienes nos visitan de los países de América y desgraciadamente, seguirá sucediendo todavía. Muchos de ustedes tendrán dificultades, muchos de ustedes serán apostrofados como hombres de una ralea humana ínfima, aliados a extraños opresores extranjeros, aliados a lo más nefasto para destruir la democracia que llaman ellos, para destruir el modo de vida occidental. Ese modo de vida occidental que está representado aquí por el pueblo de Argelia que lucha, por todos los pueblos oprimidos que luchan y que son muertos día a día por alcanzar una felicidad que nunca ven llegar.

Por eso, no es sencillo el camino; no es ni siquiera sencillo el camino para los que, como nosotros, han podido cruzar la primera barrera y establecer al pueblo en el Gobierno. Viene todavía una etapa muy dura, una etapa en que estas falsas democracias van castigando cada vez más al pueblo, y el pueblo va sintiendo cada vez más, la indignación y hasta el odio subir por todo su cuerpo, hasta convertirse en una ola humana que toma las armas, que lucha y que conquista el poder. Estamos, entonces, en que en las condiciones actuales de la humanidad, los países coloniales y semicoloniales, los que tienen encima el yugo de gobiernos títeres de otros imperios, casi seguro, a la larga o a la corta, tendrán que empuñar las armas para establecer en el gobierno a representantes del pueblo, y unirse así a toda América, toda el África, toda el Asia, y todos juntos; América, Asia, Europa, en un solo mundo feliz.

Pero verán muchas cosas, verán cómo es cierto que el imperialismo se quedó dormido en Cuba, pero que también se ha despertado, porque lo han despertado los gritos del pueblo; verán cómo se forman Policías, llamadas Internacionales, en las cuales se les da el liderazgo a aquellas que tengan más experiencia en la lucha anticomunista, es decir en nuestro ejemplo americano a los Estados Unidos, para empuñar las armas, o mejor dicho, para dar las armas que empuñarán nuestros hermanos de América e ir a luchar amparados en esa bandera de oprobios que es hoy la Organización de Estados Americanos, contra un pueblo que se rebele. Eso se verá en América y se verá dentro de poco tiempo. Se verá porque los pueblos se rebelarán, y se verá porque el imperio formará esos ejércitos. Pero la historia del mundo sigue andando, y veremos nosotros, o nuestros compañeros, si nos toca caer en la lucha, pero en esta generación, veremos cómo esos pueblos superan en la lucha aún a esos ejércitos armados por la potencia más bárbara de la tierra, y destrozan completamente al imperialismo.

Nosotros, los de esta generación, veremos definitivamente liberado al mundo, aun cuando tengamos que pasar por los sufrimientos más grandes, por las más extraordinarias privaciones, y aun cuando en su locura pretendan desencadenar una guerra que no hará otra cosa que precipitar su fin. Pero si alguno de los pueblos logra su independencia sin pasar por esta lucha, y vuelve a preguntar, solamente la receta para desarrollarse en esta de unir el pueblo, de organizar con el capital de los fusiles y del pueblo las reformas sociales y económicas más profundas, hay que también decirles que es muy importante educar al pueblo, y que los pueblos se educan con una rapidez maravillosa.

A nosotros, los que nos ha tocado vivir esta experiencia tan rica en acontecimientos, como es la Revolución cubana, nos conmueve ver como día a día nuestro pueblo va adquiriendo mayores conocimientos, mayor fe revolucionaria, mayor conciencia revolucionaria. Y si no, véanlo hoy en un simple ejemplo: se aplaudió aquí, calurosamente, a todas las Delegaciones de los países hermanos, pero tres Delegaciones ganaron nuestro aplauso más cálido, porque están en situaciones especiales: la Delegación del pueblo de los Estados Unidos de América, Delegación que nunca debe confundirse con el Gobierno de los Estados Unidos de América, Delegación del pueblo que no conoce odios raciales y que no conoce diferencias de un individuo a otro por el color de la piel, o por su religión, o por su posición económica. Y también aplaudió calurosamente, a quien representa hoy, como nadie, el polo antitético, que es la Delegación de la República Popular China. Y al mismo tiempo que aplaudía a dos pueblos, cuyos gobiernos están en lucha enconada, uno con todo su pueblo detrás; otro, engañando al pueblo, o contra su pueblo, aplaudía también fervorosamente, a la Delegación Argelina, la Delegación Argelina que está escribiendo otra página maravillosa de la historia, luchando también como nosotros tuvimos que luchar en las montañas, pero soportando no una invasión de su suelo, por gente hija de su propio suelo, que por más bárbaros que sean siempre respetan algo, sino una invasión de tropas de un país extranjero, que están educándose para la matanza, educándose en el odio racial, educándose en la filosofía de la guerra.

Pero, sin embargo, éste pueblo pudo aplaudir también, generosamente, a la Delegación del pueblo de Francia, que tampoco representa a su Gobierno.

Pero nos preguntaremos nosotros: ¿un pueblo que sabe elegir tan bien los centros de su aplauso, que sabe encontrar la raíz política, y que sabe diferenciar exactamente entre gobiernos y pueblos, aún en momentos como este, en que se ha lanzado sobre la Delegación Cubana en la Organización de Naciones Unidas, por ejemplo, un odio feroz, una represión brutal, que llegó hasta el escarnio físico, no hablemos del escarnio oral; es que este pueblo ha hecho revolución porque es así? De ninguna manera. Este pueblo es así porque está en Revolución. Este pueblo ha aprendido en el ejercicio de los derechos revolucionarios durante estos pocos veinte meses de vida de la Revolución cubana, todo lo que se expresa aquí, y todo lo que ustedes, Delegados del mundo entero, han podido ver y palpar en nuestra Isla.

La primera receta para educar al pueblo, cambiando entonces los términos, es hacerlo entrar en Revolución. Nunca pretendan educar un pueblo, para que, por medio de la educación solamente, y con un gobierno despótico encima, aprenda a conquistar sus derechos. Enséñenle, primero que nada, a conquistar sus derechos, y ese pueblo, cuando esté representado en el gobierno, aprenderá todo lo que se le enseñe, y mucho más: será el maestro de todos sin ningún esfuerzo.

Con esas cosas que nosotros también, Gobierno Revolucionario, parte del pueblo, hemos aprendido desde estos lugares de dirigencia, preguntando siempre al pueblo, no separándonos nunca de él, porque el gobernante que se aísla en una torre de marfil y pretende dirigir al pueblo con fórmulas, está fracasado y va en el camino del despotismo.

Pueblo y gobierno deben ser siempre una sola cosa, y para todos ustedes, los compañeros de América y de los países coloniales que no han logrado su independencia, que nos visitan, sepan también que para dirigir al pueblo no hay que saber letras; que si se sabe letras, mejor, sí; que si se es filósofo y matemático, además, está bien. Pero para dirigir al pueblo hay que interpretarlo, y es mucho más fácil interpretar al pueblo, cuando se es parte misma de ese pueblo, cuando nunca por educación o por cualquier de las barreras que hoy nos separan se ha vivido aislado del pueblo.

Por eso nosotros tenemos un gobierno de obreros, de campesinos, y también de gente que sabía leer desde antes, pero que es la menos y que aprendió lo más en esta lucha.

Y ustedes tienen el ejemplo aquí, en los Jóvenes Rebeldes. Cuando el domingo escuchen ustedes la palabra del Comandante Joel Iglesias, sepan que ese Comandante del Ejército Rebelde llegó a la Sierra con quince años, que apenas sabía leer y no sabia escribir nada; y que hoy puede dirigirse a toda la juventud, no porque se haya convertido ya en un filósofo, en un año y medio, sino porque puede hablar al pueblo y porque es parte misma del pueblo y porque siente lo que todos ustedes sienten todos los días, y lo sabe expresar, sabe llegar hasta ustedes.

Si los gobiernos se forman de hombres como esos, mucho mejor.

Por eso desde aquí, felicitamos a los gobiernos del mundo cuyos gobernantes han sufrido en el seno del pueblo, han aprendido sus letras en el curso de la lucha y están hoy, como siempre, identificados con los pueblos.

Ustedes han venido aquí, los compañeros del mundo, a conocernos y a trabajar por nosotros; pero también, a pesar de todas las enseñanzas que ustedes nos traen, pueden siempre aprender algo nuevo; y de nuevo, todos los compañeros de países que no han vivido esta experiencia y que se preparan para vivirla, porque esto es parte de la Historia y la Historia no se puede cambiar.

Hay muchas cosas que aprender de Cuba, no solamente las buenas, las que todos los días se ven, las que muestran el entusiasmo y el fervor del pueblo; también pueden aprender de las cosas malas, también pueden aprender, para que un día, cuando tengan que gobernar, no cometan errores como nosotros los hemos cometido; para que aprendan que la organización debe estar íntimamente ligada a la victoria del pueblo; que cuanto más profunda sea esa organización, más fácil será la victoria.

Ustedes fueron a trabajar, a construir una Ciudad Escolar, y cuando llegaron no estaba todo organizado; estaba la Ciudad Escolar en receso, y no pudieron acabar ese pequeño monumento a la solidaridad humana que querían ustedes dejar allí. Es una lástima, aunque para nosotros vale tanto así como está como si hubieran construido el más precioso de los castillos; pero es también una enseñanza de que la organización es importante, de que no se puede pensar en que el revolucionario es un ser celestial, que cae a la tierra por la gracia de Dios, que abre sus brazos, empieza la Revolución, y que todos los problemas se resuelven cuando surgen, simplemente por esa gracia del Iluminado. El revolucionario tiene que ser un trabajador infatigable, y además de infatigable, organizado; y si en vez de aprender con los golpes de la lucha, como hemos aprendido nosotros, llevan ya a la lucha revolucionaria esa experiencia previa de la organización, tanto mejor para los países donde les toque a ustedes luchar por la Revolución. Esa es una de las enseñanzas que pueden sacar aquí, y que la pueden sacar en este ejemplo específico precisamente porque nosotros no pudimos brindársela positivamente.

SELECCIÓN DE CARTAS

Carta a Sr. Ernesto Sábato

La Habana, 12 de abril de 1960
"Año de la Reforma Agraria"
Sr. Ernesto Sábato
Santos Lugares, Argentina

Estimado compatriota:
Hace ya quizás unos quince años, cuando conocí a un hijo suyo, que ya debe estar cerca de los veinte, y a su mujer, por aquel lugar creo que llamado "Cabalando", en Carlos Paz, y después, cuando leí su libro *Uno y el universo*, que me fascinó, no pensaba que fuera Ud. —poseedor de lo que para mi era lo más sagrado del mundo, el título de escritor— quien me pidiera con el andar del tiempo una definición, una tarea de reencuentro, como Ud. llama, en base de una autoridad abonada por algunos hechos y muchos fenómenos subjetivos.

Fijaba estos relatos preliminares solamente para recordarle que pertenezco, a pesar de todo, a la tierra donde nací y que aún soy capaz de sentir profundamente todas sus alegrías, todas sus desesperanzas y también sus decepciones. Sería difícil explicarle por qué "esto" no es Revolución Libertadora; quizás tendría que decirle que le vi las comillas a las palabras que Ud. denuncia en los mismos días de iniciarse, y yo identifiqué aquella palabra con lo mismo que había acontecido en una Guatemala que acababa de abandonar, vencido y casi decepcionado. Y, como yo, éramos todos los que tuvimos participación primera en esta aventura extraña y los que fuimos profundizando nuestro sentido revolucionario en contacto con las masas campesinas, en una honda interrelación, durante dos años de luchas crueles y de trabajos realmente grandes.

No podíamos ser "libertadora" porque no éramos parte de un ejército plutocrático sino éramos un nuevo ejército popular, levantado en armas para destruir al viejo; y no podíamos ser "libertadora" porque nuestra bandera de combate no era una vaca sino, en todo caso, un alambre de cerca latifundiaria destrozado por un tractor, como es hoy la insignia de nuestro INRA. No podíamos ser "libertadora" porque nuestras sirvienticas lloraron de alegría el día que Batista se fue y entramos en La Habana y hoy continúan dando datos de todas las manifestaciones y todas las ingenuas conspiraciones de la gente "Country Club" que es la misma gente "Country Club" que Ud. conociera allá y que fueran a veces sus compañeros de odio contra el peronismo.

Aquí la forma de sumisión de la intelectualidad tomó un aspecto mucho menos sutil que en la Argentina. Aquí la intelectualidad era esclava a secas, no disfrazada de indiferente, como allá, y mucho menos disfrazada de inteligente; era una esclavitud sencilla puesta al servicio de una causa de oprobio, sin complicaciones; vociferaban, simplemente. Pero todo esto es nada más que literatura. Remitirlo a Ud., como lo hiciera Ud. conmigo, a un libro sobre la ideología cubana, es remitirlo a un plazo de un año adelante; hoy puedo mostrar apenas, como un intento de teorización de esta Revolución, primer intento serio, quizás, pero sumamente práctico, como son todas nuestras cosas de empíricos inveterados, este libro sobre la Guerra de Guerrillas. Es casi como un exponente pueril de que sé colocar una palabra detrás de otra; no tiene la pretensión de explicar las grandes cosas que a Ud. inquietan y quizás tampoco pudiera explicarlas ese segundo libro que pienso publicar, si las circunstancias nacionales e internacionales no me obligan nuevamente a empuñar un fusil (tarea que desdeño como gobernante pero que me entusiasma como hombre gozoso de la aventura). Anticipándole aquello que puede venir o no (el libro), puedo decirle, tratando de sintetizar, que esta Revolución es la más genuina creación de la improvisación.

En la Sierra Maestra, un dirigente comunista que nos visitara, admirado de tanta improvisación y de cómo se ajustaban todos los resortes que funcionaban por su cuenta a una organización central, decía que era el caos más perfectamente organizado del universo. Y esta Revolución es así porque caminó mucho más rápido que su ideología anterior. Al fin y al cabo Fidel Castro era un aspirante a diputado por un partido burgués, tan burgués y tan respetable como podía ser el partido radical en la Argentina; que seguía las huellas de un líder desaparecido, Eduardo Chivás, de unas características que pudiéramos hallar parecidas a las del mismo Irigoyen; y nosotros, que lo seguíamos, éramos un grupo de hombres con poca preparación política, solamente una carga de buena voluntad y una ingénita honradez. Así vinimos gritando: "en el año 56 seremos héroes o mártires". Un poco antes habíamos gritado o, mejor dicho, había gritado Fidel: "vergüenza contra dinero". Sintetizábamos en frases simples nuestra actitud simple también.

La guerra nos revolucionó. No hay experiencia más profunda para un revolucionario que el acto de la guerra; no el hecho aislado de matar, ni el de portar un fusil o el de establecer una lucha de tal o cual tipo, es el total del hecho guerrero, el saber que hombre armado vale como unidad combatiente, y vale igual que cualquier hombre armado, y puede ya no temerle a otros hombres armados. Ir explicando nosotros, los dirigentes, a los campesinos indefensos cómo podían tomar un fusil y demostrarle a esos soldados que un campesino armado valía tanto como el mejor de ellos, e ir aprendiendo cómo la fuerza de uno no vale nada si no está rodeada de la fuerza de todos; e ir aprendiendo, asimismo, cómo las consignas revolucionarias tienen que responder a palpitantes anhelos del pueblo; e ir aprendiendo a conocer del pueblo sus anhelos más hondos y convertirlos en banderas de agitación política. Eso lo fuimos haciendo todos nosotros y comprendimos que el ansia del campesino por la tierra era el más fuerte estímulo de la lucha que se podría encontrar en Cuba. Fidel entendió muchas cosas más; se desarrolló como el extraordinario conductor de hombres que es hoy y como el gigantesco poder aglutinante de nuestro pueblo. Porque Fidel, por sobre todas las cosas, es el aglutinante por excelencia, el conductor indiscutido que suprime todas las divergencias y destruye con su desaprobación. Utilizado muchas veces, desafiado otras, por dinero o ambición, es temido siempre por sus adversarios. Así nació esta Revolución, así se fueron creando sus consignas y así se fue, poco a poco, teorizando sobre hechos para crear una ideología que venía a la zaga de los acontecimientos. Cuando nosotros lanzamos nuestra Ley de Reforma Agraria en la Sierra Maestra, ya hacia tiempo se habían hecho repartos de tierra en el mismo lugar. Después de comprender en la práctica una serie de factores, expusimos nuestra primera tímida ley, que no se aventuraba con lo más fundamental como era la supresión de los latifundistas.

Nosotros no fuimos demasiado malos para la prensa continental por dos causas: la primera, porque Fidel Castro es un extraordinario político que no mostró sus intenciones más allá de ciertos límites y supo conquistarse la admiración de reporteros de grandes empresas que simpatizaban con él y utilizan el camino fácil en la crónica de tipo sensacional; la otra, simplemente porque los norteamericanos que son los grandes constructores de tests y de raseros para medirlo todo, aplicaron uno de sus raseros, sacaron su puntuación y lo encasillaron. Según sus hojas de testificación donde decía: "nacionalizaremos los servicios públicos", debía leerse: "evitaremos que eso suceda si recibimos un razonable apoyo"; donde decía: "liquidaremos el latifundio" debía leerse: "utilizaremos el latifundio como una buena base para sacar dinero para nuestra campaña política, o para nuestro bolsillo personal", y así sucesivamente. Nunca les pasó por la cabeza que lo que Fidel Castro y nuestro Movimiento dijeran tan ingenua y drásticamente fuera la verdad de lo que pensábamos hacer; constituimos para ellos la gran estafa de este medio siglo, dijimos la verdad aparentando tergiversarla. Eisenhower dice que traicionamos nuestros principios, es parte de la verdad; traicionamos la imagen que ellos se hicieron de nosotros, como en el cuento del pastorcito mentiroso, pero al revés, tampoco se nos creyó. Así estamos ahora hablando un lenguaje que es también nuevo, porque seguimos caminando mucho más rápido que lo que podemos pensar y estructurar nuestro pensamiento, estamos en un movimiento continúo y la teoría va caminando muy lentamente, tan lentamente, que después de escribir en los poquísimos ratos que tengo este manual que aquí le envío, encontré que para Cuba no sirve casi; para nuestro país, en cambio, puede servir; solamente que hay que usarlo con inteligencia, sin apresuramiento ni embelecos. Por eso tengo miedo de tratar de describir la ideología del movimiento; cuando fuera a publicarla, todo el mundo pensaría que es una obra escrita muchos años antes.

Mientras se van agudizando las situaciones externas y la tensión internacional aumenta, nuestra Revolución, por necesidad de subsistencia, debe agudizarse y, cada vez que se agudiza la Revolución, aumenta la tensión y debe agudizarse una vez más ésta, es un círculo vicioso que parece indicado a ir estrechándose y estrechándose cada vez más hasta romperse; veremos entonces cómo salimos del atolladero. Lo que sí puedo asegurarle es que este pueblo es fuerte, porque ha luchado y ha vencido y sabe el valor de la victoria; conoce el sabor de las balas y de las bombas y también el sabor de la opresión. Sabrá luchar con una entereza ejemplar. Al mismo tiempo le aseguro que en aquel momento, a pesar de que ahora hago algún tímido intento en tal sentido, habremos teorizado muy poco y los acontecimientos deberemos resolverlos con la agilidad que la vida guerrillera nos ha dado. Sé que ese día su arma de intelectual honrado disparará hacia donde está el enemigo, nuestro enemigo, y que podemos tenerlo allá, presente y luchando con nosotros. Esta carta ha sido un poco larga y no está exenta de esa pequeña cantidad de pose que a la gente tan sencilla como nosotros le impone, sin embargo, el tratar de demostrar ante un pensador que somos también eso que no somos: pensadores. De todas maneras, estoy a su disposición.

Cordialmente,
Ernesto Che Guevara

Carta a Sr. José Tiquet

La Habana, mayo 17 de 1960
"Año de la Reforma Agraria"
Sr. José Tiquet
Publicaciones Continente S. A.
Paseo de la Reforma N° 95
México, D.F.

Estimado amigo:
Te ruego me perdones por la demora en contestarte. Esta no fue por

negligencia de mi parte, sino por falta de tiempo.

Mucho me agradaría poder costearte tu viaje a Cuba, pero no cuento con recursos para ello. Mis ingresos se limitan a mi sueldo como Comandante del Ejército Rebelde, el que de acuerdo con la política de austeridad de nuestro Gobierno Revolucionario, es solamente el necesario para proporcionarnos un nivel de vida decoroso.

No ha sido ninguna molestia tu carta sino al contrario me ha sido muy agradable.

Tuyo afectísimo,

Cmdte. Ernesto Che Guevara

Carta a Sr. Gustavo Jiménez

La Habana, Diciembre 30, 1960
Año de la Reforma Agraria
Sr. Gustavo Jiménez
Nayarit 73
México 7, D. F.

Mi estimado Gustavo:
A mi regreso de un viaje al extranjero en misión oficial del Gobierno, hubo de encontrarme con tu afectuosa carta recordándome tiempos viejos, la que me fue muy agradable.

Mi vida se desenvuelve bien diferente a aquellos tiempos. Todo se puede describir en una sola palabra: trabajo, trabajo y más trabajo.

La Revolución necesita de todos nuestros minutos. Si tuvieras oportunidad de visitarnos podrías darte cuenta de nuestra labor.

Me casé hace ya más de un año con una cubana y el mes pasado tuvimos una niña.

Hazle llegar mis saludos a tus padres.

Tuyo afectísimo.

Cmdte. Ernesto Che Guevara

1961

ARTÍCULOS

Cuba: ¿Excepción histórica o vanguardia en la lucha anticolonialista?[11]

(Publicado en la revista *Verde Olivo*, 9 de abril de 1961)

La clase obrera es la clase fecunda y creadora, la clase obrera es la que produce cuanta riqueza material existe en un país. Y mientras el poder no esté en sus manos, mientras la clase obrera permita que el poder esté en manos de los patronos que la explotan, en manos de los especuladores, en manos de los terratenientes, en manos de los monopolios, en manos de los intereses extranjeros o nacionales, mientras las armas estén en manos del servicio de esos intereses y no en sus propias manos, la clase obrera estará obligada a una existencia miserable por muchas que sean las migajas que les lancen esos intereses desde la mesa del festín.

Fidel Castro

Nunca en América se había producido un hecho de tan extraordinarias características, tan profundas raíces y tan trascendentales consecuencias para el destino de los movimientos progresistas del continente como nuestra guerra revolucionaria. A tal extremo, que ha sido calificada por algunos como el acontecimiento cardinal de América y el que sigue en importancia a la trilogía que constituyen la Revolución rusa, el triunfo sobre las armas hitlerianas con las transformaciones sociales siguientes, y la victoria de la Revolución china.

Este movimiento, grandemente heterodoxo en sus formas y manifestaciones, ha seguido, sin embargo —no podía ser de otra manera—, las líneas generales de todos los grandes acontecimientos históricos del siglo, caracterizados por las luchas anticoloniales y el tránsito al socialismo.

Sin embargo, algunos sectores, interesadamente o de buena fe, han pretendido ver en ella una serie de raíces y características excepcionales, cuya importancia relativa frente al profundo fenómeno histórico-social elevan artificialmente, hasta constituirlas en determinantes. Se habla del excepcionalismo de la Revolución cubana al compararla con las líneas de otros partidos progresistas de América, y se establece, en consecuencia, que la forma y caminos de la Revolución cubana son el producto único de la revolución y que en los demás países de América será diferente el transito histórico de los pueblos.

Aceptamos que hubo excepciones que le dan sus características peculiares a la Revolución cubana, es un hecho claramente establecido que cada revolución cuenta con ese tipo de factores específicos, pero no está menos establecido que todas ellas seguirán leyes cuya violación no esta al alcance de las posibilidades de la sociedad. Analicemos, pues, los factores de este pretendido excepcionalismo.

El primero, quizás, el más importante, el más original, es esa fuerza telúrica llamada Fidel Castro Ruz, nombre que en pocos años ha alcanzado proyecciones históricas. El futuro colocará en su lugar exacto los méritos de nuestro primer ministro, pero a nosotros se nos antojan comparables con los de las más altas figuras históricas de toda Latinoamérica. Y, ¿cuáles son las circunstancias excepcionales que rodean la personalidad de Fidel Castro? Hay varias características en su vida y en su carácter que lo hacen sobresalir ampliamente por sobre todos sus compañeros y seguidores; Fidel es un hombre de tan enorme personalidad que, en cualquier movimiento donde participe, debe llevar la conducción y así lo ha hecho en el curso de su carrera desde la vida estudiantil hasta el premierato de nuestra patria y de los pueblos oprimidos de América. Tiene las características de gran conductor, que sumadas a sus dotes personales de audacia, fuerza y valor, y a su extraordinario afán de auscultar siempre la voluntad del pueblo, lo han llevado al lugar de honor y de sacrificio que hoy ocupa.

Pero tiene otras cualidades importantes, como son su capacidad para asimilar los conocimientos y las experiencias, para comprender todo el conjunto de una situación dada sin perder de vista los detalles, su fe inmensa en el futuro, y su amplitud de visión para prevenir los acontecimientos y anticiparse a los hechos, viendo siempre más lejos y mejor que sus compañeros. Con estas grandes cualidades cardinales, con su capacidad de aglutinar, de unir, oponiéndose a la división que debilita; su capacidad de dirigir a la cabeza de todos la acción del pueblo; su amor infinito por él, su fe en el futuro y su capacidad de preverlo, Fidel Castro hizo más que nadie en Cuba para construir de la nada el aparato hoy formidable de la Revolución cubana.

Sin embargo, nadie podría afirmar que en Cuba había condiciones político-sociales totalmente diferentes a las de otros países de América y que, precisamente por esa diferencia, se hizo la Revolución. Tampoco se podría afirmar por el contrario, que, a pesar de esa diferencia Fidel Castro hizo la Revolución. Fidel, grande y hábil conductor, dirigió la Revolución en Cuba, en el momento y en la forma en que lo hizo, interpretando las profundas conmociones políticas que preparaban al pueblo para el gran salto hacia los caminos revolucionarios. También existieron ciertas condiciones, que no eran tampoco específicas de Cuba, pero que difícilmente serán aprovechables de nuevo por otros pueblos, porque el imperialismo, al contrario de algunos grupos progresistas, sí aprende con sus errores.

La condición que pudiéramos calificar de excepción, es que el imperialismo norteamericano estaba desorientado y nunca pudo aquilatar los alcances verdaderos de la Revolución cubana. Hay algo en esto que explica muchas de las aparentes contradicciones del llamado cuarto poder norteamericano. Los monopolios, como es habitual en estos casos, comenzaban a pensar en un sucesor de Batista, precisamente porque sabían que el pueblo no estaba conforme y que también lo buscaba, pero por caminos revolucionarios.

¿Qué golpe más inteligente y más hábil que quitar al dictadorzuelo inservible y poner en su lugar a los nuevos "muchachos" que podrían, en su día, servir altamente a los intereses del imperialismo? Jugó algún tiempo el imperio sobre esta carta su baraja continental y perdió lastimosamente. Antes del triunfo, sospechaban de nosotros, pero no nos temían; más bien apostaban a dos barajas, con la experiencia que tienen para este juego donde habitualmente no se pierde. Emisarios del Departamento de Estado, fueron varias veces, disfrazados de periodistas, a calar la revolución montuna, pero no pudieron extraer de ella el síntoma del peligro inminente. Cuando quiso reaccionar el imperialismo, cuando se dio cuenta que el grupo de jóvenes inexpertos que paseaban en triunfo por las calles de La Habana, tenía una amplia conciencia de su deber político y una férrea decisión de cumplir con ese deber, ya era tarde. Y así, amanecía, en enero de 1959, la primera revolución social de toda esta zona caribeña y la más profunda de las revoluciones americanas.

No creemos que se pueda considerar excepcional el hecho de que la burguesía, o, por lo menos, una buena parte de ella, se mostrara favorable a la guerra revolucionaria contra la tiranía, al mismo tiempo que apoyaba y promovía los movimientos tendientes a buscar soluciones negociadas que les permitieran sustituir el gobierno de Batista por elementos dispuestos a frenar la Revolución.

Teniendo en cuenta las condiciones en que se libró la guerra revolucionaria y la complejidad de las tendencias políticas que se oponían a la tiranía, tampoco resulta excepcional el hecho de que algunos elementos latifundistas adoptaran una actitud neutral o, al menos, no beligerante hacia las fuerzas insurreccionales.

Es comprensible que la burguesía nacional, acogotada por el imperialismo y por la tiranía, cuyas tropas calan a saco sobre la pequeña propiedad y hacían del cohecho un medio diario de vida, viera con cierta simpatía que estos jóvenes rebeldes de las montañas castigaran al brazo armado del imperialismo, que era el ejército mercenario.

Así, fuerzas no revolucionarias ayudaron de hecho a facilitar el camino del advenimiento del poder revolucionario.

Extremando las cosas, podemos agregar un nuevo factor de excepcionalidad, y es que, en la mayoría de los lugares de Cuba, el campesino se había proletarizado por las exigencias del gran cultivo capitalista semimecanizado y había entrado en una etapa organizativa que le daba una mayor conciencia de clase. Podemos admitirlo. Pero debemos apuntar, en honor a la verdad, que sobre el territorio primario de nuestro Ejército Rebelde, constituido por los sobrevivientes de la derrotada columna que hace el viaje del Granma, se asienta precisamente un campesinado de raíces sociales y culturales diferentes a las que pueden encontrarse en los parajes del gran cultivo semimecanizado cubano. En efecto, la Sierra Maestra, escenario de la primera columna revolucionaria, es un lugar donde se refugian todos los campesinos que, luchando a brazo partido contra el latifundio, van allí a buscar un nuevo pedazo de tierra que arrebatan al Estado o a algún voraz propietario latifundista para crear su pequeña riqueza. Deben estar en continua lucha contra las exacciones de los soldados, aliados siempre del poder latifundista, y su horizonte se cierra en el título de propiedad. Concretamente, el soldado que integraba nuestro primer ejército guerrillero de tipo campesino, sale de la parte de esta clase social que demuestra más agresivamente su amor por la tierra y su posesión, es decir, que demuestra más perfectamente lo que puede catalogarse como espíritu pequeño burgués; el campesino lucha porque quiere tierra; para él, para sus hijos, para manejarla, para venderla y enriquecerse a través de su trabajo.

A pesar de su espíritu pequeño burgués, el campesino aprende pronto que no puede satisfacerse su afán de posesión de la tierra, sin romper el sistema de la propiedad latifundista. La reforma agraria radical, que es la única que puede dar la tierra al campesino, choca con los intereses directos de los imperialistas, latifundistas y de los magnates azucareros y ganaderos. La burguesía teme chocar con esos intereses. El proletariado no teme chocar con ellos. De este modo, la marcha misma de la Revolución une a los obreros y a los campesinos. Los obreros sostienen la reivindicación contra el latifundio. El campesino pobre, beneficiado con la propiedad de la tierra, sostiene lealmente al poder revolucionario y lo defiende frente a los enemigos imperialistas y contrarrevolucionarios.

Creemos que no se puede alegar mas factores de excepcionalismo. Hemos sido generosos en extremarlos, veremos ahora, cuáles son las raíces permanentes de todos los fenómenos sociales de América, las contradicciones que, madurando en el seno de las sociedades actuales, provocan cambios que pueden adquirir la magnitud de una revolución como la cubana.

En orden cronológico, aunque no de importancia en estos momentos, figura el latifundio; el latifundio fue la base del poder económico de la clase dominante durante todo el período que sucedió a la gran revolución libertadora del anticolonialismo del siglo pasado. Pero esta clase social latifundista, que existe en todos los países, está por regla general a la zaga de los acontecimientos sociales que conmueven al mundo. En alguna parte, sin embargo, lo más alerta y esclarecido de esa clase latifundista advierte el peligro y va cambiando el tipo de inversión de sus capitales, avanzando a veces para efectuar cultivos mecanizados de tipo agrícola, trasladando una parte de sus intereses a algunas industrias o convirtiéndose en agentes comerciales del monopolio. En todo caso, la primera revolución libertadora no llegó nunca a destruir las bases latifundistas, que actuando siempre en forma reaccionaria, mantienen el principio de servidumbre sobre la tierra. Este es el fenómeno que asoma sin excepciones en todos los países de América y que ha sido substrato de todas las injusticias cometidas, desde la época en que el rey de España concediera a los muy nobles conquistadores las grandes mercedes territoriales, dejando, en el caso cubano, para los nativos, criollos y mestizos, solamente los realengos, es decir, la superficie que separa tres mercedes circulares que se tocan entre sí.

El latifundista comprendió, en la mayoría de los países que no podía sobrevivir solo, y rápidamente entró en alianza con los monopolios, vale decir con el más fuerte y fiero opresor de los pueblos americanos. Los capitales norteamericanos llegaron a fecundar las tierras vírgenes, para, llevarse después, insensiblemente, todas las divisas que antes, generosamente, habían regalado, más otras partidas que constituyen varias veces la suma originalmente invertida en el país "beneficiado".

América fue campo de la lucha interimperialista y las "guerras" entre Costa Rica y Nicaragua; la segregación de Panamá; la infamia cometida contra Ecuador en su disputa contra Perú; la lucha entre Paraguay y Bolivia; no son sino expresiones de esta batalla gigantesca entre los grandes consorcios monopolistas del mundo, batalla decidida casi completamente a favor de los monopolios norteamericanos después de la Segunda Guerra Mundial. De ahí en adelante el imperio se ha dedicado a perfeccionar su posesión colonial y a estructurar lo mejor posible todo el andamiaje para evitar que penetren los viejos o nuevos competidores de otros países imperialistas. Todo esto da por resultado una economía monstruosamente distorsionada, que ha sido descrita por los economistas pudorosos del régimen imperial con una frase inocua, demostrativa de la profunda piedad que nos tienen a nosotros, los seres inferiores (llaman "inditos" a nuestros indios explotados miserablemente, vejados y reducidos a la ignominia, llaman "de color" a todos los hombres de raza negra o mulata preteridos, discriminados, instrumentos, como persona y como idea de clase, para dividir a las masas obreras en su lucha por mejores destinos económicos); a nosotros, pueblos de América, se nos llama con otro nombre pudoroso y suave: "subdesarrollados".

¿Que es subdesarrollo?

Un enano de cabeza enorme y tórax henchido es "subdesarrollado" en cuanto a sus débiles piernas o sus cortos brazos no articulan con el resto de su anatomía; es el producto de un fenómeno teratológico que ha distorsionado su desarrollo. Eso es lo que en realidad somos nosotros, los suavemente llamados "subdesarrollados", en verdad países coloniales, semicoloniales o dependientes. Somos países de economía distorsionada por la acción imperial, que ha desarrollado anormalmente las ramas industriales o agrícolas necesarias para complementar su compleja economía. El "subdesarrollo", o el desarrollo distorsionado, conlleva peligrosas especializaciones en materias primas, que mantienen en la amenaza del hambre a todos nuestras pueblos. Nosotros, los "subdesarrollados", somos también los del monocultivo, los del monoproducto, los del monomercado. Un producto único cuya incierta venta depende de un mercado único que impone y fija condiciones, he aquí la gran fórmula de la dominación económica imperial, que se agrega a la vieja y eternamente joven divisa romana, divide e impera.

El latifundio, pues, a través de sus conexiones con el imperialismo, plasma, completamente el llamado "subdesarrollo" que da por resultado los bajos salarios y el desempleo. Este fenómeno de bajos salarios y desempleo es un círculo vicioso que da cada vez más bajos salarios y cada vez más desempleo, según se agudizan las grandes contradicciones del sistema y, constantemente a merced de las variaciones cíclicas de su economía, crean lo que es el denominador común de los pueblos de América, desde el río Bravo al Polo Sur. Ese denominador común, que pondremos con mayúscula y que sirve de base de análisis para todos los que piensan en estos fenómenos sociales, se llama Hambre del Pueblo, cansancio de estar oprimido, vejado, explotado al máximo, cansancio de vender día a día miserablemente la fuerza de trabajo (ante el miedo de engrosar la enorme masa de desempleados), para que se exprima de cada cuerpo humano el máximo de utilidades, derrochadas luego en las orgías de los dueños del capital.

Vemos, pues, cómo hay grandes e inesquivables denominadores comunes de América Latina, y cómo no podemos nosotros decir que hemos estado exentos de ninguno de estos entes ligados que desembocan en el más terrible y permanente: Hambre del Pueblo. El latifundio, ya como forma de explotación primitiva, ya como expresión de monopolio capitalista de la tierra, se conforma a las nuevas condiciones y se alía al imperialismo, forma de explotación del capital financiero y monopolista mas allá de las fronteras nacionales, para crear el colonialismo económico, eufemísticamente llamado "subdesarrollo", que da por resultado el bajo salario, el subempleo, el desempleo; el hambre de los pueblos. Todo existía en Cuba. Aquí también había hambre, aquí había una de las cifras porcentuales de desempleo más alta de América Latina, aquí el imperialismo era más feroz que en muchos de los países de América y aquí el latifundio existía con tanta fuerza como en cualquier país hermano.

¿Qué hicimos nosotros para liberarnos del gran fenómeno del imperialismo con su secuela de gobernantes títeres en cada país y sus ejércitos mercenarios, dispuestos a defender a ese títere y a todo el complejo sistema social de la explotación del hombre por el hombre? Aplicamos algunas fórmulas que ya otras veces hemos dado como descubrimiento de nuestra medicina empírica para los grandes males de nuestra querida América Latina, medicina empírica que rápidamente se enmarcó dentro de las explicaciones de la verdad científica.

Las condiciones objetivas para la lucha están dadas por el Hambre del Pueblo, la reacción frente a esa hambre, el temor desatado para aplazar la reacción popular y la ola de odio que la represión crea. Faltaron en América condiciones subjetivas de las cuales la más importante es la conciencia de la posibilidad de la victoria por la vía violenta frente a los poderes imperiales y sus aliados internos. Esas condiciones se crean mediante la lucha armada que va haciendo más clara la necesidad del cambio (y permite preverlo) y de la derrota del ejército por las fuerzas populares y su posterior aniquilamiento (*como condición imprescindible a toda revolución verdadera*).

Apuntando ya que las condiciones se completan mediante el ejercicio de la lucha armada, tenemos que explicar una vez más que el escenario de esa lucha debe ser el campo, y que, desde el campo, con un ejército campesino que persigue los grandes objetivos por los que debe luchar el campesinado (el primero de los cuales es la justa distribución de la tierra), tomará las ciudades. Sobre la base ideológica de la clase obrera, cuyos grandes pensadores descubrieron las leyes sociales que nos rigen, la clase campesina de América dará el gran ejército libertador del futuro, como lo dio ya en Cuba. Ese ejército creado en el campo, en el cual van madurando las condiciones subjetivas para la toma del poder, que va conquistando las ciudades desde afuera, uniéndose a la clase obrera y aumentando el caudal ideológico con esos nuevos aportes, puede y debe derrotar al ejército opresor en escaramuzas, combates, sorpresas, al principio; en grandes batallas al final, cuando haya crecido hasta dejar su minúscula situación de guerrilla para alcanzar la de un gran ejército popular de liberación. Etapa de la consolidación del poder revolucionario será la liquidación del antiguo ejército, como apuntáramos arriba.

Si todas estas condiciones que se han dado en Cuba se pretendieran aplicar en los demás países de América Latina, en otras luchas por conquistar el poder para las clases desposeídas, ¿qué pasaría? ¿Sería factible o no? Si es factible, ¿sería más fácil o más difícil que en Cuba? Vamos a exponer las dificultades que a nuestro parecer harán más duras las nuevas luchas revolucionarias de América; hay dificultades generales para todos los países y dificultades más específicas para algunos cuyo grado de desarrollo o peculiaridades nacionales los diferencian de otros. Habíamos apuntado, al principio de este trabajo, que se podían considerar como factores de excepción la actitud del imperialismo, desorientado frente a la Revolución cubana y, hasta cierto punto, la actitud de la misma clase burguesa nacional, también desorientada, incluso mirando con cierta simpatía la acción de los rebeldes debido a la presión del imperio sobre sus intereses (situación esta última que es, por lo demás, general a todos nuestros países). Cuba ha hecho de nuevo la raya en la arena y se vuelve al dilema de Pizarro; de un lado, están los que quieren al pueblo, y del otro están los que lo odian y entre ellos, cada vez más determinada, la raya que divide indefectiblemente a las dos grandes fuerzas sociales: la burguesía y la clase trabajadora, que cada vez están definiendo con más claridad sus respectivas posiciones a medida que avanza el proceso de la Revolución cubana.

Esto quiere decir que el imperialismo ha aprendido a fondo la lección de Cuba, y que no volverá a ser tomado por sorpresa en ninguna de nuestras veinte repúblicas, en ninguna de las colonias que todavía existen, en ninguna parte de América. Quiere decir esto que grandes luchas populares contra poderosos ejércitos de invasión aguardan a los que pretendan ahora violar la paz de los sepulcros, la paz romana. Importante, porque, si dura fue la guerra de liberación cubana con sus dos años de continuo combate, zozobra e inestabilidad, infinitamente más duras serán las nuevas batallas que esperan al pueblo en otros lugares de América Latina.

Los Estados Unidos apresuran la entrega de armas a los gobiernos títeres que ve más amenazados; los hace firmar pactos de dependencia, para hacer jurídicamente más fácil el envío de instrumentos de represión y de matanza y tropas encargadas de ello. Además, aumenta la preparación militar de los cuadros en los ejércitos represivos, con la intención de que sirvan de punta de lanza eficiente contra el pueblo.

¿Y la burguesía? se preguntará. Porque en muchos países de América existen contradicciones objetivas entre las burguesías nacionales que luchan por desarrollarse y el imperialismo que inunda los mercados con sus artículos para derrotar en desigual pelea al industrial nacional, así como otras formas o manifestaciones de lucha por la plusvalía y la riqueza.

No obstante estas contradicciones las burguesías nacionales no son capaces, por lo general, de mantener una actitud consecuente de lucha frente al imperialismo.

Demuestra que temen más a la revolución popular, que a los sufrimientos bajo la opresión y el dominio despótico del imperialismo que aplasta a la nacionalidad, afrenta el sentimiento patriótico y coloniza la economía.

La gran burguesía se enfrenta abiertamente a la revolución y no vacila en aliarse al imperialismo y al latifundismo para combatir al pueblo y cerrarle el camino a la Revolución.

Un imperialismo desesperado e histérico, decidido a emprender toda clase de maniobra y a dar armas y hasta tropas a sus títeres para aniquilar a cualquier pueblo que se levante; un latifundismo feroz, inescrupuloso y experimentado en las formas más brutales de represión y una gran burguesía dispuesta a cerrar, por cualquier medio, los caminos a la revolución popular, son las grandes fuerzas aliadas que se oponen directamente a las nuevas revoluciones populares de la América Latina.

Tales son las dificultades que hay que agregar a todas las provenientes de luchas de este tipo en las nuevas condiciones de América Latina, después de consolidado el fenómeno irreversible de la Revolución cubana.

Hay otras más específicas. Los países que, aún sin poder hablar de una efectiva industrialización, han desarrollado su industria media y ligera o, simplemente, han sufrido procesos de concentración de su población en grandes centros, encuentran más difícil preparar guerrillas. Además la influencia ideológica de los centros poblados inhibe la lucha guerrillera y da vuelo a luchas de masas organizadas pacíficamente.

Esto último da origen a cierta "institucionalidad", a que en períodos más o menos "normales", las condiciones sean menos duras que el trato habitual que se da al pueblo.

Llega a concebirse incluso la idea de posibles aumentos cuantitativos en las bancas congresionales de los elementos revolucionarios hasta un extremo que permita un día un cambio cualitativo.

Esta esperanza, según creemos, es muy difícil que llegue a realizarse, en las condiciones actuales, en cualquier país de América. Aunque no esté excluida la posibilidad de que el cambio en cualquier país se inicie por vía electoral, las condiciones prevalecientes en ellos hacen muy remota esa posibilidad.

Los revolucionarios no pueden prever de antemano todas las variantes tácticas que pueden presentarse en el curso de la lucha por su programa liberador. La real capacidad de un revolucionario se mide por el saber encontrar tácticas revolucionarias adecuadas en cada cambio de la situación, en tener presente todas las tácticas y en explotarlas al máximo. Sería error imperdonable desestimar el provecho que puede obtener el programa revolucionario de un proceso electoral dado; del mismo modo que sería imperdonable limitarse tan sólo a lo electoral y no ver los otros medios de lucha, incluso la lucha armada, para obtener el poder, que es el instrumento indispensable para aplicar y desarrollar el programa revolucionario, pues si no se alcanza el poder, todas las demás conquistas son inestables, insuficientes, incapaces de dar las soluciones que se necesitan, por más avanzadas que puedan parecer.

Y cuando se habla de poder por vía electoral nuestra pregunta es siempre la misma: si un movimiento popular ocupa el gobierno de un país por amplia votación popular y resuelve, consecuentemente, iniciar las grandes transformaciones sociales que constituyen el programa por el cual triunfó, ¿no entraría en conflicto inmediatamente con las clases reaccionarias de ese país? ¿No ha sido siempre el ejército el instrumento de opresión de esa clase? Si es así, es lógico razonar que ese ejército tomará partido por su clase y entrará en conflicto con el gobierno constituido. Puede ser derribado ese gobierno mediante un golpe de estado más o menos incruento y volver a empezar el juego de nunca acabar; puede a su vez, el ejército opresor ser derrotado mediante la acción popular armada en apoyo a su gobierno; lo que nos parece difícil es que las fuerzas armadas acepten de buen grado reformas sociales profundas y se resignen mansamente a su liquidación como casta.

En cuanto a lo que antes nos referimos de las grandes concentraciones urbanas, nuestro modesto parecer es que, aún en estos casos, en condiciones de atraso económico, puede resultar aconsejable desarrollar la lucha fuera de los límites de la ciudad, con características de larga duración.

Mas explícitamente, la presencia de un foco guerrillero en una montaña cualquiera, en un país con populosas ciudades, mantiene perenne el foco de rebelión, pues es muy difícil que los poderes represivos puedan rápidamente, y aún en el curso de años, liquidar guerrillas con bases sociales asentadas en un terreno favorable a la lucha guerrillera donde existan gentes que empleen consecuentemente la táctica y la estrategia de este tipo de guerra.

Es muy diferente lo que ocurriría en las ciudades; puede allí desarrollarse hasta extremos insospechados la lucha armada contra el ejército represivo pero, esa lucha se hará frontal solamente cuando haya un ejército poderoso que lucha contra otro ejército; no se puede entablar una lucha frontal contra un ejército poderoso y bien armado cuando sólo se cuenta con un pequeño grupo.

La lucha frontal se haría, entonces con muchas armas y, surge la pregunta: ¿dónde están las armas? Las armas no existen de por sí, hay que tomárselas al enemigo; pero, para tomárselas a ese enemigo hay que luchar, y no se puede luchar de frente. Luego, la lucha en las grandes ciudades debe iniciarse por un procedimiento clandestino para captar los grupos militares o para ir tomando armas, una a una en sucesivos golpes de mano.

En este segundo caso se puede avanzar mucho y no nos atreveríamos a afirmar que estuviera negado el éxito a una rebelión popular con base guerrillera dentro de la ciudad. Nadie puede objetar teóricamente esta idea, por lo menos no es nuestra intención, pero sí debemos anotar lo fácil que sería mediante alguna delación, o, simplemente, por exploraciones sucesivas, eliminar a los jefes de la Revolución. En cambio, aun considerando que efectúen todas las maniobras concebibles en la ciudad, que se recurra al sabotaje organizado y, sobre todo, a una forma particularmente eficaz de la guerrilla que es la guerrilla suburbana, pero manteniendo el núcleo en terrenos favorables para la lucha guerrillera, si el poder opresor derrota a todas las fuerzas populares de la ciudad y las aniquila, el poder político revolucionario permanece incólume, porque está relativamente a salvo de las contingencias de la guerra. Siempre considerando que está relativamente a salvo, pero no fuera de la guerra, ni la dirige desde otro país o desde lugares distantes; está dentro de su pueblo, luchando. Esas son las consideraciones que nos hacen pensar que, aún analizando países en que el predominio urbano es muy grande, el foco central político de la lucha puede desarrollarse en el campo.

Volviendo al caso de contar con células militares que ayuden a dar el golpe y suministren las armas, hay dos problemas que analizar: primero, si esos militares realmente se unen a las fuerzas populares para el golpe, considerándose ellos mismos como núcleo organizado y capaz de autodecisión; en ese caso será un golpe de una parte del ejército contra otra y permanecerá, muy probablemente, incólume la estructura de casta en el ejército. El otro caso, el de que los ejércitos se unieran rápida y espontáneamente a las fuerzas populares, en nuestro concepto, solamente se puede producir después que aquellos hayan sido batidos violentamente por un enemigo poderoso y persistente, es decir, en condiciones de catástrofe para el poder constituido.

En condiciones de un ejército derrotado, destruida la moral, puede ocurrir este fenómeno, pero para que ocurra es necesaria la lucha y siempre volvemos al punto primero, ¿cómo realizar esa lucha? La respuesta nos llevará al desarrollo de la lucha guerrillera en terrenos favorables, apoyada por la lucha en las ciudades y contando siempre con la más amplia participación posible de las masas obreras y, naturalmente, guiados por la ideología de esa clase.

Hemos analizado suficientemente las dificultades con que tropezarán los movimientos revolucionarios de América Latina, ahora cabe preguntarse si hay o no algunas facilidades con respecto a la etapa anterior, la de Fidel Castro en la Sierra Maestra.

Creemos que también aquí hay condiciones generales que faciliten el estallido de brotes de rebeldía y condiciones específicas de algunos países que las facilitan aun más. Debemos apuntar dos razones subjetivas como las consecuencias más importantes de la Revolución cubana: la primera es la posibilidad del triunfo, pues ahora se sabe perfectamente la capacidad de coronar con el éxito una empresa como la acometida por aquel grupo de ilusos expedicionarios del Granma en su lucha de dos años en la Sierra Maestra; eso indica inmediatamente que se puede hacer un movimiento revolucionario que actúe desde el campo, que se ligue a las masas campesinas, que crezca de menor a mayor, que destruya al ejército en lucha frontal, que tome las ciudades desde el campo, que vaya incrementando, con su lucha, las condiciones subjetivas necesarias, para tomar el poder.

La importancia que tiene este hecho, se ve por la cantidad de excepcionalistas que han surgido en estos momentos. Los excepcionalistas son los seres especiales que encuentran que la Revolución cubana es un acontecimiento único e inimitable en el mundo, conducido por un hombre que tiene o no fallas, según que el excepcionalista sea de derecha o de izquierda, pero que, evidentemente, ha llevado a la Revolución por unos senderos que se abrieron única y exclusivamente para que por ellos caminara la Revolución cubana. Falso de toda falsedad, decimos nosotros; la posibilidad de triunfo de las masas populares de América Latina está claramente expresada por el camino de la lucha guerrillera, basada en el ejército campesino, en la alianza de los obreros con los campesinos, en la derrota del ejército en lucha frontal, en la toma de la ciudad desde el campo, en la disolución del ejército como primera etapa de la ruptura total de la superestructura del mundo colonialista anterior.

Podemos apuntar, como segundo factor subjetivo, que las masas no sólo saben las posibilidades de triunfo; ya conocen su destino. Saben cada vez con mayor certeza que, cualquiera que sean las tribulaciones de la historia durante períodos cortos, el porvenir es del pueblo, porque el porvenir es de la justicia social. Esto ayudará a levantar el fermento revolucionario aún a mayores alturas que las alcanzadas actualmente en Latinoamérica.

Podríamos anotar algunas consideraciones no tan genéricas y que no se dan con la misma intensidad en todos los países. Una de ellas, sumamente importante, es que hay más explotación campesina en general, en todos los países de América, que la que hubo en Cuba. Recuérdese, para los que pretenden ver en el período insurreccional de nuestra lucha el papel de la proletarización del campo, que, en nuestro concepto, la proletarización del campo sirvió para acelerar profundamente la etapa de cooperativización en el paso siguiente a la toma del poder y la Reforma Agraria, pero que, en la lucha primera, el campesino, centro y médula del Ejército Rebelde, es el mismo que está hoy en la Sierra Maestra, orgullosamente dueño de su parcela e intransigentemente individualista. Claro que en América hay particularidades; un campesino argentino no tiene la misma mentalidad que un campesino comunal del Perú, Bolivia o Ecuador, pero el hambre de tierra está permanentemente presente en los campesinos y el campesinado da la tónica general de América, y como, en general, está más explotado aún de lo que lo había sido en Cuba, aumentan las posibilidades de que esta clase se levante en armas.

Además, hay otro hecho. El ejército de Batista, con todos sus enormes defectos, era un ejército estructurado de tal forma que todos eran cómplices desde el último soldado al general más encumbrado, en la explotación del pueblo.

Eran ejércitos mercenarios completos, y esto le daba una cierta cohesión al aparato represivo. Los ejércitos de América, en su gran mayoría, cuentan con una oficialidad profesional y con reclutamientos periódicos. Cada año, los jóvenes que abandonan su hogar escuchando los relatos de los sufrimientos diarios de sus padres, viéndolos con sus propios ojos, palpando la miseria y la injusticia social, son reclutados. Si un día son enviados como carne de cañón para luchar contra los defensores de una doctrina que ellos sienten como justa en su carne, su capacidad agresiva estará profundamente afectada y con sistemas de divulgación adecuados, haciendo ver a los reclutas la justicia de la lucha, el porqué de la lucha, se lograran resultados magníficos.

Podemos decir, después de este somero estudio del hecho revolucionario, que la Revolución cubana ha contado con factores excepcionales que le dan su peculiaridad y factores comunes a todos los pueblos de América que expresan la necesidad interior de esta Revolución. Y vemos también que hay nuevas condiciones que harán más fácil el estallido de los movimientos revolucionarios, al dar a las masas la conciencia de su destino; la conciencia de la necesidad y la certeza de la posibilidad; y que, al mismo tiempo, hay condiciones que dificultarán el que las masas en armas puedan rápidamente lograr su objetivo de tomar el poder. Tales son la alianza estrecha del imperialismo con todas las burguesías americanas, para luchar a brazo partido contra la fuerza popular. Días negros esperan a América Latina y las últimas declaraciones de los gobernantes de los Estados Unidos, parecen indicar que días negros esperan al mundo: Lumumba, salvajemente asesinado, en la grandeza de su martirio muestra la enseñanza de los trágicos errores que no se deben cometer. Una vez iniciada la lucha antiimperialista, es indispensable ser consecuente y se debe dar duro, donde duela, constantemente y nunca dar un paso atrás; siempre adelante, siempre contragolpeando, siempre respondiendo a cada agresión con una más fuerte presión de las masas populares. Es la forma de triunfar. Analizaremos en otra oportunidad, si la Revolución cubana después de la toma del poder, caminó por estas nuevas vías revolucionarias con factores de excepcionalidad o si también aquí, aún respetando ciertas características especiales, hubo fundamentalmente un camino lógico derivado de leyes inmanentes a los procesos sociales.

DISCURSOS

Cuba no admite que se separe la economía de la política[12]

Intervención ante el CIES (Consejo Interamericano Económico Social).
8 de agosto de 1961

Señor Presidente, señores delegados:

Como todas las delegaciones, tenemos que empezar agradeciendo al gobierno y al pueblo de Uruguay la cordial acogida que nos ha dispensado en esta visita.

Quisiera también agradecer personalmente al señor Presidente de la asamblea el obsequio que nos hiciera de las obras completas de Rodó, y explicarle que no iniciamos esta alegación con una cita de ese grande americano por dos circunstancias. La primera es que volvemos a Ariel después de muchos años para buscar algo que representará, en el momento actual, las ideas de alguien que más que uruguayo es americano nuestro, americano del río Bravo hacia el sur.

Y no lo traje porque Rodó manifiesta en todo su Ariel, la lucha violenta y las contradicciones de los pueblos latinoamericanos contra la nación que hace cincuenta años ya, también está interfiriendo nuestra economía y nuestra libertad política.

Y la segunda razón, señor Presidente, es que el presidente de una de las delegaciones aquí presente nos hizo el regalo de una cita de Martí para iniciar su intervención.

Contestaremos, pues, a Martí con Martí, pero con el Martí antimperialista y antifeudal, que murió de cara a las balas españolas luchando por la libertad de su patria y tratando de impedir con la libertad de Cuba que los Estados Unidos cayeran sobre la América Latina, como dijera en una de sus últimas cartas.

En aquella Conferencia Monetaria Internacional, que el señor presidente del banco recordó hablando de los 70 años de espera del Banco Interamericano en su alocución inaugural, decía Martí:

> Quien dice unión económica, dice unión política.
>
> El pueblo que compra, manda. El pueblo que vende, sirve. Hay que equilibrar el comercio, para asegurar la libertad. El pueblo que quiere morir, vende a un solo pueblo, y el que quiere salvarse vende a más de uno. El influjo excesivo de un país en el comercio de otro, se convierte en influjo político. La política es obra de los hombres, que rinden sus sentimientos al interés, o sacrifican al interés una parte de sus sentimientos. Cuando un pueblo fuerte da de comer a otro, se hace servir de él. Cuando un pueblo fuerte quiere dar batalla a otro, compele a la alianza y al servicio a los que necesitan de él. [...] El pueblo que quiera ser libre, sea libre en negocios. Distribuya sus negocios entre países igualmente fuertes. Si ha de preferir a alguno, prefiera al que lo necesite menos. [...] Ni uniones de América contra Europa, ni con Europa contra un pueblo de América. El caso geográfico de vivir juntos en América no obliga, sino en la mente de algún candidato o algún bachiller, a unión política. El comercio va por las vertientes de tierra y agua y detrás de quien tiene algo que cambiar por él, sea monarquía o república. La unión, con el mundo, y no con una parte de él, no con una parte de él, contra otra. Si algún oficio tiene la familia de repúblicas de América, no es ir de arria de una de ellas contra las repúblicas futuras.

Ese era Martí hace 70 años, señor Presidente. Bien. Cumpliendo el deber elemental de evocación y retribuyendo la gentileza al señor delegado que nos la hiciera antes pasamos a la parte fundamental de esta intervención nuestra, al análisis de por qué estamos aquí, a caracterizar la conferencia. Y tengo que decir, señor Presidente, que disiento, en nombre de Cuba, de casi todas las afirmaciones que se han hecho, aunque no sé si de todos los pensamientos, íntimos de cada uno.

Tengo que decir que Cuba interpreta que esta es una conferencia política, que Cuba no admite que se separe la economía de la política y que entiende que marchan constantemente juntas. Por eso no puede haber técnicos que hablen de técnicas, cuando está de por medio el destino de los pueblos. Y voy a explicar, además, por qué esta conferencia es política, porque todas las conferencias económicas son políticas; pero es además política, porque está concebida contra Cuba, y está concebida contra el ejemplo que Cuba significa en todo el continente americano.

Y si no, el día 10, en Fuerte Amador, zona del Canal, el General Becker, mientras instruye una serie de militares latinoamericanos en el arte de reprimir a los pueblos, habla de la Conferencia Técnica de Montevideo y dice que hay que ayudarla.

Pero eso no es nada; en el mensaje inaugural del 5 de agosto de 1961, el presidente Kennedy afirmó:

> Ustedes, los participantes de esta conferencia, atraviesan un momento histórico en la vida de este hemisferio. Esta reunión es algo más que una discusión de temas económicos o una conferencia técnica sobre el desarrollo: constituye, en verdad, una demostración de capacidad de las naciones libres para resolver los problemas materiales y humanos del mundo entero.

Podría seguir con la cita del señor Primer Ministro del Perú, donde se refiere a temas políticos, también, pero para no cansar a los señores delegados, pues preveo que mi intervención será algo larga, me referiré a algunas afirmaciones hechas por los técnicos, a los que nosotros le ponemos comillas, del punto V del temario.

En la página 2 al final, como conclusión definitiva, dice: "establecer, en el plano hemisférico y en el nacional, procedimientos regulares de consulta con los comités asesores sindicales, a fin de que puedan cumplir un papel influyente en la formulación política de los programas que se aprueban en la Reunión Extraordinaria."

Y para remachar mi afirmación, para que no quede duda de mi derecho a hablar de política, que es lo que pienso hacer, en nombre del gobierno de Cuba, una cita de la página 7 de ese mismo informe del punto V en discusión:

"La tardanza en aceptar el deber que incumbe a los medios de información democrática en orden a defender a los valores esenciales de nuestra civilización, sin desfallecimiento ni compromiso de orden material, significaría un daño irreparable para la sociedad democrática y el peligro inminente de la desaparición de las libertades que hoy gozan como ha ocurrido en Cuba — Cuba, con todas las letras —, donde hoy solo existen prensa, radio, televisión y cine controlados por el orden absoluto del Gobierno."

Es decir, señores delegados, que en el informe a discutir se enjuicia a Cuba desde el punto de vista político: pues bien, desde el punto de vista político Cuba dirá todas sus verdades y, además, desde el punto de vista económico también.

Estamos de acuerdo en una sola cosa con el informe del punto V de los señores técnicos, en una sola frase, que define la situación actual: "una nueva etapa comienza en las relaciones de los pueblos de América", dice, y es cierto. Nada más que esa nueva etapa comienza bajo el signo de Cuba, Territorio Libre de América, y esta Conferencia y el trato especial que han tenido las delegaciones y los créditos que se aprueben tienen todos el nombre de Cuba, les guste o no les guste a los beneficiarios, porque ha habido un cambio cualitativo en América, que es que un día se puede alzar en armas, destruir a un ejército opresor, implantar un nuevo ejército popular, plantear frente al monstruo invencible, esperar el ataque del monstruo y derrotarlo también y eso es algo nuevo en América, señores: eso es lo que hace hablar este lenguaje nuevo y que las relaciones se hagan más fáciles entre todos, menos naturalmente, entre los dos grandes rivales de esta Conferencia.

Cuba, en este momento, no puede ni siquiera hablar de América sola. Cuba es parte de un mundo que está en tensión, angustiado, porque no sabe si una de las partes — la más débil, pero la más agresiva —, cometerá el torpe error de desencadenar un conflicto que necesariamente sería tonto. Y Cuba está atenta, señores delegados, porque sabe que el imperialismo sucumbiría envuelto en sus propias llamas, pero que Cuba también sufriría en sus carnes el precio de la derrota del imperialismo, y aspira a que se produzca por otros medios. Cuba aspira a que sus hijos vean un porvenir mejor, y a no tener que cobrar el precio de la victoria a costa de millones de seres humanos destruidos por la metralla atómica.

La situación está tensa en el mundo. Aquí estamos reunidos no solo por Cuba, ni mucho menos. El imperialismo necesita asegurar su retaguardia, porque la batalla está en todos los lados, en un momento de profunda tensión.

La Unión Soviética ha reafirmado su decisión de firmar la paz en Berlín, y el presidente Kennedy ha anunciado que puede ir hasta la guerra por Berlín. Pero no está Berlín solamente, no está Cuba solamente: está Laos, por otro lado está el Congo, donde Lumumba fue asesinado por el imperialismo; está el Vietnam dividido, está Corea dividida, Formosa en manos de la pandilla de Chiang Kai-Chek, Argelia desangrada, y que ahora pretenden dividirla también y Túnez, cuya población el otro día fue ametrallada por cometer el "crimen de querer reivindicar su territorio."

Así es el mundo de hoy, señores delegados, y es así que asistimos a esta conferencia para que los pueblos vayan hacia un futuro feliz, de desarrollo armónico, o que se conviertan en apéndices del imperialismo en la preparación de una nueva y terrible guerra, o, si no, también que se desangren en luchas intestinas cuando los pueblos — como casi todos ustedes lo han anunciado — cansados de esperar, cansados de ser engañados una vez más, inicien el camino que Cuba una vez inició; el de tomar las armas, el de luchar dentro del territorio, el de quitarles armas al ejército enemigo que representa la reacción y el de destruir, hasta sus bases, todo un orden social que está hecho para explotar al pueblo.

La historia de la Revolución Cubana es corta en años, señor Presidente, y rica en hechos positivos y rica también, en conocer la amargura de las agresiones. Simplemente puntualizaremos algunas palabras para que se entienda bien que hay una larga cadena que nos lleva a desembocar aquí.

En octubre de 1959, solamente se había realizado la Reforma Agraria como medida fundamental económica del Gobierno Revolucionario.

Aviones piratas, que partían de Estados Unidos, volaron sobre el territorio de La Habana y, como consecuencia de los propios proyectiles que arrojaron, más que el fuego de nuestras baterías antiaéreas, se produjeron dos muertos y un centenar de heridos. Luego, tuvo lugar la quema de los campos de caña, que es una agresión económica, una agresión a nuestra riqueza, y que fue negada por los Estados Unidos hasta que estalló un avión — con piloto y todo — y se demostró, indiscutiblemente, la procedencia de esas naves piratas.

Esta vez el gobierno norteamericano tuvo la gentileza de pedir disculpas. Fue también bombardeado por esas naves el central España, en febrero de 1960.

En marzo de ese año, el vapor *La Coubre* que traía armas y

municiones de Bélgica, estalló en los muelles de La Habana en un accidente que los técnicos catalogaron de intencional, y que produjo 100 muertos.

En mayo de 1960, el conflicto con el imperialismo se hizo frontal y agudo. Las compañías de petróleo que operaban en Cuba, invocando el derecho de la fuerza y desdeñando las leyes de la república, que especificaban bien claro sus obligaciones, se negaron a procesar petróleo que habíamos comprado en la Unión Soviética, en uso de nuestro libre derecho a comerciar con todo el mundo y no con una parte de él como decía Martí.

Todos saben cómo respondió la Unión Soviética mandándonos, en un verdadero esfuerzo, centenares de naves para mover 3 600 000 toneladas anuales —el total de nuestra importación de petróleo crudo—, y mantener funcionando nuestra vida interna, nuestras fábricas, en fin, todo el aparato industrial que se mueve hoy a partir del petróleo.

En julio de 1960 se produce la agresión económica contra el azúcar cubano, que algunos gobiernos no han visto todavía. Se agudizan las contradicciones y se produce la reunión de la OEA en Costa Rica, en agosto de 1960. Allí —en agosto de 1960, repito—, se declara que se condena... Para decirlo en sus términos exactos: "se condena enérgicamente la intervención aun cuando sea condicionada, de una potencia extracontinental en asuntos de las repúblicas americanas, y declara que la aceptación de una amenaza de intervención extracontinental por parte de un estado americano pone en peligro la solidaridad y la seguridad americanas, lo que obliga a la Organización de los Estados Americanos a desaprobarla y rechazarla con igual energía."

Es decir, los países hermanos de América, reunidos en Costa Rica, nos negaron el derecho a que nos defendieran. Es una de las más curiosas negociaciones que se han producido en la historia del derecho internacional. Naturalmente que nuestro pueblo es un poco desobediente a la voz de las asambleas, y se reunió en la asamblea de La Habana aprobando, por unanimidad —más de un millón de manos levantadas al cielo, una sexta parte de la población total del pais—, la declaración que se llamó Declaración de La Habana, en la cual, en algunos de sus puntos expresa:

> La Asamblea General Nacional del Pueblo reafirma — y está segura de hacerlo como expresión de un criterio común a los pueblos de la América Latina —, que la democracia no es compatible con la oligarquía financiera, con la existencia de la discriminación del negro y los desmanes del Ku-Klux-Klan, con la persecución que privó de sus cargos a científicos como Oppenheimer [Robert Julius], que impidió durante años que el mundo escuchara la voz maravillosa de Paul Robeson, preso en su propio país, que llevó a la muerte, ante la protesta y el espanto del mundo entero y pese a la apelación de gobernantes de diversos países y del Papa Pío XII, a los esposos Rosenberg.
>
> La Asamblea General Nacional del Pueblo de Cuba expresa la convicción cubana de que la democracia no puede consistir solo en el ejercicio de un voto electoral que casi siempre es ficticio y está manejado por latifundistas y políticos profesionales, sino en el derecho de los ciudadanos a decidir, como ahora lo hace esta asamblea del pueblo, sus propios destinos. La democracia, además, solo existirá en América Latina cuando los pueblos sean realmente libres para escoger, cuando los humildes no estén reducidos por el hambre, la desigualdad social, el analfabetismo y los sistemas jurídicos a la más ominosa impotencia.

Además, en aquel momento "La Asamblea Nacional del Pueblo de Cuba, condena, en fin, la explotación del hombre por el hombre."

Aquella fue una declaración de nuestro pueblo, hecha a la faz del mundo, para demostrar nuestra decisión de defender con las armas, con la sangre y con la vida, nuestra libertad y nuestro derecho a dirigir los destinos del mundo en la forma que nuestro pueblo considerara más conveniente.

Vinieron después muchas escaramuzas y batallas verbales a veces, con los hechos otras, hasta que en diciembre de 1960 la cuota azucarera cubana en el mercado americano fue definitivamente cortada. La Unión Soviética respondió en la forma que ustedes conocen, otros países socialistas también y se firmaron contratos para vender en toda el área socialista 4 000 000 de toneladas, a un precio preferencial de cuatro centavos, lo que naturalmente salvó la situación de Cuba que es hasta hoy tan monoproductor, desgraciadamente, como la mayoría de los pueblos de América, y tan dependiente de un solo mercado, de un solo producto — en ese momento — como lo son hoy los restantes países hermanos.

Pareció que el presidente Kennedy inauguraba la nueva época de que tanto se ha hablado, y a pesar de que también la lucha verbal había sido dura entre el presidente Kennedy y el Primer Ministro de nuestro gobierno, esperamos que mejoraran las cosas. El presidente Kennedy pronunció un discurso en el que se advertía claramente una serie de actitudes a tomar en América, pero parecía anunciar al mundo que el caso de Cuba debía considerarse como algo ya cristalizado.

Nosotros estábamos movilizados en aquella época, después del discurso de Kennedy, y al día siguiente se ordenó la desmovilización. Desgraciadamente, el día 13 de marzo de 1961, el presidente Kennedy hablaba de la Alianza para el Progreso. Hubo ese mismo día, además, un ataque pirata a nuestra refinería en Santiago de Cuba, poniendo en peligro las instalaciones y cobrando la vida de uno de sus defensores. Estábamos pues ante una situación de hecho.

En aquel discurso, que no dudo será memorable, Kennedy hablaba también de que esperaba que los pueblos de Cuba y la República Dominicana, por los que él manifestaba una gran simpatía, pudieran ingresar en el seno de las naciones libres. Al mes se producía Playa Girón, y pocos días después era asesinado misteriosamente el presidente Trujillo. Nosotros siempre fuimos enemigos del presidente Trujillo, simplemente establecemos el hecho crudo, y que no se ha esclarecido de ninguna manera hasta hoy.

Después, se estableció una verdadera obra maestra de beligerancia e ingenuidad política, que dio en llamarse "Libro Blanco" según las revistas que hablan tanto de los Estados Unidos, hasta provocar las iras del presidente Kennedy. Su autor es uno de los distinguidos asesores de la delegación norteamericana, que hoy está con nosotros. Es una acusación llena de tergiversaciones sobre la realidad cubana, que estaba concebida para la preparación que ya venía.

"El régimen de Castro representa un peligro para la auténtica revolución americana... 'porque la palabra revolución también necesita, como decía alguno de los miembros de la presidencia, limpiar fondos de vez en cuando'."

"El régimen de Castro es renuente a negociar amistosamente...," a pesar de que muchas veces hemos dicho que nos sentamos en pie de igualdad a discutir nuestros problemas con Estados Unidos, y aprovecho la oportunidad ahora, en nombre de mi gobierno, señor

Presidente, para afirmar, una vez más, que Cuba está dispuesta a sentarse a discutir en pie de igualdad todo lo que la delegación de Estados Unidos quiera discutir, nada más que sobre la base estricta de que no haya condiciones previas. Es decir, que nuestra posición es clarísima al respecto.

Se llamaba, en el "Libro Blanco", al pueblo de Cuba a la subversión y a la revolución "contra el régimen de Castro", pero, sin embargo, el día 13 de abril el presidente Kennedy, una vez más, tomaba la palabra y afirmaba categóricamente que no invadiría Cuba y que las fuerzas armadas de los Estados Unidos no intervendrían nunca en los asuntos internos de Cuba. Dos días después, aviones desconocidos bombardeaban nuestros aeropuertos y reducían a cenizas la mayor parte de nuestra fuerza aérea, vetusta, remanente de lo que habían dejado los batistianos en su fuga.

El señor [Adlai] Stevenson, en el Consejo de Seguridad, dio enfática seguridad de que eran pilotos cubanos, de nuestra fuerza aérea, "descontentos con el régimen de Castro", los que habían cometido tal hecho y afirmó haber conversado con ellos.

El día 19 de abril se produce la fracasada invasión donde nuestro pueblo entero, compacto en pie de guerra, demostró una vez más que hay fuerzas mayores que la fuerza indiscriminada de las armas, que hay valores más grandes que los valores del dinero, y se lanzó en tropel por los estrechísimos callejones que conducían al campo de batalla, siendo masacrados en el camino de ellos por la superioridad aérea enemiga. Nueve pilotos cubanos fueron los héroes de aquella jornada, con los viejos aparatos. Dos de ellos rindieron su vida; siete son testigos excepcionales del triunfo de las armas de la libertad.

Acabó Playa Girón, para no decir nada más sobre esto, porque "a confesión de parte relevo de pruebas", señores delegados, el presidente Kennedy tomó sobre sí la responsabilidad total de la agresión. Y, además, quizás en ese momento no recordó las palabras que había pronunciado pocos días antes.

Podríamos pensar nosotros que había acabado la historia de las agresiones. Como dicen los periodistas, les contaré una primicia. El día 26 de julio de este año, grupos contrarrevolucionarios armados en la Base Naval de Guantánamo iban a esperar al comandante Raúl Castro en dos lugares estratégicos, para asesinarlo. El plan era inteligente y macabro. Le tirarían al comandante Raúl Castro mientras iba por la carretera, de su casa a la manifestación con que celebramos nuestra fecha revolucionaria. Si fracasaban, dinamitarían la base, o mejor dicho, harían estallar las bases ya dinamitadas del palco desde donde presidiría nuestro compañero Raúl Castro esa manifestación patriótica. Y pocas horas después, señores delegados, morteros norteamericanos, desde su territorio cubano, empezarían a disparar sobre la Base de Guantánamo. El mundo entero, explicaría claramente la cosa, los cubanos, exasperados, porque en sus rencillas particulares uno de esos "comunistas" que existen ahí fue asesinado, empezaban a atacar la Base Naval de Guantánamo, y los pobres Estados Unidos no tendrían otra cosa que defenderse.

Ese era el plan, que nuestras fuerzas de seguridad, bastante más efectivas de lo que pudiera suponerse, descubrieron hace unos días.

Bien. Por todo esto que he relatado es por lo que considero que la Revolución Cubana no puede venir a esta asamblea de ilustres técnicos a hablar de cosas técnicas. Yo sé que ustedes piensan que además porque no saben, y quizás tengan razón. Pero lo fundamental es que la política y los hechos, tan tozudos que constantemente están presentes en nuestra situación, nos impiden venir a hablar de números o analizar las perfecciones de los técnicos del CIES.

Hay una serie de problemas políticos que están dando vueltas. Uno de ellos es político-económico, es el de los tractores. Quinientos tractores no es un valor de cambio. Quinientos tractores es lo que estima nuestro Gobierno que puede permitirle reparar los daños materiales que hicieron los 1 200 mercenarios. No pagan ni una vida, porque las vidas de nuestros ciudadanos no estamos acostumbrados a valorarlas en dólares o en equipos de cualquier clase. Y mucho menos la vida de los niños que murieron en Playa Girón, de las mujeres que murieron en Playa Girón.

Pero nosotros avisamos que si les parece una transacción odiosa del tiempo de la piratería, el cambiar seres humanos — a quienes nosotros llamamos gusanos —, por tractores, podríamos hacer la transacción de seres humanos por seres humanos. Hablamos a los señores de Estados Unidos, les recordábamos al gran patriota Albizu Campos, moribundo ya después de años y años de estar en una mazmorra del imperio, y les ofrecimos lo que quisieran por la libertad de Albizu Campos; recordamos a los países de América que tuvieran presos políticos en sus cárceles que podríamos hacer el cambio, nadie respondió.

Naturalmente, nosotros no podemos forzar ese trueque. Está simplemente, a disposición de quienes estiman que la libertad de los "valerosos" contrarrevolucionarios cubanos — el único ejército del mundo que se rindió completo, casi sin bajas —, quien estime que estos sujetos deben estar en libertad, pues que deje en libertad a sus presos políticos, y toda América estará con sus cárceles resplandecientes, o al menos sus cárceles políticas sin preocupaciones.

Hay algún otro problema, también de índole político-económico. Es, señor Presidente, que nuestra flota aérea de transporte está quedándose, avión por avión, en los Estados Unidos. El procedimiento es simple. Suben algunas damas con armas ocultas en las ropas, se las dan a sus cómplices, los cómplices asesinan al custodio, le ponen en la cabeza la pistola al piloto, el piloto enfila hacia Miami, y una compañía, legalmente, por supuesto — porque en Estados Unidos todo se hace legalmente —, establece un recurso por deudas contra el Estado cubano, y entonces el avión se confisca.

Pero resulta que hubo uno de los tantos cubanos patriotas —además hubo un norteamericano patriota, pero ese no es nuestro— que andaba por ahí, y él solito, sin que nadie le dijera nada, decidió enmendar la plana de los robadores de bimotores, y trajo a las playas cubanas un cuatrimotor precioso. Naturalmente, nosotros no vamos a utilizar ese cuatrimotor, que no es nuestro. La propiedad privada la respetamos nosotros, pero exigimos el derecho de que se nos respete, señores; exigimos el derecho de que no haya más farsas; el derecho de que haya órganos americanos que puedan hablar y decirles a los Estados Unidos: "Señores, ustedes están haciendo un vulgar atropello; no se pueden quitar los aviones a un Estado, aunque esté contra ustedes; esos aviones no son suyos, devuelvan esos aviones, o serán sancionados."

Naturalmente, sabemos que, desgraciadamente, no hay organismo interamericano que tenga esa fuerza. Apelamos sin embargo, en este augusto cónclave, al sentimiento de equidad y justicia de la delegación de los Estados Unidos, para que se normalice la situación de los robos respectivos de aviones.

[El Presidente del consejo interrumpe al delegado de Cuba]
Señor Presidente: La presidencia observa que no se puede hacer ninguna clase de manifestación.

Señor delegado de Cuba: Bien, señor Presidente.

Es necesario explicar qué es la Revolución Cubana, qué es este hecho especial que ha hecho hervir la sangre de los imperios del mundo y también hervir la sangre, pero de esperanza, de los desposeídos del mundo, al menos.

Es una Reforma Agraria, antifeudal y antimperialista, que fue transformándose por imperio de su evolución interna y de sus agresiones externas, en una revolución socialista y que la proclama así, ante la faz de América: Una revolución socialista.

Una revolución socialista que tomó la tierra del que tenía mucho y se la dio al que estaba asalariado en esa tierra, o la distribuyó en cooperativas entre otros grupos de personas que no tenían ni siquiera tierra donde trabajar, aun fuera como asalariado.

Es una revolución que llegó al poder con su propio ejército y sobre las ruinas del ejército de la opresión; que se sentó en el poder, miró a su alrededor, y se dedicó, sistemáticamente, a destruir todas las formas anteriores de dictaduras de una clase explotadora sobre la clase de los explotados, destruyó el ejército totalmente, como casta, como institución, no como hombres, salvo los criminales de guerra, que fueron fusilados. También de cara a la opinión pública del continente y con la conciencia bien tranquila.

Es una revolución que ha reafirmado la soberanía nacional y, por primera vez, ha planteado para sí y para todos los pueblos de América, y para todos los pueblos del mundo, la reivindicación de los territorios injustamente ocupados por otras potencias.

Es una revolución que tiene una política exterior independiente, que viene aquí a esta reunión de estados americanos, como uno más entre los latinoamericanos; que va a la reunión de los países no alineados como uno de sus miembros importantes y que se sienta en las deliberaciones con los países socialistas, y que estos le consideran un país hermano.

Es, pues, una revolución con características humanistas. Es solidaria con todos los pueblos oprimidos del mundo; solidaria, señor Presidente, porque también decía Martí: "Todo hombre verdadero debe sentir en la mejilla el golpe dado a cualquier mejilla de hombre." Y cada vez que una potencia imperial avasalla a un territorio, le está dando una bofetada a todos los habitantes de ese territorio.

Por eso nosotros luchamos por la independencia de los países, luchamos por la reivindicación de los territorios ocupados. Apoyamos a Panamá, que tiene un pedazo de su territorio ocupado por los Estados Unidos. Llamamos Islas Malvinas, y no Falkland, a las del sur de Argentina, y llamamos Isla del Cisne a la que Estados Unidos arrebató a Honduras y desde donde nos está agrediendo por medios telegráficos y radiales.

Luchamos constantemente aquí, en América, por la independencia de las Guayanas y de las Antillas Británicas, donde aceptamos el hecho de Belice independiente, porque Guatemala ya ha renunciado a su soberanía sobre ese pedazo de su territorio; y luchamos también en el África, en el Asia, en cualquier lugar del mundo donde el poderoso oprime al débil para que el débil alcance su independencia, su autodeterminación y su derecho a dirigirse como estado soberano.

Nuestro pueblo, permítasenos decirlo, en ocasión del terremoto que asoló a Chile, fue a ayudarlo en la medida de sus fuerzas, con su producto único, con el azúcar. Una ayuda pequeña, pero sin embargo, fue una ayuda que no exigía nada; fue simplemente la entrega al país hermano, al pueblo hermano, de algo de alimento para sobrellevar esas horas angustiosas. Ni nos tiene que agradecer nada ese pueblo, ni mucho menos, nos debe nada. Nuestro deber hizo que entregáramos lo que entregamos.

Nuestra revolución nacionalizó la economía nacional, nacionalizó todo el comercio exterior, que está ahora en manos del Estado, y se dedicó a su diversificación, comerciando con todo el mundo; nacionalizó el sistema bancario para tener en sus manos el instrumento eficaz con que ejercer técnicamente el crédito de acuerdo con las necesidades del país. Hace participar a sus trabajadores en la dirección de la economía nacional planificada, y ha realizado, hace pocos meses, la Reforma Urbana, mediante la cual entregó a cada habitante del país la casa donde residía, quedando dueño de aquella con la sola condición de pagar lo mismo que estaba pagando hasta ese momento, de acuerdo con una tabla, durante determinado número de años.

Tomó muchas medidas de afirmación de la dignidad humana, incluyendo entre las primeras, la abolición de la discriminación racial, que existía, señores delegados; en una forma sutil, pero existía. Las playas de nuestra isla no servían para que se bañaran el negro ni el pobre, porque pertenecían a un club privado, y venían turistas de otras playas a los que no les gusta bañarse con los negros. Nuestros hoteles, los grandes hoteles de La Habana, que eran construidos por compañías extranjeras, no permitían dormir allí a los negros, porque a los turistas que venían de otros países no les gustaban los negros.

Así era nuestro país; la mujer no tenía ninguna clase de derecho igualitario; se le pagaba menos por el trabajo igual, se le discriminaba como en la mayoría de nuestros países americanos.

La ciudad y el campo eran dos zonas en permanente lucha y de esa lucha sacaba el imperialismo la fuerza de trabajo suficiente, para pagar mal y a destiempo.

Nosotros realizamos una revolución en todo esto y realizamos, también, una auténtica revolución en la educación, la cultura y la salud. Este año queda eliminado el analfabetismo en Cuba. Ciento cuatro mil alfabetizadores de todas las edades alfabetizan a un millón doscientos cincuenta mil analfabetos, porque en Cuba sí había analfabetos, muchos más de los que las estadísticas oficiales de tiempos anteriores decían.

Este año, la enseñanza primaria será en forma gratuita y obligatoria, hemos convertido los cuarteles en escuelas; hemos realizado la reforma universitaria, dando libre acceso a todo el pueblo a la cultura superior, las ciencias y la tecnología moderna, hemos hecho una gran exaltación de los valores nacionales, frente a la deformación cultural producida por el imperialismo, y las manifestaciones de nuestro arte recogen los aplausos de todos los pueblos del mundo — de todos no, en algunos lugares no los dejan entrar —, exaltación del patrimonio cultural de toda nuestra América Latina, que se manifiesta en premios anuales dados a literatos de todas las latitudes de América, y cuyo premio de poesía, señor Presidente, ganó el laureado poeta Roberto Ibáñez, en la última confrontación; hemos extendido la función de la medicina en beneficio de campesinos y trabajadores urbanos humildes; deportes para todo el pueblo, que se refleja en 75 000 personas desfilando el 25 de julio en una fiesta deportiva realizada en honor del primer cosmonauta del mundo, Yuri Gagarin; la apertura de las playas populares, a todos, por supuesto sin distinción de colores ni de ideología, y, además, gratuita; y los círculos sociales obreros, en que fueron transformados todos los círculos exclusivistas de nuestro país, que había muchos.

Bien, señores técnicos, compañeros delegados, ha llegado la hora de referirse a la parte económica del temario. El punto I, es muy amplio. Hecho también por técnicos muy sesudos, es la planificación del desarrollo económico y social en la América Latina.

La primera incongruencia que observamos en el trabajo está expresada en esta frase:

"A veces se expresa la idea de que un aumento en el nivel y la diversidad de la actividad económica redunda necesariamente en la mejoría de las condiciones sanitarias. Sin embargo, el grupo es de opinión que el mejoramiento de las condiciones sanitarias no solo es deseable en sí mismo, sino que constituye un requisito esencial, previo al crecimiento económico y debe formar, por lo tanto, parte esencial de los programas de desarrollo de la región."

Esto, por otra parte, se ve reflejado, también, en la estructura de los préstamos del Banco Internacional de Desarrollo, pues en el análisis que hicimos de los 120 000 000 prestados en primer término, 40 000 000, es decir, una tercera parte, corresponden directamente a préstamos de este tipo; para casas de habitación, para acueductos, alcantarillados.

Es un poco... yo no sé, pero casi lo calificaría como una condición colonial. Me da la impresión de que se está pensando en hacer la letrina como una cosa fundamental. Eso mejora las condiciones sociales del pobre indio, del pobre negro, del pobre individuo que yace en una condición subhumana; "vamos a hacerle letrinas y entonces, después que le hagamos letrinas, y después que su educación le haya permitido mantenerla limpia, entonces podrá gozar de los beneficios de la producción." Porque es de hacer notar, señores delegados, que el tema de la industrialización no figura en el análisis de los señores técnicos.

Para los señores técnicos, planificar es planificar la letrina. Lo demás, ¡quién sabe cuándo se hará!

Si me permite, el señor Presidente, lamentaré profundamente, en nombre de la delegación cubana, haber perdido los servicios de un técnico tan eficiente como el que dirigió este primer grupo, el doctor Felipe Pazos. Con su inteligencia y su capacidad de trabajo, y nuestra actividad revolucionaria, en dos años Cuba sería el paraíso de la letrina, aun cuando no tuviéramos ni una de las 250 fábricas que estamos empezando a construir, aun cuando no hubiéramos hecho Reforma Agraria.

Yo me pregunto, señores delegados, si es que se pretende tomar el pelo, no a Cuba, porque Cuba está al margen, puesto que la Alianza para el Progreso no está con Cuba, sino en contra, y no se establece darle un centavo a Cuba, pero sí a todos los demás delegados.

¿No se tiene un poco la impresión de que se les está tomando el pelo? Se dan dólares para hacer carreteras, se dan dólares para hacer caminos, se dan dólares para hacer alcantarillas; señores, ¿con qué se hacen las alcantarillas? No se necesita ser un genio para eso. ¿Por qué no se dan dólares para equipos, dólares para maquinarias, dólares para que nuestros países subdesarrollados, todos, puedan convertirse en países industriales, agrícolas, de una vez? Realmente, es triste.

En la página 10, en los elementos de planificación del desarrollo, en el punto VI, se establece quién es el verdadero autor de este plan.

Dice el punto VI: "Establecer bases más sólidas para la concesión y utilización de ayuda financiera externa, especialmente el proporcionar criterios eficaces para evaluar proyectos individuales."

Nosotros no vamos a establecer las bases más sólidas para la concesión y utilización, porque nosotros no somos, son ustedes los que reciben, no los que conceden, y nosotros quienes miramos, y quienes conceden son los Estados Unidos. Entonces este punto VI es redactado directamente por los Estados Unidos y este es el espíritu de todo este engendro llamado punto I.

Pero bien, quiero dejar constancia de una cosa; hemos hablado mucho de política, hemos denunciado que hay aquí una confabulación política; en conversaciones con los señores delegados hemos puntualizado el derecho de Cuba a expresar estas opiniones, porque se ataca directamente a Cuba en el punto V.

Sin embargo, Cuba no viene, como pretenden algunos periódicos o muchos voceros de empresas de información extranjera, a sabotear la reunión.

Cuba viene a condenar lo condenable desde el punto de vista de los principios, pero viene también a trabajar armónicamente, si es que se puede, para conseguir enderezar esto, que ha nacido muy torcido, y está dispuesta a colaborar con todos los señores delegados para enderezarlo y hacer un bonito proyecto.

El honorable señor Douglas Dillon, en su discurso, citó el financiamiento, porque es importante. Nosotros, para juntarnos todos a hablar de desarrollo tenemos que hablar de financiamiento, y todos nos hemos juntado para hablar con el único país que tiene capitales para financiar.

Dice el señor Dillon:

> Mirando hacia los años venideros a todas las fuentes de financiamiento externo —entidades internacionales, Europa y el Japón, así como Norteamérica, las nuevas inversiones privadas y las inversiones de fondos públicos—, si Latinoamérica toma las medidas internas necesarias, condición previa, podrá lógicamente esperar que sus esfuerzos —no es tampoco que si toma las medidas ya está, sino que "podrá lógicamente esperar"—, serán igualados por un flujo de capital del orden de por lo menos 20 000 millones de dólares en los próximos diez años. Y la mayoría de estos fondos procederán de fuentes oficiales.

¿Esto es lo que hay? No, lo que hay son 500 000 000 aprobados, esto es de lo que se habla. Bien, hay que puntualizar bien esto, porque es el centro de la cuestión. ¿Qué quiere decir? — y yo aseguro que no lo pregunto por nosotros, sino en el bien de todos. ¿Qué quiere decir "si Latinoamérica toma las medidas internas necesarias"? y ¿qué quiere decir "podrá lógicamente esperar"?

Creo que después, en el trabajo de las comisiones o en el momento en que el representante de los Estados Unidos lo juzgue oportuno, habrá que precisar un poco este detalle, porque 20 000 millones es una cifra interesante. Es nada menos que 2/3 de la cifra que nuestro Primer Ministro anunció como necesaria para el desarrollo de América; un poquito más que se empuje y llegamos a los 30 000 millones. Pero hay que llegar a esos 30 000 millones contantes y sonantes, uno a uno, en las arcas nacionales de cada uno de los países de América, menos esta pobre cenicienta que, probablemente, no recibirá nada.

Allí es donde nosotros podemos ayudar, no en plan de chantaje, como se está previniendo, porque se dice: no, Cuba es la gallina de los huevos de oro, está Cuba, mientras esté Cuba, los Estados Unidos dan. No, nosotros no venimos en esa forma, nosotros venimos a trabajar, a tratar de luchar en el plano de los principios y las ideas, para que nuestros pueblos se desarrollen, porque todos o casi todos los señores representantes le han dicho: si la Alianza para el Progreso fracasa nada puede detener las olas de los movimientos populares; si la Alianza para el Progreso fracasa y nosotros estamos interesados en que no fracase, en la medida en que signifique para América una real mejoría en los niveles de vida de todos sus 200 000 000 de habitantes. Puedo hacer esta afirmación con honestidad y con toda sinceridad.

Nosotros hemos diagnosticado y previsto la revolución social en América, la verdadera, porque los acontecimientos se están desarrollando de otra manera, porque se pretende frenar a los pueblos con bayonetas y cuando el pueblo sabe que puede tomar las bayonetas y volverlas contra quien las empuña, ya está perdido quien las empuña. Pero si el camino de los pueblos se quiere llevar por este del desarrollo lógico y armónico, por préstamos a largo plazo, con intereses bajos, como anunció el señor Dillon, a 50 años de plazo, también nosotros estamos de acuerdo.

Lo único, señores delegados, es que todos juntos tenemos que trabajar para que aquí se concrete esa cifra y para asegurar que el Congreso de Estados Unidos la apruebe; porque no se olviden que estamos frente a un régimen presidencial y parlamentario, no es una dictadura como Cuba donde se para un señor representante de Cuba, habla en nombre del gobierno, y hay responsabilidad de sus actos; aquí, además, tiene que ser ratificado allí, y la experiencia de todos los señores delegados es que muchas veces no fueron ratificadas allí las promesas que se hicieron aquí...

La tasa de crecimiento que se da como una cosa bellísima para toda América, es 2,5% de crecimiento neto. Bolivia anunció 5% para 10 años, nosotros felicitamos al representante de Bolivia y le decimos, que con un poquito de esfuerzo y de movilización de las fuerzas populares, puede decir 10%. Nosotros hablamos de 10% de desarrollo sin miedo alguno, 10% de desarrollo es la tasa que prevé Cuba para los años venideros.

¿Qué indica esto, señores delegados? Que si cada uno va por el camino que va, cuando América, que actualmente tiene aproximadamente un per cápita de 330 dólares, ve crecer su producto neto en 2,5%, va a tener 500 dólares allá por el año 1980, 500 dólares per cápita. Claro que para muchos países es un verdadero fenómeno.

¿Qué piensa tener Cuba en el año 1980? Pues un ingreso neto per cápita de unos 3 000 dólares; más que los Estados Unidos. Y si nos creen, perfecto, aquí estamos para la competencia, señores. Que se nos deje en paz, que nos dejen desarrollar y que dentro de 20 años vengamos todos de nuevo a ver si el canto de sirena era el de la Cuba revolucionaria o era otro. Pero nosotros anunciamos, responsablemente, esa tasa de crecimiento anual.

Los expertos sugieren sustitución de ineficientes latifundios y minifundios por fincas bien equipadas. Nosotros decimos: ¿quieren hacer Reforma Agraria? Tomen la tierra al que tiene mucha y dénsela al que no tiene. Así se hace Reforma Agraria. Lo demás es canto de sirena. La forma de hacerla; si se entrega un pedazo de parcela, de acuerdo con todas las reglas de la propiedad privada; si se hace en propiedad colectiva; si se hace una mezcla — como tenemos nosotros; eso depende de las peculiaridades de cada pueblo; pero la Reforma Agraria se hace liquidando los latifundios, no yendo a colonizar allá lejos.

Y así podría hablar de la redistribución del ingreso que en Cuba se hizo efectiva, porque se le quita a los que tienen más y se les permite tener más a los que no tienen nada o a los que tienen menos, porque hemos hecho la Reforma Agraria, porque hemos hecho la Reforma Urbana, porque hemos rebajado las tarifas eléctricas y telefónicas —que entre paréntesis, esta fue la primera escaramuza con las compañías monopolistas extranjeras—, porque hemos hecho círculos sociales obreros y círculos infantiles, donde los niños de los obreros van a recibir alimentación y viven mientras sus padres trabajan; porque hemos hecho playas populares y porque hemos nacionalizado la enseñanza, que es absolutamente gratuita. Además, estamos trabajando en un amplio plan de salud.

De industrialización hablaré aparte, porque es la base fundamental del desarrollo y así lo interpretamos nosotros.

Pero, hay un punto que es muy importante — es el filtro, el purificar, los técnicos, creo que son siete, de nuevo, señores — el peligro de la letrinocracia, metido en medio de los acuerdos con que los pueblos quieren mejorar su nivel de vida; otra vez políticos disfrazados de técnicos diciendo: aquí sí y aquí no; porque tú has hecho tal cosa y tal cosa, sí, pero en realidad, porque eres un fácil instrumento de quien da los medios; y a ti no, porque has hecho esto mal; pero en realidad, porque no eres instrumento de quien da los medios, porque dices por ejemplo, que no puedes aceptar como precio de algún préstamo, que Cuba sea agredida.

Ese es el peligro, sin contar que los pequeños, como en todos lados, son los que reciben poco o nada. Hay, señores delegados, un solo lugar donde los pequeños tienen derecho al "pataleo", y es aquí, donde cada voto es un voto, y donde eso hay que votarlo, y pueden los pequeños — si están en actitud de hacerlo —, contar con el voto militante de Cuba en contra de las medidas de los "siete", que es esterilizante, purificante y estimada a canalizar el crédito con disfraces técnicos por caminos diferentes.

¿Cuál es la posición que verdaderamente conduce a una auténtica planificación, que debe tener coordinación con todos pero que no puede estar sujeta a ningún otro organismo supranacional?

Nosotros entendemos — y así lo hicimos en nuestro país — señores delegados, que la condición previa para que haya una verdadera planificación económica es que el poder político esté en manos de la clase trabajadora. Ese es el *sine qua non* de la verdadera planificación para nosotros. Además es necesaria la eliminación total de los monopolios imperialistas y el control estatal de las actividades productivas fundamentales. Amarrados bien de esos tres cabos, se entra a la planificación del desarrollo económico; si no, se perderá todo en palabras, en discursos y en reuniones.

Además, hay dos requisitos que permitirán hacer o no que este desarrollo aproveche las potencialidades dormidas en el seno de los pueblos, que están esperando que despierten. Son, por un lado, el de la dirección central racional de la economía por un poder único, que tenga facultades de decisión — no estoy hablando de facultades dictatoriales, sino facultades de decision — y, por otro, el de la participación activa de todo el pueblo en las tareas de la planificación.

Naturalmente, para que todo el pueblo participe en las tareas de la planificación, tendrá que ser todo el pueblo dueño de los medios de producción, si no, difícilmente participará. El pueblo no querrá, y los dueños de las empresas donde trabaja me parece que tampoco.

Bien, podemos hablar unos minutos de lo que Cuba ha obtenido por su camino, comerciando con todo el mundo, "yendo por las vertientes del comercio", decía Martí.

Nosotros tenemos firmados, hasta estos momentos, créditos por 357 000 000 de dólares con los países socialistas y estamos en conversaciones — que son conversaciones de verdad — por ciento cuarenta y pico de millones más, con lo cual llegaremos a los 500 000 000, en préstamos en estos cinco años.

Ese préstamo que nos da posesión y el dominio de nuestro desarrollo económico, llega, como dijimos, a los 500 000 000 — la cifra que los Estados Unidos dan a toda América — solamente para nuestra pequeña república. Esto, llevado a la República de Cuba, trasladado a América, significaría que los Estados Unidos para proporcionar o para hacer el mismo trabajo, tendría que dar 15 000 millones de dólares — hablo de pesos a dólares, porque en nuestro país valen lo mismo.

Treinta mil millones de dólares en diez años; la cifra que nuestro Primer Ministro solicitara y con eso, si hay una acertada conducción del proceso económico, América Latina, en solo cinco años sería otra cosa.

Pasamos, ahora, al punto II del temario. Y, naturalmente, antes de analizarlo, formularemos una cuestión política. Amigos nuestros —que hay muchos, aunque no lo parezca—, en estas reuniones, nos preguntaban si estábamos dispuestos a reingresar al seno de las naciones latinoamericanas, y estamos luchando porque no se nos expulse, porque no se nos obligue a abandonar el seno de las repúblicas latinoamericanas. Lo que no queremos es ser arria, como hablara Martí. Sencillamente eso. Nosotros denunciamos los peligros de la integración económica de la América Latina, porque conocemos los ejemplos de Europa, y además, América Latina ha conocido ya en su propia carne lo que costó para ella la integración económica de Europa. Denunciamos el peligro de que los monopolios internacionales manejaran totalmente los procesos del comercio dentro de las asociaciones de libre comercio. Pero nosotros lo anunciamos también aquí, al seno de la Conferencia, y esperamos que se nos acepte, que estamos dispuestos a ingresar a la Asociación Latinoamericana de Libre Comercio, como uno más, criticando también lo que haya que criticar, pero cumpliendo todos los requisitos, siempre y cuando se respete, de Cuba, su peculiar organización económica y social, y se acepte ya como un hecho consumado e irreversible, su gobierno socialista.

Y, además, la igualdad de trato y el disfrute equitativo de las ventajas de la división internacional del trabajo, también deben ser extensivos a Cuba. Cuba debe participar activamente y puede contribuir mucho, para mejorar muchos de los grandes "cuellos de botella," que existen en las economías de nuestros países, con la ayuda de la economía planificada, dirigida centralmente y con una meta clara y definida.

Sin embargo, Cuba propone también las siguientes medidas: propone la iniciación de negociaciones bilaterales inmediatas para la evacuación de bases o territorios en países miembros ocupados por otros países miembros, para que no se produzcan casos como el que denunciaba la delegación de Panamá, donde la política financiera de Panamá no se puede cumplir en un pedazo de su territorio. A nosotros nos ocurre lo mismo, y quisiéramos que desapareciera esa anomalía, hablando desde el punto de vista económico.

Nosotros proponemos el estudio de planes racionales de desarrollo y la coordinación de asistencia técnica y financiera de todos los países industrializados, sin distinciones ideológicas ni geográficas de ninguna especie; nosotros proponemos también que se recaben las garantías para salvaguardar los intereses de los países miembros más débiles: la proscripción de los actos de agresión económica de unos miembros contra otros; la garantía para proteger a los empresarios latinoamericanos contra la competencia de los monopolios extranjeros; la reducción de los aranceles norteamericanos para productos industriales de los países latinoamericanos integrados, y establecimos que, a nuestro juicio, el financiamiento externo sería bueno que solo se produjera con inversiones directas que reunieran las siguientes condiciones: no sujetarlos a exigencias políticas, no discriminarlos contra empresas estatales, asignarlos de acuerdo con los intereses del país receptor, que no tengan tasas de interés mayor del tres por ciento, que su plazo de amortización no sea inferior a 10 años y pueda ser ampliable por dificultades en la balanza de pagos; proscripción de la incautación o confiscación de naves y aeronaves de un país miembro por otro; iniciación de reformas tributarias que no incidan sobre las masas trabajadoras y protejan contra la acción de los monopolios extranjeros.

El punto III del temario ha sido tratado con la misma delicadeza por los señores miembros: con sus dos suaves pincitas han tomado el asunto, han levantado un poquito el velo, y lo han dejado caer inmediatamente, porque la cosa es dura...

Hubiera sido deseable — dice — y hasta tentador para el grupo formular recomendaciones ambiciosas y espectaculares... No lo hizo, sin embargo, debido a los numerosos y complejos problemas técnicos que habría sido necesario resolver. Así es como las recomendaciones que se formulan tuvieron necesariamente que limitarse a aquellos que se consideraron técnicamente realizables.

No sé si seré demasiado perspicaz, pero creo leer entre líneas, que no hay pronunciamiento. La delegación cubana plantea en forma concreta que de esta reunión debe obtenerse: garantía de precios estatales, sin "pudiera" ni "podría"; sin "examinaríamos" ni "examinaremos", sino garantías de precios estables, mercados crecientes o al menos estables, garantías contra agresiones, o garantías contra la suspensión unilateral de compras, en mercados tradicionales, garantías contra el *dumping* de excedentes agrícolas subsidiadas, garantías contra el proteccionismo a la producción de productos primarios, creación de las condiciones en los países industrializados para las compras de productos primarios con mayor grado de elaboración.

Cuba manifiesta que sería deseable que la delegación de Estados Unidos conteste, en el seno de las comisiones, si continuará subsidiando su producción de cobre, de plomo, de zinc, de azúcar, de algodón, de trigo o de lana. Cuba pregunta si Estados Unidos continuará presionando para que los excedentes de productos primarios no sean vendidos a los países socialistas, ampliando así su mercado.

Y viene el punto V del temario, porque el IV es nada más que un informe. Este punto V es la otra cara de la moneda.

Fidel Castro dijo, en ocasión de la Conferencia de Costa Rica, que los Estados Unidos habían ido "con una bolsa de oro en una mano y un garrote en la otra". Hoy, aquí, los Estados Unidos vienen con la bolsa de oro — afortunadamente más grande — en una mano, y la barrera para aislar a Cuba en la otra. Es, de todas maneras, un triunfo de las circunstancias históricas.

Pero en el punto V del temario se establece un programa de medidas en América Latina para la regimentación del pensamiento, la subordinación del movimiento sindical y, si se puede, la preparación de la agresión militar contra Cuba.

Se prevén tres pasos, a través de toda la lectura: movilización, desde ahora mismo, de los medios de difusión y propaganda latinoamericana contra la Revolución Cubana y contra las luchas de nuestros pueblos por su libertad; constitución, en reunión posterior, de una federación interamericana de prensa, radio, televisión y cine, que permita a Estados Unidos dirigir la política de todos los órganos de opinión de América Latina, de todos — ahora no hay muchos que estén fuera de su esfera de influencia, pero pretende de todos modos controlar monopolíticamente las nuevas empresas de información y absorber a cuantas sea posible de las antiguas.

Todo esto para hacer algo insólito que se ha anunciado aquí con toda tranquilidad. Se pretende, señores delegados, establecer el Mercado Común de la Cultura, organizado, dirigido, pagado, domesticado; la cultura toda de América al servicio de los planes de propaganda del imperialismo, para demostrar que el hambre de nuestro pueblo no es hambre, sino pereza ¡magnífico!

Frente a esto, nosotros respondemos: debe hacerse una exhortación a que los órganos de opinión de América Latina se hagan partícipes de los ideales de liberación nacional de cada pueblo latinoamericano. Se debe hacer una exhortación al intercambio de información, medios culturales, órganos de prensa, y la realización de visitas directas sin discriminaciones entre nuestros pueblos, porque un norteamericano que va a Cuba tiene cinco años de prisión en estos momentos; a los gobiernos latinoamericanos para que garanticen las libertades que permitan al movimiento obrero la organización sindical independiente, la defensa de los intereses de los obreros y la lucha por la independencia verdadera de sus pueblos; y condenación total, absoluta, del punto V, como un intento del imperialismo de domesticar lo único que nuestros pueblos estaban ahora salvando del desastre: la cultura nacional.

Me voy a permitir, señores delegados, dar un esquema de los objetivos del primer plan de desarrollo económico de Cuba en este próximo cuatrienio. La tasa del crecimiento global será del 12%, es decir, más del 9,5 per cápita neto, en material industrial, transformación de Cuba en el país más industrial de América Latina en relación con su población, como lo indican los datos siguientes:

Primer lugar en América Latina en la producción per cápita de acero, cemento, energía eléctrica y, exceptuando Venezuela, refinación de petróleo; primer lugar en América Latina en tractores, rayón, calzado, tejidos, etc.; segundo lugar en el mundo en producción de níquel metálico (hasta hoy Cuba solo había producido concentrados); la producción de níqueles en 1965 será de 70 000 toneladas métricas, lo que constituye aproximadamente el 30% de la producción mundial; y, además, producirá 2 600 000 000 de toneladas métricas de cobalto metálico; producción de 8,5 a 9 000 000 de toneladas de azúcar; inicio de la transformación de la industria azucarera en sucroquímica.

Para lograr estas medidas, fáciles de anunciar, que demandan un enorme trabajo y el esfuerzo de todo un pueblo para cumplirse y un financiamiento externo muy grande, hecho con un criterio de ayuda y no de explotación, se han tomado las siguientes medidas; se van a hacer inversiones en industrias por más de 1 000 000 000 de pesos —el peso cubano equivale al dólar—, en la instalación de 800 megawatts de generación eléctrica. En 1960 la capacidad instalada —exceptuando la industria azucarera, que trabaja temporalmente— era de 621 megawatts. Instalación de 205 industrias, entre las cuales las más importantes son las 22 siguientes: una nueva planta de refinación de níquel metálico, lo que elevará el total a 70 000 toneladas; una refinería de petróleo para 2 000 000 de toneladas de petróleo crudo; la primera planta siderúrgica de 700 000 toneladas y que en este cuatrienio llegará a las 500 000 toneladas de acero; la ampliación de nuestras plantas para producir tubos de acero con costura, en 25 000 toneladas métricas; tractores, 5 000 unidades anuales; motocicletas, 10 000 unidades anuales; tres plantas de cemento y ampliación de las existentes por un total de 1 500 000 toneladas, lo que elevará nuestra producción a 2 500 000 toneladas anuales; envases metálicos, 201 000 000 de unidades; ampliación de nuestras fábricas de vidrio a 23 700 toneladas métricas anuales; en vidrio plano, 1 000 000 de metros cuadrados; una fábrica nueva de chapas de bagazo, 10 000 metros cúbicos; una planta de celulosa de bagazo, 60 000 toneladas métricas aparte de una de celulosa de madera para 40 000 toneladas métricas anuales; una planta de nitrato de amonio, 60 000 toneladas; 81 000 toneladas métricas de superfosfato triple; 132 000 toneladas métricas de ácido nítrico; 85 000 toneladas métricas de amoníaco, 8 nuevas fábricas textiles y ampliación de las existentes con 451 000 husos; una fábrica de sacos de kenaf para 16 000 000 de sacos, y así, otras de menor importancia, hasta el número de 205 hasta estos momentos.

Estos créditos han sido contratados hasta el presente de la siguiente forma: 200 000 000 de dólares con la Unión Soviética; 60 000 000 de dólares con la República Popular China; 40 000 000 con la República Socialista de Checoslovaquia; 15 000 000 con la República Popular de Rumania; 15 000 000 con la República Popular de Hungría; 12 000 000 con la República Popular de Polonia; 10 000 000 con la República Democrática Alemana y 5 000 000 con la República Democrática de Bulgaria. El total contratado hasta la fecha es de 357 000 000. Las nuevas negociaciones que esperamos culminar pronto son fundamentalmente con la Unión Soviética que, como país más industrializado del área socialista, es el que nos ha brindado su apoyo más decidido.

En materia agrícola, se propone Cuba alcanzar la autosuficiencia en la producción de alimentos, incluyendo grasas y arroz, no en trigo, autosuficiencia en algodón y fibras duras; creación de excedentes exportables de frutas tropicales y otros productos agrícolas cuya contribución a las exportaciones triplicarán los niveles actuales.

En materia de comercio exterior, aumentará el valor de las exportaciones el 75% en relación con el año 1960; diversificación de la economía; el azúcar y sus derivados serán alrededor del 60% del valor de las exportaciones, y no el 80% como ahora.

En materia de construcción: eliminación del 40% del déficit actual de vivienda, incluyendo los bohíos, que son los ranchos nuestros;

combinación racional de materiales de construcción para que, sin sacrificar la calidad, aumente el uso de los materiales locales.

Hay un punto en que me gustaría detenerme un minuto; es en la educación. Nos hemos reído del grupo de técnicos que ponía la educación y la sanidad como condición *sine qua non* para iniciar el camino del desarrollo. Para nosotros eso es una aberración, pero no es menos cierto que una vez iniciado el camino del desarrollo, la educación debe marchar paralela a él. Sin una educación tecnológica adecuada, el desarrollo se frena. Por lo tanto, Cuba ha realizado la reforma integral de la educación, ha ampliado y mejorado servicios educativos y ha planificado integralmente la educación.

Actualmente está en primer lugar en América Latina en la asignación de recursos para la educación; se dedica el 5,3% del ingreso nacional. Los países desarrollados emplean del 3 al 4, y América Latina del uno al 2% del ingreso nacional. En Cuba el 28,3% de los gastos corrientes del Estado son para el Ministerio de Educación; incluyendo otros organismos que gastan en educación, sube ese porcentaje al 30%. Entre los países latinoamericanos, la mayoría emplean el 21% de su presupuesto.

El aumento del presupuesto de educación, de 75 000 000 en 1958 a 128 000 000 en 1961, un 71% de crecimiento. Y los gastos totales de educación, incluyendo alfabetización y construcciones escolares, en 170 000 000; 25 pesos per cápita. En Dinamarca, por ejemplo, se gastan 25 pesos per cápita al año en educación; en Francia, 15; en América Latina, 5.

Creación, en 2 años, de 10 000 aulas y nombramiento de 10 000 nuevos maestros. Es el primer país de Latinoamérica que satisface plenamente las necesidades de instrucción primaria para toda la población escolar, aspiración del proyecto principal de la UNESCO en América Latina para 1978, ya satisfecha en este momento en Cuba.

Estas medidas y estas cifras realmente maravillosas y absolutamente verídicas que presentamos aquí, señores delegados, han sido posibles por las siguientes medidas: nacionalización de la enseñanza, haciéndola laica y gratuita y permitiendo el aprovechamiento total de sus servicios; creación de un sistema de becas que garantice la satisfacción de todas las necesidades de los estudiantes, de acuerdo con el siguiente plan: becas, 20 000 para escuelas secundarias básicas, de séptimo a noveno grados; 3 000 para institutos preuniversitarios; 3 000 para instrumentos de arte; 6 000 las universidades; 1 500 para cursos de inseminación artificial; 1 200 para cursos sobre maquinaria agrícola; 14 000 para cursos de corte y costura y preparación básica para el hogar, para las campesinas; 1 200 para preparación de maestros de montañas; 750 para cursos de iniciación del magisterio primario; 10 000, entre becas y "bolsas de estudios", para alumnos de enseñanza tecnológica; y, además, cientos de becas para estudiar tecnología en los países socialistas; creación de 100 centros de educación secundaria, con lo que cada municipio tendrá por lo menos uno.

Este año, en Cuba, como anuncié, se liquida el analfabetismo. Es un maravilloso espectáculo. Hasta el momento actual 104 500 brigadistas, casi todos ellos estudiantes de entre 10 y 18 años, han inundado el país de un extremo a otro para ir directamente al bohío del campesino, para ir a la casa del obrero, para convencer al hombre anciano que ya no quiere estudiar, y liquidar, así, el analfabetismo en Cuba.

Cada vez que una fábrica liquida el analfabetismo entre sus obreros, iza una bandera azul que anuncia el hecho al pueblo de Cuba; cada vez que una cooperativa liquida el analfabetismo entre sus campesinos, levanta la misma enseña. Y 104 500 jóvenes estudiantes, que tienen como enseña un libro y un farol, para dar la luz de la enseñanza en las regiones atrasadas, y que pertenecen a las Brigadas "Conrado Benítez", con lo cual se honra el nombre del primer mártir de la educación de la Revolución cubana, que fue ahorcado por un grupo de contrarrevolucionarios por el grave delito de estar en las montañas de nuestra tierra, enseñando a leer a los campesinos.

Esa es la diferencia, señores delegados, entre nuestro país y los que lo combaten. Ciento cincuenta y seis mil alfabetizadores voluntarios, que no ocupan su tiempo completo como obreros y profesionales, trabajan en la enseñanza; 32 000 maestros dirigen ese ejército, y solo con la cooperación activa de todo el pueblo de Cuba se pueden haber logrado cifras de tanta trascendencia.

Se ha hecho todo eso en un año, o mejor dicho, en dos años: siete cuarteles regimentales se han convertido en ciudades escolares; 27 cuarteles en escuelas, y todo esto bajo el peligro de las agresiones imperialistas. La Ciudad Escolar "Camilo Cienfuegos" tiene actualmente 5 000 alumnos procedentes de la Sierra Maestra, y en construcción unidades para 20 alumnos; se proyecta construir una ciudad similar en cada provincia; cada ciudad escolar se autoabastecerá de alimentos, iniciando a los niños campesinos en las tareas de las técnicas agrícolas.

Además, se han establecido nuevos métodos de enseñanza. La escuela primaria pasó de 1958 a 1959, de 602 000 a 1 231 700 alumnos; la secundaria básica de 21 900 a 83 800; comercio, de 8 900 a 21 300; tecnológicamente de 5 600 a 11 500.

Se han invertido 48 000 000 de pesos en construcciones escolares en solo dos años. La Imprenta Nacional garantiza textos y demás impresos para todos los escolares, gratuitamente. Dos cadenas de televisión, que cubren todo el territorio nacional, son un poderoso medio de difusión masiva para la enseñanza. Asimismo, toda la radio nacional está al servicio del Ministerio de Educación. El Instituto Nacional de Deportes, Educación Física y Recreación, cuyas siglas son el INDER, promueve el desarrollo físico en forma masiva.

Ese es, señores delegados, el panorama cultural de Cuba en estos momentos.

Ahora viene la parte final de nuestra intervención, la parte de las definiciones, porque queremos precisar bien nuestra posición.

Hemos denunciado la Alianza para el Progreso como un vehículo destinado a separar al pueblo de Cuba de los otros pueblos de América Latina, a esterilizar el ejemplo de la Revolución cubana y después, a domesticar a los pueblos de acuerdo con las indicaciones del imperialismo. Quisiera que se me permitiera demostrar cabalmente esto.

Hay muchos documentos interesantes en el mundo. Nosotros distribuimos entre los delegados algunos documentos que llegaron a nuestras manos y que demuestran, por ejemplo, la opinión que tiene el imperialismo del gobierno de Venezuela, cuyo canciller, hace unos días, nos atacara duramente quizás por entender que nosotros estábamos violando leyes de amistad con su pueblo o su gobierno.

Sin embargo, es interesante precisar que manos amigas nos hicieron llegar un documento interesante. Es un informe de un documento secreto dirigido al embajador Moscoso, en Venezuela, por sus asesores John M. Cates, J. Irving Tragen y Robert Cox.

En uno de sus párrafos dice este documento, hablando de las medidas que hay que tomar en Venezuela para hacer una verdadera Alianza para el Progreso, dirigida por los Estados Unidos:

> Reforma de la burocracia.
>
> Todos los planes que se formulen — hablando de Venezuela — todos los programas que se inicien para el desarrollo económico de Venezuela, ya sea por el gobierno venezolano o por técnicos norteamericanos, tendrán que ser puestos en práctica a través de la burocracia venezolana. Pero, mientras la administración pública de este país se caracterice por la ineptitud, la indiferencia, la ineficiencia, el formalismo partidista en el otorgamiento de empleos, el latrocinio, la duplicidad de funciones y la creación de impuestos privados, será prácticamente imposible hacer que pasen proyectos dinámicos y eficaces a través de la maquinaria gubernamental.
>
> La reforma del aparato administrativo es posiblemente, por lo tanto, la necesidad más fundamental ya que no solo se dirige a rectificar un desajuste básico económico y social, sino que también implica reacondicionar el instrumento mismo con el que se deberán plasmar todas las demás reformas básicas y proyectos de desarrollo.

Hay muchas cosas interesantes en este documento que pondremos a disposición de los señores delegados, donde se habla, también, de los nativos. Después de enseñar a los nativos, se deja a los nativos. Nosotros somos nativos, nada más. Pero hay algo muy interesante, señores delegados, y es la recomendación que da el señor Gates al señor Moscoso de lo que hay que hacer en Venezuela y por qué hay que hacerlo. Dice así:

> Los Estados Unidos se verán en la necesidad, probablemente más rápido de lo que se piense, de señalar a los godos, a la oligarquía, a los nuevos ricos, a los sectores económicos nacionales y extranjeros en general, a los militares y al clero, que tendrán en última instancia que elegir entre dos cosas: contribuir al establecimiento en Venezuela de una sociedad basada en las masas, en tanto que ellos retienen parte de su *status quo* y riqueza o tener que hacer frente a la pérdida de sus privilegios (y muy posiblemente la muerte misma en el paredón) [este es un informe de los norteamericanos a sus embajadores] si las fuerzas de la moderación y el progreso son desplazadas en Venezuela.

Después esto se completa y da la imagen del cuadro y de todo el tinglado en que se va a empezar a desarrollar esta Conferencia, con otros informes de las instrucciones secretas dirigidas por el Departamento de Estado Norteamericano, en América Latina, sobre el "Caso Cuba".

Es muy importante esto, porque es lo que ya descubre dónde estaba la mamá del cordero. Dice así — me voy a permitir extractar un poco, aunque después lo circulemos, en honor a la brevedad que ya he violado algo:

> De inicio, se dio ampliamente por sentado en la América Latina que la invasión estaba respaldada por los Estados Unidos y que, por lo tanto, tendría éxito. La mayoría de los gobiernos y sectores responsables de la población estaban preparados para aceptar un hecho consumado (*fait accompli*), aunque existían recelos acerca de la violación del principio de no intervención. Los comunistas y otros elementos vehementes pro-Castro, tomaron inmediatamente la ofensiva con demostraciones y actos de violencia dirigidos contra agencias de los Estados Unidos en varios países, especialmente en Argentina, Bolivia y México.
>
> Sin embargo, tales actividades latinoamericanas y pro-Castro, recibieron un respaldo limitado y tuvieron menos efecto del que pudiera haberse esperado.
>
> El fracaso de la invasión desalentó a los sectores anti-Castro los cuales consideraban que los Estados Unidos debían hacer algo dramático que restaurara su dañado prestigio, pero fue acogido con alegría por los comunistas y otros elementos pro-Castro.
>
> En la mayoría de los casos, las reacciones de los gobiernos latinoamericanos no fueron sorprendentes. Con la excepción de Haití y la República Dominicana, las repúblicas que ya habían roto o suspendido sus relaciones con Cuba expresaron su comprensión de la posición norteamericana. Honduras se unió al campo anti-Castro, suspendiendo sus relaciones en abril y proponiendo la formación de una alianza de naciones centroamericanas y del Caribe para habérselas por la fuerza con Cuba. La proposición — que fue sugerida también independientemente por Nicaragua — fue abandonada calladamente cuando Venezuela rehusó respaldarla.
>
> Venezuela, Colombia y Panamá expresaron una seria preocupación por las penetraciones soviéticas y del comunismo internacional en Cuba, pero se mantuvieron a favor de realizar algún tipo de acción colectiva de la OEA. "Acción colectiva de la OEA" —entramos en terreno conocido—, para habérselas con el problema cubano. Una

opinión similar fue adoptada por Argentina, Uruguay y Costa Rica. Chile, Ecuador, Bolivia, Brasil y México, rehusaron respaldar toda posición que implicara una intervención en los asuntos internos de Cuba. Esa actitud fue probablemente muy intensa en Chile, donde el gobierno encontró una fuerte oposición en todas las esferas a una intervención militar abierta por algún Estado contra el régimen de Castro. En Brasil y Ecuador, la cuestión provocó serias divisiones en el Gabinete, en el Congreso y en los partidos políticos.

En el caso del Ecuador, la posición intransigente pro-Cuba, del presidente Velasco, fue sacudida, pero no alterada, por el descubrimiento de que comunistas ecuatorianos estaban siendo entrenados dentro del país en las tácticas de guerrillas, por revolucionarios pro-Castro.

Asimismo, existen muy pocas dudas de que algunos de los elementos anteriores no comprometidos de la América Latina han quedado impresionados favorablemente por la habilidad de Castro en sobrevivir a un ataque militar apoyado por los Estados Unidos, contra el régimen. Muchos que habían vacilado en comprometerse antes, porque suponían que los Estados Unidos eliminarían al régimen de Castro con el tiempo, puede que hayan cambiado ahora de opinión. La victoria de Castro les ha demostrado el carácter permanente y factible de la Revolución cubana. Además, su victoria ha excitado, sin duda, la latente actitud antinorteamericana que prevalece en gran parte de la América Latina.

En todos los respectos, los estados miembros de la OEA son ahora menos hostiles a la intervención de los Estados Unidos en Cuba que antes de la invasión, pero una mayoría – incluyendo Brasil y México, que suman más de la mitad de la población de la América Latina – no está dispuesta a intervenir activamente y ni siquiera a unirse en una cuarentena contra Cuba. Tampoco pudiera esperarse que la Organización le diera de antemano su aprobación a la intervención directa de los Estados Unidos, excepto en el caso de que Castro esté involucrado, sin lugar a dudas, en un ataque a un gobierno latinoamericano.

Aun cuando los Estados Unidos tuvieran éxito – lo cual luce improbable – en persuadir a la mayoría de los estados latinoamericanos a unirse en una cuarentena a Cuba, el intento no tendría éxito total. De seguro México y Brasil rehusarían cooperar y servirían de canal para los viajes y otras comunicaciones entre América Latina y Cuba.

La oposición mantenida por México durante mucho tiempo a la intervención de cualquier tipo, no representaría un obstáculo

> insuperable a la acción colectiva de la OEA contra Cuba. La actitud del Brasil, sin embargo, que ejerce una fuerte influencia sobre sus vecinos suramericanos, es decisiva para la cooperación hemisférica. Mientras el Brasil rehúse actuar contra Castro, es probable que un número de otras naciones, incluyendo Argentina y Chile, no tengan deseos de arriesgarse a repercusiones internas adversas por complacer a los Estados Unidos.
>
> La magnitud de la amenaza que constituyen Castro y los comunistas en otras partes de la América Latina, seguirá probablemente dependiendo en lo fundamental, de los siguientes factores:
>
> a. La habilidad del régimen en mantener su posición.
>
> b. Su eficacia en demostrar el éxito de su modo de abordar los problemas de reforma y desarrollo; y
>
> c. La habilidad de los elementos no comunistas en otros países latinoamericanos en proporcionar alternativas, factibles y popularmente aceptables. Si, mediante la propaganda, etc., Castro puede convencer a los elementos desafectos que existen en la América Latina, de que realmente se están haciendo reformas sociales — es decir, si de esto que decimos se convencen los señores delegados —, que es verdad básica que benefician a las clases más pobres crecerá el atractivo del ejemplo cubano y seguirá inspirando imitadores de izquierda en toda la zona. El peligro no es tanto de que un aparato subversivo, con su centro en La Habana, pueda exportar la revolución, como de que una creciente miseria y descontento entre las masas del pueblo latinoamericano proporcione a los elementos pro-Castro, oportunidades de actuar.

Después de considerar si nosotros intervenimos o no, razonan:

> Es probable que los cubanos actúen cautelosamente a este respecto durante algún tiempo. Probablemente no estén deseosos de arriesgarse a que se intercepte y se ponga al descubierto alguna operación de filibusterismo o suministro militar, proveniente de Cuba. Tal eventualidad traería como resultado un mayor endurecimiento de la opinión oficial contra Cuba, acaso hasta el punto de proporcionar un respaldo tácito a la intervención norteamericana, o dar por lo menos posibles motivos para sanciones por parte de la OEA. Por estas razones y debido a la preocupación de Castro por la defensa de su territorio, en este momento, el uso de fuerzas militares cubanas para apoyar la insurrección en otras partes, es extremadamente improbable.

De modo, señores delegados que tengan dudas, observen que el gobierno de los Estados Unidos admite que es muy difícil que nuestras tropas interfieran en las cuestiones nacionales de otros países.

A medida que pasa el tiempo, y ante la ausencia de una intervención directa de Cuba en los asuntos internos de estados vecinos, los presentes temores al castrismo, a la intervención soviética en el régimen, a su naturaleza "socialista" —ellos lo ponen entre comillas— y a la repugnancia por la represión del estado policial de Castro, tenderán a decrecer y la política tradicional de no intervención se reafirmará.

Dice después:

> Aparte de su efecto directo sobre el prestigio de los Estados Unidos en esa zona —que indudablemente ha descendido como resultado del fracaso de la invasión— la supervivencia del régimen de Castro pudiera tener un profundo efecto sobre la vida política americana en estos años venideros. La misma prepara la escena para una lucha política promovida en los términos promovidos por la propaganda comunista durante mucho tiempo en este hemisferio, quedando de un lado las fuerzas "populares" —entre comillas— antinorte-americanas, y del otro, los grupos aliados a los Estados Unidos. A los gobiernos que prometen una reforma evolutiva por un período de años, aun a un ritmo acelerado, se les enfrentarán los líderes políticos que prometerán un remedio inmediato a los males sociales, mediante la confiscación de propiedades y el vuelco de la sociedad. El peligro más inmediato del ejemplo de Castro para la América Latina pudiera muy bien ser el peligro para la estabilidad de aquellos gobiernos que están actualmente intentando cambios evolutivos, sociales y económicos, más bien para los que han tratado de impedir tales cambios, en parte debido a las tensiones y a las excitadas esperanzas que acompañan a los cambios sociales y al desarrollo económico. Los desocupados de la ciudad y los campesinos sin tierras de Venezuela y Perú, por ejemplo, los cuales han esperado que Acción Democrática y el APRA efectúen reformas, constituyen una fuente expedita de fuerza política, para el político que los convenza de que el cambio puede ser efectuado mucho más rápidamente de lo que han prometido los movimientos social-democráticos. El apoyo popular que actualmente disfrutan los grupos que buscan cambios evolutivos o el respaldo potencial que normalmente pudieran obtener a medida que las masas latinoamericanas se tornan más activas políticamente, se perderá en la medida en que los líderes políticos extremistas, utilizando el ejemplo de Castro, puedan hacer surgir apoyo para el cambio revolucionario.

Y en el último párrafo, señores, aparece nuestra amiga aquí presente:

> La Alianza para el Progreso, que pudiera muy bien proporcionar el estímulo para llevar a cabo programas más intensos de reforma, pero a menos que estos se inicien rápidamente y comiencen pronto a mostrar resultados positivos, es probable que no sea un contrapeso suficiente a la creciente presión de la extrema izquierda.
>
> Los años que tenemos por delante serán testigos, casi seguramente, de una carrera entre aquellas fuerzas que están intentando iniciar programas evolutivos de reformas y las que están tratando de generar apoyo de masas para la revolución fundamental económica y social. Si los moderados se quedan atrás en esta carrera, pudieran, con el tiempo, verse privados de su apoyo de masas y cogidos en una posición insostenible entre los extremos de la derecha y la izquierda.

Estos son, señores delegados, los documentos que la delegación de Cuba quería presentar a ustedes, para analizar descarnadamente la Alianza para el Progreso. Ya sabemos todo el íntimo sentir del Departamento de Estado norteamericano: "Es que hay que hacer que los países de Latinoamérica crezcan, porque si no, viene un fenómeno que se llama castrismo, que es tremendo para los Estados Unidos."

Pues bien, señores, hagamos la Alianza para el Progreso en esos términos; que crezcan de verdad las economías de todos los países miembros de la Organización de los Estados Americanos; que crezcan, para que consuman sus productos y no para convertirse en fuente de recursos para los monopolios norteamericanos; que crezcan para asegurar la paz social, no para crear nuevas reservas para una eventual guerra de conquista; que crezcan para nosotros, no para los de afuera.

Y a todos ustedes, señores delegados, la delegación de Cuba les dice, con toda franqueza: queremos, dentro de nuestras condiciones, estar dentro de la familia latinoamericana, queremos convivir con Latinoamérica; queremos verlos crecer, si fuera posible, al mismo ritmo que estamos creciendo nosotros, pero no nos oponemos a que crezcan a otro ritmo. Lo que sí exigimos es la garantía de la no agresión para nuestras fronteras.

No podemos dejar de exportar ejemplo, como quieren los Estados Unidos, porque el ejemplo es algo espiritual que traspasa las fronteras. Lo que sí damos la garantía de que no exportaremos revolución, damos la garantía de que no se moverá un fusil de Cuba, de que no se moverá una sola arma de Cuba, para ir a luchar en ningún otro país de América.

Lo que no podemos asegurar es que la idea de Cuba deje de implantarse en algún otro país de América, y lo que aseguramos en esta Conferencia es que si no se toman medidas urgentes de prevención social, el ejemplo de Cuba sí prenderá en los pueblos y entonces, sí, aquella exclamación que una vez diera mucho que pensar, que hizo Fidel un 26 de Julio y que se interpretó como una agresión, volverá a ser cierta. Fidel dijo que si seguían las condiciones sociales como hasta ahora, "la cordillera de los Andes sería la Sierra Maestra de América".

Nosotros, señores delegados, llamamos a la Alianza para el Progreso, a la alianza pacífica para el progreso de todos. No nos oponemos a que nos dejen de lado en la repartición de los créditos, pero sí nos oponemos a que se nos deje de lado en la intervención de la vida cultural y espiritual de nuestros pueblos latinoamericanos, a los cuales pertenecemos.

Lo que nunca admitiremos es que se nos coarte nuestra libertad de comerciar y tener relaciones con todos los pueblos del mundo, y de lo que nos defenderemos con todas nuestras fuerzas, es de cualquier intento de agresión extranjera, sea hecho por la potencia imperial, o sea hecho por algún organismo latinoamericano que engloba el deseo de algunos, de vernos liquidados.

Para finalizar, señor Presidente, señores delegados, quiero decirles que hace algún tiempo, tuvimos una reunión en el Estado Mayor de las Fuerzas Revolucionarias de nuestro país, Estado Mayor al cual pertenezco. Se trataba de una agresión contra Cuba, que sabíamos que vendría, pero no sabíamos aún cuándo ni por dónde. Pensamos que sería muy grande; de hecho iba a ser muy grande. Esto se produjo antes de la famosa advertencia del Primer Ministro de la Unión Soviética, Nikita Jruschov, de que sus cohetes podían volar más allá de las fronteras soviéticas.

Nosotros no habíamos pedido esa ayuda y no conocíamos esa disposición de ayuda. Por eso nos reunimos sabiendo que llegaba la invasión, para afrontar, como revolucionarios, nuestro destino final. Sabíamos que si los Estados Unidos invadían a Cuba, habría una hecatombe, pero en definitiva, seríamos derrotados y expulsados de todos los lugares habitados del país.

Propusimos entonces, los miembros del Estado Mayor, que Fidel Castro se retirara a un reducto de la montaña y que uno de nosotros tomara a su cargo la defensa de La Habana. Nuestro Primer Ministro y Jefe contestó aquella vez, con palabras que lo enaltecen —como en todos sus actos— que si los Estados Unidos invadían a Cuba y La Habana se defendiera como debiera defenderse, cientos de miles de hombres, mujeres y niños, morirían ante el ímpetu de las armas yanquis, y que a un gobernante de un pueblo en revolución, no se le podía pedir que se refugiara en la montaña; que su lugar estaba allí, donde se encontraban sus muertos queridos, y que allí, con ellos, cumpliría su misión histórica.

No se produjo esa invasión, pero mantenemos ese espíritu, señores delegados. Por eso puedo predecir que la Revolución cubana es invencible, porque tiene un pueblo y porque tiene un gobernante como el que gobierna a Cuba.

Eso es todo, señores delegados.

Para tomar de verdad un camino, habría que romper todas las estructuras, volcarse del lado de las masas, e iniciar una revolución completa

(En la 7ma Sesión plenaria de la reunión extraordinaria del CIES, 16 de agosto de 1961)

Señor Presidente, señores delegados:

Cuba se ve en la necesidad de abstenerse en la votación general del documento y va a pasar a explicar, con algunos detalles, las razones de esta abstención.

Señor Presidente: En el discurso pronunciado durante las plenarias inaugurales, esta delegación advirtió de los peligros que traía la reunión de la Alianza para el Progreso, y creyó ver en ella el principio de una maniobra encaminada a aislar a la Revolución cubana.

Sin embargo, la delegación de Cuba explicó que venía dispuesta a trabajar en armonía, a discutir de acuerdo con los principios que son rectores de nuestra revolución, y a tratar de coordinar con todos los países una acción conjunta, a fin de llegar a documentos que expresaran no sólo la realidad, sino la aspiración de nuestros pueblos.

Desgraciadamente entiende la delegación cubana que esa aspiración de su parte no ha podido ser cumplida íntegramente. Cuba, señor Presidente, trajo 29 proyectos de resolución, en donde se trataban muchos de los problemas fundamentales que, según nuestro país, afligen a América, distorsionan su desarrollo y lo condicionan a la acción de los monopolios extranjeros.

Cuba señaló la contradicción entre la insignificancia de los objetivos y la grandiosidad de las proclamas. Se habló aquí de un reto con el destino; se habló de una alianza que iba a asegurar el bienestar de América, y se usaron muchas palabras grandilocuentes.

Sin embargo, cuando se llega a precisar lo que va a ser el decenio de progreso democrático, nos encontramos con que la tasa de crecimiento neto anual de 2,5% por habitante requiere aproximadamente un siglo para alcanzar el nivel presente de los Estados Unidos, que, evidentemente, es un alto nivel de vida, pero no es una meta inalcanzable ni puede considerarse absurdo para los países del mundo y los países de América.

Además, calculando —naturalmente, un cálculo que no tiene una base científica y sólo sirve como medio de expresión de ideas— que el proceso de desarrollo de los países actualmente subdesarrollados y el de los países industriales se mantuviera en la misma proporción, los subdesarrollados tardarían 500 años en alcanzar el mismo ingreso por habitante de los países desarrollados. Entendemos nosotros que cuando la situación de América está como está —y por algo nos hemos reunido en esta conferencia económica—, no podemos hablar de fines tan grandes y plantearnos objetivos tan pequeños.

En materia de educación y salud las metas han sido también muy modestas: en algunos casos, más modestas que las propuestas por organismos internacionales, como la UNESCO, hace ya algunos años. Metas que nuestro país ha excedido en algunos casos, pero en un todo piensa exceder antes de cinco años. En materia de vivienda no hay definición de metas, y ni siquiera encontramos una definición cualitativa de lo que va a ser el desarrollo industrial.

Además, notamos cierta imprecisión de objetivos en materia agraria, donde se considera en un mismo plano el latifundio y el minifundio, y en donde no se trata en ningún punto la acción de los latifundios extranjeros, perturbadores de la economía de muchos de los países de América.

Cuba interpretó que si se mantenían muchas de estas metas, ya enunciadas, más o menos en forma igual en los documentos originales puestos a nuestra consideración y si se mantenía el sistema de las inversiones privadas directas desde el extranjero, no se iban a poder lograr las bases necesarias para establecer de verdad el derecho a empezar que tienen los pueblos de América, el derecho a establecer las bases de una economía sana que permitiera ritmos elevados de crecimiento.

Además, durante el curso de la conferencia, la delegación de Cuba preguntó en reiteradas oportunidades cuál era el mecanismo de la distribución de los recursos de la llamada Alianza para el Progreso y si Cuba podía recurrir a esos recursos. Estas dos interrogaciones no han sido contestadas.

Con respecto a la integración económica de América Latina, señaló Cuba que la integración no es panacea ni puede servir de alternativa a reformas socioeconómicas básicas, y preguntó sin embargo si caben en la integración países con distintas formas de organización económica y social, pues Cuba se muestra dispuesta a adherirse a la integración económica de América Latina siempre que se respeten sus peculiaridades socioeconómicas.

Cuba, además, indicaba como requisito previo a una integración sólida la plena soberanía de los países en todo su territorio, y se refirió concretamente a la Base de Guantánamo, que existe en el territorio de Cuba, y al Canal de Panamá. Además, se hicieron otra serie de pedidos, algunos de los cuales en una forma u otra, a veces bastante limados de su intención original, han sido incorporados a los documentos definitivos de esta reunión. Pero hay otros, como la exigencia de garantía para las naves y aeronaves de todos los países miembros, que no fueron siquiera tratados.

Con respecto a los productos primarios se señaló la inestabilidad de los precios y de los mercados de los productos, se denunció la agresión económica y pidió que se le condenara y proscribiera, señaló la necesidad de diversificar las exportaciones de los países latinoamericanos, aumentando la elaboración de los productos primarios, incorporando nuevos productos a las exportaciones, abriendo nuevos mercados, y señaló explícitamente el mercado del mundo socialista, que tiene actualmente una tasa de crecimiento global de diez por ciento.

Cuba criticó los subsidios y el *dumping* de productos primarios por parte de los países industrializados, y señaló los riesgos que la acumulación de excedentes agrícolas o las reservas estratégicas de minerales pueden traer a los mercados de productos primarios. Las proposiciones y advertencias de Cuba encontraron eco en algunos países y en otros puede decirse que Cuba se hizo eco de ellas pues, naturalmente, muchos de estos problemas son comunes a nuestros países subdesarrollados.

Sin embargo, el documento final, ha prácticamente limado totalmente la intención verdadera de los promotores de las ideas, de tal forma que son prácticamente inocuas. Por ejemplo, mientras la delegación de Cuba planteaba la abolición de las restricciones a la importación y los subsidios a la producción interna de productos primarios por parte de los países industrializados, el documento final sólo habla de reducir hasta abolir, si es posible, dicha restricción.

En muchos casos ha sucedido lo mismo con las proposiciones concretas que llevaban un fin determinado: se convierten en declaraciones vagas donde se incluyen las frases: "si es posible", "dentro de los reglamentos", "cuando las condiciones lo permitan", "si así lo requieren", o "si así lo permiten", etc. De tal forma que inmediatamente se establecen las cláusulas de escape.

Como dato, podemos decir que, según la FAO, los Estados Unidos han dado por concepto de sustentación de precios en la agricultura en 1955 —según los datos que teníamos a mano—, la suma de 2 525 millones de dólares, suma mucho mayor que la que hasta ahora se ha dado en un año a los países de la Alianza.

El presente documento no ofrece, ni siquiera, la garantía efectiva de que la producción subsidiada interna de Estados Unidos no seguirá expandiéndose. Sería muy largo continuar con la lista de todas las proposiciones en que Cuba participó con espíritu constructivo, tratando de que se lograran resoluciones efectivas que, sin lesionar la soberanía de ningún país miembro —ni aún la de aquel país poderoso que, por razones de su desarrollo industrial, está en especiales condiciones frente a los demás—, pudieran determinar un entendimiento que diera garantía cabal a los países más pequeños y a los países subdesarrollados en general, de que se iba a poder iniciar esta nueva era de que tanto se habla.

Después se hizo la declaración que ayer fue presentada y sobre la que trabajamos, y con respecto a la cual Cuba se abstuvo por encontrar varios puntos controvertidos, algunos absolutamente de fondo y otros de forma, como ha venido ocurriendo en el transcurso de esta reunión.

El punto fundamental es que, una vez más, los Estados Unidos no contestaron a la interrogación cubana, de tal forma que el silencio debe interpretarse como una negativa y Cuba no participará en la Alianza para el Progreso. Mal se puede apoyar una alianza en la cual uno de los aliados no va a participar para nada. Además no se ataca la raíz fundamental de nuestros males, que es la existencia de monopolios extranjeros que distorsionan nuestra economía y atan, incluso, nuestras políticas internacionales a dictados exteriores.

No se condena la agresión económica, una de las más importantes aspiraciones de Cuba, que ha sentido en su carne los rigores de esta agresión.

Se insiste en solucionar los problemas de América a través de una política monetaria en el sentido de considerar que son los cambios monetarios, los que van a cambiar la estructura económica de los países, cuando nosotros hemos insistido en que solamente un cambio de la estructura total, en las relaciones de producción, es lo que puede determinar que existan de verdad condiciones para el progreso de los pueblos.

Y se incide también en la libre empresa que como es de dominio público, filosóficamente es condenada en Cuba al condenar la explotación del hombre por el hombre y en la práctica no existe casi en nuestro territorio, y no tendrá participación en los nuevos procesos de desarrollo.

Por todas estas cosas, Cuba no puede firmar este documento, señores delegados.

Sin embargo, quiero dejar constancia de que ha habido un trabajo constructivo, quiero dejar constancia de que Cuba no se ha sentido sola durante el transcurso de la conferencia, ha habido muchas reuniones a las cuales Cuba no fue invitada —y naturalmente, no puede prejuzgar sobre el contenido de las conversaciones realizadas allí—, pero sabemos que el tema principal, en muchas de ellas, fue Cuba, y sabemos también que hubo buenos amigos, gente de absoluta convicción en sus ideales y en sus planteamientos, que mantuvo una actitud favorable hacia Cuba.

De tal forma que hemos podido llegar en armonía al final de la conferencia, y creemos que hemos podido demostrar que, en todo momento, nuestra intención fue la de colaborar en el engrandecimiento del sistema interamericano, en base a una real independencia y amistad con los pueblos, y no en base a la dependencia de todos bajo la dirección de uno.

Consideramos que Cuba ha obtenido algunas satisfacciones y, fundamentalmente, consideramos que se abre una nueva perspectiva para América, a pesar de que no se pueda firmar el documento por parte de nuestra delegación.

Consideramos que en uno de los párrafos se admite explícitamente la existencia de regímenes diferentes a los que tienen la filosofía de la libre empresa y que, por lo tanto, se admite la existencia dentro del cónclave americano, de un país que presenta una serie de características específicas que lo diferencian de los demás, pero que, sin embargo, le permite estar dentro del total, desde que lo define explícitamente en un considerando.

Por tal razón, creemos que se ha establecido el primer vínculo de coexistencia pacífica real en América y que se ha dado el primer paso para que aquellos gobiernos que están decididamente contra el nuestro y nuestro sistema, reconozcan al menos, la irreversibilidad de la Revolución cubana y su derecho a ser reconocida como un estado independiente, con todas sus peculiaridades, aunque no guste su sistema de gobierno.

El gobierno de los Estados Unidos ha votado afirmativamente todas las partes de esta carta y entendemos de tal manera que también ha dado un paso positivo, estableciendo que pueden existir regímenes cuya filosofía afecta al de la libre empresa en esta parte de América. Creemos que ese es un paso muy positivo.

Siempre hemos estado dispuestos a dirimir nuestras dificultades con el gobierno de los Estados Unidos, que han sido motivo de muchas discusiones y de algunas conferencias en esta parte del mundo y hemos dicho, sistemáticamente, que podemos hacerlo en cualquier lugar y con la única condición de que no haya condiciones previas.

Una vez más, nuestro gobierno deja expresa constancia de esa disposición. También de que no está mendigando ninguna clase de acercamiento ni está solicitando ningún tipo de tregua, sino, simplemente, fijando su posición y estableciendo claramente ante todos los países amigos que la disposición de Cuba es la de vivir en amistad con todos los pueblos del continente que así lo deseen.

Sin embargo, estimamos que todavía hay peligro flotando en el ambiente. Faltaríamos a las características de la Revolución Cubana de ser crudamente explícitos, si no dijéramos que sabemos, como todos, que estas reuniones estaban en alguna forma vinculadas a una reunión de cancilleres, donde se trataría el caso de Cuba. Tenemos entendido que se han hecho muchos viajes en ese sentido, buscando votos afirmativos para la reunión.

Dejamos sentado, sin embargo, un nuevo hecho constructivo. Hace años, para condenar a Guatemala, se reunieron los cancilleres y después se prometió una conferencia económica. Sucedió más o menos lo mismo en Costa Rica. Hoy se reúne una conferencia económica, para después reunir los cancilleres.

Consideramos que es un gran paso de avance y esperamos, además, que no exista esa reunión de cancilleres, con lo cual el paso será mayor todavía. Pero ahora se plantea el dilema fundamental de esta época, que de verdad es un momento crucial para los pueblos del mundo, y cuya importancia también se refleja en América.

Varios delegados, quizás todos, se han preguntado: "Si fracasa la Alianza para el Progreso, ¿qué pasará?". Y es una interrogante de extrema importancia. Los Estados Unidos han sido sensibles a la presión de los pueblos. Han visto que la situación en América, como en todo el mundo, es de tan extrema tensión y tiende a atacar tan profundamente las bases del régimen imperialista, que hay que buscar alguna solución.

Esta Alianza para el Progreso es un intento de buscar solución dentro de los marcos del imperialismo económico. Nosotros consideramos que la Alianza para el Progreso, en estas condiciones, será un fracaso. En primer lugar, sin que se considere de ninguna manera una ofensa, me permito dudar de que se pueda disponer de 20 000 millones de dólares en los próximos años. Las trabas administrativas del gran país del norte son de tales características, que a veces se amenaza —como creo que en el día de hoy— con regimentar créditos hasta de 5 000 000 de dólares para el exterior. Si hay tal amenaza para cantidades tan pequeñas, es de imaginarse las que habrá para cantidades tan grandes como la ya apuntada.

Además, se ha establecido explícitamente que esos préstamos irán fundamentalmente a fomentar la libre empresa. Y como no se ha condenado en ninguna forma a los monopolios imperialistas asentados en cada uno de los países de América, en casi todos, es lógico suponer también que los créditos que se acuerden servirán para desarrollar los monopolios asentados en cada país. Esto provocará, indiscutiblemente, cierto auge industrial y de los negocios. Esto traería ganancias para las empresas. En el régimen de libre cambio en que casi todos los países de América viven, esto significaría mayor exportación de capitales hacia los Estados Unidos, de tal forma que la Alianza para el Progreso, en definitiva, se convertiría en el financiamiento por parte de los países latinoamericanos de las empresas monopolistas extranjeras.

Pero además, como en ninguna parte del documento ha habido una decisión expresa con respecto a puntos fundamentales, como son el mantener los precios de las materias primas, como no hay una prohibición a la baja de esos precios, como no hay ninguna obligatoriedad de mantenerlos, es muy presumible que en los años venideros siga la tendencia actual y que las materias primas de América vayan bajando sus precios cada vez más.

En tal caso es de presumir que habrá un deterioro cada vez mayor de la balanza de pagos de cada uno de los países de América, a lo cual se sumará, además, la acción de los monopolios exportando capitales. Todo esto se traducirá en una falta de desarrollo, en todo lo contrario de lo que presume la Alianza para el Progreso. La falta de desarrollo provocará más desempleo, el desempleo significa una baja real de los salarios; empieza un proceso inflacionario, que todos conocemos, para suplir los presupuestos estatales, que no se cumplen por falta de ingresos. Ya en tal punto entrará en casi todos los países de América a jugar un papel preponderante el Fondo Monetario Internacional.

Aquí es donde se producirá el verdadero planteamiento para los países de América. Hay dos caminos nada más: afrontar el descontento popular, con toda su secuela, o iniciar el camino de una liberación del comercio exterior, fundamental para nuestras economías; desarrollar una política económica independiente y estimular el desarrollo de todas las fuerzas internas del país, y todo esto, naturalmente, en el marco de políticas exteriores independientes que serán las que condicionen toda esta tarea de desarrollo de comercio con los países de otras áreas del mundo.

Naturalmente que no todos los países pueden hacerlo porque para ello se precisan condiciones especiales. En primer lugar, se necesita una gran valentía. Dentro del régimen en que se vive, los gobernantes tendrán que afrontar un viraje pronunciado en su política económica y en su política exterior, e inmediatamente entrar en conflicto con los monopolios extranjeros. Las masas apoyarán a los gobiernos que entren en conflicto para defender el nivel de vida de sus ciudadanos; pero las masas, cuando defienden una posición, también exigen. Y se producirá entonces entre los gobiernos, una doble amenaza que no siempre saben sortear: de un lado la presión de los monopolios imperialistas, de otro lado, la presión de las masas, que están exigiendo más. Para tomar de verdad un camino, habría que romper todas las estructuras, volcarse del lado de las masas, e iniciar una revolución completa. Pero no estamos hablando de revolución sino que estamos hablando del camino que pueden seguir los gobiernos, sin que se llegue al estallido de procesos revolucionarios.

Frente a esta disyuntiva, los gobernantes deben saber que, si tienen la valentía necesaria para afrontar el problema, y poder resolver una parte considerable de las aspiraciones de las masas y no claudicar frente a los monopolios extranjeros, podrán salir adelante por algún tiempo.

Lo que nosotros tristemente anotamos es que el ejemplo histórico demuestra que en esta disyuntiva, los gobernantes tienen miedo de la presión de las masas, se alían a los monopolios y a la parte importadora de las burguesías nacionales, e inician la etapa de la represión.

Para que una política de este tipo tuviera éxito, debería contarse no solamente con una burguesía nacional fuerte, agresiva, deseosa de superación y consciente de sus ideales, sino además, con un ejército que fuera capaz de comprender el momento actual de América y del mundo. Si se producirá eso o no, es una interrogante que nosotros no podemos contestar.

El otro camino es el del descontento popular. El descontento popular aumentaría en estas condiciones hasta tal punto que de nuevo se crearían dos condiciones históricas a resolver: o los gobiernos son sustituidos por elecciones populares, y se pasa a uno nuevo, ya con participación directa de las masas en el poder, o se establece un estado de guerra civil. Si se pasa a un gobierno con participación de las masas una vez más se crearán también las grandes contradicciones entre las masas que tratan de avanzar cada vez más en el camino de sus reivindicaciones, y los ejércitos nacionales, que defienden capas sociales diferentes y que todavía tienen las armas en la mano. Allí está el germen de otra guerra civil.

Si los gobernantes logran liquidar el movimiento de masas y mantener una férrea conducción del aparato estatal, contantemente estará sobre ellos el peligro de guerras intestinas, de las cuales Cuba manifiesta desde ahora que no será responsable. Y estas guerras, desarrollándose primero en condiciones muy difíciles en las zonas más abruptas, irán poco a poco dominando los campos, asediando las ciudades, y algún día se pasará a la conquista del poder político por parte de las masas populares.

Ese, señor Presidente y señores delegados, era el mensaje que Cuba se creía en la obligación de expresar ante todos ustedes: lo que ve de real en la Alianza para el Progreso, los peligros que se ven en la Alianza para el Progreso y lo que ve en el futuro de los pueblos, si como hasta ahora todas las reuniones internacionales se convierten simplemente en torneos de oratoria.

Por tanto, Cuba, aun manifestando su simpatía por una gran parte de las aspiraciones de esta Carta de Punta del Este, lamenta no estar en condiciones de firmarla en el momento actual; reitera sus deseos de amistad para todos los pueblos del continente, establece claramente su posición, dispuesta a discutir cualquier problema bilateral con algún país de América, y agradece el espíritu de cooperación con que todos los señores delegados han acogido las intervenciones de la delegación cubana, sus palabras, sus advertencias y sus, quizás un poco repetidas y cansonas, aclaraciones continuas.

Muchas gracias.

Quedó demostrada la naturaleza falsa de la Alianza para el Progreso

(Programa especial de la TV cubana sobre la reunión del CIES, 23 de agosto de 1961)

Moderador: Muy buenas noches, señores televidentes. Como ustedes han oído, tenemos aquí entre nosotros esta noche, para informar al pueblo de Cuba acerca de la Conferencia de Punta del Este, al doctor Ernesto Guevara, Ministro de Economía del Gobierno Revolucionario. La forma en que representó a Cuba en esa Conferencia, en la que se trató insidiosamente de organizar a los países latinoamericanos contra el nuestro, le ganó el respeto de todos, incluso nuestros adversarios, y, como es natural, la gratitud de todos los cubanos.

El doctor Guevara, como ustedes saben, visitó Buenos Aires a la terminación de la Conferencia de Punta del Este, entrevistándose con el Presidente Frondizi, y después visitó Brasilia, donde el presidente Quadros le impuso la más alta condecoración brasileña, la "Orden del Cruzeiro do Sul." Todo eso aumenta, sin duda, el interés de la comparecencia de esta noche.

El doctor Guevara va a comenzar por hacer uso de la palabra para anticipar algunas declaraciones, y después los periodistas le interrogarán como de costumbre.

Comandante Ernesto Guevara:

Bien, compañeros. Antes de responder al interrogatorio de los compañeros periodistas voy a hacer una síntesis, lo más apretada posible, de los resultados de la conferencia, de los propósitos iniciales que esa conferencia tenía y del papel de Cuba y de los demás países durante el desarrollo de la misma.

En primer lugar, y fuera de tema, permítaseme enviar un saludo al

Embajador de Rumania, cuyo país está de fiesta nacional, hoy, y a cuya gentil invitación no pude asistir por el hecho de tener que corresponder a esta invitación previa.

Empezaremos por explicar qué es la Conferencia del CIES. El CIES es un organismo colateral de la Organización de Estados Americanos que se ocupa de las cuestiones económicas de la América, organismo tradicionalmente dominado por la influencia imperialista norteamericana, que se suponía hasta ese momento respondía totalmente a esa influencia.

La Conferencia de Ministros de Economía —por ahí debe haber venido el pequeño error que cometió el compañero [Luis Gómez] Wangüemert, porque no soy Ministro de Economía, la conferencia era de Ministros de Economía—, estaba destinada a establecer una "Alianza para el Progreso", anunciada por Kennedy; y, naturalmente a encadenar más a los países latinoamericanos a las organizaciones financieras de Wall Street, a aislar a Cuba y, si se pudiera, a organizar el ataque armado ulterior contra Cuba.

Nosotros teníamos entonces tareas muy importantes y algo diferentes. Teníamos la tarea de ir a trabajar con las hermanas repúblicas de Latinoamérica, ir a tratar de movilizar la conferencia hacia planos más acordes con el interés de los pueblos, a desenmascarar al imperialismo y a tratar de contraponer sus intentos de aislarnos a nosotros y aislarlos a ellos.

Naturalmente, esto era una ambición muy grande de Cuba, no se puede cumplir totalmente, pero quedaron demostrados algunos aspectos importantes para los gobiernos y para los pueblos de América.

En primer lugar, quedó demostrada la naturaleza falsa de la "Alianza para el Progreso", la intención imperialista que tiene; quedó demostrado para los gobiernos, en todos los trajines, en todos los pequeños comités que se hacían fuera de la conferencia, las intenciones norteamericanas de aislarnos; y quedó también, para los gobiernos, bien clara la impresión de que no es por el camino de las humillaciones, de la sumisión a los intereses de Wall Street, como los pueblos y los gobiernos pueden ir adelante. Incluso los países que han demostrado una actitud más independiente son los que han salido más beneficiados de esta "Alianza para el Progreso", presumiblemente; aunque, naturalmente, todavía no se puede saber los resultados exactos de la "Alianza para el Progreso", pues se basa en una armazón de suposiciones y falsedades que en el mejor de los casos debe ser todavía sancionado por la realidad y, lo más probablemente, la realidad demostrará que se estaba frente a una gran estafa que se hace a los pueblos de América.

Nosotros, desde el comienzo de la conferencia, la caracterizamos como una reunión política y explicamos las intenciones que había de aislar a Cuba. Atacamos duramente el quinto punto que se trataría en la Comisión Cuarta de la Conferencia, relacionado con la difusión del plan de la "Alianza para el Progreso". Era un plan típicamente de domesticación de toda la opinión pública continental, al servicio directo de los Estados Unidos. De tal manera estaba fuera de tema que inmediatamente casi todos los grandes países de Latinoamérica, encabezados por Brasil, Argentina y México, y muchos otros pequeños, se opusieron terminantemente a este punto. Cuba llevó la voz cantante en él, y con sobrada razón, pues estaba nombrada expresamente en el informe preliminar —el que después fue catalogado de informe preliminar—, considerándola "una dictadura que había liquidado todos los organismos de prensa", en fin...

El problema grave no era la calificación política que se hiciera de Cuba, sino que un organismo presumiblemente interamericano, donde todos los países tienen el mismo derecho, se permitía, a través de funcionarios de ese organismo —que, además, eran dueños de periódicos reaccionarios del continente—, enjuiciar la actitud cubana y condenarla. De tal manera que éramos automáticamente condenados por un organismo intercontinental, sin que hubiera el correspondiente juicio de las naciones americanas, sino por un grupo de llamados "expertos".

Desde el primer momento, la crítica de Cuba se centró en ese quinto punto que, como digo, fue eliminado prácticamente y sustituido por una variante que tiene su veneno también pero mucho más sinuoso.

La actitud de los diversos países fue, naturalmente, muy diferente. De entrada, hubo algunos errores formales que obligaron a la protesta cubana. El delegado de Perú, el Ministro de Economía, Beltrán Espantoso, fue nombrado para representar a todas las delegaciones visitantes, agradeciendo al presidente Haedo. Era una fórmula protocolar, debiera ser un discurso de mera cortesía; sin embargo, el

Ministro peruano ya hizo un juicio político de la "Alianza para el Progreso" y la colocó directamente dentro de la "civilización occidental", "cristiana", de la "democracia representativa", con "elecciones libres", etc., etc., de tal manera que provocó la protesta cubana. Doble protesta: primero, porque en un discurso protocolar, donde se representa a todos los países, no se puede estar estableciendo enjuiciamientos políticos que son de por sí objeto de discusión; y segundo, porque Cuba no había sido consultada, y sin la consulta y la aquiescencia de Cuba se había sido nombrado, para representar a todos los países, a uno de ellos que no mantenía relaciones diplomáticas con nosotros.

Al principio la situación fue violenta, pero el delegado de Ecuador nos apoyó inmediatamente, pues tampoco había sido consultado. De tal manera que se demostró que había algunas fallas de ese tipo.

Nosotros, en la Plenaria, antes de que hicieran uso de la palabra las diversas delegaciones, expresamos nuestro agradecimiento al pueblo uruguayo y al gobierno uruguayo, y que nuestro saludo iba solo debido a que no estábamos de acuerdo con los conceptos vertidos anteriormente por el señor Beltrán.

Se vieron varias posiciones definidas desde el primer momento. La actitud de Cuba, naturalmente, la colocaba en un extremo de la lucha intercontinental que se estableció en Punta del Este. En el otro extremo estaban los Estados Unidos, y había una amplísima gama que se puede reducir a dos o tres posiciones fundamentales.

Los pequeños países del Caribe, fundamentalmente, y algunos países también de Suramérica se colocaron en una posición lacayuna al lado de los Estados Unidos, aprobando todas las medidas que Estados Unidos proponía o que en general proponía a través de otro país, que es la táctica usada por ellos. Fundamentalmente esos países eran Guatemala, Perú, y había veces que usaban otros.

Había una serie de países que luchaban por medidas concretas de carácter económico, y, realmente, suponían, que esta era una conferencia no política, es decir, no intervenían en el marco político de la conferencia. Entre esos países puede citarse a Argentina y, en cierta manera, a México también.

Hubo otros países que claramente establecieron las características importantes que tenía para Latinoamérica la necesidad de la unión, vieron el peligro del aislamiento de Cuba y comprendieron el fundamento de esta "Alianza para el Progreso". De ellos, naturalmente, el campeón fue Brasil, cuya decidida actuación impidió que se tomara otro tipo de acuerdos que podrían haber sido lesivos para la delegación cubana. Las órdenes concretas del presidente Quadros hicieron que en todo momento Estados Unidos tuviera que ceñir su acción con respecto a Cuba, para evitar quedar en evidencia por el voto negativo y fundamentado de Brasil.

Naturalmente, todas estas son suposiciones que se hacen, porque las discusiones para tomar medidas de tipo importante en la conferencia no se hacen en discusión pública, son discusiones entre delegaciones, donde la cubana no participó nunca; se enteraba a veces por algunos amigos, por algún periodista, por algún miembro de algún país enemigo, pero que personalmente era amigo, y pasaba alguna información. Es decir, estábamos en plena "guerra fría", y se usaban una serie de métodos propios de la guerra.

Además, hubo países que tuvieron una actitud destacada en defensa de los principios democráticos, de la autodeterminación de los pueblos, que estuvieron muchas veces junto a Cuba, y que demostraron la real importancia que el gobierno daba a este evento y que hicieron que Cuba no se sintiera ni medianamente sola en el curso de la conferencia. Entre esos países podemos citar, fundamentalmente, a Bolivia y a Ecuador.

La actitud de Bolivia sobre todo es digna de destacar, como muy valiente en la conferencia; hasta tal punto que, en los corrillos, se le había aplicado el peligroso mote para un país que está en las condiciones tan especiales de Bolivia, de "primos hermanos de los cubanos". De tal manera, que en muchos puntos de la discusión la actitud boliviana fue muy beligerante.

Los diez o doce días de discusión fueron muy intensos; había que estar vigilando constantemente, de una comisión a otra – había cuatro comisiones –, y había que establecer una lucha contra el sistema de introducir el veneno poco a poco en las declaraciones, en los artículos o en las fundamentaciones de cada declaración, para tratar de ir colocando a Cuba en una posición difícil.

La delegación cubana en pleno actuó con mucho tesón; todos mis compañeros desarrollaron una gran tarea. Podemos decir que fue un modelo de disciplina la delegación cubana, que ni uno solo de sus integrantes conoció otra cosa de Punta del Este que las comisiones donde había que trabajar, en circunstancias en que, como sucede siempre en este tipo de conferencias, había representantes de países extranjeros que prácticamente no conocían las comisiones, se lo pasaban en los casinos de juego y en diversiones de ese tipo, que habían abundantes.

Naturalmente, Cuba, con las responsabilidades que tiene en el momento actual, no podía permitirse ni remotamente ese tipo de distracciones, y el trabajo continuo en todas las comisiones fue algo de lo que fue poco a poco modificando, incluso, los criterios de algunos países completamente enemigos del nuestro.

A Cuba había que escucharla en todas las comisiones y había que escuchar sus razonamientos. Y se derrotaban en votación los razonamientos de Cuba, pero muchos delegados votaban en contra sabiendo que era una injusticia contra su propia voluntad.

A veces, la manifestación más grande de independencia y audacia que podía hacer un delegado extranjero era saludarnos públicamente, porque enseguida la mirada de todos los delegados estaban fijas en él, las cámaras de la enorme cantidad de representantes de la prensa mundial y, además, los Servicios de Inteligencia de los Estados Unidos, fundamentalmente.

Sin embargo, vimos muchas sorpresas; individualmente se acercó mucha gente a nosotros, y consideraban en general que en Punta del Este se había iniciado una nueva etapa en América. Esa nueva etapa está dada por un sentido de independencia de los pueblos, o mejor decir, de los gobiernos. No estaban representados los pueblos en Punta del Este, salvo en el caso cubano y en algunos otros más; en general, había gobiernos que representaban a oligarquías de cada uno de los países, pero cada una con profundos problemas por delante, problemas que llevaban a la necesidad de subsistir a toda costa en estos años que vienen. Ya no es un problema de largo alcance, sino es el problema de cómo pasar los meses que vienen, el año que viene, cómo llegar al fin de un mandato gubernativo, cómo llegar a poder perpetuarse en el poder, sin provocar trastornos, sin tener que afrontar trastornos muy grandes.

Ellos habían visto que la actitud de Cuba, ya a dos años y medio después de la libertad, había ido cada vez más hacia una contraposición frontal con los norteamericanos, que no había ocurrido ninguna catástrofe, y que el desarrollo de Cuba era muy acelerado —lo que a la mayoría de los países no le interesaba mucho, pero sí que las posibilidades de subsistir podían ser muy grandes, aun contra la voluntad de los Estados Unidos. Y eso sí les interesaba, porque fue utilizada Cuba como un medio de chantaje. Había cerca de nosotros un delegado de uno de los países dictatoriales que ha roto relaciones con nosotros —personalmente un hombre simpático—, que él decía que estaba "bajo la beneficiosa sombra del Che, tratando de ver qué se conseguía", con todo cinismo. Naturalmente, "la sombra del Che" no era la sombra del Che: era la sombra de la Revolución cubana, que con su actitud intransigente y de denuncia completa de todos los planes norteamericanos hacía que otros países pudieran ir arrimando una pequeña brasa a su sartén, y muchos de ellos lo hacían consecuentemente, para tratar de conseguir algo. Se escuchó, por primera vez en una conferencia latinoamericana, voces divergentes que obligaron a cambiar la actitud que ya traía los Estados Unidos; una actitud que venía preparada desde hace tiempo por viajes de cancilleres de otros países, por declaraciones de las autoridades máximas de los Estados Unidos, tendientes a crear el clima para, en primer lugar, convocar una Conferencia de Cancilleres, primero llamar probablemente a Cuba a que "se reintegrara al seno de los países latinoamericanos", "que abandonara su nefasta alianza", etc., etc., y después condenarla y aislarla.

La Conferencia de Punta del Este era el anticipo; era, digamos, el pago por adelantado que se hacía a los gobiernos para su complicidad en este hecho. Sin embargo, nuestra actitud de denuncia resuelta, sobre todo la actitud de apoyo del Brasil, que es un país de enorme importancia, y la de varios otros países latinoamericanos, que se opusieron terminantemente a que existiera ninguna relación entre esta conferencia y alguna otra, parecen haber liquidado los planes de los Estados Unidos en el momento actual. Digo parecen, porque no se puede saber, en definitiva, qué habrá; los Estados Unidos es un país muy poderoso, muchas palancas tienen para mover las oligarquías de otros países sometidos, y siguen trabajando en ese sentido; pero, sin embargo, nosotros creemos que es muy difícil para ellos reunir en este momento una Conferencia de Cancilleres.

De más está decir que si la reúnen, si nos condenan en definitiva, pues, no será nada más que una condena formal, sin calor de pueblo, totalmente en contra de los respectivos pueblos, y que no les traerá nada más que problemas a los países que lo hagan. De todas maneras, eso es muy difícil, y hay países muy grandes —como Brasil— que han asegurado que no lo harán; la Argentina también ayer, por boca de su Presidente, ha adoptado una actitud parecida; la actitud de México es conocida ya en ese sentido, de tal forma que los países más importantes del continente están absolutamente en contra de cualquier tipo de presión política sobre Cuba.

El resultado final de la conferencia fue un voluminoso legajo, donde se especifican las aspiraciones de los pueblos de Latinoamérica en los 10 años que vienen, en la década "del progreso democrático, fecundo, acelerado...", en fin, con un preámbulo, preámbulo que se llama "Declaración a los Pueblos de América", que quiere ser una condensación de lo anterior, y es una condensación sin cifras, muy llena de adjetivos, muy ampulosa, que no dice nada y que no obliga a nada.

Desde el punto de vista político, en cuanto a sus aspiraciones de condenar a Cuba, la conferencia puede catalogarse como un fracaso rotundo para los Estados Unidos. Ahora, desde el punto de vista de su especial política económica, nosotros dudamos que haya sido un fracaso tan grande, por el hecho de que ellos han hecho creer a los pueblos —a los gobiernos, y, a través de los gobiernos de América, a los pueblos—, que de verdad están dispuestos a dar, cuando no están dispuestos a dar. Y aunque estuvieran dispuestos a dar, no pueden dar; y aun cuando pudieran dar, tendrían que dar a los círculos gobernantes de los países de Latinoamérica, y no a los círculos gobernantes, sino a la alianza que hacen los círculos gobernantes con los intereses monopolistas en cada país, de tal forma de hacer inversiones que se traducen en nuevos negocios para monopolios o para las mismas oligarquías que tienen interés en depositar su dinero en Estados Unidos.

Es decir, que la rueda sería completa; la misma que ha ocurrido en Cuba tradicionalmente, hasta la liberación, es decir, había grupos locales que se unían con intereses norteamericanos, tenían negocios comunes favorecidos por el gobierno, ganaban dinero, convertían su dinero en dólares, y depositaban los dólares en Estados Unidos.

Naturalmente que este sistema no podría, de ninguna manera, beneficiar a los pueblos. Pero la declaración fundamental, la parte, digamos fundamental de todo el largo documento que se llama "Carta de Punta del Este," es en realidad la parte donde los Estados Unidos fijan las cantidades que van a dar a América. Es el párrafo donde fija esas cantidades, que es algo que, realmente, no compromete a los Estados Unidos, porque la forma en que está redactado es de tal vaguedad que, realmente, los Estados Unidos pueden perfectamente recurrir a este documento, para demostrar que no tienen ninguna obligación fundamental. "Los Estados Unidos manifiestan que si los pueblos de América Latina adecuan sus políticas económicas, se podría considerar que los Estados Unidos y otras potencias occidentales, como Alemania Occidental y Japón, podrían invertir en el curso del decenio siguiente no menos de veinte mil millones de dólares."

Es decir, que está lleno de verbos en una forma dubitativa, y, en definitiva, no se comprometen nada más que a hacer algunas gestiones, a mirar con simpatía, a considerar dentro de lo posible, de tal manera que la única obligación efectiva de los Estados Unidos es dar mil millones de dólares en el curso de este primer año. Pero mil millones de dólares de tal manera que 500 ya estaban, eran los primeros quinientos millones de dólares acordados por el Congreso; los otros quinientos, está por ver. Además, se pone como requisito el que se presenten en el curso de estos 60 días, desde la firma de la Carta de Punta del Este, los proyectos completos.

En 60 días no se puede presentar ningún proyecto, ni siquiera un proyecto de ante-proyecto; de tal manera que solamente lo que ya esté realmente hecho, lo que ya esté conversado de antes, será lo que se financiará. Se sabe que en el noreste de Brasil habrá algunos financiamientos ya establecidos con el gobierno norteamericano; presumiblemente en la Argentina también haya alguno; se hablaba de la región del Chocón para hacer una hidroeléctrica, y hacer regadíos. Pero los pequeños países no podrán hacer, de ninguna manera, ninguna clase de proyecto, y de los primeros mil millones verán bastante poco los países pequeños.

De los primeros 1 000, ya digo: 500 son una aparente realidad; los otros 500 ya son un poco materia de discusión; y los otros 19 000, sencillamente constituyen el módulo de la estafa.

Nosotros por eso consideramos que, a pesar de todo, los Estados Unidos tuvieron todavía, a pesar de las nuevas influencias que han existido, de las nuevas manifestaciones de los pueblos, tuvieron todavía la posibilidad de imponer un acta de este tipo, donde los pueblos no manifestaran ya abiertamente su total repulsa a los sistemas norteamericanos, porque realmente es algo escandaloso la forma en que se estafa a los pueblos.

El Senado de los Estados Unidos, las Cámaras Legislativas de los Estados Unidos, son los que tienen potestad para dar o no dar esos créditos. De tal forma que el representante Dillon, el Secretario del Tesoro, simplemente fue a hacer allí afirmaciones más o menos aventuradas que necesitan ahora ser ratificadas por el Congreso. Y por lo que se ve, no serán ratificadas sino en pequeña medida.

De tal manera que todo lo poco que está en esta Carta, considerado como una gran esperanza para los pueblos, tampoco podrá realizarse.

A pesar de eso, Cuba presentó 29 proyectos y el espíritu —aunque ninguno fue aprobado íntegramente—, el espíritu de esos proyectos se refleja en algunas de las partes resolutivas del documento; de tal modo que incluso los Estados Unidos firmaron ese documento, pero establecieron dos reservas formales en el Capítulo III, que trata de las materias primas, que es el punto fundamental de todo. En el primero se hablaba para conocimiento del público en el punto uno —en el punto uno—, se hablaba de una planificación del desarrollo, que después se transformó en programación del desarrollo —le cambiaron el nombre. Después, en el punto dos se trataba de la integración a un mercado común latinoamericano; en el punto tres se trataba de las materias primas y de los problemas de precios y de mercados de las materias primas; en el cuatro, del informe anual que se estableció ya que se iba hacer un informe anual, donde iba a haber una participación de ministros de Economía, cada año, en un país diferente de América; y el punto quinto era el de la divulgación de la "Alianza para el Progreso" que prácticamente fue liquidado. El punto quinto, en tal forma perdió todo su interés; el punto cuatro es uno meramente administrativo, es el del informe anual; y entonces quedaron los otros tres puntos donde se discutió.

A la integración económica latinoamericana no le dieron mucha importancia, y la lucha de los Estados Unidos se produjo en la Comisión uno y la Comisión tres.

En la Comisión tres, donde trabajó mucho el subsecretario de Comercio de Cuba, el compañero León, Raúl León Torras, fue donde los gobiernos latinoamericanos lograron mejores posiciones, y fue precisamente donde los Estados Unidos establecieron dos reservas formales.

En el punto uno, prácticamente los Estados Unidos pudieron dominar la situación y establecer un programa general, que no tiene realmente ningún contenido importante para los pueblos.

Como resultado final de la conferencia se puede decir que su importancia está en que ha alejado las posibilidades de la Conferencia de Cancilleres posterior, que ha eliminado las posibilidades de establecer un aislamiento sobre Cuba, que permitió hacer escuchar la voz de Cuba en toda Latinoamérica, hacer llegar, a pesar de las enormes dificultades que había, de las tergiversaciones enormes que constantemente los periódicos uruguayos, y de los países que uno tenía oportunidad de ver, hacían de las intervenciones cubanas, sin embargo, se hizo llegar, a pesar de eso, la verdad al pueblo. Además, tiene la importancia de haberse hablado un nuevo idioma, no solamente el idioma de Cuba, que era el idioma beligerante, el idioma de la rebeldía abierta, sino también el idioma de los países que no estaban dispuestos a ser simplemente arria de los Estados Unidos, sino a discutir con ellos para conseguir tratos mejores para sus productos elaborados con sus materias primas. Y, fundamentalmente, la nueva actitud del gobierno brasileño, mejor dicho, la actitud del nuevo gobierno brasileño, porque no es nueva esa actitud. Desde que el presidente Quadros tomó el poder, se ha manifestado decididamente a favor de la coexistencia de todos los pueblos del mundo, de la relación con todos los pueblos y de una política de paz.

Nosotros le dimos importancia considerable a una resolución tomada por mayoría, en la cual se establece explícitamente el derecho a la coexistencia dentro de América de países con distintos regímenes sociales.

La consideración expresa que —un segundito, para leerlo exactamente—... Dice:

> A los efectos del proceso de integración y desarrollo económico que se persigue, es fundamental la participación activa del sector privado, y, excepto en los países donde no exista el régimen de la libre empresa, la programación del desarrollo por los organismos públicos nacionales competentes lejos de obstaculizar esa participación puede facilitarla y encauzarla, abriéndole nuevas perspectivas de beneficio social.

La proposición original no contenía estas palabras: "excepto en los países donde no exista el régimen de la libre empresa", que fue propuesto por Cuba. Precisamente porque habla de la participación activa del sector privado en el caso cubano, era un contrasentido, desde que aquí se ha condenado la explotación del hombre por el hombre y la filosofía de la libre empresa.

Los países en el seno de la Comisión dos, aprobaron por mayoría simple —que se podía hacer—, de nueve votos, y pasó a la Comisión Plenaria, donde se volvió a aprobar con algunas variantes —el texto original era algo diferente; se volvió a aprobar contra el voto expreso de los Estados Unidos por 11 votos, es decir, la exacta mayoría, porque son 21 países participantes; se necesitaba mayoría absoluta, que son 11.

De tal forma que quedó inserto en las actas finales de la Carta de Punta del Este, de las Conferencias Latinoamericanas, el hecho de que los países donde no exista el régimen de la libre empresa, pueden pertenecer al sistema interamericano.

Nosotros lo hicimos conocer como uno de los logros de la conferencia, y provocó la reacción violenta, airada, extemporánea, del secretario del Tesoro, Dillon, que anunció que no reconocía a Cuba, que no reconocía la coexistencia pacífica, en fin, en una palabra: que nos iba a comer crudos ese día o el siguiente.

Esas son las cosas positivas que esta conferencia ha arrojado, muy importantes sin duda alguna. Las cosas negativas son, como les decíamos antes, el hecho de que Estados Unidos una vez más ha introducido la falsa idea de que está gastando dinero para ayudar a los pueblos. No es tal. Primero, no gasta dinero; y después, si lo gasta no es para ayudar a los pueblos, sino, en todo caso, para ayudar a sus propios monopolios que se lo devuelven y llevan de nuevo el dinero a Estados Unidos.

En eso del dólar se puede establecer, igual que en el proverbio, que "la chiva tira al monte" y el dólar constantemente vuelve, tiende a volver a los Estados Unidos, por lo menos en Latinoamérica. De tal manera que estos dólares, si se llegaran a gastar, que es muy relativo y lo más probable es que ni siquiera el Congreso lo apruebe, serían para los monopolios en general, y estos, después de movilizar el dinero con sus nuevas ganancias, pues lo vuelven a mandar a los Estados Unidos. Eso es algo negativo. Es negativa, además, la pobreza de las aspiraciones contenidas en este documento.

En el terreno educacional, Cuba prácticamente ya ha conseguido todo lo que aquí se propone como una meta para dentro de diez años, y algunas de las cosas que no estaban conseguidas se conseguirán en cinco años y se sobrepasarán.

La tasa de desarrollo neto de 2,5% per cápita, es sumamente bajo para nosotros, que aspiramos a tener no menos del 10%. Nosotros le habíamos hecho un pequeño cálculo —que tampoco le gustó mucho a Mr. Dillon— y era que si nosotros teníamos una tasa de crecimiento de 2,5% para todos los países latinoamericanos, y con eso pretendíamos alcanzar el nivel de vida actual de los Estados Unidos, eso nos llevaría cien años. Y que si pretendiéramos alcanzar el nivel que los Estados Unidos fueran a tener, porque también están creciendo en una medida pequeña, pero crecen, necesitaríamos 500 años. De manera tal que la "tremenda" "Alianza para el Progreso" significaba que nuestros descendientes, varias generaciones después podrían considerarse a la altura de los Estados Unidos. Y nuestros pueblos lo que quieren es una tasa de crecimiento que los libre de la miseria ya, y no pensar en sus tratamientos y después todavía, como es el plan de los Estados Unidos en eso.

En salud es un plan sumamente reducido también, e incluso hace algunas especificaciones que son, en nuestro concepto, negativas. Hablan de que el 70% de las casas tendrán agua dentro de diez años. Es decir, ya explícitamente condenan al 30% de las casas de Latinoamérica a no tener agua corriente, servicio de alcantarillado, etc., en la población urbana, en el campo es un 50%.

El plan de construcción de viviendas no se aprobó. El único país que presentó un proyecto para eso fue Cuba; fue apoyado por Brasil. Sin embargo, los Estados Unidos lo objetaron, y al final fue rechazada la moción cubana, de tal forma que en la "Alianza para el Progreso" no hay una especificación de que vaya a haber un plan para darle casa a la gente. Nosotros habíamos hecho un cálculo previo que solamente cubrir el déficit de casas que se creaban en los años próximos, costaría alrededor de dos mil millones de pesos anuales. De tal manera que la "Alianza para el Progreso", solamente en casas se consumiría totalmente.

Es decir, que el plan comienza con una invocación muy ampulosa; se habla de una década de un vigoroso crecimiento democrático, de las conquistas que dentro del régimen de la "democracia representativa" harán los pueblos, de que hemos sido ejemplo, y somos ejemplo de libertad como continente para todos los pueblos de América, etc., etc. Y después se dice que vamos a tener un 70% de agua en las ciudades, un 50% en el campo; que dentro de 500 años vamos a alcanzar el desarrollo de Estados Unidos, o de cien el que tenía ahora. Todo eso se dice, pero, naturalmente, en tal forma que el que no entiende un poco de estas cuestiones como sucede en general con el pueblo, no ve tales cosas.

Además, el único documento que se presenta es uno que no tiene cifras. De tal manera que todo se reduce a, por ejemplo, decir así, para dar una idea:

> impulsar, dentro de las particularidades de cada país, programas de reforma agraria integral, orientada a la efectiva transformación donde así se requiere, de las estructuras, en justo sistema de tenencia y explotación de la tierra, con miras a sustituir el régimen del latifundio y minifundio por un sistema justo de propiedad.

Es decir, "dentro de las particularidades de cada país, y donde así se requiera", es que nadie hace reforma agraria y simplemente es nada más que una invocación vacía.

Dice: "desarrollar programas de salubridad e higiene, con miras a prevenir las enfermedades, luchar contra las epidemias, y defender, en suma, el potencial humano." Es decir, nada; en todo caso, lo que quiere decir esto de "potencial humano" es que hay que defender la fuerza de trabajo necesaria para que los monopolios tengan gente que trabaje para ellos.

> Asegurar a los trabajadores una justa remuneración y adecuadas condiciones de trabajo, establecer eficientes sistemas de relaciones

> obrero-patronales, y procedimientos de consulta y colaboración entre las autoridades de las asociaciones patronales y las organizaciones de trabajadores, para el desarrollo económico y social; acabar con el analfabetismo —la única cosa que realmente está concreta—; extender, en el plazo más corto, los beneficios de la enseñanza elemental o primaria a toda persona latinoamericana y ampliar en vasta escala las oportunidades de educación secundaria, técnica y superior.

Es decir, un plan muy amplio, con muchas palabras muy bonitas, pero que no obliga a nadie y que explica nada. Esto es lo que los pueblos de América conocerán como resultado de las deliberaciones de quince días en Punta del Este.

No se habla en este último documento, sino de esta frase que puede comprometer a los Estados Unidos. Dice así:

> Los Estados Unidos, por su parte, se comprometen a ofrecer su cooperación financiera y técnica para alcanzar los fines de la Alianza para el Progreso. A tal efecto, proporcionarán la mayor parte del financiamiento de por lo menos 20 000 000 000 de dólares, principalmente fondos públicos, que la América Latina requiere de todas las fuentes externas durante la próxima década para completar sus propios esfuerzos.

Es decir, que se comprometen a proporcionar la mayor parte del financiamiento de por lo menos 20 000 000 000 de dólares, pero esto es algo que probablemente el Congreso no apruebe, o, en todo caso, si sanciona a los préstamos no lleguen nunca.

Y después dice que:

> en los doce meses contados a partir del 13 de marzo de 1961, fecha de la primera declaración de la Alianza para el Progreso, los Estados Unidos proveerán fondos públicos por más de mil millones de dólares para contribuir de inmediato al progreso económico y social de la América Latina.
>
> Los Estados Unidos tienen la intención de que los préstamos para desarrollo sean a largo plazo, y, cuando fuere apropiado, se extiendan hasta 50 años, a interés en general muy bajo, o sin interés, de acuerdo con los casos.

Es decir, siguen las vaguedades. Ese es el resultado neto, los pro y los contra, según nuestra opinión, de la Conferencia del CIES. Y para

Cuba naturalmente ofrece un saldo positivo; ofrece un saldo negativo, pero, sin embargo, en el terreno económico han logrado una vez más pasar el fraude a los pueblos, y con la ayuda de la prensa venal de todos los países hacerse creer, de modo que en algunos lugares hay cierta esperanza con esta Alianza.

Los delegados, en general, en las conversaciones privadas, opinaban que era una simple reunión más como tantas otras, y muchos de ellos tenían una filosofía muy especial.

Como ya decía, se iban a jugar la ruleta al Casino, salían de fiesta; a veces estaban las sillas vacías, porque se iba toda la Delegación y no se ocupaban en absoluto de los resultados, porque ya sabían que los resultados estaban más o menos prefabricados de antemano, y que los países pequeños, con gobiernos títeres, no podían hacer nada para cambiar estos resultados. De modo que tomaban la filosofía más práctica, y a veces ni siquiera iban.

Yo creo que me he extendido lo suficiente como para permitir hablar a los periodistas.

Moderador: Compañero Honorio Muñoz, ¿quiere usted hacer la primera pregunta?

Periodista: Con mucho gusto.

Comandante Guevara, a pesar de que en Cuba los planteamientos y trabajos de la Delegación Cubana a la Conferencia de Punta del Este fueron suficientemente divulgados, y de que esta apreciación crítica que de esa conferencia usted nos acaba de hacer es bien clara y exhaustiva, estimamos que algunos puntos de la posición, del enfoque político de Cuba, merecen un reiterado esclarecimiento.

Por ejemplo, en la conferencia usted afirmó que "La Alianza para el Progreso se plantea dentro de la órbita imperialista y para salvarlo". ¿Por qué lo considera usted de esa manera?

Comandante Ernesto Guevara: Bien. Hay una cuestión importante. Los Estados Unidos, naturalmente, han cambiado su sistema, formalmente, porque el sistema imperialista no puede cambiar; lo que ha cambiado es su sistema de relación con los países latinoamericanos. Se han dado cuenta de una cosa fundamental, y es que el sistema colonial, aun cuando sea el colonialismo económico que sufren los pueblos de América, está en un proceso tal de desintegración que no puede durar. Los restos de feudalismo tienen que desintegrarse rápidamente. De tal manera que los Estados Unidos han previsto un plan para liquidar las relaciones feudales de producción, en el campo sobre todo, donde la mayoría de los países de América tienen problemas fundamentales, y hacer un tipo de Reforma Agraria. Como ellos dicen, un tipo que liquide el latifundio, el minifundio, es decir, serán haciendas medias, mecanizadas, con obreros agrícolas en vez de tener campesinos, con una alta productividad que permita entonces volcar una gran cantidad de productos en el mercado; liquidar toda esa clase parasitaria feudal, y crear una nueva clase, probablemente... no una nueva clase, sino una variante de la burguesía, la burguesía relacionada con la importación en cada país de América, que entre en cada país en contacto con los monopolios norteamericanos, que creen las sociedades mixtas.

Estas sociedades mixtas funcionan dentro del régimen de cada país con la sola excepción de que sus ganancias en el régimen de libre cambio las pueden exportar a los Estados Unidos. De tal forma que todo lo que sea lo violento, que es la intromisión directa de capitales extranjeros en la economía de un país, no se ve. Como sucedía aquí en Cuba, se llamarán "Compañía Cubana de Electricidad", "Compañía Colombiana de Teléfono", "Compañía Peruana del Hierro", etc., etc., tendrán un administrador del país sede, digamos, del país donde está la materia prima, y los capitales y la conducción financiera será norteamericana.

De tal forma, que ellos pensaban desarrollar la producción del país, como ya dije, liquidar el feudalismo, crear esa nueva clase, y entonces iniciar una etapa de desarrollo capitalista en todos estos países. Desarrollo que está, sin embargo, tarado, por el hecho de que los capitales que se van a emplear no son capitales independientes, burguesías nacionales que entren en pugna con los monopolios, sino capitales plegados ya a los capitales monopolistas y que trabajan de consuno, de tal manera que contribuyen todavía a la colonización del país, pero alivien en este momento la presión que hay, y, naturalmente, dan un cierto auge, junto con medidas de inversión a corto plazo en las economías de los países que están más atrasados, donde el peligro de una explosión social es más evidente. Como sucede, por ejemplo —no es un secreto—, en los países de Haití, Santo Domingo, en casi todos los países de Centroamérica, en los países andinos, que existe todavía el feudalismo en gran escala. En Perú todavía se venden las haciendas "con tantos trabajadores dentro". Es decir, el trabajador es una parte del valor asignado a la hacienda. De tal manera, que todavía se puede trabajar mucho dentro del sistema capitalista para liquidar las relaciones de producción más atrasadas y mantenerlas absolutamente dentro del sistema imperialista.

Además, se puede todavía liquidar toda la mano de obra artesanal que existe en estos países, que, por otra parte, es una experiencia que no es nueva, y que fue iniciada por primera vez por Inglaterra en la colonización de la India, hace ya muchos años, donde precisamente la introducción de los capitales ingleses liquidó las relaciones feudales de producción en muchas regiones, liquidó las relaciones feudales de producción para que la India se convirtiera en una gran exportadora de materias primas para Inglaterra.

Estados Unidos intenta ahora perfeccionar el sistema inglés, y hacer de toda Latinoamérica una eficiente productora de materias primas para los Estados Unidos, liquidando los puntos más conflictivos de las relaciones de producción, como son, en casi todos los países, las relaciones entre el campesino y el señor feudal.

No sé si expliqué bien esto.

Moderador: Compañero Ithiel León.

Periodista: Comandante Guevara, me permito ampliar un poco la pregunta anterior. Porque se ha dicho que la "Alianza para el Progreso", ocasionará, a fin de cuentas, mayor desempleo, reducción de salarios, y un proceso de inflación en los países donde opere.

Comandante Ernesto Guevara: Bien, no es exactamente que vaya a producir la "Alianza para el Progreso" estos resultados, sino que es el proceso. Nosotros definimos esto como el proceso que va a seguir Latinoamérica, y que seguiría de todas maneras o no la "Alianza para el Progreso".

Nosotros precisamente decíamos: bueno, la "Alianza para el Progreso", no va a dar capitales sustanciales a Latinoamérica, pero aun cuando los diera, los dará en las condiciones fijadas por el imperialismo cuales son que estas inversiones sean canalizadas hacia los lugares donde le interesa al capital monopolista que llegue.

Es decir, ya todas las compañías extractivas, empresas extractivas de todos los países de Latinoamérica, que van a producir minerales, materias primas estratégicas para los estados, a los productores de materias primas, también van a producir materias primas, por ejemplo, agrícolas, que son importantes para los Estados Unidos.

Que si se producía la inversión de la "Alianza para el Progreso", todo esto ocasionaría cierto auge en los negocios, y que ese auge se traduciría, en definitiva, en mayores ganancias para esas empresas que las reexportarían a los Estados Unidos, y estaríamos de nuevo en "fojas uno" ¿no? Pero el proceso continúa, el aumento de la producción cuando no hay aumento real de los mercados, porque el mercado capitalista no está en expansión en estos momentos, hace que haya una mayor cantidad de productos pesando sobre el comercio, y obliga a los productores a aumentar la productividad para poder abaratar el costo del producto.

El aumento en la productividad en el sistema capitalista significa, automáticamente, el desempleo. El desempleo, donde no hay otros empleos alternos, significa una baja real de los salarios. Además, como en la lucha de los distintos países productores de la misma materia prima hay una disminución efectiva de las cantidades de dinero recibidas, eso se traduce también en la falta de artículos de importación; la falta de artículos de importación produce un aumento de los costos, un aumento del costo de la vida. Sumado el aumento del costo de la vida, el desempleo, a la baja real de los salarios producida por la cantidad de gente que no percibe salario, va provocando situaciones de hambre, va provocando situaciones en cadena de quiebras de una serie de negocios, de baja en una serie de negocios, al disminuir los mercados, constituido por toda esa gente que deja de consumir. Y esto provoca, naturalmente, una baja en las recaudaciones, un desnivel entre las recaudaciones de los gobiernos y sus obligaciones, provoca una inflación, un deterioro total de su economía.

En estos momentos, decíamos nosotros, el Fondo Monetario Internacional, del cual todos los países latinoamericanos son miembros, interviene para tomar medidas monetarias, o monetarias antifraccionarias. Medidas que se traducen todavía más en una reducción del crédito, en una reducción... tratar de reducir la inflación, reduciendo el dinero circulante, en vez de reducir la inflación por el sistema de aumentar la producción. Pero para aumentar la producción habría que liquidar los sistemas de producción en las relaciones de producción existentes, habría que liquidar los sistemas de producción en las relaciones de producción agrícola, que el pueblo tomara las fábricas, en fin, realizar una verdadera revolución social.

Como eso es imposible que el Fondo Monetario lo determine o lo aconseje, empieza una situación de deterioro creciente, y nosotros apuntábamos ahí, los países tienen dos disyuntivas o, digamos, están en la disyuntiva: o van a diversificar su comercio exterior, entonces empieza una nueva política de venta a todos los países del mundo, que fue el principio de nuestro desarrollo, en contradicción con los Estados Unidos, trae todo eso la serie de contradicciones que se conocen ya: los monopolios se vuelven agresivos, el país tiene que tomar nuevas medidas, hay que apoyarse cada vez más en el pueblo, como es lógico, el pueblo también exige más, hay que ir tomando a la burguesía por asalto sus posiciones, y esto puede llevar a una revolución social, o, en todo caso, lleva a una situación de desarrollo de la burguesía nacional en constante lucha contra los capitales monopolistas: o si no en el otro extremo se afronta el descontento popular, se siguen las normas del Fondo Monetario, de los organismos que aconsejen las medidas a tomar, se controla la exasperación del pueblo con medidas drásticas, se inicia entonces una etapa de conflictos civiles muy serios, o el gobierno que esté en esa situación cae por una elección y sube otro nuevo gobierno que empieza otra vez la lucha por diversificar su comercio, empezar de nuevo la lucha con el pueblo que está bastante bien explicado en forma sintética en un guión cinematográfico de Sartre, de hace unos años, que se llamaba *El engranaje*.

Todo este proceso de los gobiernos que caen y se levantan y tienen siempre el miedo de tomar la decisión definitiva, que es la de adquirir los medios de producción y dárselos al pueblo, lo que ha sucedido en Cuba, que ha permitido dar el gran paso hacia la revolución socialista.

Eso fue lo que nosotros planteamos en la intervención final en Punta del Este.

Moderador: Compañero Gregorio Ortega.

Periodista: Comandante Guevara, después de la Conferencia de Punta del Este, usted estuvo en Brasil. ¿Qué puede decirnos de su entrevista con Janio Quadros?

Comandante Ernesto Guevara: Bien, fue una entrevista muy corta, el presidente Quadros nos confirió varios honores, el primero de ellos el de esperarnos para charlar algunos momentos, porque él ya tenía un compromiso previo de inaugurar una siderúrgica en uno de los estados de Brasil, de tal manera que no pudo ser una conversación muy larga.

Quadros ya ha anunciado los resultados de esa conversación, donde no hizo más que reafirmar la posición del Brasil de decidido apoyo a Cuba, de apoyo a la autodeterminación de los pueblos. Hablamos algo de la misión económica que está en este momento en Cuba, y de la decisión del gobierno brasileño de llegar a un acuerdo rápido para iniciar nuestro comercio que todavía no ha empezado. Y en testimonio de afecto a nuestro gobierno, no se puede decir ni siquiera afecto personal, sino al gobierno cubano, nos dio la más alta condecoración brasileña... Esa fue toda la conversación con el presidente Quadros, en resumen.

Moderador: Compañero Honorio Muñoz.

Periodista: Sin salirnos de la Conferencia de Punta del Este, vamos a ver qué nos puede usted decir de uno de sus episodios periféricos menos conocidos aquí, y que hoy me parece, o un día de estos, la UPI se encargó de divulgar. Dice la UPI, y afirmaron otros periodistas, creo que suramericanos, que en cierta oportunidad usted sostuvo una entrevista con un tal Mr. Goodwin creo, un delegado personal de Mr. Kennedy. ¿Qué pudiera usted decirnos de esto? ¿Fue cierta la entrevista; no es cierta? Y en general ¿qué quisiera decirnos de ella?

Comandante Ernesto Guevara: Bueno, fue cierto el encuentro con el señor Goodwin, que no es en realidad un enviado de Kennedy, es un asesor de Kennedy y que estaba en la Conferencia de Punta del Este.

Nosotros fuimos invitados por unos amigos brasileños a una pequeña reunión íntima, y allí estaba el señor Goodwin. Tuvimos una entrevista, como narra alguna de las agencias, entrevista que fue más bien personal entre dos huéspedes de una tercera persona, un funcionario brasileño, donde teníamos que hablar de... en fin, sin representar en ese momento nuestros respectivos gobiernos. Ni yo estaba autorizado para tener ningún tipo de conversación con un funcionario norteamericano, ni él tampoco, de tal manera que hablamos, además, dentro de limitaciones de mi inglés, que como habrán visto al empezar, es un poquito pobre, y el señor Goodwin tampoco habla español, de modo que con la traducción de algún funcionario brasileño, tuvimos algún cambio de palabras.

En un momento dado Mr. Goodwin dijo que él no representaba ni estaba autorizado para hablar en nombre del gobierno, pero que trasmitiría algunas observaciones que hizo Cuba a su gobierno, y Cuba se limitó a decir por mi boca la conocida posición cubana, ¿no?, que nosotros sí estamos dispuestos a conversar, que no tenemos interés en ningún tipo de lucha, que sin embargo, podemos llevar la lucha hasta sus últimas consecuencias, que queremos estar dentro del régimen latinoamericano, que estamos unidos culturalmente al continente y queremos permanecer dentro de él; y nosotros exigimos nuestro derecho a ser considerados como un país más dentro de Latinoamérica, o dentro de la Organización de Estados Americanos, con una organización social y económica diferente, a mantener nuestro derecho absoluto a tener las amistades que nos plazcan en el mundo entero. En fin, fue un intercambio corto, cortés, frío, como corresponde a dos funcionarios de países oficialmente enemigos, ¿verdad?, pero que no tenía la mayor trascendencia hasta que algún periodista o alguien, algún funcionario parece de la embajada o del gobierno argentino, o algún periodista brasileño, no sé bien cómo fue, la dio a la publicidad. Eso es todo.

Moderador: Compañero Ithiel León.

Periodista: Comandante, la Delegación del régimen del hijo de Trujillo, tengo entendido que firmó también la "Alianza para el Progreso". ¿Sabe usted en qué situación se encuentra este país dentro del llamado Sistema Interamericano?

Comandante Ernesto Guevara: Bueno, usted sabe, en la conferencia del CIES no se podía hablar de política, así que nosotros no tuvimos ninguna relación con el gobierno de Balaguer, y la situación de Santo Domingo es muy especial, la República Dominicana... sus delegados no hablan en la conferencia, mantienen una actitud de absoluta abstención en todo lo que sea discusión, aunque siempre votan, y naturalmente vota siempre al lado de los Estados Unidos. A veces su delegado tampoco estaba, yo no sé dónde estaba, pero muchas veces no asistía.

De manera que la actitud allí del gobierno fue muy correcta a fuerza de ser totalmente alejada de la conferencia, y no se habló en ningún momento de que hubiera ninguna exclusión de la República

Dominicana de la "Alianza para el Progreso". Naturalmente, allí no se habló de ninguna exclusión, porque nosotros, por ejemplo, preguntamos varias veces si Cuba intervenía en la "Alianza para el Progreso", ¿no? Si Cuba tenía derecho a los fondos de la "Alianza para el Progreso", y Mr. Dillon no contestaba. Entonces el Presidente no sabía, naturalmente: el Presidente de la Asamblea no tenía por qué saber, porque era un delegado de otro país elegido allí, y entonces le preguntaba a Mr. Dillon y Mr. Dillon no contestaba. Y así siguió la incógnita, parecía una novela de misterio, hasta el último día, donde entonces ya Dillon tuvo el exabrupto final, donde ya sí anunció que nada de "Alianza para el Progreso", y después hizo una conferencia de prensa. En esa conferencia de prensa habló de Cuba, naturalmente, pero además le preguntaron del régimen de Stroessner, en Paraguay, y le preguntaron de la República Dominicana. Él dio una respuesta evasiva, pero donde se dejaba ver que sí, que la República Dominicana entraría también en la "Alianza para el Progreso", y que sería considerada uno de los países beneficiados.

Más o menos tácitamente, se supone que la muerte de Trujillo ya ha aligerado de culpas al resto de los integrantes del equipo gobernante, y que ya puede llamarse democrático, porque murió el papá y ya lo demás es todo, muy, muy pequeño, las culpas, son muy, muy cortas, de tal manera que quedó flotando en el ambiente esa situación, aun cuando no se habló ni una palabra del régimen dominicano allí.

Moderador: Compañero Gregorio Ortega.

Periodista: Comandante: ¿En qué forma se manifestó la solidaridad del pueblo uruguayo con nuestra revolución?

Comandante Ernesto Guevara: Bueno, la solidaridad del pueblo uruguayo se manifestó de todas las maneras posibles, prácticamente. Era realmente emocionante, además, por el entusiasmo que existía, y a nosotros nos provocaba cierto inconveniente de orden protocolar y de orden práctico: el único delegado a quien esperaba la gente para aplaudir y saludar era a los delegados cubanos: los pocos obreros, porque eso es un balneario muy característico, bueno es puntualizarlo, es un balneario que está a unos 170 kilómetros de Montevideo, la capital, en un clima que tiene un invierno riguroso, de tal manera que en invierno, la época en que estábamos nosotros en el Hemisferio Sur, no había allí nadie, no se veían obreros, no había pueblo, de tal manera que en Punta del Este no se podía precisar exactamente, sino a través de casos aislados, la solidaridad del pueblo uruguayo, pero cuando llegamos a Montevideo, fue extraordinario. Yo tuve que ir a dar una conferencia sobre el desarrollo económico en Cuba en el paraninfo de la universidad, un lugar muy pequeño. Estaba totalmente lleno; había sido atacado por bandas de estudiantes —naturalmente financiadas por los Estados Unidos—, al mediodía el encargado había sido obligado a abrir las puertas, a punta de pistola, entonces habían regado bombas de mal olor por todo el paraninfo; nosotros tuvimos que dar la conferencia en medio de los desodorantes de clorofila, pero la gente, con entusiasmo tremendo estaba allá adentro, y hubo que pedirle reiteradas veces que bajaran su entusiasmo, porque habíamos dado la seguridad de hacer todo lo posible, al gobierno, para que no hubiera incidentes.

El pueblo mostró, además, una disciplina magnífica, un espíritu de colaboración muy grande, además de un entusiasmo extraordinario que, realmente, hacía pensar a uno que estaba en Cuba; pero, al salir nosotros —en una forma que no está bien aclarada—, parece que se disparó contra algunos de los automóviles o simplemente se tiró sobre la gente para provocar su reacción. De tal manera que el acto, que había sido de un gran entusiasmo, de una normalidad absoluta, se empañó por la muerte de un compañero profesor del instituto*, que había ido a presenciar nuestra intervención, recibió un disparo en el cuello, murió a los pocos minutos, y la reacción del pueblo en tal caso fue violenta, el pueblo cargó contra los presuntos atacantes, la policía intervino y se produjo entonces un cierto duelo entre la policía y los manifestantes.

Después me enteré que al día siguiente, durante el entierro del profesor, habían vuelto a producirse incidentes. Además, se reunió el Consejo de Gobierno y dio una condenación tímida del episodio, diciendo que "no era diplomático" —era algo así la frase—, que un invitado al CIES interviniera en un mitin político. Nosotros, naturalmente, no intervinimos en un mitin político, porque

*Arbelio Ramirez. Varias instituciones educacionales cubanas llevan su nombre

precisamente ellos lo habían dicho, que era una reunión técnica, y hablar de desarrollo económico tiene que ser técnico. Claro, cuando el desarrollo económico es de Cuba y cuando las condicionales para el desarrollo económico son que el pueblo tome la dirección política del Estado, que el pueblo tome todas las fábricas, que realice la Reforma Agraria, y de paso que liquide el ejército opresor también, etc., naturalmente, se transforman las tesis fundamentales del desarrollo económico en tesis políticas, pero nosotros siempre mantuvimos que no podía separarse lo político de lo económico.

Por otra parte, habíamos tomado todas las precauciones suficientes, hablado con el Presidente, con el Ministro del Interior, y habíamos manifestado que nosotros teníamos interés en tener ese contacto pero que dependía de la decisión del gobierno, y el gobierno autorizó expresamente esa conferencia.

En la tarde anterior a la conferencia uno de los miembros del Consejo de Gobierno, que fue Presidente del Colegio el año pasado, llamó por la radio a que el ejército se hiciera cargo de la situación; es decir, directamente a la subversión, al golpe de Estado. En el momento en que nos fuimos había una situación muy tensa por ese hecho.

Después de todos estos sucesos, el pueblo uruguayo fue a testimoniarnos su afecto de mil maneras al hotel. Había tantas comisiones que el dueño del hotel resolvió —no sé, unas resoluciones muy especiales—, que no podían subir delegaciones a un piso superior; de tal manera que hubo algunos incidentes de ese tipo, no pudimos hablar con todas las delegaciones que venían a visitarnos. Por otra parte, era casi imposible, porque eran cantidades enormes. En todo momento el entusiasmo del pueblo fue muy grande.

Moderador: Compañero Honorio Muñoz.

Periodista: Comandante Guevara: en Punta del Este, usted retó al imperialismo a una emulación entre su plan, llamado de "Alianza para el Progreso", y nuestro país, que realiza una revolución socialista, cuenta con la ayuda del mundo socialista, buenas relaciones con países que no lo son, y con la amistad de los pueblos del mundo. ¿En qué basa usted su seguridad de que venceremos en esa emulación?

Comandante Ernesto Guevara: Bueno, pues, sencillamente, desde el punto de vista económico, en que en una reunión donde se tenía un interés máximo en demostrar al mundo las posibilidades del "desarrollo democrático representativo," etc., etc., ellos hablan de una tasa de desarrollo del 2,5%. Simplemente ese dato ya invalida el reto, porque realmente es un reto donde nosotros corremos con ventaja; porque 10% de desarrollo para nosotros, en las condiciones actuales de Cuba, es un desarrollo lento, 2,5%, en las condiciones de Latinoamérica es un desarrollo considerado óptimo, o casi óptimo. De tal manera, que entre lo mínimo nuestro y lo óptimo de ellos, hay cuatro veces, la diferencia de cuatro veces. En términos de desarrollo económico, es una diferencia inmensa.

Además, la certeza de que el desarrollo planificado es la única forma de garantizar efectivamente que llegue hasta sus últimas consecuencias toda la política económica seguida, la certeza de que solamente cuando el pueblo tiene los medios de producción en sus manos es posible desarrollar políticas correctas de planificación de la economía y además se puede permitir un desarrollo con altas tasas de crecimiento, hacen que nosotros pusiéramos ese reto, que, como ya digo, es muy fácil de prever el resultado final, o el cotejo en algún momento, dentro de diez años o en el momento actual.

Basta considerar que las metas propuestas en educación, nosotros ya las hemos alcanzado. Por ejemplo, dice en uno de los acápites: "Que se adopten como metas de la 'Alianza para el Progreso', en el campo de la educación, para ser alcanzadas en los próximos diez años, las siguientes: a) por lo menos 6 años de educación primaria gratuita y obligatoria, para toda la población en edad escolar." Nosotros propusimos nueve años; ellos al principio habían propuesto, en el primer programa, cuatro años. Nueve años nosotros lo propusimos porque este año mismo ya empieza el régimen de los nueve años de educación gratuita y obligatoria para el pueblo de Cuba.

En el acápite b) dice: "Realización de campañas sistemáticas de educación de adultos, orientadas hacia el desarrollo de las comunidades, la capacitación de la mano de obra, la extensión cultural y la erradicación del analfabetismo." A pesar de la vaguedad, pues habla de la erradicación del analfabetismo, que nosotros, en su gran mayoría, conseguiremos este año y solamente quedarán algunos restos para liquidar el año que viene. Este es un plan decenal. La capacitación de la mano de obra, la extensión cultural, la estamos haciendo a velocidad muy grande.

En el c) dice: "Reforma y extensión de la enseñanza media, de tal modo que una proporción mucho más alta de la nueva generación tenga oportunidades para continuar su educación general." Nosotros propusimos extenderlo a toda la población en edad escolar correspondiente y reformar la enseñanza hasta el punto de nacionalizarla completamente y poner al servicio del pueblo todos los medios educacionales de un país.

Después el d) dice: "Realización de estudios para determinar las variadas necesidades de mano de obra calificada que requiere el desarrollo industrial, la Reforma Agraria y la promoción agrícolas, los planes de desarrollo social y la administración pública en todos sus niveles, y establecimiento de programas de emergencia para la capacitación o promoción acelerada de dicho personal." Todo esto nosotros ya lo hemos cumplido, de tal manera que para nosotros es fácil prever que una cosa que nosotros ya hemos hecho y ellos necesitan 10 años para hacer, pues, la lucha es sencilla a favor de Cuba.

Y después habla de "reforma, extensión y mejoramiento de la enseñanza superior, de tal modo que una proporción muchísimo más alta de jóvenes tenga acceso a ella". Es decir, una imprecisión muy grande, cuando nosotros ya estamos otorgando becas y estamos aumentando la población universitaria, las carreras más importantes, en forma sustancial.

Algunas otras son proposiciones que incluso recogen proposiciones cubanas; por ejemplo, la g) dice: "Intensificación del intercambio de estudiantes, maestros, profesores, investigadores y otros especialistas, a fin de estimular la comprensión mutua y el máximo aprovechamiento de los medios de información e investigación." Esta recoge una proposición cubana —cambiada, por supuesto, era una cosa más documentada, más precisa pero está aquí.

Hay otra donde dice: "Establecimiento del sistema de becas y otras formas de asistencia social y económica del estudiante, a fin de reducir la deserción escolar, particularmente en las zonas rurales, y de asegurar una efectiva igualdad de oportunidades de recibir educación en todos sus niveles." También recoge, en cierta manera, la proposición cubana que establecía becas completas —aquí no consideraron poner la palabra "completa" o "total"—, que también Cuba está realizando en una gran medida.

Así se podría analizar el Programa de Salud Pública, el de Viviendas, que ni siquiera existe, en una demostración clara de que la "Alianza para el Progreso" no puede competir, de ninguna manera, con el desarrollo cubano, ni en el terreno económico ni mucho menos en el terreno social, donde todavía el adelanto cubano es mayor.

Moderador: El compañero Ithiel León.

Periodista: Comandante, durante su viaje, además de la entrevista con el presidente Janio Quadros, usted se entrevistó con otro Jefe de Estado, el presidente de la Argentina, Arturo Frondizi. ¿Qué podría decirnos usted de esa otra entrevista?

Comandante Ernesto Guevara: Bueno, la entrevista con Frondizi fue, como ustedes saben, una entrevista realizada en condiciones más o menos anormales. Nosotros en estos casos de entrevistas personales, dejamos que los Jefes de Estado o los funcionarios invitantes de la nación que haya recibido a nuestros funcionarios sean los que den la versión que crean apropiada de la reunión. Fue una entrevista a puertas cerradas, entre el presidente Frondizi y yo, y solamente entendemos nosotros que el presidente Frondizi es el que está autorizado, en este caso, para hablar y explicar el contenido de la conferencia.

Por otra parte, ya lo ha hecho en alguna forma; en el día de hoy han salido las afirmaciones refiriéndose en una forma elogiosa o afirmativa con respecto a Cuba y sobre todo a la autodeterminación de los pueblos, que para nosotros es vital, porque nosotros no pretendemos que defiendan nuestro sistema social, sino que defiendan todos los pueblos de América nuestro derecho a tener el sistema social que nos parezca, que es lo que el presidente Frondizi ha hecho.

Además, ya para informar, tuve otra entrevista con otro Jefe de Estado, el presidente Haedo. Fue muy cordial, en Uruguay; no fue secreta ni mucho menos. El presidente Haedo gusta mucho de las "puyas" y estuvimos en un ambiente jovial, intercambiando nuestras agudezas y tomando "mate", que es una vieja costumbre que todavía no he olvidado y que rememoré en el Uruguay. Fue, realmente, una entrevista agradable, realizada justo después de que el Presidente invitara a Mr. Dillon; de modo que en el orden de prelación estaban los Estados Unidos primero y Cuba segundo.

Moderador: Compañero Gregorio Ortega.

Periodista: Bueno, Comandante, con nuestras preguntas hemos aspirado a ampliar el resumen que usted hizo al principio de la Conferencia de Punta del Este. No sabemos si se nos ha quedado algo por preguntar; si usted quisiera, con una declaración, resumir los resultados para América de la Conferencia de Punta del Este, y para el pueblo de Cuba, desde luego.

Comandante Ernesto Guevara: Bueno, yo creo que entre el resumen y las preguntas de ustedes, lo fundamental está dicho. Falta quizás, alguna explicación de cómo fue el proceso final de la votación; la votación en la comisión... no me acuerdo de cual era el nombre, pero es la comisión, digamos, fundamental de la conferencia, donde se reunían las ponencias de las cuatro comisiones de trabajo, se dividió en capítulos.

Nosotros, al votar en contra... al abstenernos, nosotros no votamos en contra, al abstenernos de votar la primera declaración, que se llama "Declaración a los pueblos de América", de la cual les leí algunos párrafos, explicamos los motivos de nuestra abstención. Después también nos abstuvimos en la "Carta de Punta del Este", y después nos abstuvimos en las Resoluciones Anexas, que son sobre "El Desarrollo Económico y Social", "La Integración Económica" —en "La Integración Económica" votamos afirmativamente—; en "Los Productos Básicos de Exportación" nos abstuvimos; votamos afirmativamente también el "Examen Anual del Progreso Económico y Social" y votamos en contra de "La Opinión Pública y la Alianza para el Progreso", que es el título a lo que quedó reducida la primitiva ponencia norteamericana, ya muy limada, pero de todas maneras cargada de una serie de sustancias inútiles para una conferencia económica y con una carga considerable de veneno para los pueblos de América, en forma de subsidios y de regimentación de la cultura.

Ahí se habló al principio, como si fuera una gran conquista de América Latina, de un "mercado común de la cultura"; se utilizó esa frase para calificar a este punto quinto. Las impugnaciones fueron tan duras, y no solamente de parte nuestra, sino de varios países, que quedó totalmente en el olvido.

Nosotros votamos afirmativamente solamente, entonces, el "Examen Anual del Progreso Económico y Social", porque entendemos precisamente que este es el resumen donde Cuba todos los años puede ir a que se chequee su progreso y se vean los resultados del reto; de tal manera que todos los años allí estaremos nosotros, mostrando lo que hemos hecho y recordando a los demás que está firmado este documento, y que hay un compromiso con los pueblos, de tal manera que fue lo único que votamos afirmativamente. En todos los demás nos abstuvimos, menos en el punto que trata de "La Opinión Pública y la Alianza para el Progreso", donde votamos en contra.

Creo que ha quedado claramente expresado los resultados fundamentales de la conferencia; lo que se proponía los Estados Unidos, lo que consiguió y lo que no consiguió, mucho más importante lo que no consiguió que lo que consiguió; lo que se proponía Cuba, que creo que consiguió casi todo; y el fenómeno del ascenso a planos importantes en la balanza política del continente de otros países de América, fundamentalmente Brasil, cuyas decisiones —quizás por primera vez en muchos años, o tal vez por primera vez en la historia del llamado panamericanismo—, deben ser muy consideradas en Washington y Wall Street, y no pueden ser ignoradas de ninguna manera.

De tal forma que ese es el resultado final de este episodio de la lucha entre los pueblos de América y el imperialismo, que fue la Conferencia del CIES a nivel ministerial en Punta del Este. Es una lucha que no ha quedado aquí de ninguna manera definida a favor de nadie, que simplemente permite suponer que fue una batalla ganada por Cuba, que es decir ganada por las fuerzas del progreso en América, pero deberán repetirse en este nivel de luchas ministeriales, si se quiere, de los países de América, en la lucha constante contra la agresión imperialista, en la lucha contra la agresión económica, en la lucha por la orientación de los pueblos de América, en la reafirmación de todos los días de nuestras aspiraciones de un destino común para América, dentro de un régimen social más justo.

Es decir, que, en definitiva, el tiempo dirá el resultado real de la conferencia; que ha sido una batalla que puede significar el principio de una serie de batallas perdidas para el imperialismo; que tal vez no tenga esa importancia; realmente, está muy cercana la realización de ella para que nosotros, y menos nosotros que hemos sido actores directos y, por lo tanto, tenemos un poco distorsionada nuestra visión de los problemas, podamos hacer una evaluación real de ella.

Sí creemos que el resultado final ha sido positivo para nosotros.

Moderador: Comandante Guevara, el compañero Honorio Muñoz quiere hacerle a usted una pregunta más, antes de terminar el interrogatorio.

Periodista: Permítame una pequeña posdata. Sencillamente, para preguntarle qué opinión tiene usted de la Primera Asamblea Nacional de Producción que dará inicio en La Habana el próximo día 26.

Comandante Ernesto Guevara: Bueno, realmente, entre la idea original de la llamada a esa asamblea y su realización prácticamente han transcurrido pocos días, y son los días que yo he estado fuera. Ahora empiezo a hacerme cargo nuevamente del Ministerio, y me he encontrado con esa novedad; hemos estado trabajando para presentar nuestro informe al pueblo de Cuba.

Creo que si se conduce en la forma que debe conducirse, va a ser muy útil. Esta asamblea de producción debe ser de tal tipo, que los errores fundamentales de la conducción de la política económica y los errores personales fundamentales de los administradores de las distintas empresas, deben ser —empresas y fábricas ¿no?—, deben ser puestos en claro, pero con un criterio constructivo. Es decir, no podemos caer nosotros —es bueno prevenirlo—, en la discusión personal, en las imputaciones. Es un lugar donde deben resolverse o deben denunciarse todos los problemas que existen, pero no sobre el plano de las imputaciones, sino sobre el plano de la crítica constructiva, para poder resolver los problemas.

Lo que nos interesa a nosotros no es demostrar que Fulanito o Menganito hizo mal esto o aquello, sino que hay algún punto de la economía donde se está actuando con debilidad, y que eso hay que corregirlo. De tal manera que, si vale el mensaje antes de la reunión, mi consejo a los compañeros es que se preparen en ese sentido, es decir, para ver dónde están los problemas.

Y, además, una cosa fundamental: un buen revolucionario es el que mejor debe conocer los problemas de las organizaciones que están a su cargo; de tal manera que para que funcione bien esa asamblea, no solamente debe existir la crítica, sino que ni siquiera debe ser la crítica lo fundamental, sino la autocrítica lo fundamental. Y debe ser en ese espíritu con el que debemos ir todos a denunciar nuestros propios errores y tratar de encontrarles la solución dentro de esa discusión armónica de todos los factores productivos de Cuba que nos vamos a reunir creo a partir de las nueve de la mañana del sábado.

Moderador: Y habiendo terminado el informe, la clara exposición del doctor Guevara, y las preguntas de los periodistas, doy las gracias, en nombre del FIEL y del pueblo de Cuba, al doctor Guevara; y muy buenas noches, señores televidentes.

SELECCIÓN DE CARTAS

Carta a Sr. Robert Starkie

La Habana, 12 de junio de 1961
"Año de la Educación"
Sr. Robert Starkie
Rocanmora Bros. Ltd.
35 Wingold
Toronto 19, Ontario

Señor:
Contesto su carta de mayo 19 del corriente año, recibida hace unos días.

Consideramos que hay dos aspectos de su ofrecimiento de diferente interés para nosotros.

Ofrecen Uds. instalar fábricas para insecticidas en general, para uso veterinario, para usos en agricultura, especiales para frutos, fungicidas, fumigadoras para tierras, para productos almacenados. Se puede decir que nos interesa la instalación en Cuba de todas esas fábricas, pero en nuestro país se ha condenado la explotación del hombre por el hombre y se ha eliminado las posibilidades de establecer nuevas fábricas privadas de tal forma que no podemos aceptar el establecimiento de fábricas dependientes de una compañía extranjera.

Si a Uds. les interesa la venta de maquinarias con un contrato de suministro a largo plazo de las materias primas que nosotros no podamos conseguir aquí, con una fórmula de pago aceptable para el país, que carece en estos momentos de divisas convertibles, estaríamos muy interesados en discusiones al respecto.

Lo saluda atentamente,
Comandante Ernesto Che Guevara

1962

ARTÍCULOS

Táctica y estrategia de la Revolución Latinoamericana[13]

(Publicado en la revista *Verde Olivo*, 6 de octubre de 1962)

La táctica enseña el uso de las fuerzas armadas en los encuentros y la estrategia, el uso de los encuentros para alcanzar el objetivo de la guerra.
Karl von Clausewitz

Hemos encabezado estas notas con la cita de una frase de Clausewitz, el autor militar que guerreó contra Napoleón, que teorizó tan sabiamente sobre la guerra y a quien Lenin gustaba citar por la claridad de sus conceptos, a pesar, naturalmente, de ser un analista burgués.

Táctica y estrategia son los dos elementos sustanciales del arte de la guerra, pero guerra y política están íntimamente unidas a través del denominador común, que es el empeño en lograr un objetivo definitivo, ya sea el aniquilamiento del adversario en una lucha armada, ya la toma del poder político.

No se puede, sin embargo, reducir a una fórmula esquemática el análisis de los principios tácticos y estratégicos que rigen las luchas guerreras o políticas.

La riqueza de cada uno de estos conceptos solo puede medirse mediante la práctica combinada al análisis de las complejísimas actividades que encierran.

No hay objetivos tácticos y estratégicos inmutables. A veces, objetivos tácticos alcanzan importancia estratégica y, otras, objetivos estratégicos se convierten en meros elementos tácticos.

El estudio certero de la importancia relativa de cada elemento, es el que permite la plena utilización por las fuerzas revolucionarias de todos los hechos y circunstancias encaminadas al gran y definitivo objetivo estratégico, *la toma del poder*.

El poder es el objetivo estratégico *sine qua non* de las fuerzas revolucionarias y todo debe estar supeditado a esta gran consigna.

Para la toma del poder, en este mundo polarizado en dos fuerzas de extrema disparidad y absoluto choque de intereses, no puede limitarse al marco de una entidad geográfica o social. La toma del poder es un objetivo mundial de las fuerzas revolucionarias. Conquistar el porvenir es el elemento estratégico de la revolución, congelar el presente es la contrapartida estratégica que mueve las fuerzas de la reacción en el mundo actual, ya que están a la defensiva.

En esta lucha de características mundiales, la posición tiene mucha importancia. A veces es determinante. Cuba, por ejemplo, es una colina de avanzada, una colina que mira al amplísimo campo del mundo económicamente distorsionado de la América Latina que abre su antena, su ejemplo hecho luz a todos los pueblos de América. La colina cubana es de alto valor estratégico para los grandes contendientes que en este momento disputan la hegemonía al mundo: el imperialismo y el socialismo.

Distinto sería su valor, colocada en otra situación geográfica o social. Distinto era su valor cuando solo constituía un elemento táctico del mundo imperialista, antes de la Revolución. No aumenta ahora sólo por el hecho de ser una puerta abierta a América. A la fuerza de su posición estratégica, militar y política, une el poder de su influencia moral, los "proyectiles morales" son un arma de tan demoledora eficacia que este elemento pasa a ser el más importante en la determinación del valor de Cuba.

Por eso, para analizar cada elemento en la guerra o la política, no se puede hacer extracción del conjunto en que esta situado. Todos los antecedentes sirven para reafirmar una línea o una postura consecuente, con los grandes objetivos estratégicos.

Llevada la discusión al terreno de América, cabe hacerse la pregunta de rigor: ¿Cuáles son los elementos tácticos que deben emplearse para lograr el gran objetivo de la toma del poder en esta parte del mundo? ¿Es posible o no en las condiciones actuales de nuestro continente lograrlo (el poder socialista, se entiende) por vía pacífica?

Nosotros contestamos rotundamente: en la gran mayoría de los casos, no es posible. Lo más que se lograría sería la captura formal de la superestructura burguesa del poder, y el tránsito al socialismo de aquel gobierno que, en las condiciones de la legalidad burguesa establecida llega al poder formal, deberá hacerse también en medio de una lucha violentísima contra todos los que traten, de una manera u otra, de liquidar su avance hacia nuevas estructuras sociales.

Este es uno de los temas más debatidos, más importantes también, y donde quizás nuestra Revolución tenga mas puntos divergentes con otros movimientos revolucionarios de América. Nosotros debemos expresar con toda claridad nuestra posición y tratar de hacer un análisis del porqué.

América es hoy un volcán; no está en erupción, pero está conmovida por inmensos ruidos subterráneos que anuncian su advenimiento. Se oyen por doquier esos anuncios.

La Segunda Declaración de La Habana es la expresión y concreción de esos movimientos subterráneos; trata de lograr la conciencia de su objetivo, vale decir, la conciencia de la necesidad y, más aún, la certeza de la posibilidad del cambio revolucionario. Evidentemente; este volcán americano no esta separado de todos los movimientos que bullen en el mundo contemporáneo en estos momentos de confrontación crucial de fuerzas entre dos poderosos conceptos de la historia.

Podríamos referirnos a nuestra patria con las siguientes palabras de la Declaración de La Habana: ¿Qué es la historia de Cuba sino la historia de América Latina? ¿Y qué es la historia de América Latina sino la historia de Asia, África y Oceanía? ¿Y qué es la historia de todos estos pueblos sino la historia de la explotación más despiadada y cruel del imperialismo en el mundo entero?

América, tanto como África, Asia y Oceanía, son partes de un todo donde las fuerzas económicas han sido distorsionadas por la acción del imperialismo. Pero no todos los continentes presentan las mismas características; las formas de explotación económica imperialista, colonialista o neocolonialista usadas par las fuerzas burguesas de

Europa han tenido que afrontar, no solamente la lucha por la liberación de los pueblos oprimidos de Asia, África u Oceanía, sino también la penetración del capital imperialista norteamericano. Esto ha creado distintas correlaciones de fuerzas en puntos determinados y ha permitido el tránsito pacífico hacia sistemas de burguesías nacionales independientes o neocolonialistas.

En América, no, América es la plaza de armas del imperialismo norteamericano, no hay fuerzas económicas en el mundo capaces de tutelar las luchas que las burguesías nacionales entablaron con el imperialismo norteamericano, y por lo tanto, estas fuerzas, relativamente mucho más débiles que en otras regiones, claudican y pactan con el imperialismo.

Frente al drama terrible para los burgueses timoratos: sumisión al capital extranjero o destrucción frente a las fuerzas populares internas, dilema que la Revolución cubana ha profundizado con la polarización que significó su ejemplo, no queda otra solución que la entrega. Al realizarse ésta, al santificarse el pacto, se alían las fuerzas de la reacción interna con la reacción internacional más poderosa y se impide el desarrollo pacífico de las revoluciones sociales.

Caracterizando la situación actual, la Segunda Declaración de La Habana dice:

> En muchos países de América Latina la revolución es hoy inevitable. Ese hecho no lo determina la voluntad de nadie. Está determinada por las espantosas condiciones de explotación en que vive el hombre americano, el desarrollo de la conciencia revolucionaria de las masas, la crisis mundial del imperialismo y el movimiento universal de lucha de los pueblos subyugados.

La inquietud que hoy se registra es síntoma inequívoco de rebelión. Se agitan las entrañas de un continente que ha sido testigo de cuatro siglos de explotación esclava, semiesclava y feudal del hombre, desde sus moradores aborígenes y los esclavos traídos de África hasta los núcleos nacionales que surgieron después: blancos, negros, mulatos, mestizos e indios, que hoy hermanan el desprecio, la humillación y el yugo yanqui, como hermana la esperanza de un mañana mejor.

Podemos concluir, pues, que, frente a la decisión de alcanzar sistemas sociales más justos en América, debe pensarse fundamentalmente en la lucha armada. Existe, sin embargo, alguna posibilidad de transito pacífico; está apuntada en los estudios de los clásicos del marxismo y sancionada en la Declaración de los 81 Partidos, pero en las condiciones actuales de América, cada minuto que pasa se hace más difícil para el empeño pacifista y los últimos acontecimientos vistos en Cuba muestran un ejemplo de cohesión de los gobiernos burgueses con el agresor imperialista, en los aspectos fundamentales del conflicto.

Recuérdese nuestra insistencia: tránsito pacífico no es logro de un poder formal en elecciones o mediante movimientos de opinión pública sin combate directo, sino la instauración del poder socialista, con todos sus atributos, sin el uso de la lucha armada. Es lógico que todas las fuerzas progresistas no tengan que iniciar el camino de la revolución armada, sino utilizar hasta el último minuto la posibilidad de la lucha legal dentro de las condiciones burguesas. Lo importante, como lo señala la Declaración de los 81 Partidos*.

En relación con la forma que han de adoptar los movimientos revolucionarios luego de tomar el poder, surgen cuestiones de interpretación muy interesantes. Caracterizando la época, la Declaración de los 81 Partidos dice:

Nuestra época, cuyo contenido fundamental lo constituye el paso del capitalismo al socialismo, iniciado por la Gran Revolución Socialista de Octubre, es la época de la lucha de dos sistemas sociales diametralmente opuestos; la época de las revoluciones socialistas y de las revoluciones de liberación nacional; la época del hundimiento del imperialismo, de la liquidación del sistema colonial, la época del paso de más y más pueblos al camino socialista; la época del triunfo del socialismo y del comunismo en escala universal.

El principal rasgo de nuestra época consiste en que el sistema socialista mundial se va convirtiendo en el factor decisivo del desarrollo de la sociedad humana.

Se establece que, aún cuando es muy importante la lucha por la liberación de los pueblos, lo que caracteriza el momento actual es el tránsito del capitalismo al socialismo.

En todos los continentes explotados existen países en los cuales

---

*Che señaló en este punto, incluir una cita de la pagina 20 de la Declaración de los 81 Partidos, inclusión que no llegó a hacerse.

los regímenes sociales han alcanzado distinto grado de desarrollo, pero casi todos ellos presentan la característica de tener fuertes estratos sociales de carácter feudal y gran dependencia de capitales foráneos.

Lógico seria pensar que en la lucha por la liberación, siguiendo la escala natural del desarrollo, se llegara a gobiernos de democracia nacional con predominio más o menos acentuado de las burguesías y, de hecho, esto ha ocurrido en muchos casos. Sin embargo, aquellos pueblos que han debido recurrir a la fuerza para lograr su independencia han avanzado más en el camino de las reformas sociales y muchos de ellos han entrado al socialismo. Cuba y Argelia son los últimos ejemplos palpables de los efectos de la lucha armada en el desarrollo de las transformaciones sociales. Si llegamos a la conclusión de que en América la vía pacífica está casi liquidada como posibilidad, podemos apuntar que es muy probable que el resultado de las revoluciones triunfantes en esta región del mundo dará por resultado regímenes de estructura socialista.

Para llegar a esto correrán ríos de sangre. Argelia, que aún no ha restañado sus heridas, el Vietnam que sigue sangrando, Angola, luchando brava y solitariamente por su independencia, Venezuela, cuyos patriotas hermanados con la causa cubana han demostrado en estos días la más alta y expresiva forma de solidaridad con nuestra Revolución, Guatemala, en lucha difícil, subterránea casi, son ejemplos palpables.

La sangre del pueblo es nuestro tesoro más sagrado, pero hay que derramarla para ahorrar más sangre en el futuro.

En otros continentes se ha logrado la liberación frente al colonialismo y el establecimiento de regímenes burgueses más o menos sólidos. Esto se ha hecho sin violencia o casi sin ella, pero debe suponerse, siguiendo la lógica de los acontecimientos hasta el momento actual, que esta burguesía nacional en desarrollo constante, en un momento dado entra en contradicciones con otras capas de la población; al cesar el yugo del país opresor, cesará como fuerza revolucionaria y se transformará a su vez en clase explotadora, reanudándose el ciclo de las luchas sociales. Podrá o no avanzarse en este camino por vía pacífica, lo cierto es que indefectiblemente estarán frente a frente los dos grandes factores en pugna: los explotados y los explotadores.

El dilema de nuestra época, en cuanto a la forma de tomar el poder, no ha escapado a la penetración de los imperialistas yanquis. Ellos también quieren "transito pacífico". Están de acuerdo en liquidar las viejas estructuras feudales que todavía subsisten en América, y en aliarse a la parte más avanzada de las burguesías nacionales, realizando algunas reformas fiscales, algún tipo de reforma en el régimen de tenencia de la tierra, una moderada industrialización, referida preferentemente a artículos de consumo, con tecnología y materias primas importadas de los Estados Unidos.

La fórmula perfeccionada consiste en que la burguesía nacional se alía con intereses extranjeros, crean juntos, en el país dado, industrias nuevas, obtienen para estas industrias ventajas arancelarias de tal tipo que permiten excluir totalmente la competencia de otros países imperialistas y las ganancias así obtenidas pueden sacarse del país al amparo de negligentes regulaciones de cambio.

Mediante este sistema de explotación, novísimo y más inteligente, el propio país "nacionalista" se encarga de proteger los intereses de los Estados Unidos promulgando tarifas arancelarias que permitan una ganancia extra (la que los mismos norteamericanos reexportarán a su país). Naturalmente, los precios de venta del artículo, sin competencia alguna, son fijados por los monopolios.

Todo esto esta reflejado en los proyectos de la Alianza para el Progreso, que no es otra cosa que el intento imperialista de detener el desarrollo de las condiciones revolucionarias de los pueblos mediante el sistema de repartir una pequeña cantidad de sus ganancias con las clases explotadoras criollas y convertirlas en aliados firmes contra las clases más, explotadas. Es decir, suprimir las contradicciones internas del régimen capitalista hasta el máximo posible.

Como ya dijimos, no hay en América fuerzas capaces de intervenir en esta lucha económica, y por lo tanto, el juego del imperialismo es bastante simple. Queda como única posibilidad el desarrollo cada vez más impetuoso del mercado común europeo, bajo la dirección germana, que pudiera alcanzar la fuerza económica suficiente como para competir en estas latitudes con los capitales yanquis, pero el desarrollo de las contradicciones y su solución violenta en estos tiempos es tan rápida, tan eruptiva, que da la impresión de que América será mucho antes campo de batalla entre explotados y explotadores, que escenario de la lucha económica entre dos imperialismos. Vale decir: las intenciones de la Alianza para el Progreso no cristalizarán porque la conciencia de las masas y las condiciones objetivas han madurado demasiado para permitir tan ingenua trampa.

Lo determinante en este momento es que el frente imperialismo-burguesía criolla es consistente. En las últimas votaciones de la OEA, no ha habido voces discordantes en los problemas fundamentales y sólo algunos gobiernos han tapado púdicamente sus desnudeces con el taparrabos de fórmulas legalistas sin denunciar nunca la esencia agresora, contraria a todo derecho, de estas resoluciones.

El hecho de que Cuba tuviera cohetes atómicos, sirvió de pretexto para que todos se pusieran de parte de los Estados Unidos: Playa Girón no ha hecho el efecto contrario. Ellos saben bien que estas son armas defensivas, saben también quien es el agresor. Sucede que, aunque no lo digan, todos también conocen el verdadero peligro de la Revolución cubana. Los países más entregados y, por ende, más cínicos, hablan del peligro de la subversión cubana, y tienen razón. El peligro mayor que entraña la Revolución cubana está en su ejemplo, en su divulgación revolucionaria, en que el Gobierno ha podido elevar el temple de este pueblo, dirigido por un líder de alcance mundial, a alturas pocas veces vistas en la historia.

Es el ejemplo escalofriante de un pueblo que está dispuesto a inmolarse atómicamente para que sus cenizas sirvan de cimiento a las sociedades nuevas y que, cuando se hace, sin consultarlo, un pacto por el cual se retiran los cohetes atómicos, no suspira de alivio, no da gracias por la tregua; salta a la palestra para dar su voz propia y única; su posición combatiente, propia y única, y más lejos, su decisión de lucha, aun cuando fuera solo, contra todos los peligros y contra la mismísima amenaza atómica del imperialismo yanqui.

Esto hace vibrar a los pueblos. Ellos sienten el llamado de la nueva voz que surge de Cuba, más fuerte que todos los miedos, que todas las mentiras, que los prejuicios, que el hambre secular, que todos los garfios con que se quiere anudarlos. Es más fuerte que el temor a toda represalia, al castigo más bárbaro, a la muerte más cruel, a la opresión más bestial de los explotadores. Una voz nueva de timbres claros y precisos ha sonado por todos los ámbitos de nuestra América. Esa ha sido nuestra misión y la hemos cumplido y la seguiremos cumpliendo con toda la decisión de nuestra convicción revolucionaria.

Podría preguntarse: ¿Y éste es el único camino? ¿Y no se pueden aprovechar las contradicciones del campo imperialista, buscar el apoyo de sectores burgueses que han sido aherrojados, golpeados y humillados a veces por el imperialismo? ¿No se podría buscar una fórmula menos severa, menos autodestructiva que esta posición cubana? ¿ No se podría lograr, mediante la fuerza y la maniobra diplomática conjuntas, la supervivencia de Cuba? Nosotros decimos: frente a la fuerza bruta, la fuerza y la decisión; frente a quienes quieren destruirnos, no otra cosa que la voluntad de luchar hasta el último hombre por defendernos.

Y esta fórmula es válida para la América entera; frente a quienes quieren de todas maneras detentar el poder contra la voluntad del pueblo, fuego y sangre hasta que el último explotador sea destruido.

¿Cómo realizar esta revolución en América? Demos la palabra a la Segunda Declaración de La Habana:

> En nuestros países se juntan las circunstancias de una industria subdesarrollada con un régimen agrario de carácter feudal. Es por eso que con todo lo duras que son las condiciones de vida de los obreros urbanos, la población rural vive aún en más horribles condiciones de opresión y explotación; pero es también, salvo excepciones el sector absolutamente mayoritario en proporción que a veces sobrepasa el 70% de las poblaciones latinoamericanas.
>
> Descontando los terratenientes que muchas veces residen en las ciudades, el resto de esa gran masa libra su sustento trabajando como peones en las haciendas por salarios misérrimos, o labran la tierra en condiciones de explotación que nada tienen que envidiar a la Edad Media. Estas circunstancias son las que determinan que en América Latina la población pobre del campo constituya una tremenda fuerza revolucionaria potencial.
>
> Los ejércitos, estructurados y equipados para la guerra convencional, que son las fuerzas en que se sustenta el poder de las clases explotadoras, cuando tienen que enfrentarse a la lucha irregular de los campesinos en el escenario natural de estos, resultan absolutamente impotentes; pierden los hombres por cada combatiente revolucionario que cae, y la desmoralización cunde rápidamente en ellos al tener que enfrentarse a un enemigo invisible que no les ofrece ocasión de lucir sus tácticas de academia y sus fanfarrias de guerra, de las que tanto

> alarde hacen para reprimir a los obreros y a los estudiantes en ciudades.
>
> La lucha inicial de reducidos núcleos combatientes se nutre incesantemente de nuevas fuerzas; el movimiento de masas comienza a desatarse, el viejo orden se resquebraja poco a poco en mil pedazos y es entonces el momento en que la clase obrera y las masas urbanas deciden la batalla.
>
> ¿Qué es lo que desde el comienzo mismo de la lucha de esos primeros núcleos los hace invencibles, independientemente del número, el poder y los recursos de sus enemigos? El apoyo del pueblo; y con ese apoyo de las masas contarán en grado cada vez mayor.
>
> Pero el campesinado es una clase que, por el estado de incultura en que lo mantienen y el aislamiento en que vive, necesita la dirección revolucionaria y política de la clase obrera y de los intelectuales revolucionarios, sin lo cual no podría por sí sola lanzarse a la lucha y conquistar la victoria.
>
> En las actuales condiciones históricas de América Latina, la burguesía nacional no puede encabezar la lucha antifeudal y antimperialista. La experiencia demuestra que en nuestras naciones esa clase, aun cuando sus intereses son contradictorios con los del imperialismo yanqui, ha sido incapaz de enfrentarse a este, paralizada por el miedo a la revolución social y asustada por el clamor de las masas explotadas.

Esto es lo que dice la Segunda Declaración de La Habana y es una especie de dictado de lo que ha de ser la revolución en América. No pensar en alianzas que no estén dirigidas absolutamente por la clase obrera; no pensar en colaboraciones con burgueses timoratos y traidores que destruyen las fuerzas en que se apoyaron para llegar al poder; las armas en manos del pueblo, las vastas comarcas de nuestra América como campo de acción, el campesinado luchando por su tierra, la emboscada, la muerte inmisericorde al opresor y, al darla, recibirla también y recibirla con honor de revolucionario, esto es lo que cuenta.

Tal es el panorama de América, de un continente que se apresta a luchar, y que, cuanto más pronto empuñe las armas y cuanto más pronto esgrima los machetes sobre las cabezas de los terratenientes, de los industriales, de los banqueros, de los explotadores de todo tipo y de su cabeza visible, el ejército opresor, mejor será.

Sobre si la táctica debe ser siempre la acción guerrillera o es dable realizar otras acciones como eje central de la lucha, se puede discutir largamente. Nosotros basamos nuestra oposición a usar otra táctica en América en dos argumentos:

Primero: Aceptando como verdad que el enemigo luchará por mantenerse en el poder, hay que pensar en la destrucción del ejército opresor; para destruirlo hay que oponerle un ejército popular enfrente. Ese ejército no nace espontáneamente, tiene que armarse en el arsenal que brinda su enemigo, y esto condiciona una lucha dura y muy larga en la que las fuerzas populares y sus dirigentes estarían expuestos siempre al ataque de fuerzas superiores sin adecuadas condiciones de defensa y maniobrabilidad. En cambio, el núcleo guerrillero asentado en terreno favorable a la lucha, garantiza la seguridad y permanencia del mando revolucionario y las fuerzas urbanas, dirigidas desde el Estado Mayor del Ejército del Pueblo, pueden realizar acciones de incalculable importancia.

La eventual destrucción de los grupos urbanos no haría morir el alma de la Revolución, su jefatura, que desde la fortaleza rural seguiría catalizando el espíritu revolucionario de las masas y organizando nuevas fuerzas para otras batallas.

Segundo: El carácter continental de la lucha. ¿Podría concebirse esta nueva etapa de la emancipación de América como el cotejo de dos fuerzas locales luchando por el poder en un territorio dado? Evidentemente no, la lucha será a muerte entre todas las fuerzas populares y todas las fuerzas represivas.

Los yanquis intervendrán, por solidaridad de intereses y porque la lucha en América es decisiva. Lo harán con todas sus fuerzas, además; castigarán a las fuerzas populares con todas las armas de destrucción a su alcance; no dejarán consolidarse al poder revolucionario y, si alguno llegara a hacerlo, volverán a atacar, no lo reconocerán, tratarán de dividir las fuerzas revolucionarias, introducirán saboteadores de todo tipo, intentarán ahogar económicamente al nuevo Estado, aniquilarlo, en una palabra.

Dado este panorama americano, consideramos difícil que la victoria se logre en un país aislado. A la unión de las fuerzas represivas debe contestarse con la unión de las fuerzas populares. En todos los países en que la opresión llega a niveles insostenibles, debe alzarse la bandera de la rebelión y esta bandera tendrá, por necesidad histórica, caracteres continentales. La Cordillera de los Andes está llamada a ser la Sierra Maestra de América, como dijera Fidel, y todos los inmensos territorios que abarca este continente están llamados a ser escenarios de la lucha a muerte contra el poder imperialista.

No podemos decir cuando alcanzará estas características continentales, ni cuanto tiempo durara la lucha, pero podemos predecir su advenimiento porque es hija de circunstancias históricas, económicas, políticas, y su rumbo no se puede torcer.

Frente a esta táctica y estrategia continentales, se lanzan algunas formulas limitadas: luchas electorales de menor cuantía, algún avance electoral, por aquí; dos diputados, un senador, cuatro alcaldías; una gran manifestación popular que es disuelta a tiros; una elección que se pierde por menos votos que la anterior; una huelga que se gana, diez que se pierden; un paso que se avanza, diez que se retroceden; una victoria sectorial por aquí, diez derrotas por allá. Y, en el momento preciso, se cambian las reglas del juego y hay que volver a empezar.

¿Por qué estos planteamientos? ¿Por qué esta dilapidación de las energías populares? Por una sola razón. En las fuerzas progresistas de algunos países de América existe una confusión terrible entre objetivos tácticos y estratégicos; en pequeñas posiciones tácticas se ha querido ver grandes objetivos estratégicos. Hay que atribuir a la inteligencia de la reacción el que haya logrado hacer de estas mínimas posiciones defensivas el objetivo fundamental de su enemigo de clase.

En los lugares donde ocurren estas equivocaciones tan graves, el pueblo apronta sus legiones año tras año para conquistas que le cuestan inmensos sacrificios y que no tienen el más mínimo valor. Son pequeñas colinas dominadas por el fuego de la artillería enemiga. La colina parlamento, la colina legalidad, la colina huelga económica legal, la colina aumento de salarios, la colina constitución burguesa, la colina liberación de un héroe popular... Y lo peor de todo es que para ganar estas posiciones hay que intervenir en el juego político del estado burgués y para lograr el permiso de actuar en este peligroso juego, hay que demostrar que se puede estar dentro de la legalidad burguesa. Hay que demostrar que se es bueno, que no se es peligroso, que no se le ocurrirá a nadie asaltar cuarteles, ni trenes, ni destruir puentes, ni ajusticiar esbirros, ni torturadores, ni alzarse en las montañas, ni levantar con puño fuerte y definitivo la única y violenta afirmación de América: la lucha final por su redención.

Contradictorio cuadro el de América; dirigencias de fuerzas progresistas que no están a la altura de los dirigidos; pueblos que alcanzan alturas desconocidas; pueblos que hierven en deseos de hacer y dirigencias que frenan sus deseos. La hecatombe asomada a estos territorios de América y el pueblo sin miedo, tratando de avanzar hacia la hecatombe, que significará, sin embargo, la redención definitiva. Los inteligentes, los sensatos, aplicando los frenos a su alcance al ímpetu de las masas, desviando su incontenible afán de lograr las grandes conquistas estratégicas: la toma del poder político, el aniquilamiento del ejército, del sistema de explotación del hombre por el hombre. Contradictorio, pero esperanzador, las masas saben que "el papel de Job no cuadra con el de un revolucionario" y se aprestan a la batalla.

¿Seguirá el imperialismo perdiendo una a una sus posiciones o lanzará, bestial, como lo amenazó hace poco, un ataque nuclear que incendie al mundo en una hoguera atómica? No lo podemos decir. Lo que afirmamos es que tenemos que caminar por el sendero de la liberación, aún cuando este cueste millones de victimas atómicas, porque en la lucha a muerte entre dos sistemas, no puede pensarse en otra cosa que la victoria definitiva del socialismo, o su retroceso bajo la victoria nuclear de la agresión imperialista.

Cuba está al borde de la invasión; está amenazada por las fuerzas más potentes del imperialismo mundial y por ende, por la muerte atómica. Desde su trinchera que no admite retroceso lanza a América su definitivo llamado al combate; combate que no se decidirá en una hora o en unos minutos de batalla terrible, que podrá definirse en años de agotadores encuentros en todos los rincones del continente, en medio de atroces sufrimientos. El ataque de las fuerzas imperialistas y de las burguesías aliadas, pondrá una y otra vez a los movimientos populares al borde de la destrucción, pero surgirán siempre renovados por la fuerza del pueblo hasta el instante de la total liberación.

Desde aquí, desde su trinchera solitaria de vanguardia, nuestro pueblo hace oír su voz. No es el canto del cisne de una revolución en derrota, es un himno revolucionario destinado a eternizarse en los labios de los combatientes de América. Tiene resonancias de historia.

El Patojo[14]

(Publicado en la revista *Verde Olivo*,19 de agosto de 1962)

Hace algunos días, al referirse a los acontecimientos de Guatemala, el cable traía la noticia de la muerte de algunos patriotas y, entre ellos, la de Julio Roberto Cáceres Valle.

En este afanoso oficio de revolucionario, en medio de luchas de clases que convulsionan el Continente entero, la muerte es un accidente frecuente. Pero la muerte de un amigo, compañero de horas difíciles y de sueños de horas mejores, es siempre dolorosa para quien recibe la noticia y Julio Roberto fue un gran amigo. Era de muy pequeña estatura, de físico más bien endeble; por ello le llamábamos El Patojo, modismo guatemalteco que significa pequeño, niño.

El Patojo, en México había visto nacer el proyecto de la Revolución, se había ofrecido como voluntario, además; pero Fidel no quiso traer más extranjeros a esta empresa de liberación nacional en la cual me tocó el honor de participar.

A los pocos días de triunfar la Revolución, vendió sus pocas cosas y con una maleta se presentó ante mí, trabajó en varios lugares de la administración pública y llegó a ser el primer jefe de personal del Departamento de Industrialización del INRA, pero nunca estaba contento con su trabajo. El Patojo buscaba algo distinto, buscaba la liberación de su país; como en todos nosotros, una profunda transformación se había producido en él, el muchacho azorado que abandonara Guatemala sin explicarse bien la derrota, hasta el revolucionario consciente que era ahora.

La primera vez que nos vimos fue en el tren, huyendo de Guatemala, un par de meses después de la caída de Arbenz; íbamos hasta Tapachula de donde deberíamos llegar a México. El Patojo era varios años menor que yo, pero enseguida entablamos una amistad que fue duradera. Hicimos juntos el viaje desde Chiapas hasta la ciudad de México, juntos afrontamos el mismo problema; los dos sin dinero, derrotados, teniendo que ganarnos la vida en un medio indiferente cuando no hostil.

El Patojo no tenía ningún dinero y yo algunos pesos; compré una máquina fotográfica y juntos nos dedicamos a la tarea clandestina de sacar fotos en los parques, en sociedad con un mexicano que tenia un pequeño laboratorio donde revelábamos. Conocimos toda la ciudad de México, caminándola de una punta a la otra para entregar las malas fotos que sacábamos, luchamos con toda clase de clientes para convencerlos de que realmente el niñito fotografiado lucía muy lindo y que valía la pena pagar un peso mexicano por esa maravilla. Con este oficio comimos varios meses, poco a poco nos fuimos abriendo paso y las contingencias de la vida revolucionaria nos separaron. Ya he dicho que Fidel no quiso traerlo, no por ninguna cualidad negativa suya sino por no hacer de nuestro Ejército un mosaico de nacionalidades.

El Patojo siguió su vida trabajando en el periodismo, estudiando física en la Universidad de México, dejando de estudiar, retomando la carrera, sin avanzar mucho nunca, ganándose el pan en varios lugares y con oficios distintos, sin pedir nada. De aquel muchacho sensible y concentrado, todavía hoy no puedo saber si fue inmensamente tímido o demasiado orgulloso para reconocer algunas debilidades y sus problemas más íntimos, para acercarse al amigo a solicitar la ayuda requerida. El Patojo era un espíritu introvertido, de una gran inteligencia, dueño de una cultura amplia y en constante desarrollo, de una profunda sensibilidad que estaba puesta, en los últimos tiempos, al servicio de su pueblo: Hombre de partido ya, pertenecía al PGT*, se había disciplinado en el trabajo y estaba madurando como un gran cuadro revolucionario. De su susceptibilidad, de las manifestaciones de orgullo de antaño, poco quedaba. La revolución limpia a los hombres, los mejora como el agricultor experimentado corrige los defectos de la planta e intensifica las buenas cualidades.

Después de llegar a Cuba vivimos casi siempre en la misma casa, como correspondía a una vieja amistad. Pero la antigua confianza mutua no podía mantenerse en esta nueva vida y solamente sospeché lo que El Patojo quería cuando a veces lo veía estudiando con ahínco alguna lengua indígena de su patria. Un día me dijo que se iba, que había llegado la hora y que debía cumplir con su deber.

El Patojo no tenía instrucción militar, simplemente sentía que su

---

*Partido Guatemalteco del Trabajo.

deber lo llamaba e iba a tratar de luchar en su tierra con las armas en la mano para repetir en alguna forma nuestra lucha guerrillera. Tuvimos una de las pocas conversaciones largas de esta época cubana; me limité a recomendarle encarecidamente tres puntos: movilidad constante, desconfianza constante, vigilancia constante. Movilidad, es decir, no estar nunca en el mismo lugar, no pasar dos noches en el mismo sitio, no dejar de caminar de un lugar para otro. Desconfianza, desconfiar al principio hasta de la propia sombra, de los campesinos amigos, de las informantes, de los guías, de los contactos; desconfiar de todo, hasta tener una zona liberada. Vigilancia; postas constantes, exploraciones constantes, establecimiento del campamento en lugar seguro y, por sobre todas estas cosas, nunca dormir bajo techo, nunca dormir en una casa donde se pueda ser cercado. Era lo más sintético de nuestra experiencia guerrillera, lo único, junto con un apretón de manos, que podía dar al amigo. ¿Aconsejarle que no lo hiciera? ¿Con qué derecho, si nosotros habíamos intentado algo cuando se creía que no se podía, y ahora, él sabía que era posible?

Se fue El Patojo y, al tiempo, llegó la noticia de su muerte. Como siempre, al principio había esperanzas de que dieran un nombre cambiado, de que hubiera alguna equivocación, pero ya, desgraciadamente, está reconocido el cadáver por su propia madre; no hay dudas de que murió y no él sólo, sino un grupo de compañeros con él, tan valiosos, tan sacrificados, tan inteligentes quizás, pero no conocidos personalmente por nosotros.

Queda una vez más el sabor amargo del fracaso, la pregunta nunca contestada: ¿por qué no hacer caso de las experiencias ajenas?, ¿por qué no se atendieron más las indicaciones tan simples que se daban? La averiguación insistente y curiosa de cómo se producía el hecho, de cómo había muerto El Patojo. Todavía no se sabe muy bien lo ocurrido, pero se puede decir que la zona fue mal escogida, que no tenían preparación física los combatientes, que no se tuvo la suficiente desconfianza, que no se tuvo, por supuesto, la suficiente vigilancia. El ejército represivo los sorprendió, mató unos cuantos, los dispersó, los volvió a perseguir y, prácticamente, los aniquiló; algunos tomándolos prisioneros, otros, como El Patojo, muertos en el combate. Después de perdida la unidad de la guerrilla el resto probablemente haya sido la caza del hombre, como lo fue para nosotros en un momento posterior a Alegría de Pío.

Nueva sangre joven ha fertilizado los campos de América para hacer posible la libertad. Se ha perdido una nueva batalla; debemos hacer un tiempo para llorar a los compañeros caídos mientras se afilan los machetes y, sobre la experiencia valiosa y desgraciada de los muertos queridos, hacernos la firme resolución de no repetir errores, de vengar la muerte de cada uno con muchas batallas victoriosas y de alcanzar la liberación definitiva.

Cuando El Patojo se fue no me dijo que dejara nada atrás, ni recomendó a nadie, ni tenía casi ropa ni enseres personales en que preocuparse; sin embargo, los viejos amigos comunes de México me trajeron algunos versos que él había escrito y dejado allí en una libreta de notas. Son los últimos versos de un revolucionario pero, además, un canto de amor a la Revolución, a la Patria y a una mujer. A esa mujer que El Patojo conoció y quiso aquí en Cuba, vale la recomendación final de sus versos como un imperativo:

Toma, es sólo un corazón
tenlo en tu mano
y cuando llegue el día,
abre tu mano para que el Sol lo caliente...

El corazón de El Patojo ha quedado entre nosotros y espera que la mano amada y la mano amiga de todo un pueblo lo caliente bajo el sol del nuevo día que alumbrará sin duda para Guatemala, y para toda América. Hoy, en el Ministerio de Industrias donde dejó muchos amigos, en homenaje a su recuerdo hay una pequeña Escuela de Estadística llamada "Julio Roberto Cáceres Valle". Después cuando la libertad llegue a Guatemala, allá deberá ir su nombre querido, a una escuela, una fábrica, un hospital, a cualquier lugar donde se luche y se trabaje en la construcción de la nueva sociedad.

DISCURSOS

La influencia de la Revolución cubana en América Latina[15]

(Discurso ante los miembros del Departamento de Seguridad del Estado, 18 de mayo de 1962)

Tengo ante todo que pedirles disculpas porque estaba animado de las mejores intenciones de preparar algunos datos y cifras, que expresaran más claramente algunos análisis sobre Latinoamérica en general, sus relaciones con el imperialismo y las relaciones que tendrán con el Gobierno revolucionario cubano. Sin embargo, como siempre, las buenas intenciones en estos casos han quedado reducidas a eso y tengo que hablar de memoria, de modo que no citaré cifras sino cuestiones de conceptos generales.

No pretendo hacer una historia larga del proceso de la penetración del imperialismo en América, pero sí es bueno saber que la parte del continente americano, que se llama la América Latina, ha vivido casi siempre bajo el yugo de grandes monopolios imperiales. Ustedes conocen que España dominó una gran cantidad del territorio americano, después hubo penetraciones de otros países europeos en la etapa de expansión capitalista, en el nacimiento del capitalismo y también Inglaterra y Francia adquirieron algunas colonias.

Después de la lucha por la independencia, varios países se disputaron el territorio americano y con el nacimiento del imperialismo económico a fines del siglo pasado y principios de este siglo, Estados Unidos dominó rápidamente toda la parte norte del continente, Suramérica y todo Centroamérica. En el sur todavía persistieron otros imperialismos. En el extremo sur en Argentina y Uruguay, fue fuerte Inglaterra hasta fines de la última guerra.

A veces nuestros países han sido campos de guerra provocados por monopolios de diferentes nacionalidades que se disputaban esferas de influencia; la guerra del Chaco es uno de los ejemplos de lucha por el petróleo entre la Shell de los grupos ingleses y alemanes y la Standard Oil. Fue una guerra muy cruenta donde Bolivia y Paraguay estuvieron durante cuatro años perdiendo lo mejor de su juventud en la selva del Chaco.

Hay otros ejemplos de ese tipo, el despojo mediante el cual Perú, representando a la Standard Oil, arrebató una parte del territorio ecuatoriano donde tenía influencia la Shell. También ha habido guerras por otro tipo de productos. La United Fruit ha provocado guerras en Centroamérica por dominar territorios bananeros; ha habido guerras también en el sur, entre Chile, Bolivia y Perú, por la posesión de los yacimientos de nitratos que eran muy importantes antes de descubrirse la forma sintética de hacerlo, es decir, nosotros cuando más, hemos sido actores inconscientes en una lucha entre imperios.

Sin embargo, después de la guerra, los últimos reductos del imperialismo británico —ya el alemán había sido desplazado anteriormente—, cedieron su paso al imperialismo norteamericano.

El hecho de que haya sucedido una unificación total del dominio económico de América, ha provocado una tendencia a la unidad entre las fuerzas que luchan contra el imperialismo. Cada vez tenemos que estar más hermanados en la lucha, porque es una lucha común, lucha que se expresa por ejemplo ahora, en la solidaridad de todos los pueblos con respecto a Cuba, porque se está aprendiendo aceleradamente que hay un solo enemigo que es el imperialismo y aquí en América tiene un nombre: es el imperialismo norteamericano.

La penetración ha variado mucho de acuerdo con circunstancias históricas, políticas, económicas y también quizás de acuerdo con la cercanía o la lejanía con la metrópoli imperialista. Hay países que son totalmente colonias como puede ser Panamá, lo que condiciona también su sistema de vida. Hay países que conservan mucho más sus características nacionales y todavía están en una etapa de lucha cultural contra el imperialismo; sin embargo, en todos ellos, el denominador común es el dominio de las grandes reservas de materiales estratégicos para sus industrias, no solamente estratégicos para la guerra, sino también para todas sus industrias y el dominio de la banca y casi el monopolio del comercio exterior.

A nosotros nos interesa mucho América por varias causas: porque somos parte de este continente culturalmente, históricamente, porque somos parte de un conglomerado que lucha por su libertad, y además porque la actitud de Latinoamérica está muy cerca a nuestro destino futuro y al destino de nuestra Revolución en sus afanes de expansión ideológica, porque las revoluciones tienen esa característica, se expanden ideológicamente, no quedan circunscritas a un país, sino que van tomando zonas, digamos, para utilizar un término económico, aunque no es el caso, zonas de influencia.

La Revolución cubana ha tenido una influencia enorme en América; pero esa influencia no se ha ejercido en la misma medida en cada uno de los pueblos y a nosotros nos corresponde analizar el por qué de la influencia de la Revolución cubana y el por qué en algunos países ha habido una influencia mayor que en otros. Para eso tendremos que analizar también la vida política de cada uno de los países y la actitud de los partidos progresistas en cada uno de ellos, naturalmente con todo el respeto debido y sin meternos en los asuntos internos de cada partido; pero sí puntualizando, porque es muy importante esta actitud para analizar la situación actual. Hay países que han alcanzado un extraordinario grado de agudización en sus luchas populares; hay países en los cuales la lucha popular se ha frenado, y hay países en los cuales Cuba es un símbolo sagrado para todo el pueblo, y otros en los cuales Cuba es el símbolo de un movimiento liberador que se mira un poquito desde afuera. Los orígenes son complejos pero están relacionados siempre con una actitud frente a la forma de tomar el poder y están muy influenciados por las soluciones que se han dado a estos problemas; en algunos casos también están relacionados con el mayor o menor predominio de la clase obrera y su influencia, y en otros por la proximidad a nuestra Revolución. Podemos analizar en grupos estos países.

En el sur de América hay dos países de mucha importancia en cuanto a su influencia ideológica sobre todo, y uno de ellos es la

Argentina, una de las relativamente fuertes potencias que hay en América. Además en el extremo sur está el Uruguay presentando características muy parecidas: ambos países son ganaderos con oligarquías muy fuertes, que asentadas en el dominio latifundista de la tierra y en la posesión del ganado, controlaban el comercio exterior pero que ahora lo tienen que repartir con los Estados Unidos.

Son países con predominio de la población urbana muy acentuada, no podemos decir en el caso de Uruguay que haya predominio de la clase obrera, pues Uruguay es un país muy poco desarrollado. En la Argentina hay predominio de la clase obrera; pero de una clase obrera que está en situación muy difícil porque está solamente empleada en industrias de transformación, depende de materias primas extranjeras, no hay una base sólida industrial en el país, todavía. Tiene un núcleo urbano de enorme preponderancia que es Buenos Aires, que tiene cerca del 30% del total de los habitantes, y es un país con cerca de tres millones de kilómetros cuadrados de territorio habitable, más otra parte antártica que esta en disputa y que no tiene valor demográfico.

Este inmenso país tiene mas de seis millones de habitantes en un área un poco mayor que La Habana y es la cabeza de toda una enorme extensión de tierra sin cultivar, donde hay una clase campesina que tiene tierras relativamente en gran cantidad y un pequeño grupo de obreros agrícolas que vagan de un lugar a otro de acuerdo con las cosechas, parecido a como hacían aquí los cortadores de caña, que podían recoger café en otra época o ir a la zafra del tabaco y alternarla con otros cultivos periódicos.

En la Argentina y en Uruguay que tienen esas características, y en Chile donde sí hay un gran predominio de la clase obrera, se ha tomado hasta ahora la filosofía de las luchas civiles contra los poderes despóticos y se ha planteado más o menos directa y explícitamente la toma del poder en un futuro mediante elecciones o en una forma pacífica.

Más o menos todos conocen los últimos acontecimientos en Argentina, cuando se planteó una situación más o menos ya real de dominio, de algunos grupos relativamente de izquierda, grupos que representan al sector progresista de la clase obrera argentina; pero que están tergiversando muchas de las aspiraciones del pueblo, a través de una camarilla del partido peronista que está totalmente alejada del pueblo. Sin embargo, cuando se planteó la situación de las elecciones, intervinieron los gorilas, como se llama a los grupos ultrarreaccionarios del ejército argentino, y liquidaron la situación.

En Uruguay sucede algo parecido, aunque el ejército no tiene fuerza ninguna y también se ha dado una especie de golpe de estado por parte del ultrarreaccionario de turno que se llama Nardone. La situación creada por los golpes derechistas y la filosofía de la toma del poder mediante frentes populares y elecciones, provoca cierta apatía frente a la Revolución cubana.

La Revolución cubana ha mostrado una experiencia que no quiere ser única para América pero que es reflejo de una forma de llegar al poder. Naturalmente no es una forma simpática para las aspiraciones de las masas populares que están muy presionadas, muy ahogadas y oprimidas por los grupos internos de opresión y por el imperialismo. Hay entonces que hacer algunas explicaciones en cuanto a la Revolución cubana, y estas explicaciones de tipo teórico condicionan una actitud también frente a la Revolución. Por ello nosotros podemos decir que hay más simpatía en los países en que abiertamente se ha tornado la decisión proclamada de tomar el poder mediante las armas. Naturalmente que esta es una posición muy difícil de adoptar y muy controvertida, donde nosotros no tenemos que tener una participación directa. Cada país y cada partido dentro de su país, debe buscar las fórmulas de lucha que la experiencia histórica le aconseje; lo que sucede es que la Revolución cubana es un hecho, y es un hecho de una magnitud continental. Por lo menos, pesa la realidad cubana en cada momento de la vida de los países.

En todos estos países han surgido lo que se llaman alas de ultraizquierda o a veces se llaman provocadores que tratan de implantar la experiencia cubana sin ponerse a razonar mucho si es o no el lugar adecuado, simplemente toman una experiencia que se ha realizado en América y tratan de llevarla hacia cada uno de los países. Naturalmente esto provoca más fricciones entre los grupos de izquierda. La historia de la defensa de Cuba en estos países por parte de todos los grupos populares, ha sido también una historia interna, y es bueno decirlo aquí para que ustedes comprendan un poquito algunos problemas, historia de pequeñeces, de lucha por pequeños avances dentro del dominio de organizaciones. Cuba por eso se ha visto mezclada, digamos, sin pretenderlo, en el medio de la polémica. Digo sin pretenderlo porque a nosotros nos basta con esta experiencia y con la proyección que tiene no podemos aspirar nunca a dirigir en cada país la política y la forma de realizar las revoluciones, la forma de llegar al poder. Sin embargo, volvemos a caer en que somos el centro de la polémica.

En Chile, donde los partidos de izquierda tienen una ascendencia mayor, una trayectoria muy vigorosa y una firmeza ideológica quizás como no hay en otro partido en América, la situación ha sido parecida con la salvedad de que el partido chileno y los partidos de izquierda han planteado ya el dilema: o se produce la toma del poder por vía pacífica o debe producirse por una vía violenta y consecuentemente todo el mundo se prepara para una lucha futura, lucha que en mi manera de pensar se producirá porque no hay una experiencia histórica y todavía menos la puede haber aquí en América, en las condiciones actuales del desarrollo de la lucha entre las grandes potencias y la agudización de la lucha entre el imperialismo y el campo de la paz, demuestran que no puede haber aquí, en nuestro concepto, un acto de entrega de una posición por parte del imperialismo. Desde el punto de vista de la estrategia sería ridículo cuando todavía tienen las armas; para eso las fuerzas de izquierda tienen que ser muy poderosas y obligar a capitular a la reacción, y Chile no está todavía en esas condiciones por lo menos. Eso es la parte de Suramérica, donde la Revolución cubana presenta para el pueblo unas características diferentes.

Subiendo, llegando más al norte, entramos en los países donde la Revolución cubana es realmente un faro para los pueblos. Podemos dejar de lado Bolivia, por el hecho de que en Bolivia se ha producido hace años una revolución burguesa muy tímida, muy debilitada por las concesiones que debió hacer su economía totalmente ligada a la economía imperialista y totalmente monoproductora, pues son exportadores de esta burguesía que ha debido ser en parte mantenida por el imperialismo. Naturalmente que el imperialismo saca sus riquezas con una mano y mantiene al gobierno con otra y con la cuarta parte de lo que saca, pero a creado una situación de dependencia que a pesar de los esfuerzos, en muchos casos se ve que esfuerzos sinceros, hechos por el gobierno boliviano, no pueden deshacerse del yugo imperialista; sin embargo, mantienen una cierta actitud correcta frente a algunos planteamientos cubanos, una actitud lo más amigablemente posible en las conferencias internacionales, y han realizado la reforma agraria, una reforma agraria que está muy mediatizada, donde no se le ha quitado al clero sus posesiones, donde las cooperativas realmente no tienen un desarrollo grande y más que todo son cooperativas de tipo tradicional basadas en las anteriores experiencias del comunismo primitivo de los indios de la región, que han mantenido a través de la tradición y les han permitido hacer sus tipos de cooperativas basadas en estos principios del comunismo primitivo. Sin embargo, es un país en el cual la lucha no se manifiesta tan arduamente porque cambian un poco los términos, ya no se trata de la lucha directa de las masas oprimidas de campesinos y obreros contra el imperialismo, sino contra una burguesía nacional la cual ha hecho una serie de concesiones sobre todo derrotando a los feudales, a los latifundistas criollos, de modo que no es tan agudizada la lucha de clases. Sin embargo, cerca está su anterior rival en la guerra de Chaco, el Paraguay.

Paraguay es un país donde ahora hay guerrillas, es un país muy pobre, tiene un millón y medio de habitantes más o menos, con un territorio mucho más grande que Cuba, con selvas muy grandes, que tiene apenas algún ganado y algunos productos agrícolas. Es un país de enfermedades endémicas terribles como la lepra, que está extendida en proporciones enormes, donde no hay prácticamente sanidad, donde la civilización está apenas ceñida a tres o cuatro ciudades relativamente grandes. En aquellos montes ha habido varias experiencias guerrilleras, las más importantes y las más serias desde el punto de vista ideológico, han sido orientadas por un frente popular revolucionario con la participación en algunos casos importantes, del Partido Comunista paraguayo. Sus guerrillas han sido derrotadas sistemáticamente, nosotros creemos que han habido errores tácticos en la conducción de la lucha revolucionaria, que tiene una serie de leyes que no se pueden violar, pero sin embargo se siguen produciendo alzamientos. Actualmente hay gentes que están, por imperio de las circunstancias, alzadas en los montes, debido a que si se entregaran serían muertos y están lejos de las fronteras. Paraguay es un país ideal para la guerra de guerrillas, muy rico en cuanto a la agricultura, de grandes condiciones naturales, no hay elevaciones pronunciadas, pero hay montes y ríos muy grandes y zonas de operaciones muy difíciles para los ejércitos regulares y zonas muy fáciles para la lucha con la ayuda de la población campesina. Hay allí una dictadura de extrema derecha que anteriormente estaba muy influenciada por la oligarquía argentina, era una semicolonia de la Argentina pero que hoy ha pasado a la dependencia directa de los Estados Unidos con las últimas penetraciones de capital norteamericano; mantiene una dictadura bestial donde están todos los gérmenes de una lucha popular que puede realizarse intensamente a corto plazo.

Un poco más arriba está el Perú. Perú es uno de los países que hay que mirar atentamente en el futuro, presenta características muy especiales, tiene un 80% de su población indígena o mestiza con una separación racial muy grande. Allí el blanco es el dueño de la tierra y de los capitales; el mestizo o cholo es en general el mayoral del blanco, y el indio es el siervo de la gleba.

En el Perú se venden todavía fincas con indios de estos, las fincas se anuncian en los periódicos con tantos trabajadores o tantos indígenas que tienen obligación de trabajar para el señor feudal; es una situación tan miserable como nadie que no haya estado en esa zona se puede imaginar.

En el Perú se presenta el único caso en la América de una gran región agrícola donde los partidos de izquierda tienen una influencia decisiva y una preponderancia absoluta. En el Perú y en la región indígena del Cuzco, es la única zona de influencia del Partido Comunista peruano fuerte y la única zona de influencia fuerte de cualquier partido marxista en el campo en toda América. Hace años tomó la ciudad del Cuzco por las armas, pero no estaban dada las condiciones revolucionarias y hubo una especie de tregua tácita, los alzados entregaron la ciudad y los opresores, las tropas del gobierno, no tomaron represalias. Ha seguido esa situación de tensión y es una de las zonas donde amenaza una revolución o mejor dicho, más que amenaza, donde hay esperanzas de una revolución en América; pero todo el Perú está en una situación parecida, esta situación que les digo de extrema miseria y de extrema opresión, que es la característica esencial de los Andes, intensamente poblada por seres humanos, es también un factor de conducción de la revolución. En esta zona no se habla castellano, se habla el quechua y el aimara, que son las lenguas más comunes y que tienen un fondo común también entre ellas. El que quiera comunicarse con los indígenas tiene que saber hablar estas lenguas, si no es imposible la comunicación y las nacionalidades traspasan la frontera en que se han delimitado los países. El aimara de Bolivia se entiende mucho mejor con el aimara del Perú que con el blanco de Bolivia o del Perú y los propios colonizadores y después los imperialistas se han preocupado de mantener esta situación, de tal manera que hay una natural afinidad entre estos dos países y asimismo en el norte, entre las zonas peruanas de los collas y de los quechuas y la zona ecuatoriana, y en algunos casos llega hasta Colombia. En todos estos países se hablan lenguas vernáculas como las lenguas dominantes. Son países de una geografía extraordinariamente cambiante. El Perú tiene tres cadenas montañosas cruzadas por valles y su mitad oriental va a dar a la gran hoya amazónica donde se forma lo que se llama la montaña en el Perú, que son las zonas de cordilleras de mediana altura con clima subtropical semejante a los climas de nuestras montañas, pero con más difíciles condiciones naturales.

La burguesía muy poco desarrollada que hay en el Perú está toda en la costa y la costa es una pequeña faja desértica, a la cual corre paralela una zona montañosa muy alta. Entre el punto más alto de la cordillera occidental en el Perú y el nivel del mar hay 5 000 metros de altura y apenas en línea recta hay 100 kilómetros, es decir, que es un verdadero caracol lo que hay que subir. Allí se han producido también levantamientos que ustedes deben haber escuchado, hace un mes o dos meses, en la zona minera del centro del país. En Perú hay una minería desarrollada y ustedes saben que el minero es un individuo de alta combatividad en general, no siempre de alta conciencia política por las condiciones en que está el país, pero sí de alta combatividad. El ejercito peruano está formado por una clase, una casta de oficiales y después por glebas de indios; de producirse un levantamiento serio, no hay forma de reprimirlo.

Las condiciones en el Ecuador son las mismas, con una diferencia, y es que la burguesía o una parte de la burguesía ecuatoriana y en general los partidarios de la izquierda, tienen mucha más influencia en las ciudades y están mucho más claros en cuanto a la necesidad del levantamiento. Hay varios líderes de estos grupos de izquierda ecuatorianos que han estado en Cuba y que han sido muy influenciados por los efectos y los resultados de la Revolución cubana. Ellos mantienen allí abiertamente la bandera de una revolución agraria inmediata; naturalmente hay también un fuerte ejército represivo y los norteamericanos tienen unidades de sus tropas directamente estacionadas en Ecuador. Creo que también es uno de los países donde se verán pronto luchas revolucionarias intensas. Siguiendo por el espinazo de la Sierra Maestra del continente, que es la cordillera de los Andes, hay un país, Colombia, que lleva doce años en guerra contínua, con temporadas de mayor o menor incremento de esta guerra pero lleva doce años así. Las guerrillas colombianas han tenido algunos errores que les han impedido cristalizar en un triunfo popular, como ocurrió con nuestra Revolución. Uno de los problemas que han tenido es la falta de conducción ideológica. Las guerrillas dispersas, sin un mando central como ocurrió en Cuba, sujetas a la dirección personal de caudillos salidos de la tierra, empezaron a cometer los mismos robos y asesinatos que sus rivales para sobrevivir y, naturalmente, fueron cayendo poco a poco en el bandolerismo. Hubo una serie de grupos guerrilleros que adoptaron la actitud de la autodefensa y se limitaban solamente a defenderse cuando eran atacados por el gobierno; pero toda esta situación de lucha y de guerra a muerte, condujo a que las guerrillas que adoptaron la actitud de la autodefensa fueran poco a poco debilitadas y algunas de ellas exterminadas totalmente.

Actualmente el movimiento guerrillero ha vuelto a surgir en Colombia y ha surgido bajo la influencia absoluta de la Revolución cubana. Hubo un grupo de jóvenes que hicieron algo similar a lo que fue el 26 de Julio en el primer momento, y que se llama el MOEC*, con una serie de tendencias anárquicas de derecha, a veces matizadas con ideas anticomunistas, pero que reflejan el germen de una decisión de lucha. Algunos de sus lideres estuvieron en Cuba y quizás el más decidido y entusiasta de sus lideres fue el compañero Larrota, que estuvo incluso con nosotros durante la invasión de abril y un tiempo

*Movimiento Obrero Estudiantil Campesino

antes, y que fue asesinado al volver a Colombia. El MOEC probablemente no tenga importancia como movimiento político y pudiera ser peligroso en algunos casos, pero es una demostración de lo que pasa. Colombia es un caso claro de los partidos de izquierda, tratando de frenar el movimiento insurreccional para llevarlo a la puja electoral en una situación tan absurda como es aquella en la cual hay solamente dos partidos legales y uno y otro tienen que alternarse en el poder. En condiciones tan absurdas ir a unas elecciones, es para el concepto de los revolucionarios colombianos más impetuosos, simplemente una forma de perder el tiempo y por ello se está desarrollando de todas maneras y a pesar de los frenos impuestos, una lucha que ya ha dejado de ser un estado latente para convertirse en lucha abierta en varios lugares del país. Puede tener o no importancia la lucha en Colombia, es difícil predecirlo, porque precisamente no hay un movimiento de izquierda bien estructurado que dirija esa lucha; es simplemente, impulsos de una serie de grupos sociales y de elementos de distintas clases que están tratando de hacer algo, pero no hay una conducción ideológica y eso es muy peligroso. De manera que no se puede saber a donde va a llegar, lo que sí es que naturalmente crea las condiciones para un futuro desarrollo de una lucha revolucionaria bien estructurada en Colombia.

En Venezuela la situación es mucho más activa, el Partido Comunista y el Movimiento de Izquierda Revolucionario, están a la cabeza de un movimiento de liberación por las armas y prácticamente la guerra civil está establecida en Venezuela. A nosotros nos debe interesar mucho este movimiento venezolano, debemos verlo con mucha atención, además de verlo con mucha simpatía. Incluso se ha planteado cierta divergencia, digamos de tipo táctico, en la forma de encarar la lucha. Nosotros, influenciados por nuestra experiencia, prácticamente nacidos como nación de una experiencia unilateral, preconizamos siempre una lucha guerrillera asentada en los núcleos campesinos e ir tomando las ciudades desde el campo; basada en la gran hambre de tierra de nuestras masas, en la extrema debilidad de los ejércitos mercenarios para moverse en los grandes territorios de América, falta de eficacia del imperialismo para atacar a las fuerzas populares en las zonas favorables para la guerrilla, es decir, en la incapacidad del gobierno de moverse mas allá de los núcleos poblados.

Algunos compañeros venezolanos varias veces han dado su opinión de que se puede hacer algo violento en Venezuela porque hay condiciones especiales, porque hay núcleos militares que están por una insurrección, por un movimiento violento; los resultados parciales se han visto en el último intento de Carúpano. Allí se ha demostrado una vez más una cosa, y es que los militares profesionales de América no sirven para otra cosa en revolución que para dar armas para que el pueblo se arme. La única misión que puede tener un grupo del ejército es dejarse desarmar y de allí para adelante hay que dejarlo tranquilamente y en todo caso sacar gente aislada. La infantería de marina que se alzó no fue capaz de dar un paso en el interior del país. Esa es una zona, yo no la conozco exactamente, pero conozco zonas cercanas y es zona donde las montañas y los bosques están cerca y son impenetrables, donde una guerrilla crea una situación enormemente difícil, donde están cerca de puertos exportadores de petróleo, como es Caripito y amenaza una de las zonas básicas de la economía imperialista en Venezuela. Sin embargo, la infantería de marina no dio un paso fuera del cuartel, del reducto y se rindió en cuanto tuvo la evidencia de que las tropas leales eran superiores en número. En esas condiciones no se puede hacer una revolución. La lucha guerrillera, ustedes lo saben, es una lucha lenta, donde las batallas se suceden con una secuencia también muy lenta, donde las dificultades mayores no son la acción directa del enemigo si no la lucha contra la inclemencia del clima, contra la falta de provisiones, contra la falta de medicamentos, la lucha por perforar ideológicamente a las masas campesinas, la lucha política por incorporar esas masas al movimiento popular, el avance gradual de la revolución y seguramente en el caso de Venezuela la intervención americana para defender sus posesiones petroleras; todas estas cosas son las que condicionan la lucha de guerrillas. El camino adoptado esta vez, nada más que esta vez, no se puede decir otra cosa, en Venezuela fue el tratar de dar el golpe violento mediante algunas unidades del ejército. En el caso de haber triunfado hubiera triunfado una parte del ejército contra otra. ¿Qué hubiera hecho el ejército? Algo muy sencillo: perdonar a la facción perdedora, mantener sus condiciones de casta, todas sus prebendas de casta y, además, su dominio de clase en el país, porque es la clase explotadora que tiene las armas que mantiene ese ejército de explotación. Al triunfar una parte sobre otra, la constitucional sobre la anticonstitucional (si quieren llamarle) no hay nada más que una pequeña distorsión o un pequeño choque entre el grupo de los explotadores, una contradicción que en los momentos actuales de América no llega nunca a ser decisiva y el imperialismo mantiene sus instrumentos de explotación; por eso una de las premisas de la Revolución cubana es destruir el ejército, pero inmediatamente como condición indispensable para tomar el poder seriamente.

Hay otro gran país de América del Sur que está también en una situación extraña y en una situación de equilibrio inestable que es el Brasil. Como ustedes saben, Brasil es el país más grande de América Latina; es el tercer país del mundo en extensión y la más grande reserva de materias primas de los norteamericanos; tiene además 60 millones de habitantes; es una verdadera potencia. Ya está desarrollando sus materias primas, todas ellas dominadas por los capitales norteamericanos y allí se han visto todas las contradicciones de América. También se notan dos tendencias entre las fuerzas de izquierda: las fuerzas partidarias de una revolución o de un camino más pacifico o institucional hacia la toma del poder y las fuerzas de izquierda representadas por las masas campesinas del nordeste, sobre todo, están claramente dispuestas a tomar el poder contra la oposición de la burguesía (la burguesía casi no se opone; del imperialismo que es el gran enemigo). Realmente, este país está constituido por varios países, el nordeste es un país, es una zona muy pobre, bastante densamente poblada donde hay sequías tremendas, donde hay un campesinado combativo y muy numeroso. Hay una zona desértica ocupada por selvas y por pequeñas extensiones agrícolas en todo el centro del país y al sur está la zona industrial, cuya capital real es San Pablo y está también Río de Janeiro, que son las ciudades más importantes del Brasil. La zona del norte es la zona insurrecta por excelencia, es la zona donde la explotación ha llegado a tal extremo que los campesinos no aguantan más; todos los días llegan noticias de la muerte de algunos compañeros del Brasil, en su lucha contra los terratenientes. Después de la renuncia de Quadros, del intento de golpe de los militares, se llegó a una situación de transacción y este gobierno actual es un gobierno que está en el poder por una transacción entre los grupos explotadores, entre la burguesía nacional brasileña y el imperialismo. Naturalmente, es una transacción que será rota en cuanto los enemigos puedan ponerse a pelear entre ellos y si no lo han hecho hasta ahora abiertamente, es porque está un gran enemigo, que es el pueblo brasileño.

Cuando la renuncia de Quadros, ustedes recuerdan que Fidel habló aquí y explicó más o menos lo que debía hacer el pueblo brasileño. Esas palabras que llegaron a través del éter al pueblo brasileño, provocaron muchas inquietudes y algunos entendieron una intromisión de nuestro gobierno, de nuestro Primer Ministro, en los asuntos internos del Brasil. Nosotros creemos ciertamente, que ese tipo de opinión es la opinión que debe dar un revolucionario en momentos de tanto peligro y de tanta necesidad de decisión como este. Si en Brasil se hubiera ganado una batalla decisiva, el panorama de América cambiaría rápidamente. Brasil tiene fronteras con todos los países de América del Sur, menos con Chile y Ecuador; con todos los demás países Brasil tiene fronteras. Tiene una enorme influencia, realmente es un lugar para dar una batalla y nosotros debemos considerar siempre en nuestras relaciones con los países americanos, que somos parte de una sola familia, familia con características más o menos especiales; pero no podemos olvidar nuestro deber de solidaridad y nuestro deber de dar nuestra opinión en algunos momentos específicos. No se trata de meterse a cada momento ni estar cansonamente dando nuestro ejemplo, ejemplo que no en todos los países puede seguirse, pero si en momentos como aquel en que en Brasil se estaba debatiendo, no digamos la suerte del continente americano, no llega a tanto; se podía perder como en efecto se perdió, parte de la batalla brasileña, y no ha pasado nada, pero sí era un momento de extraordinaria tensión. Si se hubiera ganado esa batalla, hubiéramos ganado mucho y no fue realmente un triunfo de las fuerzas populares lo que ocurrió en Brasil, fue simplemente una transacción, transacción en la cual el grupo que tiene el poder, las armas, la decisión de tomarlas y además una gran claridad sobre lo que hay que hacer, cedió parte de sus prerrogativas alcanzadas en aquel momento, pero para tratar de tomarlas en otros, y allí también tendrá que venir un choque. Este año se ha visto ya como un año de choques violentos entre las fuerzas populares y las fuerzas de opresión; los años venideros serán también por el estilo.

Nadie puede ser profeta para vaticinar qué año y en qué momento en cada país de América se va a producir un encontronazo entre las fuerzas; pero sí es claro que las contradicciones se van agudizando cada vez más y que se están dando las condiciones subjetivas tan importantes para el desarrollo de la revolución. Esas condiciones subjetivas son dos fundamentales: la conciencia de la necesidad de realizar un cambio social, urgente, para liquidar la situación de injusticia, y la certeza de la posibilidad de realizar ese cambio. Todo el pueblo de América se está entrenando para realizarlo. El entrenamiento es de alzamiento de grupos, la lucha diaria, a veces por medios legales, a veces ilegales, a veces en lucha abierta, a veces en lucha clandestina; pero es un entrenamiento constante del pueblo que se ejerce a través de todas las vías posibles, pero que va madurando en calidad y en intensidad y que anuncia batallas muy grandes en América.

Centroamérica es un solo país que tiene las mismas características, un gran dominio imperialista y es uno de los lugares donde la lucha popular ha alcanzado ya un clímax; pero donde los resultados son difíciles de precisar y no creo que sean muy halagüeños a corto plazo, por el dominio tan grande que tienen los norteamericanos. En Guatemala se ha visto un relativo fracaso de las fuerzas progresistas, y México está cayendo a pasos agigantados en una colonia yanqui. Hay una cierta burguesía mexicana, pero ya pactó con el imperialismo. Es un país difícil que ha sido profundamente maleado por la llamada Revolución mexicana y en el cual no se puede prever acciones importantes contra su Gobierno.

Nosotros hemos centrado nuestra atención sobre los países que han entrado en contradicciones con nosotros más abruptamente y en los cuales se han creado condiciones especiales para la lucha. Hemos respondido a la agresión con nuestros medios de difusión, hemos explicado a las masas lo que pudimos con nuestro lenguaje, lo que se podía hacer y estamos esperando. Nosotros no estamos esperando como quien simplemente ha tomado una platea y se pone a ver la lucha, nosotros no somos espectadores de esa lucha sino que somos parte de la lucha y parte importante. El destino de las revoluciones populares en América está íntimamente ligado al desarrollo de nuestra

Revolución. Naturalmente, nosotros tenemos amigos más poderosos que todas las fuerzas de América, y los norteamericanos saben que atacarnos directamente es poner en serio peligro su territorio; sin embargo, han elegido y han seguido con bastante meticulosidad la política de ir aislándonos de toda América. Primero los vínculos económicos que son débiles con América; solamente con Chile tienen alguna importancia. Después la ruptura de relaciones con la mayoría de los países y sigue, no crean que acaba donde está.

Agresiones como esta que parece que van a hacer en Jamaica impidiéndonos competir, es decir, liquidar la influencia de la Revolución cubana, liquidando el contacto. Lo mismo que hacen los jesuitas, se ponen una sotana larga y entonces los deseos quedan todos escondidos debajo de la sotana, eso mismo pretenden hacer con nosotros, ponernos un capuchón para que nadie nos vea y nuestra maléfica influencia no se ejerza. Es muy importante luchar contra eso, porque nuestro contacto con América depende también de la forma en que el pueblo de América reaccione frente a los ataques del imperialismo, y de esta forma de reaccionar depende una buena parte de nuestra seguridad. No nos olvidemos que el imperialismo se equivoca muchas veces, el imperialismo sabe o no sabe lo que es capaz de hacer la Unión Soviética por defendernos; yo creo que lo sabe, porque si no, ya nos hubiera atacado. Pero puede equivocarse, y lo que nosotros no debemos dejar es que el imperialismo se equivoque esta vez, porque si se equivoca van a destruir al imperialismo hasta las raíces; pero de nosotros va a quedar muy poco también y de ahí que nosotros tenemos que ser luchadores por la paz y defensores convencidos de la paz, convencidos porque nos va a doler en nuestro propio pellejo si se rompe la paz y es que al mismo tiempo estamos hablando con tanta libertad de las revoluciones populares.

Es que las revoluciones, la lucha popular es, aunque parezca paradójico, la forma de defender la paz. El imperialismo no puede luchar con todo un pueblo armado, tiene que llegar en definitiva a algún tipo de transacción; no le conviene, además, probar su guerra contra algo que no existe, trata de crear la guerra entre naciones. Donde el imperialismo gana es en las guerras locales, entre naciones, donde sí puede vencer su material de guerra, hipotecar los países, venderle a los dos países, o a uno; en fin, depende de las circunstancias, probar su maquinaria bélica, probar su táctica, probar los nuevos inventos, eso le conviene.

Ahora, una guerra popular con ejércitos que aparecen y desaparecen en las primeras etapas, con frentes de lucha que no existen, una guerra como la que hay en Indochina, ahora en la parte sur, donde en Saigón, a 40 kilómetros de la capital, han declarado zona de muerte, es decir, a 40 kilómetros de la capital ya es territorio de las guerrillas, esa es la guerra que los imperialistas no pueden sostener, que no les enseña nada porque ellos en definitiva sí aspiran a luchar con las armas para defender sus privilegios, no pueden aprender luchando contra unidades fraccionadas en lugares donde no hay un enemigo visible. Ellos tendrían que hacer una guerra contra la Unión Soviética, luchando con cohetes atómicos y en otro tipo de estrategia totalmente diferente.

El imperialismo, aunque no se desangre en realidad, porque pierde poco, va perdiendo puntos de apoyo; no hay que olvidarse de una cosa importante; los norteamericanos son bastante previsores, no son tan estúpidos como parecen, se equivocan, es verdad, pero no son tan estúpidos como parecen. Hace años se han dado cuenta de que sus reservas están mermando; Estados Unidos es realmente un país riquísimo, pero sus reservas están mermando y han empezado a buscar reservas por todo el mundo; ahí cerca de Indochina están las reservas de estaño, por ejemplo; en la Malasia, en el Perú tiene una serie de reservas; en Bolivia también hay estaño; en el Perú hay cobre en grandes cantidades; en Chile también hay cobre; en el Perú también hay hierro; en la Argentina, entre otras cosas, hay uranio, que yo creo que se lo están llevando también; en México hay azufre; en Venezuela hay petróleo, y esa es la base que mueve toda la máquina imperialista. Ellos necesitan de todo el continente americano para mantenerse y además de las partes de Asia y de África que están dominando. ¿Por qué la lucha en el Congo? En el Congo hay uranio, en el Congo hay cobre, en el Congo hay diamantes, hay toda una serie de riquezas naturales. Lucharon duramente en el Congo y desalojaron al imperialismo belga y se quedaron ellos; esa es la política que están siguiendo en el mundo entero los Estados Unidos, preparándose en bloques para mantenerse los años que vienen.

De modo que quitarle el sustento, quitarle la base económica al imperialismo, es debilitarlo y debilitarlo en su mismo corazón. Porque no hay que olvidarse que el imperialismo funciona extraterritorialmente, ya no es los Estados Unidos una potencia que trabaja solamente allí en los Estados Unidos; sus capitales están por todo el mundo, juegan con ellos, los quitan y los ponen de tal manera que ese debilitamiento de la base económica del imperialismo ayuda a romper su fortaleza y ayuda a la paz, a la paz mundial, a la paz global, que es lo que nos interesa a nosotros. Por eso nosotros tenemos que tratar que no se equivoque el imperialismo; hasta ahora nosotros hemos avisado una serie de pasos que íbamos a dar en contragolpe de los que ellos dieron y los dimos y les ha dolido. Se los hemos avisado varias veces, ellos sienten la radio que está aquí en La Habana, por ejemplo, la sienten en el corazón de verdad porque esa radio se mete por toda la América, los campesinos de toda la América están oyendo la radio, y lo que larga la radio para allí es de película. De modo que nosotros les hemos enseñado nuestra fortaleza, nuestra modesta fortaleza, y tenemos que hacer que se mantenga la idea de ellos de nuestra fuerza. Claro que también a pesar de que tratan de aislarnos, también tratan de golpearnos aquí. ¿Cómo?; presumiblemente entre actos de sabotaje como los que se han producido en los últimos días y tratando de influir mucho sobre la gente, para crear el clima; el clima es una cosa muy especial. Ustedes conocen el caso de Hungría, que es un caso interesante sobre unos errores del gobierno popular. De pronto se desató una contrarrevolución que fue pagada, preparada y desatada por los yanquis.

Aquí en América sucedió un caso que tiene mucha similitud, aunque no era un gobierno de las características del Gobierno popular húngaro, fue en Bolivia.

En Bolivia había un gobierno burgués, antinorteamericano por lo menos, que encabezaba el mayor Villarroel, abogaba por la nacionalización de las minas, por una serie de medidas y aspiraciones del pueblo boliviano. Ese gobierno acabó en la forma más terrible, el mayor Villarroel acabó colgado de un farol, en la plaza, por el pueblo y era un gobierno popular. ¿Por qué? Porque los especialistas norteamericanos saben manejar ciertas debilidades que suceden en el seno de los gobiernos, por mas progresistas que sean y nosotros hemos andado por el camino de las debilidades un buen rato, y todos ustedes tienen su parte de culpa en ese camino; parte mínima naturalmente, nosotros somos mucho más culpables, dirigentes del Gobierno con la obligación de ser perspicaces, pero anduvimos por ese camino que se ha llamado sectario, que es mucho más que sectario, estúpido; el camino de la separación de las masas, el camino de la ligación rígida a veces, de medidas correctas a medidas absurdas, el camino de la supresión de la crítica, no solamente de la supresión de la crítica por quien tiene legítimo derecho de hacerlo, que es el pueblo, sino la supresión de la vigilancia crítica por parte del aparato del Partido que se convirtió en ejecutor y al convertirse en ejecutor perdió sus características de vigilancia, de inspección. Eso nos llevó a errores serios económicos, recuérdense que sobre la base de todos los movimientos políticos está la economía, y nosotros cometimos errores económicos, es decir, fuimos por el camino que al imperialismo le interesaba. Ellos ahora quieren destruir nuestra base económica mediante el bloqueo; mediante todas estas cosas nosotros lo íbamos ayudando.

¿Por qué les digo que ustedes tienen su parte? Por ejemplo, los Comités de Defensa, una institución que surgió al calor de la vigilancia popular, que representaba el ansia del pueblo de defender su Revolución, se fue convirtiendo en un hazlo todo, en la imposición, en la madriguera del oportunismo. Se fue convirtiendo en una organización antipática al pueblo. Hoy creo poder decir, con mucha razón, que los CDR son antipáticos al pueblo; aquí tomaron una serie de medidas arbitrarias, pero aquí no se vio tanto y no es para nosotros tan importante eso; el campo que es nuestra base, de donde salió nuestro ejército guerrillero con el cual se nutrió durante dos años, que triunfó sobre las ciudades, nosotros lo descuidamos totalmente, lo tiramos al abandono, y lo dejamos en manos de los CDR.

Comités de Defensa de la Revolución llenos de garruchos*, llenos de gente de ese tipo, oportunistas de toda laya que no se pararon en ningún momento a pensar en el daño que le estaban haciendo a la Revolución. Y como todo es parte de una lucha, el imperialismo empezó a trabajar sobre esto, a trabajar cada vez mas y trabajó bastante bien; creó en algunas zonas un verdadero antagonismo entre la

*Argentinismo: extremista.

Revolución y algunos sectores de la pequeña burguesía, que fueron excesivamente abrumados por la acción revolucionaria. Todo eso establece una lección que tenemos que aprender y establece además una gran verdad, y es que los cuerpos de seguridad de cualquier tipo que sean, tienen que estar bajo el control del pueblo, a veces puede parecer y a veces es imprescindible tomar medidas expeditivas con el peligro que se corre de ser arbitrario. Es lógico que en momentos de excesiva tensión no se puede andar con paños tibios, aquí se ha apresado a mucha gente sin saber exactamente si eran culpables. Nosotros, en la Sierra hemos fusilado gentes, sin saber si eran totalmente culpables, pero hay un momento en que la Revolución no podía pararse a averiguar demasiado, tenía la obligación sagrada de triunfar. En momentos en que ya las relaciones naturales entre las gentes vuelven a tener su importancia, tenemos que dar un pasito atrás y establecer esas relaciones, no seguir con las relaciones del fuerte y del débil, del yo lo digo y se acabó. En primer lugar, porque no es justo y en segundo lugar y muy importante, porque no es político. Así como los CDR se han convertido en organismos antipáticos, o por lo menos han perdido una gran parte del prestigio que tenían y del cariño que tenían, los cuerpos de seguridad se pueden convertir en lo mismo, de hecho han cometido errores de ese tipo. Nosotros tenemos la gran virtud de habernos salvado de caer en la tortura, en todas las cosas tremendas en que se ha caído en muchos países defendiendo principios justos.

Establecimos un principio que Fidel defendió mucho siempre, de no tocar nunca a la gente, aun cuando se le fusilara al minuto, y puede ser que haya habido excepciones, yo conozco alguna excepción, pero lo fundamental es que este cuerpo mantuvo esa actitud, y eso es muy importante porque aquí todo se sabe, todo lo que nosotros a veces no decimos por el periódico, todo lo que no queremos ni enterarnos siquiera, después nos enteramos. Yo llego a mi casa y mi mujer me dice: mira, se metió en la embajada fulano, o mira una guagua que un soldado tiroteó; todo se sabe y así también se saben los atropellos y las malas acciones que comete un cuerpo, por más clandestino que sea, por más subterráneo que trabaje, el pueblo tiene muchos conocimientos y sabe apreciar todas esas cosas. Ustedes tienen un papel importantísimo en la defensa del país, menos importante que el desarrollo de la economía, acuérdense de eso, menos importante. Para nosotros es mucho más importante tener malanga que tenerlos a ustedes, pero de todas maneras ustedes tienen un papel importante y hay que saber desempeñarlo, porque todavía tenemos batallas muy duras y durante quien sabe cuanto tiempo, porque todos nosotros tenemos que ir a poner nuestras vidas a disposición de la Revolución, en un campo o en otro, con mayor o menor premura, en un futuro más o menos cercano. Pero las batallas seguirán. Hasta qué grado de tensión, hasta qué grado de batalla abierta, hasta qué grado de profundidad, yo no soy profeta, no lo puedo decir; todos mis deseos, toda mi ambición, es que no sea hasta el grado extremo. Si lo es hasta el grado extremo, realmente ni la actuación de ustedes ni la mía tendrá mucha importancia en el desenlace final; pero si no lo es, y estamos todos no solamente con deseos sino luchando porque no lo sea, si el imperialismo puede ser sujetado ahí donde está, si puede ir reduciéndose en su agresividad, como decía Nikita, porque el elefante es fuerte, aunque el tigre siga siendo tigre, entonces la tarea de ustedes adquiere la importancia que tiene, la de descubrir lo que hay, lo que prepara el enemigo y también la de saber informar lo que siente el pueblo. Ustedes podrán ser grandes informadores al Gobierno de lo que siente el pueblo; pero por ejemplo, en Matanzas, los jefes de la Revolución salían con unas sogas por el pueblo diciendo que el INRA ponía la soga, que el pueblo pusiera el ahorcado y no hubo ningún informe, por lo menos yo no leí de que sucediera eso, no se supo cumplir con el deber y ni siquiera supo enterarse el cuerpo de seguridad de que sucedían cosas como esas. Eso es como el ejemplo del llamado terror rojo que se quiso imponer en Matanzas contra el terror blanco, sin darse cuenta que el terror blanco no existía nada más que en la mente de algunos extraviados; el terror blanco lo desatamos nosotros con nuestras medidas absurdas y después metimos el terror rojo. En Matanzas ocurrió un caso curioso y triste, de las medidas absurdas que puede tomar un grupo revolucionario cuando no tiene control; ahora eso se puede repetir y todos tenemos que estar vigilantes para que no se repita.

Contrarrevolucionario es todo aquel que contraviene la moral revolucionaria, no se olviden de eso. Contrarrevolucionario es aquel que lucha contra la Revolución, pero también es contrarrevolucionario el señor que valido de su influencia consigue una casa, que después consigue dos carros, que después viola el racionamiento, que después tiene todo lo que no tiene el pueblo, y que lo ostenta o no lo ostenta pero lo tiene. Ese es un contrarrevolucionario, a ese sí hay que denunciarlo enseguida, y al que utiliza sus influencias buenas o malas para su provecho personal o de sus amistades, ese es contrarrevolucionario y hay que perseguirlo pero con saña, perseguirlo y aniquilarlo.

El oportunismo es un enemigo de la Revolución y florece en todos los lugares donde no hay control popular, por eso es que es tan importante controlarlo en los cuerpos de seguridad. En los cuerpos en donde el control se ejerce desde muy arriba, donde no puede haber por el mismo trabajo del cuerpo, un control de cada uno de los pasos, de cada uno de los miembros, allí sí hay que ser inflexibles por las mismas dos razones: porque es de justicia y nosotros hemos hecho una Revolución contra la injusticia y porque es de política, el hacerlo, porque todos aquellos que, hablando de revolución violan la moral revolucionaria, no solamente son traidores potenciales a la Revolución, sino que además son los peores detractores de la Revolución, porque la gente los ve y conoce lo que se hace, aun cuando nosotros mismos no conociéramos las cosas o no quisiéramos conocerlas, las gentes las conocían y así nuestra Revolución, caminando por ese sendero erróneo, por el que caminó unos cuantos meses, fue dilapidando la cosa más sagrada que tiene, que es la fe que tiene en ella, y ahora tendremos que volver a trabajar todos juntos con más entusiasmo que nunca, con más austeridad que nunca, para recuperar lo que dilapidamos.

Es una tarea dura, uno lo percibe, no es el mismo entusiasmo el de este año que el del año pasado; hay una cosita que se ha perdido, que se recupera, que cuesta recuperarla, porque crear la fe en los hombres y en la Revolución en los momentos que vivía Cuba era fácil. Ahora después que esa fe en algún momento es traicionada o se debilita, hacer que se recupere ya no es tan fácil; ahora ustedes tienen que trabajar para ello, al mismo tiempo ser inflexibles con la contrarrevolución; al mismo tiempo ser herméticos en todo lo que sean asuntos del Estado y siempre vigilar y considerar a Cuba como una parte de América para hacer cualquier análisis, el que ustedes tengan que hacer. En cualquier momento para ustedes Cuba debe ser una parte de América, una parte directamente ligada a América. Aquí se ha hecho una experiencia que tiene una trascendencia histórica y que aún cuando nosotros no lo quisiéramos, se va a trasladar al Continente. En algunos pueblos ya se ha hecho carne, pero en todos ya se hará carne. La Segunda Declaración de La Habana tendrá una importancia grande en el desarrollo de los movimientos revolucionarios en América. Es un documento que llamará a las masas a la lucha, es así, guardando el respeto que se debe guardar a los grandes documentos, es como un manifiesto comunista de este Continente y en ésta época. Está basada en nuestra realidad y en el análisis marxista de toda la realidad de América

Por eso me pareció correcto charlar con ustedes un poco esta noche sobre América. Ustedes me perdonarán que no haya sido más convincente por falta de datos, en que no haya abundado en el aspecto económico de la lucha, que es tan importante. Hubiera sido muy interesante, por lo menos para mí, no sé si para ustedes, poder traerles toda una serie de datos que explican la penetración imperialista, que explican diáfanamente la relación que hay entre los movimientos políticos y la situación económica de nuestros países, como a tal penetración corresponde tal reacción y como tal penetración se produce también por tales antecedentes históricos o económicos. El desarrollo de las luchas entre el imperialismo en la América por penetrar la burguesía en algunos lugares, o de un imperio contra otro, el resultado de la monopolización absoluta por parte de los Estados Unidos de las economías y de que toda la economía de América depende de los lugares comunes. Como Colgate, por ejemplo, es una palabra que se repite en casi todos los países de América, o Mejoral, o Palmolive, o miles de esos artículos que uno consume aquí todos los días. El imperialismo ha utilizado nuestro Continente como fuente de materias primas y de expansión para sus monopolios. Eso ha creado también nuestra unión, unión que tiene que ser sagrada, unión que tenemos que defender y que alimentar.

Como moraleja, digamos de esta charla, queda el que ustedes deben estudiar más a Latinoamérica; yo he notado en general que hoy por hoy conocemos en Cuba más de cualquier lugar del mundo quizás que de Latinoamérica, y eso es falso. Estudiando a Latinoamérica aprendemos también un poquito a conocernos, a acercarnos más, y conocemos mejor nuestras relaciones y nuestra historia. Estudiar Latinoamérica significa estudiar la penetración imperialista, es decir, estudiar su economía; allí verán los gérmenes de todo lo que está ocurriendo hoy y nada más.

A los argentinos

(Palabras pronunciadas en la festividad del 25 de mayo de 1962 con la comunidad argentina en La Habana)

Queridos compatriotas de toda América, queridos coprovincianos que hoy festejamos una de nuestras fechas patrias:

Este momento, repetido muchas veces en el curso de nuestras vidas, tiene hoy una significación especial, un tono y un colorido especial. Es aquí en otro país de América, en nuevas condiciones de América, donde festejamos una vez más el 25 de mayo, y esta vez no se escuchan los discursos consabidos y no existe la fanfarria consabida, las palabras huecas con que los gobernantes de turno tratan siempre de hacerse copartícipes en la gloria de los viejos próceres.

El 25 de Mayo, aquí en Cuba, tiene para nosotros pues, características especiales, tan especiales como que un argentino de voz extranjera a nombre del gobierno cubano, salude y agasaje a todos ustedes y le trasmita la felicitación de nuestro gobierno. Son las nuevas condiciones de América, condiciones que han ido madurando a través del tiempo, que han ido consolidando esta nueva Era en que vivimos, este nuevo momento histórico del cual Cuba tiene la gloria especial de ser el iniciador en América. Por eso al hablar de movimientos emancipadores, al recordar las viejas gestas de nuestras guerras de independencia tenemos forzosamente que recordar la Cuba de hoy, porque esta Cuba de hoy es parte de un viejo esfuerzo de las masas por obtener su liberación definitiva, esfuerzo que ni siquiera en Cuba ha alcanzado un éxito total, todavía tenemos que luchar para liquidar viejas formas económicas que nos oprimen, para librarnos de todos los problemas que nos ha traído en nuestro desarrollo la dependencia de los capitales extranjeros, la dependencia fundamentalmente de los monopolios norteamericanos y para defender la parte de libertad y de bienestar de nuestro pueblo que hemos logrado en estos años de lucha.

El 25 de Mayo de 1810 significó en América un grito mas dentro de los muchos gritos que se dieron por aquella época en diversos países. El monopolio español estaba ya llegando a sus finales y por todos lados los pueblos trataban de ganar su libertad. En Bolivia, un año antes se había dado un grito parecido. Por el otro lado de América había empezado ya también la lucha por la libertad. No fue ese grito del 25 de Mayo de 1810, ni el primero ni el único, sin embargo tuvo la virtud esencial de afianzarse y consolidarse, tuvo la virtud del triunfador en aquellos momentos.

Y la Revolución cubana hoy ha sido igualmente, no el único grito, ni siquiera el primero, ha habido en esta época gloriosas revoluciones que han tratado de dar el paso que hoy dio la Revolución cubana, pero todavía no estaban todas las condiciones dadas y los gobiernos surgidos de movimientos populares fueron siendo derrocados. El caso más avanzado, más patético es el de la Guatemala de Arbenz que fue destrozada por los monopolios norteamericanos.

Cuba también como los héroes del 25 de Mayo de 1810, no tiene otra virtud especial, no es nada más ni nada menos, que la exposición de cómo un pueblo puede lograr su victoria, no original, no en base a planteamientos que se hayan imaginado por primera vez, no usando una estrategia por primera vez descubierta en la historia. Simplemente, aprovechando el momento histórico en que se desarrolló, utilizando acertadamente la estrategia revolucionaria, unificando a todas las masas anhelantes de un cambio mediante el liderazgo de un movimiento que supo en un momento dado interpretar las aspiraciones del pueblo cubano bajo la dirección de un líder de características extraordinarias que como todos los grandes líderes supieron aglutinar a todo el pueblo de Cuba y en las condiciones especiales en que nosotros estábamos, luchando desde la Sierra en las difíciles condiciones de la guerrilla, en los campos, unificar un ejército campesino que avanzó sobre las ciudades, que unió a sí a la clase obrera, que derrotó al ejército en una y en muchas batallas campales y que llegando desde el campo entró en la ciudad y después se dedicó sistemáticamente a destruir el viejo orden establecido, empezando naturalmente por el arma más poderosa de la reacción que es el ejército, porque no hay revolución triunfante que no tenga como imposición primera la de cambiar totalmente el ejército vencido, reemplazarlo por un nuevo ejército y establecer el dominio de clase. Eso hicimos nosotros y esa es nuestra virtud, esa es la experiencia que podemos mostrar a los pueblos del mundo y sobre todo a los pueblos de América, con más fuerza, con más patetismo porque hablamos el mismo idioma, hemos vivido la misma experiencia y nos entendemos muy fácilmente cuando estamos en uno u en otro país.

Por eso mostramos aquí una experiencia, naturalmente no la única, no pretendemos de ninguna manera que esta experiencia cubana marque el único camino para la liberación de América, pero sí uno importante, la demostración efectiva de que los ejércitos represivos se pueden destruir, que el pueblo puede ir armando a su vanguardia combatiente enseñándole a combatir, a destruir al ejército adversario, a acosarlo y al final a pulverizarlo. Podemos nosotros también mostrar aquí como crece, como se desarrollan las masas, uno de los fenómenos más interesantes que es el fenómeno del desarrollo de la conciencia revolucionaria.

Todos sabemos que se necesitan, para que haya una revolución, condiciones objetivas y subjetivas y se necesita que el gobierno objeto de la revolución esté sufriendo embates fuertes y haya perdido su capacidad de reacción. Las condiciones objetivas están dadas en toda América, no hay país de América donde no estén en este momento dadas al máximo; las condiciones subjetivas sin embargo, no han madurado en todos los países con igual intensidad. Nosotros demostramos que las condiciones especiales de Cuba, las condiciones subjetivas iban madurando al calor de la lucha armada, que la lucha armada era un catalizador que agudizaba las luchas, que llevaba hasta el paroxismo estas luchas y que iba haciendo nacer una conciencia. Condiciones subjetivas nosotros las llamamos a la conciencia de la necesidad de un cambio en una situación social dada y a la certeza de la posibilidad de ese cambio. La necesidad de un cambio la conocen muy bien las masas de toda América, la posibilidad de un cambio, la posibilidad de tomar el poder es algo que no siempre se conoce, los pueblos no siempre conocen su fuerza y la lucha armada en Cuba fue desarrollando esa fe del pueblo en su poder, hasta convertirlo en una certeza de la victoria y basta hacer que esta fe nos hiciera lanzar contra las armas del enemigo, derrotar su superioridad numérica en cuanto a soldados armados, su superioridad de fuego, la superioridad de sus armas modernas, atacarlo a veces con condiciones de uno a diez y destruirlo en todos sus focos hasta obtener el triunfo. Después llega la otra etapa, la que estamos viviendo, más difícil, más ardua quizás que la misma etapa de la guerra. Una vez más repito que eso es lo que nosotros tenemos que mostrar ante ustedes, tenemos la obligación y el deber moral de mostrar tal cual es, no para copiarlo, sí para estudiarlo, sí para analizarlo.

Cuando el tiempo siga su curso y también la Revolución cubana se convierta en objeto de estudios históricos y algunos de los que participaron en esta Revolución sean catalogados por las generaciones venideras como héroes de este momento, entonces la Revolución tendrá estas virtudes, las que ahora he enumerado, las virtudes de haber demostrado ante América lo que puede hacer un pueblo en armas cuando está bien elegida su estrategia revolucionaria y cuando está bien dirigido su Ejército Revolucionario.

Naturalmente, en América hay condiciones diferentes hay países con grandes condiciones para la lucha de guerrillas y países con campesinados muy fuertemente desarrollados donde se hace mejor la guerra, hay países donde la clase obrera, las poblaciones urbanas son mucho mayores y donde las condiciones para una guerra son más difíciles. Nosotros no somos técnicos especialistas en subversión como hay técnicos especialistas contra la subversión, sin embargo sabemos una cosa y es que un hombre armado vale tanto o más que otro hombre armado de acuerdo con la ideología conque lleve su arma y que para que un hombre esté armado tiene que conseguir un arma y que las armas no nacen por generación espontánea ni están tiradas a la vuelta de la esquina, las armas están en poder del ejército enemigo, del ejército opresor. Para lograr la liberación revolucionaria hay que tomar las armas, las pocas que haya y con esas quitar nuevas armas y convertir el pequeño ejército en un gran ejército popular.

Perdónenme compañeros mi insistencia castrense en las armas, sucede que estamos evocando un día en el cual el pueblo argentino manifestó su decisión de tomar la independencia contra el poder español y después de hacer el cabildo abierto y después de aquellas discusiones de las cuales año tras año recordábamos en actos como estos, después de escuchar las manifestaciones de los obispos españoles que se negaban a la independencia y manifestaban la superioridad racial de España, después de todo eso, hubo que instrumentar aquel triunfo político de un momento y entonces el pueblo argentino tuvo que tomar las armas, pero aún más compañeros, después de tomar las armas y expulsar de todas las fronteras al invasor español, había que asegurar la independencia de la Argentina, asegurando también la independencia de las hermanas naciones de América y los ejércitos argentinos cruzaron los Andes para ayudar a la liberación de otros pueblos y cuando se recuerdan las gestas libertadoras siempre nuestro orgullo, más que el de haber obtenido la libertad de nuestro territorio y haber sabido defenderlo de la intrusión de la fuerza realista, es el haber cooperado a la liberación de Chile y a la liberación del Perú con nuestras fuerzas, con nuestros ejércitos.

Aquello era más que un altruismo de las fuerzas revolucionarias, era una necesidad imperiosa, era el dictado de la estrategia militar para obtener una victoria de alcances continentales donde no podía haber victorias parciales, donde no podía haber otro resultado que el triunfo total o la derrota total de las ideas revolucionarias y ese momento de América se repite hoy. Aquí en esta pequeña isla del Caribe rodeada de mar, rodeada de enemigos también, se vuelve a repetir la historia que la Argentina una vez vivió.

Nuestra Revolución es una Revolución que necesita expandir sus ideas, que necesita que otros pueblos la abracen, que necesita que otros pueblos de América se llenen de bríos, tomen las armas o tomen el poder, lo mismo da, porque en definitiva al tomar el poder hay que tomar las armas después y nos ayuden, nos ayuden en esta tarea que es la tarea de toda América y que es la tarea de la humanidad, la tarea global de luchar contra la destrucción del enemigo monopolista, imperialista, que no va a ser derrotado sino cuando el último de sus magnates vaya por lo menos a la cárcel sino al patíbulo, que no puede terminar antes, que no puede terminar sino con la derrota total del imperialismo y la derrota total del imperialismo se está creando cada día que las fuerzas populares dan una batalla y la ganan en cualquier lugar de América o del mundo, tan hermanos nuestros, tan hermanos en nuestro destino son los pueblos de América en este momento como son los pueblos del Asia o del África, tan hermano nos sentimos nosotros en este momento del pueblo de Venezuela, de Paraguay o del Perú, o del pueblo de Argentina como de los pueblos de Argelia que obtienen su independencia, de los pueblos de Vietnam o de Laos que todos los días perecen por obtener la independencia.

Todo es parte de una sola lucha y es verdad cuando el imperialismo lo llama con un denominador común para que, aun cuando las ideologías cambien, aun cuando uno se reconozca comunista o socialista, peronista o cualquier otra ideología política en determinado país. Solamente caben dos posiciones en la historia, o se está a favor de los monopolios o se está en contra de los monopolios y todos los que están en contra de los monopolios, a todos ellos se les puede aplicar un denominador común, en eso los norteamericanos tienen razón, todos los que luchamos por la liberación de nuestros pueblos luchamos al mismo tiempo, a veces aunque no lo sepamos, por el aniquilamiento del imperialismo y todos somos aliados aunque a veces tampoco lo sepamos, aunque a veces nuestras propias fuerzas las dividamos en querellas internas, a veces en discusiones estériles, dejamos de hacer el frente necesario para luchar contra el imperialismo pero todos, todos los que luchamos honestamente par la liberación de nuestras respectivas patrias, somos enemigos directos del imperialismo. En este momento no cabe otra posición que la de lucha directa o la de colaboración, y yo sé que ninguno de ustedes es colaborador del enemigo, que ninguno de ustedes está ni remotamente a favor del imperialismo y que todos están decididamente por la liberación de la Argentina.

Liberación, porque la Argentina está de nuevo encadenada, cadenas a veces difíciles de ver, cadenas que no siempre son visibles para todo el pueblo, pero que la están amarrando día a día. El petróleo se va por un lado, compañías norteamericanas entran por todos los lados del país, viejas conquistas van cayendo y todo eso se produce lentamente, como un veneno sutil que va penetrando así en la Argentina como en muchos otros países de América. Sin embargo el pueblo reacciona, reacciona con vehemencia frente a esta penetración que es sutil en términos generales, pero que siempre se asienta sobre las espaldas del pueblo y cuando los gobiernos tratan de lavarse las manos con una elección, suceden para ellos fracasos como el de la última.

Entonces viene la intervención descarada del imperialismo, de sus títeres, de todos sus edecanes. Entonces vuelve una situación ya conocida y vuelven las luchas de las masas populares. Si los caudillos de la reacción son hábiles, tal vez las encaucen hacia nuevas formas en que pueda permitirse otra burla más, si los caudillos de la reacción no son lo suficientemente hábiles o si el pueblo es mas avizor que ellos, puede ser que el impulso de las masas llegue más allá de donde se ha llegado hasta ahora, puede ser que se dé el paso necesario para que la clase obrera tome el poder, puede ser que las masas de obreros y campesinos de nuestro país aprendan algún nuevo camino o sigan por caminos ya conocidos y destruyan un poder que está vacilante ya, que se basa en este momento en el miedo a la bayoneta, en la desunión de nuestras fuerzas, en la falta de conciencia de la posibilidad del cambio, de la posibilidad de la lucha, de la fuerza inmensa del pueblo, de la debilidad comparativamente enorme de la fuerza represiva.

Si nuestro pueblo aprende bien las lecciones, si no se deja engañar de nuevo, si no suceden nuevas y pequeñas escaramuzas que lo alejen del objetivo central que debe ser tomar el poder, nada más ni nada menos que tomar el poder, podrán darse en la Argentina condiciones nuevas, las condiciones que en su época representa el 25 de Mayo, las condiciones de un cambio total, solamente que en este momento de colonialismo y de imperialismo el cambio total significa el paso que nosotros hemos dado, el paso hacia la Declaración de la Revolución Socialista y el establecimiento de un poder que se dedique a la construcción del socialismo. En fin de cuentas el socialismo es una etapa económica de la humanidad, no podemos escapar, querámoslo o no, pasar por esta etapa, podemos sí retardarlo y podemos también adelantarlo, esa es la parte que corresponde de la lucha a los dirigentes de las dos grandes fuerzas en pugna, si la reacción sabe manejar sus cañones, sus armas de división, su arma de amedrentamiento, quizás durante muchos años podrá impedir que llegue el socialismo a un país determinado, pero también si el pueblo sabe manejar su ideología correctamente, sabe tomar su estrategia revolucionaria adecuada, sabe elegir el momento para dar el golpe y lo da sin miedo y hasta el fondo, el advenimiento del poder revolucionario puede ser a muy corto plazo en cualquier país de América y concretamente en la Argentina.

Eso compañeros, el que se repita la experiencia histórica del 25 de Mayo en estas nuevas condiciones, depende nada más que del pueblo argentino y de sus dirigentes, es decir, depende de ustedes en cuanto a pueblo y en cuanto a dirigentes; de tal manera que también una gran responsabilidad cae sobre ustedes, la responsabilidad de saber luchar y de saber dirigir a un pueblo que hace tiempo está expresando en todas las maneras concebibles, su decisión de destruir las viejas cadenas y de liberarse de las nuevas cadenas con que amenaza amarrarlo el imperialismo. Tomemos pues el ejemplo manido de Mayo, el ejemplo tantas veces distorsionado de Mayo, tomemos el ejemplo de la Revolución libertadora que salió de sus fronteras, inundó con una ideología nueva, que no era propia, pero que había encarnado en sí para trasladarla a América y pensemos en estos momentos de América, en estos mismos momentos en que una especie de 25 de Mayo se ha dado en la zona del Caribe, en que desde aquí se lanzan proclamas revolucionarias que llegan a todos los pueblos de América y en que la Segunda Declaración de la Habana luce algo así como una declaración de los derechos del hombre para los pueblos de aquella época. Pensemos en la unidad indestructible de todo nuestro Continente, pensemos en todo lo que nos ata y nos une y no en lo que nos divide, pensemos en todas nuestras cualidades iguales, pensemos en nuestra economía igualmente distorsionada, igualmente aherrojado cada pueblo por el mismo imperialismo, pensemos en que somos parte de un ejército que lucha por su liberación en cada pedazo del mundo donde todavía no se ha logrado y aprestémonos a celebrar otro 25 de Mayo, ya no en esta tierra generosa sino en la tierra propia y bajo símbolos nuevos, bajo el símbolo de la victoria, bajo el símbolo de la construcción del socialismo, bajo el símbolo del futuro.

1963

ARTÍCULOS

Guerra de guerrillas: un método

La guerra de guerrillas ha sido utilizada innúmeras veces en la historia en condiciones diferentes y persiguiendo distintos fines. Últimamente ha sido usada en diversas guerras populares de liberación donde la vanguardia del pueblo eligió el camino de la lucha armada irregular contra enemigos de mayor potencial bélico. Asia, África y América han sido escenario de estas acciones cuando se trataba de lograr el poder en lucha contra la explotación feudal, neocolonial o colonial. En Europa se la empleó como complemento de los ejércitos regulares propios o aliados.

En América se ha recurrido a la guerra de guerrillas en diversas oportunidades. Como antecedente mediato más cercano puede anotarse la experiencia de César Augusto Sandino, luchando contra las fuerzas expedicionarias yanquis en la Segovia nicaragüense. Y, recientemente, la guerra revolucionaria de Cuba. A partir de entonces, en América se han planteado los problemas de la guerra de guerrillas en las discusiones teóricas de los partidos progresistas del Continente y la posibilidad y conveniencia de su utilización es materia de polémicas encontradas.

Estas notas tratarán de expresar nuestras ideas sobre la guerra de guerrillas y cuál sería su utilización correcta.

Ante todo hay que precisar que esta modalidad de lucha es un método; un método para lograr un fin. Ese fin, indispensable, ineludible para todo revolucionario, es la conquista del poder político.

Por tanto, en los análisis de las situaciones específicas de los distintos países de América, debe emplearse el concepto de guerrilla reducido a la simple categoría de método de lucha para lograr aquel fin, casi inmediatamente surge la pregunta: ¿El método de la guerra de guerrillas es la fórmula única para la toma del poder en la América entera; o será, en todo caso, la forma predominante?; o, simplemente, ¿será una fórmula más entre todas las usadas para la lucha? y, en último extremo, se preguntan, ¿será aplicable a otras realidades continentales el ejemplo de Cuba? Por el camino de la polémica, suele criticarse a aquellos que quieren hacer la guerra de guerrillas, aduciendo que se olvidan de la lucha de masas, casi como si fueran métodos contrapuestos. Nosotros rechazamos el concepto que encierra esa posición; la guerra de guerrillas es una guerra de pueblo, es una lucha de masas. Pretender realizar este tipo de guerra sin el apoyo de la población, es el preludio de un desastre inevitable.

La guerrilla es la vanguardia combativa del pueblo, situada en un lugar determinado de algún territorio dado, armada, dispuesta a desarrollar una serie de acciones bélicas tendientes al único fin estratégico posible: la toma del poder.

Está apoyada por las masas campesinas y obreras de la zona y de todo el territorio de que se trate. Sin esas premisas no se puede admitir la guerra de guerrillas.

"En nuestra situación americana, consideramos que tres aportaciones fundamentales hizo la Revolución Cubana a la mecánica de los movimientos revolucionarios en América; son ellas: Primero: las fuerzas populares pueden ganar una guerra contra el ejército. Segundo: no siempre hay que esperar a que se den todas las condiciones para la revolución; el foco insurreccional puede crearlas. Tercero: en la América subdesarrollada, el terreno de la lucha armada, *La Guerra de Guerrillas*.

Tales son las aportaciones para el desarrollo de la lucha revolucionaria en América, y pueden aplicarse a cualquiera de los países de nuestro Continente en los cuales se vaya a desarrollar una guerra de guerrillas.

La Segunda Declaración de La Habana señala:

> En nuestros países se juntan las circunstancias de una industria subdesarrollada con un régimen agrario de carácter feudal.

Es por eso que, con todo lo duras que son las condiciones de vida de los obreros urbanos, la población rural vive aun en las más horribles condiciones de opresión y explotación; pero es también, salvo excepciones, el sector absolutamente mayoritario, en proporciones que a veces sobrepasan el setenta por ciento de las poblaciones latinoamericanas.

Descontando los terratenientes, que muchas veces residen en las ciudades, el resto de esa gran masa libra su sustento trabajando como peones en las haciendas por salarios misérrimos, o labran la tierra en condiciones de explotación que nada tienen que envidiar a la Edad Media. Estas circunstancias son las que determinan que en América Latina la población pobre del campo constituya una tremenda fuerza revolucionaria potencial.

Los ejércitos, estructurados y equipados para la guerra convencional, que son la fuerza en que se sustenta el poder de las clases explotadoras, cuando tienen que enfrentarse a la lucha irregular de los campesinos en el escenario natural de estos, resultan absolutamente impotentes; pierden diez hombres por cada combatiente revolucionario que cae, y la desmoralización cunde rápidamente en ellos al tener que enfrentarse a un enemigo invisible e invencible que no les ofrece ocasión de lucir sus tácticas de academia y sus fanfarrias de guerra, de las que tanto alarde hacen para reprimir a los obreros y a los estudiantes en las ciudades.

La lucha inicial de reducidos núcleos combatientes se nutre incesantemente de nuevas fuerzas, el movimiento de masas comienza a desatarse, el viejo orden se resquebraja poco a poco en mil pedazos, y es entonces el momento en que la clase obrera y las masas urbanas deciden la batalla.

¿Qué es lo que desde el comienzo mismo de la lucha de esos primeros núcleos los hace invencibles, independientemente del número, el poder y los recursos de sus enemigos? El apoyo del pueblo, y con ese apoyo de las masas contarán en grado cada vez mayor.

Pero el campesino es una clase que, por el estado de incultura en que lo mantienen y el aislamiento en que vive, necesita la dirección revolucionaria y política de la clase obrera y los intelectuales revolucionarios, sin la cual no podría por sí sola lanzarse a la lucha y conquistar la victoria.

En las actuales condiciones históricas de América Latina, la burguesía nacional no puede encabezar la lucha antifeudal y antimperialista. La experiencia demuestra que en nuestras naciones esa clase, aun cuando sus intereses son contradictorios con los del imperialismo yanqui, ha sido incapaz de enfrentarse a este, paralizada por el miedo a la revolución social y asustada por el clamor de las masas explotadas.

Completando el alcance de estas afirmaciones que constituyen el nudo de la declaración revolucionaria de América, la Segunda Declaración de La Habana expresa en otros párrafos lo siguiente:

> Las condiciones subjetivas de cada país, es decir, el factor conciencia, organización, dirección, puede acelerar o retrasar la revolución, según su mayor o menor grado de desarrollo; pero tarde o temprano en cada época histórica, cuando las condiciones objetivas maduran, la conciencia se adquiere, la organización se logra, la dirección surge y la revolución se produce, "Que ésta tenga lugar por cauces pacíficos o nazca al mundo después de un parto doloroso, no depende de los revolucionarios; depende de las fuerzas reaccionarias de la vieja sociedad, que se resisten a dejar nacer la sociedad nueva, que es engendrada por las contradicciones que lleva en su seno la vieja sociedad. La revolución es en la historia como el médico que asiste al nacimiento de una nueva vida. No usa sin necesidad los aparatos de fuerza; pero los usa sin vacilaciones cada vez que sea necesario para ayudar al parto. Parto que trae a las masas esclavizadas y explotadas las esperanza de una vida mejor.
>
> En muchos países de América Latina la revolución es hoy inevitable. Ese hecho no lo determina la voluntad de nadie. Está determinado por las espantosas condiciones de explotación en que vive el hombre americano, el desarrollo de la conciencia revolucionaria de las masas, la crisis mundial del imperialismo y el movimiento universal de lucha de los pueblos subyugados.

Partiremos de estas bases para el análisis de toda la cuestión guerrillera en América.

Establecimos que es un método de lucha para obtener un fin. Lo que interesa, primero, es analizar el fin y ver si se puede lograr la conquista del poder de otra manera que por la lucha armada, aquí en América.

La lucha, pacífica puede llevarse a cabo mediante movimientos de masas y obligar —en situaciones especiales de crisis—, ceder a los gobiernos, ocupando eventualmente el poder las fuerzas populares que establecerían la dictadura proletaria. Correcto teóricamente. Al analizar lo anterior en el panorama de América tenemos que llegar a las siguientes conclusiones: En este Continente existen en general condiciones objetivas que impulsan a las masas a acciones violentas contra los gobiernos burgueses y terratenientes, existen crisis de poder en muchos otros países y algunas condiciones subjetivas también. Claro está que, en los países en que todas las condiciones estén dadas, sería hasta criminal no actuar para la toma del poder. En aquellos otros en que esto no ocurre es lícito que aparezcan distintas alternativas y que de la discusión teórica surja la decisión aplicable a cada país. Lo único que la historia no admite es que los analistas y ejecutores de la política del proletariado se equivoquen. Nadie puede solicitar el cargo de partido de vanguardia como un diploma oficial dado por la Universidad. Ser partido de vanguardia es estar al frente de la clase obrera en la lucha por la toma del poder, saber guiarla a su captura, conducirla por los atajos, incluso. Esa es la misión de nuestros partidos revolucionarios y el análisis debe ser profundo y exhaustivo para que no haya equivocación.

Hoy por hoy, se ve en América un estado de equilibrio inestable entre la dictadura oligárquica y la presión popular. La denominamos con la palabra oligárquica pretendiendo definir la alianza reaccionaria entre las burguesías de cada país y sus clases de terratenientes, con mayor o menor preponderancia de las estructuras feudales. Estas dictaduras transcurren dentro de ciertos marcos de legalidad que se adjudicaron ellas mismas para su mejor trabajo durante todo el período irrestricto de dominación de clase, pero pasamos por una etapa en que las presiones populares son muy fuertes; están llamando a las puertas de la legalidad burguesa y ésta debe ser violada por sus propios autores para detener el impulso de las masas. Sólo que las violaciones descaradas, contrarias a toda legislación preestablecida —o legislación establecida a posteriori para santificar el hecho— ponen en mayor tensión a las fuerzas del pueblo. Por ello, la dictadura oligárquica trata de utilizar los viejos ordenamientos legales para cambiar la constitucionalidad y ahogar más al proletariado, sin que el choque sea frontal. No obstante, aquí es donde se produce la contradicción. El pueblo ya no soporta las antiguas y, menos aún, las nuevas medidas coercitivas establecidas por la dictadura, y trata de romperlas. No debemos de olvidar nunca el carácter clasista, autoritario y restrictivo del Estado burgués. Lenin se refiere a él así: "El Estado es producto y manifestación del carácter irreconciliable de las contradicciones de clase. El Estado surge en el sitio en el momento y en el grado en que las contradicciones de clase no pueden, objetivamente, conciliarse. Y viceversa: la existencia del Estado demuestra que las contradicciones de clase son irreconciliables". (*El Estado y la Revolución*).

Es decir, no debemos admitir que la palabra democracia, utilizada en forma apologética para representar la dictadura de las clases explotadoras, pierda su profundidad de concepto y adquiera el de ciertas libertades más o menos óptimas dadas al ciudadano.

Luchar solamente por conseguir la restauración de cierta legalidad burguesa sin plantearse, en cambio, el problema del poder revolucionario, es luchar por retornar a cierto orden dictatorial preestablecido por las clases sociales dominantes; es, en todo caso, luchar por el establecimiento de unos grilletes que tengan en su punta una bola menos pesada para el presidiario.

En estas condiciones de conflicto, la oligarquía rompe sus propios contratos, su propia apariencia de "democracia" y ataca al pueblo, aunque siempre trate de utilizar los métodos de la superestructura, que ha formado para la opresión. Se vuelve a plantear en ese momento el dilema: ¿Qué hacer? Nosotros contestamos: La violencia no es patrimonio de los explotadores, la pueden usar los explotados y más aun la deben usar en su momento. Martí decía: "Es criminal quien promueve en un país la guerra que se le puede evitar; y quien deja de promover la guerra inevitable".

Lenin, por otra parte, expresaba: "La social democracia no ha mirado nunca ni mira la guerra desde un punto de vista sentimental. Condena en absoluto la guerra como recurso feroz para dilucidar las diferencias entre los hombres, pero sabe que las guerras son inevitables mientras la sociedad esté dividida en clases, mientras exista la explotación del hombre por el hombre. Y para acabar con esa explotación no podemos prescindir de la guerra que empiezan siempre y en todos los sitios las mismas clases explotadoras, dominantes y opresoras". Esto lo decía en el año 1905; después, en "El programa militar de la revolución proletaria", analizando profundamente el carácter de la lucha de clases, afirmaba: "Quien admita la lucha de clases no puede menos que admitir las guerras civiles, que en toda sociedad de clase representan la continuación, el desarrollo y el recrudecimiento —naturales y en determinadas circunstancias inevitables— de la lucha de clases. Todas las grandes revoluciones lo confirman. Negar las guerras civiles u olvidarlas sería caer en un oportunismo extremo y renegar de la revolución socialista".

Es decir, no debemos temer a la violencia, la partera las sociedades nuevas; solo que esa violencia debe desatarse exactamente en el momento preciso en que los conductores del pueblo hayan encontrado las circunstancias más favorables.

¿Cuales serán éstas? Dependen, en lo subjetivo de dos factores que se complementan y que a su vez se van profundizando en el transcurso de la lucha: la conciencia de la necesidad del cambio y la certeza de la posibilidad de este cambio revolucionario; los que, unidos a las condiciones objetivas —que son grandemente favorables en casi toda América para el desarrollo de la lucha—, a la firmeza en la voluntad de lograrlo y a las nuevas correlaciones de fuerzas en el mundo, condicionan un modo de actuar.

Por lejanos que estén los países socialistas, siempre se hará sentir su influencia bienhechora sobre los pueblos en lucha, y su ejemplo educador les dará más fuerza. Fidel Castro decía el último 26 de julio: "Y el deber de los revolucionarios, sobre todo en este instante, es saber percibir, saber captar los cambios de correlación de fuerzas que han tenido lugar en el mundo, y comprender que ese cambio facilita la lucha de los pueblos. El deber de los revolucionarios, de los revolucionarios latinoamericanos, no está en esperar que el cambio de correlación de fuerzas produzca el milagro de las revoluciones sociales en América Latina, sino aprovechar cabalmente todo lo que favorece al movimiento revolucionario ese cambio de correlación de fuerzas ¡y hacer las revoluciones!"

Hay quienes dicen "admitamos la guerra revolucionaria como el medio adecuado, en ciertos casos específicos, para llegar a la toma del poder político; ¿de dónde sacamos los grandes conductores, los Fidel Castro que nos llevan al triunfo?" Fidel Castro, como todo ser humano, es un producto de la historia. Los jefes militares y políticos, que dirijan las luchas insurreccionales en América, unidos, si fuera posible, en una sola persona, aprenderán el arte de la guerra en el ejercicio de la guerra misma. No hay oficio ni profesión que se pueda aprender solamente en libros de texto. La lucha, en este caso, es la gran maestra. Claro que no será sencilla la tarea ni exenta de graves amenazas en todo su transcurso.

Durante el desarrollo de la lucha armada aparecen dos momentos de extremo peligro para el futuro de la revolución.

El primero de ellos surge en la etapa preparatoria y la forma en que se resuelva da la medida de la decisión de lucha y claridad de fines que tengan las fueras populares.

Cuando el Estado burgués avanza contra las posiciones del pueblo, evidentemente tiene que producirse un proceso de defensa contra el enemigo que, en ese momento de superioridad, ataca. Si ya se han desarrollado las condiciones objetivas y subjetivas mínimas, la defensa debe ser armada, pero de tal tipo que no se conviertan las fuerzas populares en meros receptores de los golpes del enemigo; no dejar tampoco que el escenario de la defensa armada simplemente se transforme en un refugio extremo de los perseguidos.

La guerrilla, movimiento defensivo del pueblo en un momento dado, lleva en sí, y constantemente debe desarrollarla, su capacidad de ataque sobre el enemigo. Esta capacidad es la que va determinando con el tiempo su carácter de catalizador de las fuerzas populares. Vale decir, la guerrilla no es autodefensa pasiva, es defensa con ataque y, desde el momento en que se plantea como tal, tiene como perspectiva final la conquista del poder político.

Este momento es importante. En los procesos sociales la diferencia entre violencia y no violencia no puede medirse por las cantidades de tiros intercambiados; responde a situaciones concretas y fluctuantes y hay que saber ver el instante en que las fuerzas populares, conscientes de su debilidad relativa, pero al mismo tiempo de su fuerza estratégica, deben obligar al enemigo a que dé los pasos necesarios para que la situación no retroceda. Hay que violentar el equilibrio dictadura oligárquica – presión popular.

La dictadura trata constantemente de ejercerse sin el uso aparatoso de la fuerza; el obligar a presentarse sin disfraz, es decir, en su aspecto verdadero de dictadura violenta de las clases reaccionarias, contribuirá a su desenmascaramiento, lo que profundizará la lucha hasta extremos tales que ya no se pueda regresar. De cómo cumplan su función las fuerzas del pueblo abocadas a la tarea de obligar a definiciones a la dictadura –retroceder o desencadenar la lucha–, depende el comienzo firme de una acción armada de largo alcance.

Sortear el otro momento peligroso depende del poder del desarrollo ascendente que tengan las fuerzas populares.

Marx recomendaba siempre que, una vez comenzado el proceso revolucionario, el proletariado tenía que golpear y golpear sin descanso. Revolución que no se profundice constantemente es revolución que regresa. Los combatientes, cansados, empiezan a perder la fe y puede fructificar entonces alguna de las maniobras a que la burguesía nos tiene tan acostumbrados. Estas pueden ser elecciones con la entrega del poder a otro señor de voz más meliflua y cara más angelical que el dictador de turno, o un golpe dado por los reaccionarios, encabezados, en general, por el ejército y apoyándose, directa o indirectamente, en las fuerzas progresistas. Caben otras, pero no es nuestra intención analizar estratagemas tácticas.

Llamamos la atención principalmente sobre la maniobra del golpe militar apuntada arriba. ¿Qué pueden dar los militares a la verdadera democracia? ¿Qué lealtad se les puede pedir si son meros instrumentos de dominación de las clases reaccionarias y de los monopolios imperialistas y como casta, que vale en razón de las armas que posee, aspiran solamente a mantener sus prerrogativas?

Cuando, en situaciones difíciles para los opresores, conspiren los militares y derroquen a un dictador, de hecho vencido, hay que suponer que lo hacen porque aquel no es capaz de preservar sus prerrogativas de clase sin violencia extrema, cosa que, en general, no conviene en los actuales momentos a los intereses de las oligarquías.

Esta afirmación no significa, de ningún modo, que se deseche la utilización de los militares como luchadores individuales, separados del medio social en que han actuado y, de hecho, rebelados contra él. Y esta utilización debe hacerse en el marco de la dirección revolucionaria a la que pertenecerán como luchadores y no como representantes de una casta.

En tiempos ya lejanos, en el prefacio de la tercera edición de *La Guerra Civil en Francia*, Engels decía: "Los obreros, después de cada revolución, estaban armados; por eso el desarme de los obreros era el primer mandamiento de los burgueses que se hallaban al frente del Estado. De ahí que, después de cada revolución ganada por los obreros se llevara a cabo una nueva lucha que acababa con la derrota de estos..." (cita de Lenin, *El Estado y la Revolución*).

Este juego de luchas continuas en que se logra un cambio formal de cualquier tipo y se retrocede estratégicamente, se ha repetido durante decenas de años en el mundo capitalista. Pero aun, el engaño permanente al proletariado en este aspecto lleva más de un siglo de producirse periódicamente.

Es peligroso también que, llevados por el deseo de mantener durante algún tiempo condiciones más favorables para la acción revolucionaria mediante el uso de ciertos aspectos de la legalidad burguesa, los dirigentes de los partidos progresistas confundan los términos, cosa que es muy común en el curso de la acción, y se olviden del objetivo estratégico definitivo: *la toma del poder*.

Estos dos momentos difíciles de la revolución, que hemos analizado someramente, se obvian cuando los partidos dirigentes marxista-leninistas son capaces de ver claro las implicaciones del momento y de movilizar las masas al máximo, llevándolas por el camino justo de la resolución de las contradicciones fundamentales.

En el desarrollo del tema hemos supuesto que eventualmente se aceptará la idea de la lucha armada y también la fórmula de la guerra de guerrillas como método de combate. ¿Por qué estimamos que, en las condiciones actuales de América, la guerra de guerrillas es la vía correcta? Hay argumentos fundamentales que, en nuestro concepto, determinan la necesidad de la acción guerrillera en América como eje central de la lucha.

Primero: aceptando como verdad que el enemigo luchará por mantenerse en el poder, hay que pensar en la destrucción del ejército opresor; para destruirlo hay que oponerle un ejército popular enfrente. Ese ejército no nace espontáneamente, tiene que armarse en el arsenal que brinda su enemigo, y esto condiciona una lucha dura y muy larga, en la que las fuerzas populares y sus dirigentes estarían expuestos siempre al ataque de fuerzas superiores sin adecuadas condiciones de defensa y maniobrabilidad.

En cambio, el núcleo guerrillero, asentado en terrenos favorables a la lucha, garantiza la seguridad y permanencia del mando revolucionario. Las fuerzas urbanas, dirigidas desde el estado mayor del ejército del pueblo, pueden realizar acciones de incalculable importancia. La eventual destrucción de estos grupos no haría morir el alma de la revolución, su jefatura, que, desde la fortaleza rural, seguiría catalizando el espíritu revolucionario de las masas y organizando nuevas fuerzas para otras batallas.

Además, en esta zona comienza la estructuración del futuro aparato estatal encargado de dirigir eficientemente la dictadura de clase durante todo el período de transición.

Cuanto más larga sea la lucha, más grandes y complejos serán los problemas administrativos y en su solución se entrenarán los cuadros para la difícil tarea de la consolidación del poder y el desarrollo económico, en una etapa futura.

Segundo: La situación general del campesinado latinoamericano y el carácter cada vez más explosivo de su lucha contra las estructuras feudales, en el marco de una situación social de alianza entre explotadores locales extranjeros.

Volviendo a la Segunda Declaración de La Habana: "Los pueblos de América se liberaron del coloniaje español a principios del siglo pasado, pero no se liberaron de la explotación. Los terratenientes feudales asumieron la autoridad de los gobernantes españoles, los indios continuaron en penosa servidumbre, el hombre latinoamericano en una u otra forma siguió esclavo y las mínimas esperanzas de los pueblos sucumben bajo el poder de las oligarquías y la coyunda del capital extranjero. Esta ha sido la verdad de América, con uno u otro matiz, con alguna que otra variante. Hoy América Latina yace bajo un imperialismo mucho más feroz, mucho más poderoso y más despiadado que el imperialismo colonial español.

"Y ante la realidad objetiva e históricamente inexorable de la revolución latinoamericana, ¿cuál es la actitud del imperialismo yanqui? Disponerse a librar una guerra colonial con los pueblos de América Latina; crear el aparato de fuerza, los pretextos políticos y los instrumentos pseudolegales suscritos con los representantes de las oligarquías reaccionarias para reprimir a sangre y fuego la lucha de los pueblos latinoamericanos".

Esta situación objetiva nos muestra la fuerza que duerme, desaprovechada, en nuestros campesinos y la necesidad de utilizarla para la liberación de América.

Tercero: El carácter continental de la lucha.

¿Podría concebirse esta nueva etapa de la emancipación de América como el cotejo de dos fuerzas locales luchando por el poder en un territorio dado? Difícilmente. La lucha será a muerte entre todas las fuerzas populares y todas las fuerzas de represión. Los párrafos arriba citados también lo predicen.

Los yanquis intervendrán por solidaridad de intereses y porque la lucha en América es decisiva. De hecho, ya intervienen en la preparación de las fuerzas represivas y la organización de un aparato continental de lucha. Pero, de ahora en adelante, lo harán con todas sus energías; castigarán a las fuerzas populares con todas las armas de destrucción a su alcance; no dejarán consolidarse al poder revolucionario y, si alguno llegara a hacerlo, volverán a atacar, no lo reconocerán, tratarán de dividir las fuerzas revolucionarias, introducirán saboteadores de todo tipo, crearán problemas fronterizos, lanzarán a otros Estados reaccionarios en su contra, intentarán ahogar económicamente al nuevo Estado, aniquilarlo, en una palabra.

Dado este panorama americano, se hace difícil que la victoria se logre y consolide en un país aislado. A la unión de las fuerzas represivas debe contestarse con la unión de las fuerzas populares. En todos los países en que la opresión llegue a niveles insostenibles, debe alarse la bandera de la rebelión, y esta bandera tendrá, por necesidad histórica, caracteres continentales. La Cordillera de los Andes está llamada a ser la Sierra Maestra de América, como dijera Fidel, y todos los inmensos territorios que abarca este Continente están llamados a ser escenarios de la lucha a muerte contra el poder imperialista.

No podemos decir cuándo alcanzará estas características continentales, ni cuánto tiempo durará la lucha; pero podemos predecir su advenimiento y su triunfo, porque es resultado de circunstancias históricas, económicas y políticas inevitables y su rumbo no se puede torcer. Iniciarla cuando las condiciones estén dadas, independientemente de la situación de otros países, es la tarea de la fuerza revolucionaria en cada país. El desarrollo de la lucha irá condicionando la estrategia general; la predicción sobre el carácter continental es fruto del análisis de las fuerzas de cada contendiente, pero esto no excluye, ni mucho menos, el estallido independiente Así como la iniciación de la lucha en un punto de un país está destinada a desarrollarla en todo su ámbito, la iniciación de la guerra revolucionaria contribuye a desarrollar nuevas condiciones en los países vecinos.

El desarrollo de las revoluciones se ha producido normalmente por flujos y reflujos inversamente proporcionales; al flujo revolucionario corresponde el reflujo contrarrevolucionario y, viceversa, en los momentos de descenso revolucionario hay un ascenso contrarrevolucionario. En estos instantes, la situación de las fuerzas populares se torna difícil y deben recurrir a los mejores medios de defensa para sufrir los daños menores. El enemigo es extremadamente fuerte, continental. Por ello no se pueden analizar las debilidades relativas de las burguesías locales con vistas a tomar decisiones de ámbitos restringidos. Menos podría pensarse en la eventual alianza de estas oligarquías con el pueblo en armas. La Revolución cubana ha dado el campanazo de alarma. La dolarización de fuerzas llegará a ser total: explotadores de un lado y explotados de otro; la masa de la pequeña burguesía se inclinará a uno u otro bando, de acuerdo con sus intereses y el acierto político conque se la trate; la neutralidad constituirá una excepción. Así será la guerra revolucionaria.

Pensemos cómo podría comenzar un foco guerrillero.

Núcleos relativamente pequeños de personas eligen lugares favorables para la guerra de guerrillas, ya sea con la intención de desatar un contraataque o para capear el vendaval, y allí comienzan a actuar. Hay que establecer bien claro lo siguiente: en el primer momento, la debilidad relativa de la guerrilla es tal que solamente debe trabajar para fijarse al terreno, para ir conociendo el medio, estableciendo conexiones con la población y reforzando los lugares que eventualmente se convertirán en su base de apoyo.

Hay tres condiciones de supervivencia de una guerrilla que comience su desarrollo bajo las premisas expresadas aquí:

Movilidad constante, vigilancia constante, desconfianza constante. Sin el uso adecuado de estos tres elementos de la táctica militar, la guerrilla difícilmente sobrevivirá.

Hay que recordar que la heroicidad del guerrillero, en estos momentos, consiste en la amplitud del fin planeado y la enorme serie de sacrificios que deberá realizar para cumplimentarlo.

Estos sacrificios no serán el combate diario, la lucha cara a cara con el enemigo; adquirirán formas más sutiles y más difíciles de resistir para el cuerpo y la mente del individuo que está en la guerrilla.

Serán quizás castigados duramente por los ejércitos enemigos; divididos en grupos, a veces; martirizados los que cayeren prisioneros; perseguidos como animales acosados en las zonas que hayan elegido para actuar; con la inquietud, constante de tener enemigos sobre los pasos de la guerrilla; con la desconfianza constante frente a todo, ya que los campesinos atemorizados los entregarán, en algunos casos, para quitarse de encima, con la desaparición del pretexto, a las tropas represivas; sin otra alternativa que la muerte o la victoria, en momentos en que la muerte es un concepto mil veces presente y la victoria el mito que sólo un revolucionario puede soñar.

Esa es la heroicidad de la guerrilla; por eso se dice que caminar también es una forma de combatir, que rehuir el combate en un momento dado no es sino una forma de combatir. El planteamiento es, frente a la superioridad general del enemigo, encontrar la forma táctica de lograr una superioridad relativa en un punto elegido, ya sea poder concentrar más efectivos que este, y a asegurar ventajas en el aprovechamiento del terreno que vuelque la correlación de fuerzas. En estas condiciones se asegura la victoria táctica; si no está clara la superioridad relativa, es preferible no actuar. No se debe dar combate que no produzca una victoria, mientras se pueda elegir el "cómo" y el "cuándo".

En el marco de la gran acción político-militar, del cual es un elemento, la guerrilla irá creciendo y consolidándose; se irán formando entonces las bases de apoyo, elemento fundamental para que el ejército guerrillero pueda prosperar. Estas bases de apoyo son puntos en los cuales el ejército enemigo solo puede penetrar a costa de grandes pérdidas, bastiones de la revolución, refugio y resorte de la guerrilla para incursiones cada vez más lejanas y atrevidas.

A este momento se llega si se han superado simultáneamente las dificultades de orden táctico y político. Los guerrilleros no pueden olvidar nunca su función de vanguardia del pueblo, el mandato que encarnan, y por tanto, deben crear las condiciones políticas necesarias para el establecimiento del poder revolucionario basado en el apoyo total de las masas. Las grandes reivindicaciones del campesinado deben ser satisfechas en la medida y forma que las circunstancias aconsejen, haciendo de toda la población un conglomerado compacto y decidido.

Si difícil será la situación militar de los primeros momentos, no menos delicada será la política; y si un solo error militar puede liquidar la guerrilla, un error político puede frenar su desarrollo durante grandes períodos.

Político-militar es la lucha, así hay que desarrollarla por lo tanto, entenderla.

La guerrilla, en su proceso de crecimiento, llega a un instante en que su capacidad de acción cubre una determinada región para cuyas medidas sobran hombres y hay demasiada concentración en la zona. Allí comienza el efecto de colmena, en el cual uno de los jefes, guerrillero distinguido, salta a otra región y va repitiendo la cadena de desarrollo de la guerra de guerrillas, sujeto, eso sí, a un mando central.

Ahora bien, es preciso apuntar que no se puede aspirar a la victoria sin la formación de un ejército popular. Las fuerzas guerrilleras podrán extenderse hasta determinada magnitud; las fuerzas populares, en las ciudades y en otras zonas permeables del enemigo, podrán causarle estragos, pero el potencial militar de la reacción todavía estaría intacto. Hay que tener siempre presente que el resultado final debe ser el aniquilamiento del adversario. Para ello, todas estas zonas nuevas que se crean, más las zonas de perforación del enemigo detrás de sus líneas, más las fuerzas que operan en las ciudades principales, deben tener una relación de dependencia en el mando. No se podrá pretender que exista la cerrada ordenación jerárquica que caracteriza a un ejército, pero sí una ordenación estratégica. Dentro de determinadas condiciones de libertad de acción, las guerrillas deben de cumplir todas las ordenes estratégicas del mando central, instalado en alguna de las zonas, la más segura, la más fuerte, preparando las condiciones para la unión de las fuerzas en un momento dado.

¿Habrá otras posibilidades menos cruentas?

La guerra de guerrillas o guerra de liberación tendrá en general tres momentos: el primero, de la defensiva estratégica, donde la pequeña fuerza que huye muerde al enemigo; no está refugiada para hacer una defensa pasiva en un círculo pequeño, sino que su defensa consiste en los ataques limitados que pueda realizar. Pasado esto, se llega a un punto de equilibrio en que se estabilizan las posibilidades de acción del enemigo y de la guerrilla y, luego, el momento final de desbordamiento del ejército represivo que llevará a la toma de las grandes ciudades, a los grandes encuentros decisivos, al aniquilamiento total del adversario.

Después de logrado el punto de equilibrio, donde ambas fuerzas se respetan entre sí, al seguir su desarrollo, la guerra de guerrillas adquiere características nuevas. Empieza a introducirse el concepto de la maniobra; columnas grandes que atacan puntos fuertes; guerra de movimientos con traslación de fuerzas y medios de ataque de relativa potencia. Pero, debido a la capacidad de resistencia y contraataque que todavía conserva el enemigo, esta guerra de maniobra no sustituye definitivamente a las guerrillas; es solamente una forma de actuar de las mismas; una magnitud superior de las fuerzas guerrilleras, hasta que, por fin, cristaliza en un ejército popular con cuerpos de ejércitos. Aún en este instante, marchando delante de las acciones de las fuerzas principales, irán las guerrillas en su estado de "pureza", liquidando las comunicaciones, saboteando todo el aparato defensivo del enemigo.

Habíamos predicho que la guerra sería continental. Esto significa también que será prolongada; habrá muchos frentes, costará mucha sangre, innúmeras vidas durante largo tiempo. Pero, algo más, los fenómenos de dolarización de fuerzas que están ocurriendo en América, la clara división entre explotadores y explotados que existirá en las guerras revolucionarias futuras, significan que al producirse la toma del poder por la vanguardia armada del pueblo, el país, o los países, que lo consigan, habrán liquidado simultáneamente, en el opresor, a los imperialistas y a los explotadores nacionales. Habrá cristalizado la primera etapa de la revolución socialista; estarán listos los pueblos para restañar sus heridas e iniciar la construcción del socialismo.

¿Habrá otras pasibilidades menos cruentas?

Hace tiempo que se realizo el último reparto del mundo en el cual a los Estados Unidos le tocó la parte del león de nuestro Continente; hoy se están desarrollando nuevamente los imperialistas del viejo mundo y la pujanza del mercado común europeo atemoriza a los mismos norteamericanos. Todo esto podría hacer pensar que existiera la posibilidad de asistir como espectadores a la pugna inter-imperialista para luego lograr avances, quizás en alianza con las burguesías nacionales más fuertes. Sin contar conque la política pasiva nunca trae buenos resultados en la lucha de clases y las alianzas con la burguesía, por revolucionaria que esta luzca en un momento dado, sólo tienen carácter transitorio, hay razones de tiempo que inducen a tomar otro partido. La agudización de la contradicción fundamental luce ser tan rápida en América que molesta el "normal" desarrollo de las contradicciones del campo imperialista en su lucha por los mercados.

Las burguesías nacionales se han unido al imperialismo norteamericano, en su gran mayoría, y deben correr la misma suerte que este en cada país. Aún en los casos en que se producen pactos o coincidencias de contradicciones entre la burguesía nacional y otros imperialismos con el norteamericano, esto sucede en el marco de una lucha fundamental que englobará necesariamente en el curso de su desarrollo, *a todos los explotados y a todos los explotadores*. La polarización de fuerzas antagónicas de adversarios de clases es, hasta ahora, más veloz que el desarrollo de las contradicciones entre explotadores por el reparto del botín. Los campos son dos: la alternativa se vuelve más clara para cada quien individual y para cada capa especial de la población.

La Alianza para el Progreso es un intento de refrenar lo irrefrenable.

Pero si el avance del mercado común europeo o cualquier otro grupo imperialista sobre los mercados americanos, fuera más veloz que el desarrollo de la contradicción fundamental, sólo restaría introducir las fuerzas populares como cuña, en la brecha abierta, conduciendo estas toda la lucha y utilizando a los nuevos intrusos con clara conciencia de cuáles son sus intenciones finales.

No se debe entregar ni una posición, ni un arma, ni un secreto al enemigo de clase, so pena de perderlo todo.

De hecho, la eclosión de la lucha americana se ha producido. ¿Estará su vórtice en Venezuela Guatemala, Colombia, Perú, Ecuador? ¿Serán estas escaramuzas actuales solo manifestaciones de una inquietud que no ha fructificado? No importa cuál sea el resultado de las luchas de hoy. No importa, para el resultado final, que uno u otro movimiento sea transitoriamente derrotado. Lo definitivo es la decisión de lucha que madura día a día; la conciencia de la necesidad del cambio revolucionario, la certeza de su posibilidad.

Es una predicción. La hacemos con el convencimiento de que la historia nos dará la razón. El análisis de los factores objetivos y subjetivos de América y del mundo imperialista, nos indica la certeza de estas aseveraciones basadas en la Segunda Declaración de La Habana.

SELECCIÓN DE CARTAS

Carta a Sr. Peter Marucci

La Habana, Mayo 4 de 1963
"Año de la Organización"
Sr. Peter Marucci
Editor del Telegraph
The Daily Mercury
Guelph, Canada

Compañero:
Antes que nada permítame hacerle llegar la confesión que en nuestro país la burocracia es sólida y bien asentada, en su inmenso seno absorbe papeles, los incuba y a su tiempo los hace llegar al destinatario.

Esa es la razón por la que en la fecha contesto su amable carta.

Cuba es un país socialista, tropical, bravío, ingenuo y alegre. Es socialista sin perder ni una sola de sus características propias, pero agregando madurez a su pueblo. Vale la pena conocerlo. Lo esperamos cuando usted quiera.

Atentamente,
PATRIA O MUERTE
VENCEREMOS
Cmdte. Ernesto Che Guevara

1964

DISCURSOS

En la XIX Asamblea General de las Naciones Unidas (11 de diciembre de 1964)[16]

(Contrarréplica ante pronunciamientos anticubanos de los representantes de Costa Rica, Nicaragua, Venezuela, Colombia, Panamá y Estados Unidos.)

Pido disculpas por tener que ocupar por segunda vez esta tribuna. Lo hago haciendo uso del derecho de réplica. Naturalmente, aunque no estamos interesados especialmente en ello, esto que podría llamarse ahora la contrarréplica, podríamos seguir extendiéndola haciendo la contrarréplica y así hasta el infinito.

Nosotros contestaremos una por una las afirmaciones de los delegados que impugnaron la intervención de Cuba, y lo haremos en el espíritu en que cada uno de ellos lo hizo, aproximadamente.

Empezaré contestando al delegado de Costa Rica, quien lamentó que Cuba se haya dejado llevar por algunos infundios de la prensa sensacionalista, y manifestó que su Gobierno tomó inmediatamente algunas medidas de inspección cuando la prensa libre de Costa Rica, muy distinta a la prensa esclava de Cuba, hizo algunas denuncias.

Quizás el delegado de Costa Rica tenga razón. Nosotros no podemos hacer una afirmación absoluta basada en los reportajes que la prensa imperialista, sobre todo de los Estados Unidos, ha hecho repetidas veces a los contrarrevolucionarios cubanos. Pero si Artime fue jefe de la fracasada invasión de Playa Girón, lo fue con algún intermedio, porque fue jefe hasta llegar a las costas cubanas y sufrir las primeras caídas, volviendo a los Estados Unidos. En el intermedio, como la mayoría de los miembros de aquella "heroica expedición libertadora", fue "cocinero o sanitario", porque esa fue la forma en que llegaron a Cuba después de estar presos, según sus declaraciones, todos los "libertadores" de Cuba. Artime, que ahora vuelve a ser jefe, se indignó contra la acusación. ¿De qué? De contrabando de whisky, porque en sus bases de Costa Rica y Nicaragua, según informó, no hay contrabando de whisky; "hay preparación de revolucionarios para liberar a Cuba". Esas declaraciones han sido hechas a las agencias noticieras y han recorrido el mundo.

En Costa Rica se ha denunciado esto repetidas veces. Patriotas costarricenses nos han informado de la existencia de esas bases en la zona de Tortugueras y zonas aledañas, y el Gobierno de Costa Rica debe saber bien si esto es verdad o no.

Nosotros estamos absolutamente seguros de la certeza de estas informaciones, como también estamos seguros de que el señor Artime, entre sus múltiples ocupaciones "revolucionarias", tuvo tiempo también para contrabandear whisky, porque son cosas naturales en la clase de libertadores que el Gobierno de Costa Rica protege, aunque sea a medias.

Nosotros sostenemos, una y mil veces, que las revoluciones no se exportan. Las revoluciones nacen en el seno de los pueblos. Las revoluciones las engendran las explotaciones que los gobiernos —como el de Costa Rica, el de Nicaragua, el de Panamá o el de Venezuela—, ejercen sobre sus pueblos. Después, puede ayudarse o no a los movimientos de liberación; sobre todo se les puede ayudar moralmente. Pero, la realidad es que no se pueden exportar revoluciones.

Lo decimos no como una justificación ante esta Asamblea; lo decimos simplemente como la expresión de un hecho científicamente conocido desde hace muchos años. Por eso, mal haríamos en pretender exportar revoluciones y menos, naturalmente, a Costa Rica, en donde en honor a la verdad existe un régimen con el cual no tenemos absolutamente comunión de ningún tipo y que no es de los que se distinguen en América por la opresión directa indiscriminada contra su pueblo.

Con respecto a Nicaragua queríamos decir a su representante, aunque no entendí bien con exactitud toda su argumentación en cuanto a los acentos —creo que se refirió a Cuba, a Argentina y quizás también a la Unión Soviética—, espero en todo caso que el representante de Nicaragua no haya encontrado acento norteamericano en mi alocución porque eso sí que sería peligroso. Efectivamente, puede ser que en el acento que utilizara al hablar se escapara algo de la Argentina. He nacido en la Argentina; no es un secreto para nadie. Soy cubano y también soy argentino y, si no se ofenden las ilustrísimas señorías de Latinoamérica, me siento tan patriota de Latinoamérica, de cualquier país de Latinoamérica, como el que más y, en el momento en que fuera necesario, estaría dispuesto a entregar mi vida por la liberación de cualquiera de los países de Latinoamérica, sin pedirle nada a nadie, sin exigir nada, sin explotar a nadie. Y así en esa disposición de ánimo, no está solamente este representante transitorio ante esta Asamblea. El pueblo de Cuba entero está con esa disposición. El pueblo de Cuba entero vibra cada vez que se comete una injusticia, no solamente en América, sino en el mundo entero. Nosotros podemos decir lo que tantas veces hemos dicho de apotegma maravilloso de Martí, de que todo hombre verdadero debe sentir en la mejilla el golpe dado a cualquier mejilla de hombre. Eso, el pueblo entero de Cuba, lo siente así; señores representantes.

Por si el representante de Nicaragua quiere hacer alguna pequeña revisión de su carta geográfica o inspeccionar ocularmente lugares de difícil acceso, puede ir además de a Puerto Cabezas —de donde creo que no negará salió parte, o gran parte, o toda la expedición de Playa Girón—, a Blue Fields y Monkey Point, que creo que se debería llamar Punto Mono, y que no sé por que extraño accidente histórico, estando en Nicaragua, figura como Monkey Point. Allí podrá encontrar algunos contrarrevolucionarios o revolucionarios cubanos, como ustedes prefieran llamarles, señores representantes de Nicaragua. Los hay de todos los colores. Hay también bastante whisky, no sé si contrabandeado o si directamente importado. Conocemos de la existencia de esas bases. Y, naturalmente, no vamos a exigir que la OEA investigue si las hay o no. Conocemos la ceguera colectiva de la OEA demasiado bien para pedir tal absurdo.

Se dice que nosotros hemos reconocido tener armas atómicas. No hay tal. Creo que ha sido una pequeña equivocación del representante de Nicaragua. Nosotros solamente hemos defendido el derecho a tener las armas que pudiéramos conseguir para nuestra defensa, y hemos negado el derecho de ningún país a determinar qué tipos de armas vamos a tener.

El representante de Panamá, que ha tenido la gentileza de apodarme *Che*, como me apoda el pueblo de Cuba, empezó hablando de la Revolución mexicana. La delegación de Cuba hablaba de la masacre norteamericana contra el pueblo de Panamá, y la delegación de Panamá empieza hablando de la Revolución mexicana y siguió en este mismo estilo, sin referirse para nada a la masacre norteamericana por la que el Gobierno de Panamá rompió relaciones con los Estados Unidos. Tal vez en el lenguaje de la política entreguista, esto se llame táctica; en el lenguaje revolucionario, esto, señores, se llama abyección con todas las letras. Se refirió a la invasión del año 1959. Un grupo de aventureros, encabezados por un barbudo de café, que nunca había estado en la Sierra Maestra y que ahora está en Miami, o en alguna base o en algún lugar, logró entusiasmar a un grupo de muchachos y realizar aquella aventura. Oficiales del Gobierno cubano trabajaron conjuntamente con el Gobierno panameño para liquidar aquello. Es verdad que salieron de puerto cubano, y también es verdad que discutimos en un plano amistoso en aquella oportunidad.

De todas las intervenciones que hay aquí contra la delegación de Cuba, la que parece inexcusable en todo sentido es la intervención de la delegación de Panamá. No tuvimos la menor intención de ofenderla ni de ofender a su Gobierno. Pero también es verdad otra cosa: no tuvimos tampoco la menor intención de defender al Gobierno de Panamá. Queríamos defender al pueblo de Panamá con una denuncia ante las Naciones Unidas, ya que su Gobierno no tiene el valor, no tiene la dignidad de plantear aquí las cosas con su verdadero nombre. No quisimos ofender al Gobierno de Panamá, ni tampoco lo quisimos defender. Para el pueblo de Panamá, nuestro pueblo hermano, va nuestra simpatía y tratamos de defenderlo con nuestra denuncia.

Entre las afirmaciones del representante de Panamá se encuentra una muy interesante. Dice que, a pesar de las bravatas cubanas, todavía esta allí la base. En la intervención, que estará fresca en la memoria de los representantes, tiene que reconocerse que hemos denunciado más de 11 300 provocaciones de la base, "de todo tipo", que van de algunas nimias hasta disparos de armas de fuego. Hemos explicado cómo no queremos caer en provocaciones, porque conocemos las consecuencias que ellas puedan traer para nuestro pueblo; hemos planteado el problema de la base de Guantánamo en todas las conferencias internacionales y siempre hemos reclamado el derecho del pueblo de Cuba a recobrar esa base por medios pacíficos.

No hemos echado nunca bravatas, porque no las echamos, señor representante de Panamá, porque los hombres como nosotros, que están dispuestos a morir, que dirigen un pueblo entero dispuesto a morir por defender su causa, nunca necesitan echar bravatas. No echamos bravatas en Playa Girón; no echamos bravatas cuando la Crisis de Octubre, cuando todo el pueblo estuvo enfrente del hongo atómico con el cual los norteamericanos amenazan a nuestra Isla, y todo el pueblo marchó a las trincheras, marchó a las fábricas, para aumentar la producción. No hubo un solo paso atrás; no hubo un solo quejido, y miles y miles de hombres que no pertenecían a nuestras milicias entraron voluntariamente a ellas en momentos que el imperialismo norteamericano amenazaba con echar una bomba o varias bombas atómicas o un ataque atómico sobre Cuba. Ese es nuestro país y un país así, cuyos dirigentes y cuyo pueblo —lo puedo decir aquí con la frente muy alta— no tienen el más mínimo miedo a la muerte y conocen bien la responsabilidad de sus actos, nunca echa bravatas. Eso sí: lucha hasta la muerte, señor representante de Panamá, si es necesario, y luchará hasta la muerte, con su Gobierno, todo el pueblo de Cuba si es agredido.

El señor representante de Colombia manifiesta, en tono, medido —yo también tengo que cambiar el tono— que hay dos aseveraciones inexactas: una, la invasión yanqui en 1948 a raíz del asesinato de Jorge Eliecer Gaitán; y, por el tono de voz del señor representante de Colombia, se advierte que siente muchísimo aquella muerte: está profundamente apenado.

Nosotros nos referimos, en nuestro discurso, a otra intervención anterior que, tal vez, el señor representante de Colombia olvidó: la intervención norteamericana sobre la segregación de Panamá. Después, manifestó que no hay tropas de liberación en Colombia, porque no hay nada que liberar En Colombia, donde se habla con tanta naturalidad de la democracia representativa y solo hay dos partidos políticos que se distribuyen el poder mitad y mitad durante años, de acuerdo con una democracia fantástica, la oligarquía colombiana ha llegado al *summum* de la democracia, podemos decir. Se divide en liberales y conservadores y en conservadores y liberales; cuatro años unos y cuatro años otros. Nada cambia. Esas son las democracias de elecciones; esas son las democracias representativas que defiende, probablemente con todo entusiasmo, el señor representante de Colombia, en ese país donde se dice que hay 200 mil ó 300 mil muertos a raíz de la guerra civil que incendiara a Colombia después de la muerte de Gaitán. Y, sin embargo, se dice que no hay nada que liberar. No habrá nada que vengar, tampoco; no habrá miles de muertos que vengar; no habrá habido ejércitos masacrando pueblos y no será ese mismo ejército el que masacra el pueblo desde el año 1948. Lo que está ahí lo han cambiado algo, o sus generales son distintos, o sus mandos son distintos u obedecen a otra clase distinta de la que masacró al pueblo durante cuatro años de una larga lucha y lo siguió masacrando intermitentemente durante varios años más. Y se dice que no hay que liberar nada. ¿No recuerda el señor representante de Colombia que en Marquetalia hay fuerzas a las cuales los propios periódicos colombianos han llamado "La República Independiente de Marquetalia" y a uno de cuyos dirigentes se le ha puesto el apodo de *Tiro Fijo* para tratar de convertirlo en un vulgar bandolero?¿Y no sabe que allí se hizo una gran operación por parte de 16 000 hombres del ejército colombiano, asesorados por militares norteamericanos, y con la utilización de una serie de elementos, como helicópteros y, probablemente —aunque no puedo asegurarlo—, con aviones, también del ejército norteamericano?

Parece que el señor representante de Colombia tiene mala información por estar alejado de su país o su memoria es un poco deficiente. Además, el señor representante de Colombia manifestó con toda soltura que si Cuba hubiera seguido en la órbita de los estados americanos otra cosa sería. Nosotros no sabemos bien a que se referirá con esto de la órbita; pero órbita tienen los satélites y nosotros no somos satélites. No estamos en ninguna órbita; estamos fuera de órbita. Naturalmente que si hubiéramos estado en la órbita de los estados americanos, hubiéramos hecho aquí un melifluo discurso de algunas cuartillas en un español naturalmente mucho más fino, mucho más sustancioso y adjetivado, y hubiéramos hablado de las bellezas del sistema interamericano y de nuestra defensa firme, inconmovible, del mundo libre dirigido por el centro de la órbita que todos ustedes saben quién es. No necesito nombrarlo.

El señor representante de Venezuela también empleó un tono moderado, aunque enfático. Manifestó que son infames las acusaciones de genocidio y que realmente era increíble que el Gobierno cubano se ocupara de estas cosas de Venezuela existiendo tal represión contra su pueblo. Nosotros tenemos que decir aquí lo que es una verdad conocida, que la hemos expresado siempre ante el mundo: fusilamientos, sí, hemos fusilado; fusilamos y seguiremos fusilando mientras sea necesario. Nuestra lucha es una lucha a muerte. Nosotros sabemos cuál sería el resultado de una batalla perdida y también tienen que saber los gusanos cuál es el resultado de la batalla perdida hoy en Cuba. En esas condiciones nosotros vivimos por la imposición del imperialismo norteamericano. Pero, eso sí: asesinatos no cometemos, como está cometiendo ahora en estos momentos, la policía política venezolana que creo recibe el nombre de Digepol, si no estoy mal informado. Esa policía ha cometido una serie de actos de barbarie, de fusilamientos, es decir, asesinatos y después ha tirado los cadáveres en algunos lugares. Esto ha ocurrido contra la persona, por ejemplo, de estudiantes, etcétera.

La prensa libre de Venezuela fue suspendida varias veces en estos últimos tiempos por dar una serie de datos de este tipo. Los aviones militares venezolanos, con la asesoría yanqui, sí, bombardean zonas extensas de campesinos, matan campesinos; sí, crece la rebelión popular en Venezuela, y sí, veremos el resultado después de algún tiempo.

El señor representante de Venezuela está indignado. Yo recuerdo la indignación de los señores representantes de Venezuela cuando la delegación cubana en Punta del Este leyó los informes secretos que los voceros de los Estados Unidos de América tuvieron a bien hacernos llegar en una forma indirecta, naturalmente. En aquel momento leímos ante la asamblea de Punta del Este la opinión que tenían los señores representantes de los Estados Unidos del Gobierno venezolano. Anunciaban algo interesantísimo que —perdonen la inexactitud porque no puedo citar ahora textualmente—, podría ser más o menos así: "O esta gente cambia o aquí todos van a ir al paredón". El paredón es la forma en que se pretende definir a la Revolución cubana; el paredón de fusilamiento.

Los miembros de la embajada norteamericana anunciaban, en documentos irrefutables, que ese era el destino de la oligarquía venezolana si no cambiaba sus métodos, y así se le acusaba de latrocinio y, en fin, se le hacían toda una serie de terribles acusaciones de ese orden.

La delegación venezolana se indignó muchísimo; naturalmente, no se indignó con los Estados Unidos; se indignó con la representación cubana que tuvo a bien leerle las opiniones que los Estados Unidos tenían de su Gobierno y, también de su pueblo. Si la única respuesta que hubo a todo esto es que el señor Moscoso, que fue quien graciosamente cedió documentos en forma indirecta, fue cambiado de cargo.

Le recordamos esto al señor representante de Venezuela porque las revoluciones no se exportan; las revoluciones actúan y la Revolución venezolana actuará en su momento, y los que no tengan avión listo —como hubo en Cuba— para huir hacia Miami o hacia otros lugares, tendrán que afrontar allí lo que el pueblo venezolano decida. No echen culpas a otros pueblos, a otros gobiernos, de lo que pueda suceder allí. Quiero recomendar al señor representante de Venezuela, que, si tiene interés, lea algunas interesantísimas opiniones, sobre lo que es la guerra guerrillera y cómo combatirla, que algunos de los elementos más inteligentes del COPEI han escrito y publicado en la prensa de su país...

Verá que no es con bombas y asesinatos como se puede combatir a un pueblo en armas. Precisamente, esto es lo que hace más revolucionarios a los pueblos. Lo conocemos bien. Está mal que a un enemigo declarado le hagamos el favor de mostrarle la estrategia contraguerrillera, pero lo hacemos porque sabemos que su ceguera es tanta que no la seguirá.

Queda el señor Stevenson. Lamentablemente no está aquí presente. Comprendemos perfectamente bien que el señor Stevenson no esté presente.

Hemos escuchado, una vez más, sus declaraciones medulares y serias, dignas de un intelectual de su categoría.

Declaraciones iguales, enfáticas, medulares y serias fueron hechas en la primera comisión, el 15 de abril de 1961, durante la sesión 1149A., precisamente, el día en que aviones piratas norteamericanos con insignias cubanas —que salieron de Puerto Cabezas, según creo recordar, de Nicaragua o tal vez de Guatemala, no está bien precisado—, bombardearon los aeropuertos cubanos y casi reducen a cero nuestra fuerza aérea. Los aviones, después de realizar su "hazaña" a mansalva, aterrizan en Estados Unidos. Frente a nuestra denuncia el señor Stevenson dice cosas muy interesantes.

Perdóneseme lo largo de esta intervención, pero creo que es digno recordar una vez mas las frases medulares de un intelectual tan distinguido como el señor Stevenson, pronunciadas apenas cuatro o cinco días antes de que el señor Kennedy dijera tranquilamente, a la faz del mundo, que asumía toda responsabilidad de los hechos ocurridos en Cuba. Esta es, creo, una simple reseña, porque dado el poco tiempo de que disponíamos no hemos podido recolectar actas precisas de cada una de las reuniones. Dicen así:

"Las acusaciones formuladas contra los Estados Unidos por el representante de Cuba, con respecto a los bombardeos que, según se informa, se han realizado contra los aeropuertos de La Habana y Santiago y sobre el cuartel general de la fuerza aérea cubana en San Antonio de los Baños, son totalmente infundadas."

Y el señor Stevenson las rechaza categóricamente.

"Como lo declaró el Presidente de los Estados Unidos, las fuerzas armadas de los Estados Unidos no intervendrán en circunstancia alguna en Cuba y los Estados Unidos harán todo lo que sea posible a fin de que ningún norteamericano participe en acción alguna contra Cuba."

Un año y pico después tuvimos la gentileza de devolverle el cadáver de un piloto que cayó en tierras cubanas. No el del Mayor Anderson; otro de aquella época.

"En cuanto a los acontecimientos que según se dice han ocurrido esta mañana y en el día de ayer, los Estados Unidos estudiarán las peticiones de asilo político de conformidad con los procedimientos habituales."

Le iban a dar asilo político a la gente que ellos habían mandado. "Quienes creen en la libertad y buscan asilo contra la tiranía y la opresión encontrarán siempre comprensión y acogida favorable de parte del pueblo norteamericano y del Gobierno de los Estados Unidos."

Así sigue el señor Stevenson su larga perorata.

Dos días después, desembarcan en Playa Girón las huestes de la Brigada 2506 conocida por su heroísmo seguramente en los anales de la historia de América. Dos días después se rinde la brigada heroica sin perder casi ni un hombre y entonces empieza aquel torneo —que algunos de ustedes habrán conocido—, de hombres vestidos con el uniforme de gusanos que tiene el ejército de los Estados Unidos diciendo que eran cocineros y enfermeros o que habían venido de marineros en aquella expedición.

Fue entonces cuando el presidente Kennedy tuvo un gesto digno. No pretendió mantener una falsa política que nadie creía y dijo claramente que se responsabilizaba de todo aquello que había ocurrido en Cuba. Se responsabilizó, sí; pero la Organización de Estados Americanos no lo responsabilizó ni le exigió responsabilidades de ningún tipo que nosotros recordemos. Fue una responsabilidad ante su propia historia y ante la historia de los Estados Unidos, porque la Organización de Estados Americanos estaba en la órbita.

No tenía tiempo de ocuparse de estas cosas.

Agradezco al señor Stevenson su referencia histórica a mi larga vida como comunista y revolucionario que culmina en Cuba. Como siempre, las agencias norteamericanas, no sólo en noticias, sino de espionaje, confunden las cosas. Mi historia de revolucionario es corta y realmente empieza en el Granma y sigue hasta este momento.

No pertenecía al Partido Comunista hasta ahora que estoy en Cuba y podemos proclamar todos ante esta Asamblea el marxismo-leninismo que sigue como teoría de acción la Revolución cubana. Lo importante no son las referencias personales; lo importante es que el señor Stevenson una vez más dice que no hay violación de las leyes, que los aviones no salen de aquí, como tampoco los barcos, por supuesto; que los ataques piratas surgen de la nada, que todo surge de la nada. Utiliza él la misma voz, la misma seguridad, el mismo acento de intelectual serio y firme que usara en 1961 para sostener, enfáticamente, que aquellos aviones cubanos habían salido de territorio cubano y que se trataba de exiliados políticos, antes de ser desmentido. Naturalmente, me explico, una vez más, que el distinguido colega, el señor Stevenson, haya tenido a bien retirarse de esta Asamblea.

Los Estados Unidos pretenden que pueden realizar los vuelos de vigilancia porque los aprobó la Organización de Estados Americanos. ¿Quién es la Organización de los Estados Americanos para aprobar vuelos de vigilancia sobre el territorio de un país? ¿Cuál es el papel que juegan las Naciones Unidas? ¿Para qué está la Organización si nuestro destino va a depender de la órbita, como tan bien ha definido el señor representante de Colombia, de la Organización de Estados Americanos? Esta es una pregunta muy seria y muy importante, que hay que hacer ante esta Asamblea. Porque nosotros, país pequeño, no podemos aceptar, de ninguna manera, el derecho de un país grande a violar nuestro espacio aéreo; muchísimo menos con la pretensión insólita de que sus actos tienen la juridicidad que le da la Organización de Estados Americanos, la que nos expulsó de su seno y con la cual no nos liga vínculo alguno.

Son muy serias las afirmaciones del representante de los Estados Unidos.

Quiero decir únicamente dos pequeñas cosas. No pienso ocupar todo el tiempo de la Asamblea en estas réplicas y contrarréplicas.

Dice el señor representante de los Estados Unidos que Cuba echa la culpa de su desastre económico al bloqueo, cuando ese es un problema consecuencia de la mala administración del Gobierno. Cuando nada de esto había ocurrido, cuando empezaron las primeras leyes nacionales en Cuba, los Estados Unidos comenzaron a tomar acciones económicas represivas, tales como la supresión unilateral, sin distinción alguna, de la cuota de azúcar, que tradicionalmente vendíamos al mercado norteamericano. Asímismo, se negaron a refinar el petróleo que habíamos comprado a la Unión Soviética en uso de legítimo derecho y amparados en todas las leyes posibles.

No repetiré la larga historia de las agresiones económicas, de los Estados Unidos. Sí diré, que a pesar de esas agresiones, con la ayuda fraterna de los países socialistas, sobre todo de la Unión Soviética, nosotros hemos salido adelante y continuaremos haciéndolo; que aun cuando condenamos el bloqueo económico, el no nos detendrá y, pase lo que pase, seguiremos constituyendo un pequeño dolor de cabeza cuando lleguemos a esta Asamblea o a cualquier otra, para llamar a las cosas por su nombre y a los representantes de los Estados Unidos gendarmes de la represión en el mundo entero.

Por último, sí hubo embargo de medicinas contra Cuba.

Pero si no es así, nuestro Gobierno en los próximos meses pondrá un pedido de medicinas aquí en los Estados Unidos, y le mandará un telegrama al señor Stevenson, que nuestro representante leerá en la comisión o en el lugar que sea conveniente, para que se sepa bien si son o no ciertas las imputaciones que Cuba hace. En todo caso, hasta ahora lo han sido. La última vez que pretendimos comprar medicinas por valor de un millón 500 000 dólares, medicinas que no se fabrican en Cuba y que son necesarias únicamente para salvar vidas, el Gobierno norteamericano intervino e impidió esa venta.

Hace poco el Presidente de Bolivia le dijo a nuestros delegados, con lágrimas en los ojos, que tenía que romper con Cuba porque los Estados Unidos lo obligaban a ello. Así, despidieron de La Paz a nuestros delegados.

No puedo afirmar que esa aseveración del Presidente de Bolivia fuera cierta. Lo que sí es cierto, es que nosotros les dijimos que esa transacción con el enemigo no le valdría de nada, porque ya estaba condenado.

El Presidente de Bolivia, con el cual no teníamos ni tenemos ningún vínculo, con cuyo Gobierno no hicimos nada más que mantener las relaciones que se deben mantener con los pueblos de América, ha sido derrocado por un golpe militar. Ahora se ha establecido allí una Junta de Gobierno.

En todo caso, para gente como ésta, que no sabe caer con dignidad, vale la pena recordar lo que le dijo, creo que la madre del último califa de Granada a su hijo, que lloraba al perder la ciudad: "Haces bien en llorar como mujer lo que no supiste defender como hombre."

SELECCIÓN DE CARTAS

Carta a Sr. Roberto Las Casas

La Habana, Febrero 21 de 1964
"Año de la Economía"
Sr. Roberto Las Casas
Rua 3 de Maio
1494 Belem-Pará
Brasil

Estimado compañero:
Aprovecho esta nueva oportunidad de contacto entre nuestra Revolución y Ud., para agradecerle sus gentilezas al igual que a su señora.

Quería enviarle un pequeño recuerdo de Cuba, pero la falta de un pasado propio y la extinción de nuestras tradiciones criollas me obligan a recurrir a esta expresión, muy modesta por cierto, del arte moderno.

Confío en que su señora lo apreciará en lo que quiere decir más que en lo que dice.

Con un saludo revolucionario, se despide,
PATRIA O MUERTE
VENCEREMOS
Cmdte. Ernesto Che Guevara

1956–1965

SELECCIÓN DE LECTURAS[17]

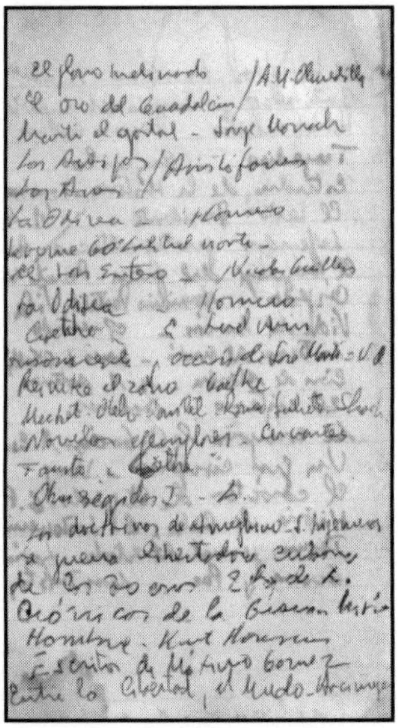

Libreta de la Sierra (Cuba): Hoja 1

El Plano Inclinado	A. M. Olmedilla
El Oro del Guadalcín	A. M. Olmedilla
Martí el Apóstol	Jorge Mañach
Las Avispas	Aristófanes
Las Aves	Aristófanes
La Odisea	Homero
Jerome 60° Latitud norte	
El Son Entero	Nicolás Guillén
La Odisea	Homero
Goethe	E. Ludwin
Pensamiento y Acción de José Martí	V.
Reinike el zorro	Goethe
Macbeth, Otelo, Hamlet, Romeo y Julieta	Shakespeare
Novelas ejemplares	Cervantes
Fausto	Goethe
Obras Escogidas	Lenin
Las doctrinas de Ameghino	J. Ingenieros
La guerra libertadora cubana de los 30 años	E. Roy de Luchering
Crónicas de la guerra	Miró
Hombre	Kut Han
Escritos de Máximo Gómez	
Entre la libertad y el miedo	Arciviayes

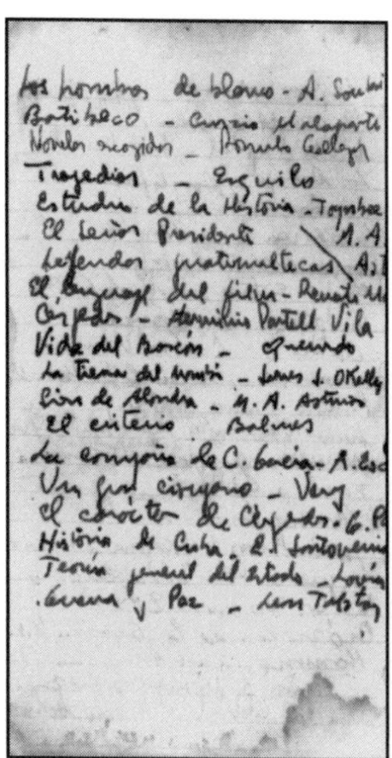

Libreta de la Sierra (Cuba): Hoja 2

Los hombres de blanco	A. Soubiran
Batibeco	Curzio Malaparte
Novelas Escogidas	Rómulo Gallegos
Tragedias	Esquilo
Estudio de la Historia	Toynbee
El Señor Presidente	M. A. Asturias
Leyendas Guatemaltecas	M. A. Asturias
El lenguaje del film	Renato May
Céspedes	Herminio Portell Vila
Vida del Buscón	Quevedo
La tierra del Mambí	James J. O'Kelly
... de Alondra	M. A. Asturias
El Criterio	Balmes
La Campaña de Calixto García	A. Escalante
Un gran cirujano	Very
El Carácter de Céspedes	G. Peralta
Historia de Cuba	E. Santovenia
Teoría general del Estado	Lóvena
Guerra y Paz	León Tolstoi

Martí – Obras
I Política y Revolución (CUBA)
(Editora nacional de Cuba, 1963)

"De un punto sí recuerdo que tratamos más a la larga en nuestra conversación, porque me tenía en aquellos días entre indignado y piadoso, siendo la indignación para los entendidos y la piedad para con los ignorantes, y fue de los rumores que por entonces corrían en Cuba sobre la anexión de nuestra patria a los Estados Unidos. Sólo el que desconozca nuestro país, o éste, o las leyes de formación y agrupación de los pueblos, puede pensar honradamente en solución semejante: o el que ame a los Estados Unidos más que a Cuba. Pero quien ha vivido en ellos, ensalzando sus glorias legítimas, estudiando sus caracteres típicos, entrando en las raíces de sus problemas, viendo como subordinan a la hacienda la política, confirmando con el estudio de sus antecedentes y estado actual sus tendencias reales, involuntarias o confesas, quien ve que jamás, salvo en lo recóndito de algunas almas generosas, fue Cuba para los Estados Unidos más que

Martí – Obras

I Política y Revolución (Cuba)
(Editorial nacional de Cuba, 1963)

"De un punto sí recuerdo que tratamos más a la larga en nuestra conversación, porque me tenía en aquellos días entre indignado y piadoso, siendo la indignación para los entendidos y la piedad para con los ignorantes, y fue de los rumores que por entonces corrían en Cuba sobre la anexión de nuestra patria a los Estados Unidos. Sólo el que desconozca país, o éste, o las leyes de formación y agrupación de los pueblos, puede pensar honradamente en solución semejante: o el que ame a los Estados Unidos más que a Cuba. Pero quien ha vivido en ellos, ensalzando sus glorias legítimas, estudiando sus caracteres típicos, entrando en las raíces de sus problemas, viendo cómo subordinan a la hacienda la política, confirmando con el estudio de sus antecedentes y estado natural sus tendencias reales involuntarias o confesas, quien ve que jamás, salvo en lo recóndito de algunas almas generosas, fue Cuba para los Estados Unidos más que..."

Citas Económico-Filosóficas:

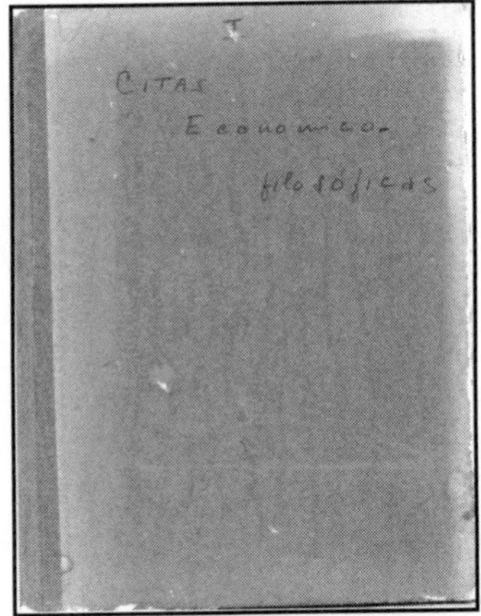

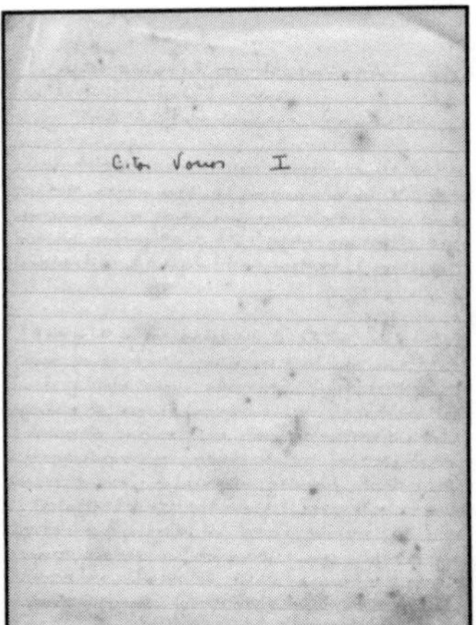

Lecciones sobre la historia de la filosofía
TOMO III
J.G.F. Hegel
Fondo de Cultura Económica - México 1955

"Con esta tercera corriente, que es el resultado concreto de todo lo que la precede, se abre una época totalmente nueva. Se entra con ella en un terreno completamente distinto, ya que al desecharse el criterio del conocimiento subjetivo desaparecen al mismo tiempo, en general, los principios finitos, pues es a estos a los que tiende el interés del criterio."

"Tal es la fisonomía que toma la filosofía en los neoplatónicos, corriente que va íntimamente unida a la revolución operada en el mundo por el cristianismo. La última fase con que nos habíamos encontrado — la que representaba el a-

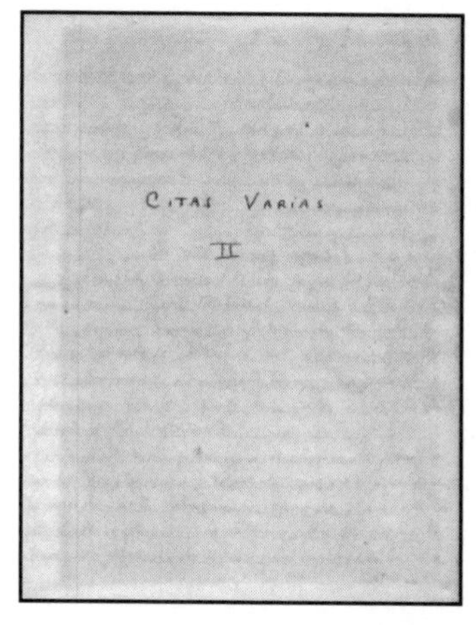

CITAS VARIAS

II

1

La economía política del crecimiento
Paul A. Baran
Fondo de Cultura Económica, México, 1959

"Al destrozar el mecanismo competitivo que regulaba, para bien o para mal, el funcionamiento del sistema económico, las grandes empresas se convirtieron en la base del monopolio y del oligopolio, que son los rasgos característicos del capitalismo moderno." (pg. 28)

"A riesgo de exagerar burdamente la estatura intelectual de Keynes, puede decirse que lo que Hegel hizo en relación con la filosofía clásica alemana, Keynes lo logró respecto a la economía neoclásica. Operando con los instrumentos habituales de la teoría convencional, permaneciendo muy adentro de los linderos de la "economía pura", refrenándose fielmente de considerar el proceso socioeconómico como un todo, el análisis keynesiano llegó hasta los límites mismos de la teorización económica burguesa e hizo explotar toda su estructura. En verdad, ello equivalió a una admisión "oficial" por parte de la "Santa Sede" de la

Citas Varias - I

Lecciones sobre la historia de la filosofía
Tomo III
J. G. F. Hegel
Fondo de Cultura Económica - México 1955

"Con esta tercera corriente, que es el resultado concreto de lo que precede, reabre una época totalmente nueva. Se entra con ella en un terreno completamente distinto, ya que la desecharse el criterio del conocimiento subjetivo desaparecen al mismo tiempo, en general, los principios finitos, pues es a estos a los que tiende el interés del criterio."

"Tal es la fisonomía que toma la filosofía en los neoplatónicos, corriente que va íntimamente unida a la revolución operada en el mundo por el cristianismo. La última fase con que nos habíamos encontrado - la que representaba el a..."

Citas Varias - II

La economía política del crecimiento
Paul Barand
Fondo de Cultura Económica - México 1959

"Al destrozar el mecanismo competitivo que regulaba, para bien o para mal, el funcionamiento del sistema económico, las grandes empresas se convirtieron en la base del monopolio y del oligopolio, que son los rasgos característicos del capitalismo moderno." (p. 22)

"A riesgo de exagerar hondamente la estatura intelectual de Keynes, puede decirse que lo que Hegel hizo en relación con la filosofía clásica alemana, Keynes lo logró respecto a la economía neoclásica. Operando con los instrumentos habituales de la teoría convencional, permaneciendo muy adentro de los linderos de la ´economía pura´, (refrenándose) fielmente de considerar el proceso socioeconómico como un todo, el análisis keynesiano llegó hasta los límites mismos de la teorización económica burguesa e hizo explotar toda su estructura. En verdad, ello equivalió a una admisión ´oficial´ por parte de la 'Santa Sede' de la...".

El Capital:

Carlos Marx
El Capital (1ª Edición cubana)
Tomo I

Prólogo a la primera edición

"En el análisis de las formas económicas de nada sirven el microscopio ni los reactivos químicos. El único medio de que disponemos, en este terreno, es la capacidad de abstracción. La forma de mercancía que adopta el producto del trabajo o la forma de valor que reviste la mercancía es la célula económica de la sociedad soviética [XXI-XXII]

"Las naciones pueden y deben escarmentar en cabeza ajena. Aunque una sociedad haya encontrado el rastro de la ley natural con arreglo a la cual se mueve — y la finalidad última de esta obra es, en efecto, descubrir la ley económica que preside el movimiento de la sociedad moderna —, jamás podrá saltar ni descartar por decreto las fases naturales de su desarrollo. Podrá únicamente acortar y mitigar los dolores del parto." [XXIII]

El Capital

Carlos Marx

EL CAPITAL (1° edición cubana)
Tomo I
Prólogo a la primera edición

"En el análisis de las formas económicas de nada sirven el microscopio ni los reactivos químicos. El único medio de que disponemos, en este, terreno, es la capacidad de abstracción.

La forma de mercancía que adopta el producto del trabajo o la forma de valor que reviste la mercancía es la célula económica de la sociedad soviética." [XXI - XXII]

"Las naciones pueden y deben escarmentar en cabeza ajena. Aunque una sociedad haya encontrado el rostro de la ley natural con arreglo a la cual se mueve - y la finalidad última de esta obra es, en efecto, descubrir la ley económica que preside el movimiento de la sociedad moderna -, jamás podrá saltar ni descartar por decreto las fases naturales de su desarrollo. Podrá únicamente acortar y mitigar los dolores de parto." [XXIII]

Marx-Engels-Lenin I:

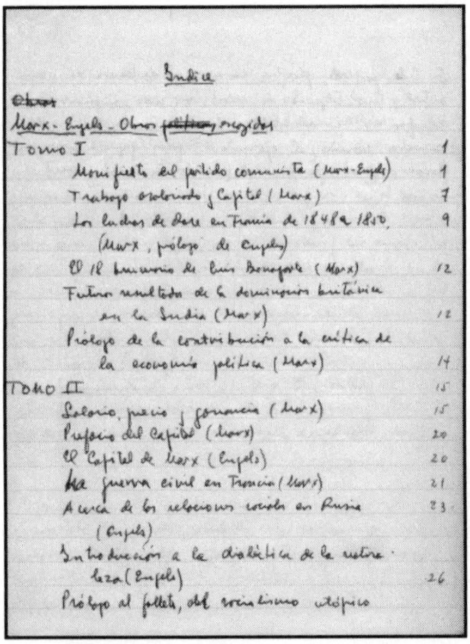

Índice

Marx - Engels - Obras escogidas

Tomo I 1

Manifiesto del partido comunista (Marx - Engels) 1

Trabajo asalariado y Capital (Marx) 7

Las luchas de clases en Francia de 1848 a 1850 (Marx, prólogo de Engels) 8

El 18 brumario de Luis Bonaparte (Marx) 12

Futuros resultados de la dominación británica en la India (Marx) 12

Prólogo de la contribución a la crítica de la economía política (Marx) 14

Tomo II 15

Salario, precio y ganancia (Marx) 15

Prefacio del Capital (Marx) 20

El Capital de Marx (Engels) 20

La guerra civil en Francia (Marx) 21

Acerca de las relaciones sociales en Rusia (Engels) 23

Introducción a la dialéctica de la naturaleza (Engels) 26

Prólogo al folleto del socialismo utópico

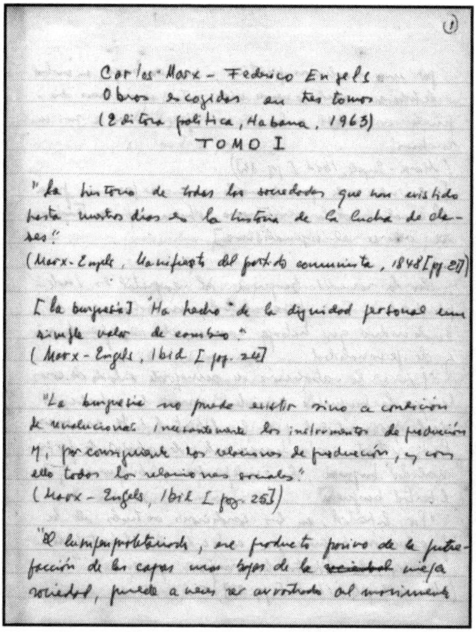

(1)

Carlos Marx - Federico Engels
Obras escogidas en tres tomos
(Editora política, Habana, 1963)
TOMO I

"La historia de todas las sociedades que han existido hasta nuestros días es la historia de la lucha de clases."
(Marx-Engels, Manifiesto del partido comunista, 1848 [pg 21])

[la burguesía] "Ha hecho de la dignidad personal un simple valor de cambio."
(Marx-Engels, Ibid [pg. 24])

"La burguesía no puede existir sino a condición de revolucionar incesantemente los instrumentos de producción y, por consiguiente las relaciones de producción, y con ello todas las relaciones sociales"
(Marx-Engels, Ibid [pg. 25])

"El lumpenproletariado, ese producto pasivo de la putrefacción de las capas más bajas de la ~~sociedad~~ vieja sociedad, puede a veces ser arrastrado al movimiento

Carlos Marx - Federico Engels

Obras Escogidas en tres tomos

(Editora Política - La Habana, 1963)

Tomo I

"La historia de todas las sociedades que han existido hasta nuestros días es la historia de la lucha de clases."
(Marx - Engels, Manifiesto del Partido Comunista, 1848 [pág, 21])

[La burguesía] "Ha hecho de la dignidad personal un simple valor de cambio."
(Marx - Engels, ibid [pág. 24])

"La burguesía no puede existir sino a condición de revolucionar incesantemente los instrumentos de producción y, por consiguiente las relaciones de producción, con ello todas las relaciones sociales"
(Marx - Engels, ibid [pág. 25])

"El lumpen proletariado, ese producto pasivo de la putrefacción de las capas más bajas de vieja sociedad, puede a veces ser arrastrado al movimiento..."

Marx-Engels-Lenin II:

V. I. LENIN
Obras Completas - Tomo 32
(30 de diciembre de 1920 - 14 de agosto 1921)
Editora política - Habana, 1963

"Los sindicatos son una organización del proletariado industrial no solo históricamente necesaria, sino históricamente inevitable, que en las condiciones de la dictadura del proletariado engloba a la casi totalidad de los obreros de la industria"
("Los sindicatos, el momento actual y los errores de Trotski", 1920 [pp. 10-11])
[Aquí confunde dos términos: dictadura del proletariado y revolución rusa; no son equivalentes, uno engloba al otro pero es mucho más rico. Por otra parte, no ha analizado lo que de burgués tiene una organización que se incorpora a las luchas dentro del marco de un régimen formulado por el poder burgués (aunque sea producto de la lucha de clases, pues no es una concesión unilateral, es un pacto, una tregua)]

V. I. Lenin

Obras Completas - Tomo 32
(30 de diciembre de 1920 - 14 de agosto de 1921)
Editora Política - Habana, 1963

"Los sindicatos son una organización del proletariado industrial no solo históricamente necesaria, sino históricamente inevitable, que en las condiciones de la dictadura del proletariado engloba a la casi totalidad de los obreros de la industria."
("los sindicatos, el momento actual y los errores de Trotski", 1920 [pág. 10-11])

(Aquí confunde dos términos: dictadura del proletariado y revolución rusa; no son equivalentes, una engloba al otro pero es mucho más rico, por otra parte, no ha analizado lo que de burgués tiene una organización que se incorpora a las luchas dentro del marco un reglamento promulgado por el poder burgués [aunque sea producto de la lucha de clases, pues no es una concesión unilateral, es un pacto, una tregua])

NOTAS

1. Dentro de las múltiples funciones desempeñadas por Che, resalta su papel de educador a través de variadas facetas, entre las que se incluye la propaganda y la divulgación, como una de las más importantes. En ese sentido, cuando se encontraba en la Sierra Maestra durante la etapa insurreccional, creó en 1957 la Radio Rebelde y el periódico *El cubano libre* con los propósitos antes expuestos.

   Los artículos que se reproducen fueron escritos con el seudónimo elegido para su labor periodística, Francotirador y se caracterizan por un estilo conciso y educativo, donde a la información actualizada de acontecimientos nacionales e internacionales añade una enseñanza político-práctica de enorme significación para el guerrillero medio e incluso en un tono polémico, como es el caso de "Qué cubano nos parece el mundo" donde se adentra en el tema del comunismo y el papel ineludible de la lucha ante la fuerza bruta y la injusticia.

2. Disímiles fueron las entrevistas realizadas a Che dentro de Cuba, tanto por la prensa nacional como por la internacional. Estos fragmentos reproducen la realizada por el periodista argentino Jorge Ricardo Masetti en plena Sierra Maestra en abril de 1958 y que con posterioridad reproduce en su libro *Los que luchan y los que lloran*, con el conjunto de las entrevistas hechas a Fidel Castro y a otros dirigentes.

3. Facsímil inédito de las lecturas anotadas en su libreta de apuntes y que lo acompañara en toda la campaña guerrillera. No se tiene constancia que estas hayan sido las únicas lecturas que hiciera, no obstante se pueden asumir como la continuidad de aquellas

primeras anotadas en su *Indice de Libros* y también el esfuerzo que estaba realizando en aras de obtener un mayor conocimiento de la historia y las figuras más prominentes de Cuba.

4. Artículo publicado con posterioridad a su recorrido por los países que conformaban el Pacto de Bandung en 1959, antecedente directo del Movimiento de Países no Alineados.

5. Este discurso es uno de los primeros que pronuncia en La Habana con posterioridad al triunfo revolucionario y se distingue por ser una continuidad de lo realizado hasta esos momentos. Destaca el papel del médico en la transformación social, además de insistir en el legado martiano de solidaridad y justicia, aspectos que justifican con creces su presencia en Cuba.

6. A pesar de publicar sólo la versión de la entrevista por no haberse podido encontrar el original, se decidió incluirla en la antología, dada la importancia de sus planteamientos muy cercanos a ideas y principio que conforman su pensamiento político. El análisis de la situación económica latinoamericana y los cuestionamientos que se hacen del Fondo Monetario Internacional conservan una total validez en el actual mundo neoliberal.

7. La incorporación de un conjunto de cartas con personas de diferentes países de América, aun cuando no se conocen la totalidad de las mismas, da la medida de la magnitud de los temas planteados y las respuestas dadas, a través de un estilo muy preciso e incisivo, acorde con los problemas tratados. En todas se manifiesta una posición ética y de principios muy propios de su pensamiento y modo de actuar.

8. Con el seudónimo de Francotirador al igual que en el periódico de la Sierra Maestra y con idénticos objetivos, publica en la revista *Verde Olivo* un grupo de artículos breves y actualizados que llevan al lector de la mano para entender la fuerte polémica que desde una época tan temprana como 1960 sostiene Cuba con Estados Unidos y los gobiernos acólitos de la región, en su afán por preservar su independencia y soberanía.

9. El discurso pronunciado por Che en presencia de delegaciones latinoamericanas y de dirigentes políticos del continente, entre ellos el ex Presidente de Guatemala Jacobo Arbenz, es antecedente de ideas que serán centro de trabajos tan importantes como "Notas para el estudio de la ideología de la Revolución cubana" y de posiciones de principio y de solidaridad con los pueblos de la región.

10. Este discurso centra su atención en el apoyo que brinda el pueblo de Cuba a la Declaración de La Habana que en asamblea pública denunciara las maniobras de Estados Unidos contra nuestro país y ratifica la determinación soberana de Cuba de proclamar su plena independencia. Son momentos históricos pues es el comienzo de las maniobras y el chantaje imperialistas para que las naciones latinoamericanas condenaran a Cuba en el seno de la Organización de Estados Americanos; acciones que a la larga propiciarían la ruptura de todos los países de la región con el gobierno revolucionario cubano.

11. Artículo que aparece publicado en la revista *Verde Olivo* y que centra su atención en la importancia histórica del advenimiento de la Revolución cubana, pero a su vez niega la posición emitida por diversos sectores políticos, entre ellos de la izquierda latinoamericana, que juzgan a la Revolución como un fenómeno de excepción. Es un trabajo que fija posiciones a través de un análisis profundo de la realidad continental y a la vez puntualiza la posición de principio que deben desempeñar las vanguardias revolucionarias en su lucha si en verdad aspiran a un cambio revolucionario.

12. Intervenciones realizadas por Che con motivo de la reunión convocada por el Consejo Interamericano Económico y Social (CIES) de la OEA en el mes de agosto de 1961 en Punta del Este, Uruguay, donde se instrumentaría un plan regional para poner en práctica el plan diseñado por la administración del Presidente John F. Kennedy y conocido como Alianza para el Progreso.

13. Artículo escrito en octubre-noviembre de 1962, pero publicado el 6 de octubre de 1968 en *Verde Olivo*, con posterioridad a la muerte de

Che. En el trabajo se aborda la relación entre la guerra y la política como expresiones esenciales de la táctica y la estrategia revolucionaria, basado fundamentalmente en la realidad de América Latina.

14. Tomado de la serie "Retratos de revolucionarios" que conforma la versión ampliada de *Pasajes de la guerra revolucionaria*, donde ubica a figuras caídas en diferentes momentos y que de una forma u otra estuvieron vinculados a él.

    Roberto Cáceres Valle, conocido por El Patojo por su pequeña estatura, es un guatemalteco que acompaña a Che cuando sale de Guatemala hacia México y que con posterioridad al triunfo de la Revolución cubana se traslada a Cuba en donde vivió hasta su incorporación a la lucha de liberación de su país, donde cae en combate.

15. Palabras pronunciadas a los miembros del Departamento de Seguridad del Estado y de importancia extrema para conocer la profundidad de pensamiento alcanzado por Che sobre la realidad latinoamericana a través de un detallado análisis por países y donde expresa claves esenciales expuestas en obras posteriores como es el propio "Mensaje a la Tricontinental" escrito en 1966.

    Es un documento instructivo y de advertencia sobre algunas tendencias sectarias y desviacionistas que se estaban manifestando en Cuba y que era necesario examinar para encontrar las soluciones adecuadas.

16. La contrarréplica frente pronunciamientos anticubanos por parte de representantes de Costa Rica, Nicaragua, Venezuela, Colombia, Panamá y Estados Unidos, además de ser una lección de historia y política del continente, siguiendo la línea de pensamiento emitida en discursos y trabajos anteriores, representa la reafirmación solidaria de Cuba y de internacionalismo revolucionario que muy pronto reiniciaría Che con su participación, al año siguiente, en la lucha de liberación del Congo.

17. El Capítulo 2 de la presente antología, como puede apreciar el lector, es una etapa crucial para entender la significación plena de Che como revolucionario integral y es por ello que no se quiso

pasar por alto, dentro de la vorágine del trabajo que desplegara, los estudios autodidactas que realizara como continuidad de los emprendidos anteriormente y que contribuyen a entender en toda su dimensión la interrelación teoría y práctica dentro de su quehacer revolucionario. El contenido de las lecturas se explican por sí mismas.

PARTE III

América unida: internacionalismo revolucionario

1965–1967

El internacionalismo revolucionario es la expresión más acabada de la síntesis del proyecto de cambio que Ernesto Che Guevara desde muy joven comenzó a perfilar, primero para América Latina y después, al adquirir una mayor experiencia en la lucha, ampliarlo hasta el Tercer Mundo.

En apenas dos años pudo conjugar teoría y práctica para hacer realidad concepciones que confirmaban sus principales tesis revolucionarias.

En el Congo reafirma sus principios de la lucha armada, a pesar de los escollos, convencido de su decisión impostergable para comenzar la lucha en América Latina, por ser el continente que presenta mejores condiciones para su ejecución.

Es una etapa donde tiene que tomar decisiones cruciales, desde su renuncia formal a los cargos que ostentaba en Cuba y así poder convertirse en el artífice de su proyecto de cambio, por el que había luchado durante tantos años.

Bolivia es la ruta a través de la cual ampliaría la lucha para dar paso a su concepción continental.

Muchos son los momentos de arrojo y valentía asumidos por un pequeño grupo de combatientes con el solo empeño de avivar la llama de la gesta libertaria y en ella, Che con su ejemplo y ética se erige para ocupar un lugar cimero dentro de la historia americana.

PASAJES DE LA GUERRA REVOLUCIONARIA: CONGO[1]

(Selección)

[...] A diferencia de América Latina, donde el proceso de neocolonización se ha producido en medio de violentas luchas de clases y la burguesía autóctona ha participado en la lucha antimperialista antes de su capitulación final, África ofrece la imagen de un proceso planificado por el imperialismo; muy pocos son los países que han obtenido su independencia de lucha armada, todo ha transcurrido con una suavidad de mecanismo aceitado, en su conjunto.

Prácticamente solo el cono sur de África resta oficialmente colonizado, y hay un clamor tan generalizado contra la permanencia de ese sector que hace provocar su rápida extinción, al menos en las colonias portuguesas. La Unión Surafricana presenta problemas diferentes.

En la lucha de la liberación africana, las etapas adelantadas del proceso serán parecidas a los modelos actuales de la lucha del pueblo. El problema radica en cómo implantarla sólidamente, y es allí donde se plantean interrogantes que no estoy en capacidad de aclarar; quisiera solo dejar expuestos algunos puntos de vista, producto de mi débil y fragmentaria experiencia.

Si la lucha de liberación puede tener éxito en las actuales condiciones de África es preciso actualizar algunos esquemas de análisis marxista.

¿Cuál es la contradicción principal de la época? Si esta fuera la de los países socialistas y los imperialistas, o entre éstos y sus clases obreras, el papel del llamado tercer mundo se vería muy disminuido. No obstante, hay cada vez más serias razones para considerar que la contradicción principal es entre naciones explotadoras y pueblos explotados. No estoy en condiciones de iniciar aquí un intento de demostración de este hecho y de cómo no se opone a la caracterización de la época como de paso al socialismo. Esto nos llevará por engorrosos caminos laterales y precisaría de abundantes datos y argumentaciones. Lo dejo como una suposición que la práctica indica.

De ser así, el África tendría un papel activo imperante en la contradicción principal. Sin embargo, considerando el tercer mundo como actor en su conjunto de esa contradicción, en este momento histórico, hay gradaciones entre países y continentes. Podemos decir, haciendo un análisis somero, que América Latina en su conjunto ha llegado a un punto en el que la lucha de clases se agudiza y la burguesía nacional ha capitulado totalmente frente al poder imperialista, de tal manera que su porvenir, a corto plazo histórico, es el de una lucha de liberación coronada por una revolución de tipo socialista.

CREAR DOS, TRES... MUCHOS VIET NAM, ES LA CONSIGNA[2]

(Publicado en un suplemento especial de la revista *Tricontinental*, 16 de abril de 1967. Es conocido como "Mensaje a la Tricontinental")

Es la hora de los hornos y no se ha de ver más que la luz.
José Martí

[...] El campo fundamental de la explotación del imperialismo abarca los tres continentes atrasados, América, Asia y África. Cada país tiene características propias, pero los continentes, en su conjunto, también las presentan.

América constituye un conjunto más o menos homogéneo y en la casi totalidad de su territorio los capitales monopolistas norteamericanos mantienen una primacía absoluta. Los gobiernos títeres o, en el mejor de los casos, débiles y medrosos, no pueden oponerse a las órdenes del amo yanqui. Los norteamericanos han llegado casi al máximo de su dominación política y económica, poco más podrían avanzar ya; cualquier cambio de la situación podría convertirse en un retroceso en su primacía. Su política es mantener lo conquistado. La línea de acción se reduce en el momento actual, al uso brutal de la fuerza para impedir movimientos de liberación, de cualquier tipo que sean.

Bajo el slogan, "no permitiremos otra Cuba", se encubre la posibilidad de agresiones a mansalva, como la perpetrada contra Santo Domingo, o anteriormente, la masacre de Panamá, y la clara advertencia de que las tropas yanquis están dispuestas a intervenir en cualquier lugar de América donde el orden establecido sea alterado, poniendo en peligro sus intereses. Esa política cuenta con una impunidad casi absoluta; la OEA es una máscara cómoda, por desprestigiada que esté; la ONU es de una ineficiencia rayana en el ridículo o en lo trágico; los ejércitos de todos los países de América están listos a intervenir para aplastar a sus pueblos. Se ha formado, de hecho, la internacional del crimen y la traición.

Por otra parte las burguesías autóctonas han perdido toda su capacidad de oposición al imperialismo —si alguna vez la tuvieron— y sólo forman su furgón de cola. No hay más cambios que hacer; o revolución socialista o caricatura de revolución. [...]

En América Latina se lucha con las armas en la mano en Guatemala, Colombia, Venezuela y Bolivia y despuntan ya los primeros brotes en Brasil. Hay otros focos de resistencia que aparecen y se extinguen. Pero casi todos los países de este continente están maduros para una lucha de tipo tal, que para resultar triunfante, no puede conformarse con menos que la instauración de un gobierno de corte socialista.

En este continente se habla prácticamente una lengua, salvo el caso excepcional del Brasil, con cuyo pueblo los de habla hispana pueden entenderse, dada la similitud entre ambos idiomas. Hay una identidad tan grande entre las clases de estos países que logran una identificación de tipo "internacional americano", mucho más completa que en otros continentes. Lengua, costumbres, religión, amo común, los unen. El grado y las formas de explotación son similares en sus efectos para explotadores y explotados de una buena parte de los países de nuestra América. Y la rebelión está madurando aceleradamente en ella.

Podemos preguntarnos: esta rebelión, ¿cómo fructificará?; ¿de qué tipo será? Hemos sostenido desde hace tiempo que, dadas sus características similares, la lucha en América adquirirá, en su momento, dimensiones continentales. Será escenario de muchas grandes batallas dadas por la humanidad para su liberación.

En el marco de esa lucha de alcance continental, las que actualmente se sostienen en forma activa son sólo episodios, pero ya han dado los mártires que figurarán en la historia americana como entregando su cuota de sangre necesaria en esta última etapa de la lucha por la libertad plena del hombre. Allí figurarán lo nombres del Cmdte. Turcios Lima, del cura Camilo Torres, del Cmdte. Fabricio Ojeda, de los Cmdtes. Lobatón y Luis de la Puente Uceda, figuras principalísimas en los movimientos revolucionarios de Guatemala, Colombia, Venezuela y Perú.

Pero la movilización activa del pueblo crea sus nuevos dirigentes; César Montes y Yon Sosa levantan la bandera en Guatemala, Fabio Vázquez y Marulanda lo hacen en Colombia, Douglas Bravo en el occidente del país y Américo Martín en El Bachiller, dirigen sus respectivos frentes en Venezuela.

Nuevos brotes de guerra surgirán en estos y otros países americanos, como ya ha ocurrido en Bolivia, e irán creciendo, con todas las vicisitudes que entraña este peligroso oficio de revolucionario moderno. Muchos morirán víctimas de sus errores, otros caerán en el duro combate que se avecina; nuevos luchadores y nuevos dirigentes surgirán al calor de la lucha revolucionaria. El pueblo irá formando sus combatientes y sus conductores en el marco selectivo de la guerra misma, y los agentes yanquis de represión aumentarán. Hoy hay asesores en todos los países donde la lucha armada se mantiene y el ejército peruano realizó, al parecer, una exitosa batida contra los revolucionarios de ese país, también asesorado y entrenado por los yanquis. Pero si los focos de guerra se llevan con suficiente destreza política y militar, se harán prácticamente imbatibles y exigirán nuevos envíos de los yanquis. En el propio Perú, con tenacidad y firmeza, nuevas figuras aún no completamente conocidas, reorganizan la lucha guerrillera. Poco a poco, las armas obsoletas que bastan para la represión de las pequeñas bandas armadas, irán convirtiéndose en armas modernas y los grupos de asesores en combatientes norteamericanos, hasta que, en un momento dado, se vean obligados a enviar cantidades crecientes de tropas regulares para asegurar la relativa estabilidad de un poder cuyo ejército nacional títere se desintegra ante los combates de las guerrillas. Es el camino de Viet Nam; es el camino que deben seguir los pueblos; es el camino que seguirá América, con la característica especial de que los grupos en armas pudieran formar algo así como Juntas de Coordinación para hacer más difícil la tarea represiva del imperialismo yanqui y facilitar la propia causa.

América, continente olvidado por la últimas luchas políticas de liberación, que empieza a hacerse sentir a través de la Tricontinental en la voz de la vanguardia de sus pueblos, que es la Revolución cubana, tendrá una tarea de mucho mayor relieve: la de la creación del Segundo o Tercer Viet Nam o del Segundo o Tercer Viet Nam del mundo.

En definitiva, hay que tener en cuenta que el imperialismo es un sistema mundial, última etapa del capitalismo, y que hay que batirlo en una confrontación mundial. La finalidad estratégica de esa lucha debe ser la destrucción del imperialismo. La participación que nos toca a nosotros, los explotados y atrasados del mundo, es la de eliminar las bases de sustentación del imperialismo: nuestros pueblos oprimidos, de donde extraen capitales, materias primas, técnicos y obreros baratos y adonde exportan nuevos capitales —instrumentos de dominación—, armas y toda clase de artículos, sumiéndonos en una dependencia absoluta.

El elemento fundamental de esa finalidad estratégica será, entonces, la liberación real de los pueblos; liberación que se producirá a través de lucha armada, en la mayoría de los casos, y que tendrá, en América, casi indefectiblemente, la propiedad de convertirse en una Revolución Socialista.

Al enfocar la destrucción del imperialismo, hay que identificar a su cabeza, la que no es otra que los Estados Unidos de Norteamérica.

Debemos realizar una tarea de tipo general que tenga como finalidad táctica sacar al enemigo de su ambiente obligándolo a luchar en lugares donde sus hábitos de vida choquen con la realidad imperante. No se debe despreciar al adversario; el soldado norteamericano tiene capacidad técnica y está respaldado por medios de tal magnitud que lo hacen temible. Le falta esencialmente la motivación ideológica que tienen en grado sumo sus más enconados rivales de hoy: los soldados vietnamitas. Solamente podremos triunfar sobre ese ejército en la medida en que logremos minar su moral. Y ésta se mina infligiéndole derrotas y ocasionándole sufrimientos repetidos.

Pero este pequeño esquema de victorias encierra dentro de sí sacrificios inmensos de los pueblos, sacrificios que deben exigirse desde hoy, a la luz del día y que quizás sean menos dolorosos que los que debieran soportar si rehuyéramos constantemente el combate, para tratar de que otros sean los que nos saquen las castañas del fuego.

Claro que, el último país en liberarse, muy probablemente lo hará sin lucha armada, y los sufrimientos de una guerra larga y tan cruel como la que hacen los imperialistas, se le ahorrará a ese pueblo. Pero tal vez sea imposible eludir esa lucha o sus efectos, en una contienda de carácter mundial y se sufra igual o más aún. No podemos predecir el futuro, pero jamás debemos ceder a la tentación claudicante de ser los abanderados de un pueblo que anhela su libertad, pero reniega de la lucha que esta conlleva y la espera como un mendrugo de victoria.

Es absolutamente justo evitar todo sacrificio inútil. Por eso es tan importante el esclarecimiento de las posibilidades efectivas que tiene la América dependiente de liberarse en forma pacífica. Para nosotros está clara la solución de esta interrogante; podrá ser o no el momento actual el indicado para iniciar la lucha, pero no podemos hacernos ninguna ilusión, ni tenemos derecho a ello, de lograr la libertad sin combatir. Y los combates no serán meras luchas callejeras de piedras contra gases lacrimógenos, ni de huelgas generales pacíficas; ni será la lucha de un pueblo enfurecido que destruya en dos o tres días el andamiaje represivo de las oligarquías gobernantes; será una lucha larga, cruenta, donde su frente estará en los refugios guerrilleros, en las ciudades, en las casa de los combatientes —donde la represión irá buscando víctimas fáciles entre sus familiares— en la población campesina masacrada, en las aldeas o ciudades destruidas por el bombardeo enemigo.

Nos empujan a esa lucha; no hay más remedio que prepararla y decidirse a emprenderla. [...]

Y si todos fuéramos capaces de unirnos, para que nuestros golpes fueran más sólidos y certeros, para que la ayuda de todo tipo a los pueblos en lucha fuera aún más efectiva, ¡qué grande sería el futuro, y qué cercano!

Si a nosotros, los que en un pequeño punto del mapa del mundo cumplimos el deber que preconizamos y ponemos a disposición de la lucha este poco que nos es permitido dar: nuestras vidas, nuestro sacrificio, nos toca alguno de estos días lanzar el último suspiro sobre cualquier tierra, ya nuestra, regada con nuestra sangre, sépase que hemos medido el alcance de nuestros actos y que no nos consideramos nada más que elementos en el gran ejército del proletariado, pero nos sentimos orgullosos de haber aprendido de la Revolución cubana y de su gran dirigente máximo la gran lección que emana de su actitud en esta parte del mundo: "qué importan los peligros o sacrificios de un hombre o de un pueblo, cuando está en juego el destino de la humanidad".

Toda nuestra acción es un grito de guerra contra el imperialismo y un clamor por la unidad de los pueblos contra el gran enemigo del género humano: los Estados Unidos de Norteamérica. En cualquier lugar que nos sorprenda la muerte, bienvenida sea, siempre que ése, nuestro grito de guerra, haya llegado hasta un oído receptivo, y otra mano se tienda para empuñar nuestras armas, y otros hombres se apresten a entonar los cantos luctuosos con tableteo de ametralladoras y nuevos gritos de guerra y de victoria.

DIARIO DE BOLIVIA (SELECCIÓN)[3]

Noviembre 28

(...) Por la tarde convoqué al grupo boliviano para plantearle el pedido peruano de enviar 20 hombres y todos estuvieron de acuerdo en que los mandaran, pero después de empezar las acciones.

Análisis del mes

Todo ha salido bastante bien; mi llegada sin inconvenientes; la mitad de la gente está aquí también sin inconvenientes, aunque se demoraron algo; los principales colaboradores de Ricardo se alzan contra viento y marea. El panorama se perfila bueno en esta región apartada donde todo indica que podremos pasarnos prácticamente el tiempo que estimemos conveniente.

Los planes son: esperar el resto de la gente, aumentar el número de bolivianos por lo menos hasta 20 y comenzar a operar. Falta averiguar la reacción de Monje y cómo se comportará la gente de Guevara.

Diciembre 2

Temprano llega el Chino*, muy efusivo. Nos pasamos el día charlando. Lo sustancial: irá a Cuba e informará personalmente de la situación, dentro de dos meses podrán incorporarse 5 peruanos, es decir, cuando

---

*Juan Pablo Chang Navarro, guerrillero peruano

hayamos comenzado a actuar; por ahora vendrán dos, un técnico en radio y un médico que estarán algún tiempo con nosotros. Pidió armas y accedí a darle una Bz, algunos mausers, y granadas y comprar M-1 para ellos. También decidí darles apoyo para que enviaran 5 peruanos a establecer enlace para pasar las armas para una región cercana a Puno, del otro lado del Titicaca. Me contó de sus cuitas en el Perú, incluso un audaz plan para liberar a Calixto que más parece un poco fantasioso. Cree que algunos sobrevivientes de lo guerrilla están actuando en la zona, pero no lo saben a ciencia cierta, pues no pudieron llegar hasta la zona.

Lo demás de la conversación fue anecdótico. Se despidió con el mismo entusiasmo partiendo para La Paz; lleva fotos nuestras. Coco tiene instrucciones de preparar contactos con Sánchez (a quien veré posteriormente) y de contactar al jefe de informaciones de la presidencia, que se ha brindado para darlas pues es cuñado de Inti.

La red todavía está en pañales.

Diciembre 4

Sin novedad. Todo el mundo quieto debido al domingo.

Doy una charla sobre nuestra actitud hacia los bolivianos que vendrán y hacia la guerra.

Diciembre 7

(...) Hoy se cumple, en realidad, el primer mes de nuestra estancia aquí, pero, por razones de comodidad, daré las síntesis todos los fines de mes.

Diciembre 12

Le hablé a todo el grupo, "leyéndole la cartilla" sobre la realidad de la guerra. Hice hincapié en la unicidad del mando y en la disciplina y advertí a los bolivianos sobre la responsabilidad que tenían al violar la disciplina de su partido para adoptar otra línea. Hice los nombramientos que recayeron en: Joaquín, como segundo jefe militar, Rolando e Inti, como comisarios; Alejandro como jefe de operaciones; Pombo, de servicios; Inti, finanzas; Ñato, abastecimientos y armamentos; por ahora, Moro de servicios médicos.

Diciembre 20

(...) Se recibe un telegrama de Manila indicando que Monje viene por el Sur.

Inventaron un sistema de contacto, pero no me satisface porque indica una clara suspicacia hacia Monje por parte de sus propios compañeros.

Iván* tiene posibilidades de hacer negocios pero el pasaporte chueco no se lo permite; la próxima etapa es mejorar el documento y debe escribir a Manila para que lo apuren con los amigos.

Tania vendrá en la próxima para recibir instrucciones; probablemente la mande a Buenos Aires.

Diciembre 31

(...) La conversación con Monje se inició con generalidades pero pronto cayó en su planteamiento fundamental resumido en tres condiciones básicas:

Él renunciaría a la dirección del partido, pero lograría de éste al menos la neutralidad y se extraerían cuadros para la lucha.

La dirección político-militar de la lucha le correspondería a él mientras la revolución tuviera un ámbito boliviano.

Él manejaría las relaciones con otros partidos suramericanos, tratando de llevarlos a la posición de apoyo a los movimientos de liberación (puso como ejemplo a Douglas Bravo).

Le contesté que el primer punto quedaba a su criterio, como

---

*Aparece indistintamente como Renán o Iván, contacto cubano Renán Montero secretario del partido, aunque yo consideraba un tremendo error su posición. Era vacilante y acomodaticia y preservaba el nombre histórico de quienes debían ser condenados por su posición claudicante.

El tiempo me daría la razón.

Sobre el tercer punto, no tenía inconveniente en que se tratara de hacer eso, pero estaba condenado al fracaso. Pedirle a Codovila que apoyara a Douglas Bravo era tanto como pedirle que condonara un alzamiento dentro de su partido. El tiempo también sería juez.

Sobre el segundo punto no podía aceptarlo de ninguna manera. El jefe militar sería yo y no aceptaba ambigüedades en esto. Aquí la discusión se estancó y giró en un círculo vicioso.

Quedamos en que lo pensaría y hablaría con los compañeros bolivianos. Nos trasladamos al campamento nuevo y allí habló con todos planteándoles la disyuntiva de quedarse o apoyar al partido; todos se quedaron y parece que eso lo golpeó.

A las 12 hicimos un brindis en que señaló la importancia histórica de la fecha. Yo contesté aprovechando sus palabras y marcando este momento como el nuevo grito de Murillo de la revolución continental y que nuestras vidas no significaban nada frente al hecho de la revolución.

Fidel me envió los mensajes adjuntos.

Análisis del mes

Se ha completado el grupo de cubanos con todo éxito; la moral de la gente es buena y sólo hay pequeños problemitas. Los bolivianos están bien aunque sean pocos. La actitud de Monje puede retardar el desarrollo por un lado pero contribuir por otro, al liberarme de compromisos políticos. Los próximos pasos, fuera de esperar más bolivianos, consisten en hablar con Guevara y con los argentinos Mauricio y Jozami (Massetti y el partido disidente).

Enero 1

Por la mañana, sin discutir conmigo, Monje me comunicó que se retiraba y que presentaría su renuncia a la dirección del partido el día 8/1. Su misión había acabado según él. Se fue con la apariencia de quien se dirige al patíbulo. Mi impresión es que al enterarse por Coco de mi decisión de no ceder en las cosas estratégicas, se aferró a ese punto para forzar la ruptura, pues sus argumentos son inconsistentes.

Por la tarde reuní a todo el mundo y le expliqué la actitud de Monje, anunciando que realizaríamos la unidad con todos los que quieran hacer la revolución y vaticiné momentos difíciles y días de angustia moral para los bolivianos; trataríamos de solucionarles los problemas mediante la discusión colectiva con los comisarios.

Precisé el viaje de Tania a la Argentina para entrevistarse con Mauricio y Jozami y citarlos aquí (...)

Enero 2

(...) La gente (Sánchez, Coco y Tania) salieron por la tarde, cuando acababa el discurso de Fidel. Este se refirió a nosotros en términos que nos obligan más aún, si cabe (...)

Enero 6

(...) Después de clase lancé una descarguita sobre las cualidades de la guerrilla y la necesidad de una mayor disciplina y expliqué que nuestra misión, por sobre todas las cosas, era formar el núcleo ejemplo, que sea de acero, y por esa vía expliqué la importancia del estudio, imprescindible para el futuro (...)

Enero 15

Quedé en el campamento, redactando unas instrucciones para los cuadros de la ciudad (...)

Enero 21

(...) Mario Monje habló con 3 que vinieron de Cuba y los disuadió de entrar en la guerrilla. No sólo no renunció a la dirección del partido, sino que mandó a Fidel el documento adjunto D. IV. Recibí nota de Tania comunicando su partida y la enfermedad de Iván y otra de éste, que se adjunta D. V (...)

Enero 22

Escribo una instrucción para los cuadros urbanos, el (D. III) (...)

Enero 25

(...) Se recibió mensaje de Manila informando haber recibido todo bien y que Kolle* va hacia allá donde lo espera Simón Reyes*, Fidel advierte que los escuchará y será duro con ellos.

Análisis del mes

Como lo esperaba, la actitud de Monje fue evasiva en el primer momento y traidora después.

Ya el partido está haciendo armas contra nosotros y no sé dónde llegará, pero eso no nos frenará y, quizás, a la larga, sea beneficioso (casi estoy seguro de ello). La gente más honesta y combativa estará con nosotros, aunque pasen por crisis de conciencia más o menos graves.

Guevara, hasta ahora, ha respondido bien. Veremos cómo se portan él y su gente en el futuro.

Tania partió pero los argentinos no han dado señales de vida, ni ella tampoco. Ahora comienza la etapa propiamente guerrillera y probaremos la tropa; el tiempo dirá qué da y cuáles son las perspectivas de la revolución boliviana.

---

*Dirigentes del Partido Communista de Bolivia

De todo lo previsto, lo que más lentamente anduvo fue la incorporación de combatientes bolivianos.

Febrero 14

(...) Se descifra un largo mensaje de La Habana, cuyo núcleo es la noticia de la entrevista con Kolle. Este dijo allá que no se le había informado de la magnitud continental de la tarea, que en ese caso estarían dispuestos a colaborar en un plano cuyas características pidieron discutir conmigo; vendrían en el mismo Kolle, Simón Rodríguez y Ramírez. Se me informa además que Simón ha manifestado su decisión de ayudarnos independientemente de lo que resuelva el partido.

Informan además, que el francés viajando con su pasaporte llega el 23 a La Paz y se alojará en casa de Pareja o Rhea. Falta un pedazo indescifrable hasta ahora.

Veremos cómo afrontamos esta nueva ofensiva conciliadora. Otras noticias: Merci* apareció sin plata, alegando robo, se sospecha malversación aunque no se descarta algo más grave. Lechín va a pedir dinero y entrenamiento.

Análisis del mes

(...) En lo externo, no hay noticias de los dos hombres que debían mandarme para completar el conjunto; el francés ya debe estar en La Paz y cualquier día en el campamento; no tengo noticias de los argentinos ni del Chino; los mensajes se reciben bien en ambas direcciones; la actitud del partido sigue siendo vacilante y doble, lo menos que se puede decir de ella, aunque queda una aclaración, que puede ser definitiva, cuando hable con la nueva delegación.

La marcha se cumplió bastante bien, pero fue empañada por el

---

*Carlos Alvarado, combatiente internacionalista guatemalteco. Con posterioridad se comprobó la veracidad de la versión inicial y su lealtad a la revolución latinoamericana.

accidente que costó la vida a Benjamín, la gente está débil todavía y no todos los bolivianos resistirán. Los últimos días de hambre han mostrado una debilitación del entusiasmo, caída que se hace más patente al quedar divididos.

De los cubanos, dos de los de poca experiencia, Pacho y el Rubio no han respondido todavía, Alejandro lo ha hecho a plenitud; de los viejos, Marcos da continuos dolores de cabeza y Ricardo no está cumpliendo cabalmente. Los demás bien.

La próxima etapa será de combate y decisiva.

Marzo 21

Me pasé el día en charlas y discusiones con el Chino, precisando algunos puntos, el francés, el Pelao y Tania.

El francés traía noticias ya conocidas sobre Monje, Kolle, Simón Reyes, etc. Viene a quedarse pero yo le pedí que volviera a organizar una red de ayuda en Francia y de paso fuera a Cuba, cosa que coincide con sus deseos de casarse y tener un hijo con su compañera. Yo debo escribir cartas a Sartre y a B. Rusell para que organicen una colecta internacional de ayuda al movimiento de liberación boliviano. El debe, además, hablar con un amigo que organizará todas las vías de ayuda, fundamentalmente, dinero, medicinas y electrónica, en forma de un ingeniero del ramo y equipos.

El Pelao, por supuesto, está en disposición de ponerse a mis órdenes y yo le propuse ser una especie de coordinador, tocando por ahora sólo a los grupos de Josamy, Gelman y Stamponi y mandándome 5 hombres para que comiencen el entrenamiento. Debe saludar a María Rosa Oliver y al viejo. Se le dará 500 pesos para mandar y mil para moverse. Si aceptan, deben comenzar la acción exploratoria en el norte argentino y mandarme un informe.

Tania hizo los contactos y la gente vino, pero según ella, se la hizo viajar en su jeep hasta aquí y pensaba quedarse un día pero se complicó la cosa. Josamy no pudo quedarse la primera vez y la segunda ni siquiera se hizo contacto por estar Tania aquí (...)

Marzo 25

(...) A las 18.30, con casi todo el personal presente, hice un análisis del viaje y su significado y expuse los errores de Marcos, destituyéndolo y nombrando a Miguel jefe de la vanguardia. Al mismo tiempo se anunció el licenciamiento de Paco, Pepe, Chingolo y Eusebio, comunicándoles que no comerán si no trabajan y se les suspende la fuma, redistribuyendo las cosas personales entre los otros compañeros más necesitados. Me referí al proyecto de Kolle de venir a discutir qué se hace simultáneamente con la expulsión de los miembros de la juventud aquí presentes, lo que interesan son hechos, las palabras que no concuerden con los hechos no tienen importancia. Anuncié la búsqueda de la vaca y la reiniciación del estudio.

Hablé con Pedro y el Médico a quienes anuncié su casi total graduación de guerrilleros y con Apolinar a quien di ánimos. A Walter le hice críticas por ablandarse durante el viaje, por su actitud en el combate y por miedo que mostró; no reaccionó bien. Precisamos detalles con el Chino y el Pelado y le hice al francés un largo informe oral sobre la situación. En el curso de la reunión se le dio a este grupo el nombre de Ejército de Liberación Nacional de Bolivia y se hará un parte del encuentro.

Marzo 27

(...) Se confecciona el comunicado N° 1 que trataremos de hacer llegar a los periodistas de Camiri (D. XVIII)

Marzo 29

Día de poca acción pero de extraordinaria movilidad en las noticias; el Ejército suministra una amplia información que, de ser cierta, puede sernos de mucho valor. Radio Habana ya dio la noticia y el Gobierno anuncia que apoyará la acción de Venezuela presentando el caso Cuba en la OEA (...)

Análisis del mes

Este está pletórico de acontecimientos, pero el panorama general se presenta con las siguientes características: etapa de consolidación y depuración para la guerrilla, cumplida a cabalidad; lenta etapa de desarrollo con la incorporación de algunos elementos venidos de Cuba, que no parecen malos, y los de Guevara que han resultado con un nivel general muy pobre (2 desertores, 1 prisionero "hablador", 3 rajados, 2 flojos); etapa de comienzo de la lucha, caracterizada por un golpe preciso y espectacular, pero jalonada de indecisiones groseras antes y después del hecho (retirada de Marcos, acción de Braulio), etapa del comienzo de la contraofensiva enemiga, caracterizada hasta ahora por a) tendencia a establecer controles que nos aíslen, b) clamoreo a nivel nacional e internacional, c) inefectividad total, hasta ahora, d) movilización campesina.

Evidentemente, tendremos que emprender el camino antes de lo que yo creía y movernos dejando un grupo en remojo y con el lastre de 4 posibles delatores. La situación no es buena, pero ahora comienza otra etapa de prueba para la guerrilla, que le ha de hacer mucho bien cuando la sobrepase (...)

Abril 13

(...) Los norteamericanos anuncian que el envío de asesores a Bolivia responde a un viejo plan y no tiene nada que ver con las guerrillas. Quizás estemos asistiendo al primer episodio de un nuevo Vietnam.

Abril 14

(...) Se escribe el parte N° 2 para el pueblo boliviano (...)

Abril 29

(...) Con mucho retardo se descifra completamente el mensaje N° 35 que tenía un párrafo en el que se me pedía autorización para poner mi firma en un llamado a favor de Vietnam encabezado por Bertrand Russel.

Abril 30

(...) Radio Habana transmite una noticia de reporteros chilenos indicando que las guerrillas tienen tanta fuerza que ponen en jaque a las ciudades y que recientemente tomaron dos camiones militares llenos de alimentos. La revista Siempre entrevistó a Barrientos quien, entre otras cosas, admitió que habían asesores militares yanquis y que la guerrilla surge por las condiciones sociales de Bolivia.

Resumen del mes

(...) De los puntos anotados sobre la estrategia militar, se puede recalcar: a) los controles no han podido ser eficaces hasta ahora y nos causan molestias pero nos permiten movernos, dada su poca movilidad y su debilidad; además, luego de la última emboscada contra los perros y el instructor es de presumir que se cuidarán mucho de entrar en el monte; b) el clamoreo sigue, pero ahora por ambas partes y luego de la publicación en La Habana de mi artículo, no debe haber duda de mi presencia aquí.

Parece seguro que los norteamericanos intervendrán fuerte aquí y ya están mandando helicópteros y, parece, boinas verdes, aunque no se han visto por aquí; c) el Ejército (por lo menos 1 compañía ó 2) ha mejorado su técnica; nos sorprendieron en Taperillas y no se desmoralizaron en el Mesón; d) la movilización campesina es inexistente, salvo en las tareas de información que molestan algo, pero no son muy rápidas ni eficientes; las podremos anular.

El status del Chino ha cambiado y será combatiente hasta la formación de un segundo o tercer frente.

Dantón y Carlos cayeron víctimas de su apuro, casi desesperación, por salir y de mi falta de energía para impedírselos, de modo que también se cortan las comunicaciones con Cuba (Dantón) y se pierde el esquema de acción en la Argentina (Carlos).

En resumen: Un mes en que todo se ha resuelto dentro de lo normal, considerando las eventualidades necesarias de la guerrilla. La moral es buena en todos los combatientes que habían aprobado su examen preliminar de guerrilleros.

Mayo 1

(...) En La Habana habló Almeida, pasándome la mano a mí y las famosas guerrillas bolivianas. El discurso fue un poco largo pero bueno (...)

Mayo 13

(...) Todos los radios estuvieron dando con insistencia la noticia de que se había frustrado un desembarco cubano en Venezuela y el gobierno de Leoni presentó dos hombres con sus nombres y grados; no los conozco, pero todo indica que algo salió mal.

Resumen del mes

(...) Las características más importantes son:

Falta total de contacto con Manila, La Paz y Joaquín, lo que nos reduce a los 25 hombres que constituyen el grupo.

Falta completa de incorporación campesina, aunque nos van perdiendo el miedo y se logra la admiración de los campesinos. Es una tarea lenta y paciente.

El partido, a través de Kolle, ofrece su colaboración, al parecer, sin reservas.

El clamoreo del caso Debray ha dado más beligerancia a nuestro movimiento que 10 combates victoriosos.

La guerrilla va adquiriendo una moral prepotente y segura que, bien administrada, es una garantía de éxito.

El Ejército sigue sin organizarse y su técnica no mejora

substancialmente. Noticia del mes. El apresamiento y fuga del Loro que ahora debe incorporarse o dirigirse a la Paz a hacer contacto.

El Ejército dio parte de la detención de todos los campesinos que colaboraron con nosotros en la zona de Masicuri: ahora viene una etapa en la que el terror sobre los campesinos se ejercerá desde ambas partes, aunque con calidades diferentes; nuestro triunfo significará el cambio cualitativo necesario para su salto en el desarrollo.

Junio 12

La radio da una noticia interesante: el periódico Presencia anuncia un muerto y un herido por parte del Ejército en el choque del sábado; esto es muy bueno y casi seguramente es cierto, de manera que mantenemos el ritmo de choques con muertos. Otro comunicado anuncia 3 muertos, entre ellos, Inti, uno de los jefes de los guerrilleros y la composición extranjera de la guerrilla: 17 cubanos, 14 brasileños, 4 argentinos, 3 peruanos.

Los cubanos y peruanos corresponden a la realidad: había que ver de dónde sacaron la noticia.

Junio 13

(...) Lo interesante es la convulsión política del país, la fabulosa cantidad de pactos y contrapactos que hay en el ambiente. Pocas veces se ha visto tan claramente la posibilidad de catalización de la guerrilla.

Junio 14

(...) He llegado a los 39 y se acerca inexorablemente una edad que da que pensar sobre mi futuro guerrillero; por ahora estoy "entero".

Junio 21

(...) Paulino se ha comprometido a llegar a Cochabamba con mi mensaje, Se le dará una carta para la mujer de Inti, un mensaje en clave para Manila y los 4 comunicados. El cuarto explica la composición de nuestra guerrilla y aclara el infundio de la muerte de Inti; es el [ ] Veremos si ahora podemos establecer contacto con la ciudad (...)

Junio 25

(...) La radio argentina da la noticia de 87 víctimas; los bolivianos callan el número (Siglo XX) (...)

Junio 30

(...) En el plano político, lo más importante es la declaración oficial de Ovando de que yo estoy aquí. Además, dijo que el Ejército se estaba enfrentando a guerrilleros perfectamente entrenados que incluso contaba con comandantes vietcons que habían derrotado a los mejores regimientos norteamericanos. Se basa en las declaraciones de Debray que, parece, habló más de lo necesario aunque no podemos saber qué implicaciones tiene esto, ni cuales fueron las circunstancia en que dijo lo que haya dicho. Se rumora también que el Loro fue asesinado. Me atribuyeron ser el inspirador del plan de insurrección en las minas, coordinado con el de Ñancahuazu. La cosa se pone linda; dentro de algún tiempo dejaré de ser "Fernando sacamuelas".

Se recibió un mensaje de Cuba en que explican el poco desarrollo alcanzado por la organización guerrillera en el Perú, donde apenas tienen armas y hombres, pero han gastado un dineral y hablan de una supuesta organización guerrillera entre Paz Estensoro, un Coronel Seoane y un tal Rubén Julio, ricacho movimientista de la zona de Pando; serían en Guayaramerín.

Análisis del mes

(...) Las características más importantes son:

Sigue la falta total de contactos, lo que nos reduce ahora a los 24 hombres que somos, con Pombo herido y la movilidad reducida.

Sigue sintiéndose la falta de incorporación campesina. Es un círculo vicioso: para lograr la incorporación necesitamos ejercer nuestra acción permanente en un territorio poblado y para ello necesitamos más hombres.

La leyenda de la guerrilla crece como espuma; ya somos los superhombres invencibles.

La falta de contacto se extiende al partido, aunque hemos hecho una tentativa a través de Paulino que puede dar resultado.

Debray sigue siendo noticia pero ahora está relacionado con mi caso, apareciendo yo como jefe de este movimiento. Veremos el resultado de este paso del gobierno y si es positivo o negativo para nosotros.

La moral de la guerrilla sigue firme y su decisión de lucha aumenta. Todos los cubanos son ejemplo en el combate y sólo hay dos o tres bolivianos flojos.

El ejército sigue nulo en su tarea militar, pero está haciendo un trabajo campesino que no debemos descuidar, pues transforma en chivatos a todos los miembros de una comunidad, ya sea por miedo o por engaños sobre nuestros fines.

La masacre en las minas aclara mucho el panorama para nosotros y, si la proclama puede difundirse, será un factor de esclarecimiento.

Nuestra tarea más urgente es restablecer el contacto con la Paz y reabastecernos de equipo militar y médico y lograr la incorporación de unos 50-100 hombres de la ciudad, aunque la cifra de los combatientes se reduzca en la acción a unos 10-25.

Julio 1

(...) Barrientos tuvo una conferencia de prensa en la que admitió mi presencia pero vaticinó que en pocos días quedaría liquidado. Habló la habitual retahíla de sandeces, llamándonos ratas y víboras y reiteró su propósito de castigar a Debray (...)

Julio 10

(...) las declaraciones de Debray y el Pelado no son buenas; sobre todo, han hecho una confesión del propósito intercontinental de la guerrilla, cosa que no tenían que hacer.

Julio 14

(...) El PRA y el PSB se retiran del frente de la revolución y los campesinos advierten a Barrientos sobre una alianza con Falange. El gobierno se desintegra rápidamente. Lástima no tener 100 hombres más en este momento.

Julio 19

(...) Las noticias políticas son de una tremenda crisis que no se ve en qué va a parar. Por lo pronto, los sindicatos agrícolas de Cochabamba han formado un partido político "de inspiración cristiana" que apoya a Barrientos y éste pide que lo "dejen gobernar 4 años"; es casi una imploración. Siles Salinas amenaza a la oposición con que la subida nuestra al poder le costará la cabeza a todos y llama a la unidad nacional, declarando al país en pie de guerra. Parece implorante por un lado y demagógico por otro; tal vez se prepara una sustitución.

Julio 24

(...) Estamos tratando de descifrar un largo mensaje de Manila. Raúl habló a la promoción de oficiales de la Escuela Máximo Gómez y, entre otras cosas, refutó las calificaciones de los checos sobre el artículo de los Vietnam. Los amigos me llaman un nuevo Bakunin, y se lamentan de la sangre derramada y de la que se derramaría en caso de 3 ó 4 Vietnams.

Julio 26

(...) Por la noche di una pequeña charla sobre el significado del 26 de Julio; rebelión contra las oligarquías y contra los dogmas revolucionarios. Fidel le dio su pequeña mención a Bolivia.

Análisis del mes

(...) Las características más importantes son:

1) Sigue la falta total de contacto. 2) Sigue sintiéndose la falta de incorporación campesina aunque hay algunos síntomas alentadores en la recepción que nos hicieron viejos conocidos campesinos. 3) La leyenda de las guerrillas adquiere dimensiones continentales; Onganía cierra fronteras y el Perú toma precauciones. 4) Fracasó la tentativa de contacto a través de Paulino. 5) La moral y experiencia de lucha de la guerrilla aumenta en cada combate: quedan flojos Camba y Chapaco. 6) El ejército sigue sin dar pie con bola, pero hay unidades que parecen más combativas. 7) La crisis política se acentúa en el gobierno, pero E. U. está dando pequeños créditos que son una gran ayuda a nivel boliviano con lo que atempera el descontento.

Las tareas más urgentes son: Restablecer los contactos, incorporar combatientes y lograr medicinas.

Agosto 8

(...) Por la noche reuní a todo el mundo haciéndole la siguiente descarga: Estamos en una situación difícil; el Pacho se recupera pero yo soy una piltrafa humana y el episodio de la yegüita prueba que en algunos momentos he llegado a perder el control; eso se modificará pero la situación debe pesar exactamente sobre todos y quien no se sienta capaz a de sobrellevarla debe decirlo. Es uno de los momentos en que hay que tomar decisiones grandes; este tipo de lucha nos da la oportunidad de convertirnos en revolucionarios, el escalón más alto de la especie humana, pero también nos permite graduarnos de hombres; los que no puedan alcanzar ninguno de estos dos estadíos deben decirlo y dejar la lucha. Todos los cubanos y algunos bolivianos plantearon seguir hasta el final (...)

Agosto 10

(...) Largo discurso de Fidel en que arremete contra los partidos tradicionales y, sobre todo, contra el venezolano; parece que la bronca entre bastidores fue grande (...)

Agosto 14

Día negro. Fue gris en las actividades y no hubo ninguna novedad, pero a la noche el noticiero dio noticias de la toma de la cueva adonde iban los enviados, con señales tan precisas que no es posible dudar. Ahora estoy condenado a padecer asma por un tiempo no definible. También nos tomaron documentos de todo tipo y fotografías. Es el golpe más duro que nos hayan dado; alguien habló. ¿Quién?, es la incógnita.

Resumen del mes

(...) Las características más importantes:

Seguimos sin contacto de ninguna especie y sin razonable esperanza de establecerlo en fecha próxima.

Seguimos sin incorporación campesina, cosa lógica además si se tiene en cuenta el poco trato que hemos tenido en los últimos tiempos.

Hay un decaimiento, espero momentáneo, de la moral combativa.

El ejército no aumenta su efectividad ni acometividad.

Estamos en un momento de baja de nuestra moral y de nuestra leyenda revolucionaria. Las tareas más urgentes siguen siendo las mismas del mes pasado, a saber: Restablecer los contactos, incorporar combatientes, abastecernos de medicina y equipo.

Hay que considerar que despuntan cada vez más firmemente como cuadros revolucionarios y militares Inti y Coco.

Septiembre 5

(...) Se descifró el parte total en el que se dice que OLAS fue un triunfo pero la delegación boliviana fue una mierda: Aldo Flores del PCB pretendió ser el representante del ELN; lo tuvieron que desmentir. Han pedido que vaya un hombre de Kolle a discutir; la casa de Lozano fue allanada y éste está clandestino: piensa que pueden canjear a Debray. Eso es todo, evidentemente, no recibieron nuestro último mensaje.

Septiembre 8

(...) Un diario de Budapest critica al Che Guevara, figura patética y, al parecer irresponsable y saluda la actitud marxista del Partido Chileno que toma actitudes prácticas frente a la práctica. Cómo me gustaría llegar al poder, nada más que para desenmascarar cobardes y lacayos de toda ralea y refregarles en el hocico sus cochinadas.

Septiembre 30

Otro día de tensión. Por la mañana, Radio Balmaceda de Chile anunció que altas fuentes del Ejército manifestaron tener acorralado al Che Guevara en un cañón selvático. Las emisoras locales, en silencio; parece que puede ser una infidencia y tienen la certeza de nuestra presencia en la zona. Al poco rato comenzó el trasiego de soldados de uno a otro lado (...)

Resumen del mes

Debiera ser un mes de recuperación y estuvo a punto de serlo, pero la emboscada en la que cayeron Miguel, Coco y Julio malogró todo y luego hemos quedado en una posición peligrosa, perdiendo además a León; lo de Camba es ganancia neta.

Tuvimos pequeños encuentros en que matamos un caballo, además matamos y herimos un soldado y Urbano se tiroteó con una patrulla y la nefasta emboscada de la Higuera. Ya dejamos las mulas y creo que en mucho tiempo no tendremos animales de ese tipo, salvo que vuelva a caer en un estado de mal asmático.

Por otra parte, parecen ser ciertas varias de las noticias sobre muertos del otro grupo al que se debe dar como liquidado, aunque es posible que deambule un grupito rehuyendo contacto con el Ejército, pues la noticia de la muerte conjunta de los 7 puede ser falsa o, por lo menos, exagerada.

Las características son las mismas del mes pasado, salvo que ahora sí el Ejército está mostrando más efectividad en su acción y la masa campesina no nos ayuda en nada y se convierten en delatores.

La tarea más importante es zafar y buscar zonas más propicias; luego los contactos, a pesar de que todo el aparato está desquiciado en la Paz donde también nos dieron duros golpes. La moral del resto de la gente se ha mantenido bastante bien, y sólo me quedan dudas de Willy, que tal vez aproveche algún zafarrancho para tratar de escapar solo si no se habla con él.

Octubre 7

Se cumplieron los 11 meses de nuestra inauguración guerrillera sin complicaciones, bucólicamente; hasta las 12.30 hora en que una vieja, pastoreando sus chivas entró en el cañón en que habíamos acampado y hubo que apresarla. La mujer no ha dado ninguna noticia fidedigna sobre los soldados, contestando a todo que no sabe, que hace tiempo que no va por allí. Sólo dio información sobre los caminos; de resultados del informe de la vieja se desprende que estamos aproximadamente a una legua de Higueras y otra de Jagüey y unas 2 de Pucará. A las 17.30, Inti, Aniceto y Pablito fueron a casa de la vieja que tiene una hija postrada y una medio enana; se le dieron 50 pesos con el encargo de que no fuera a hablar ni una palabra, pero con pocas esperanzas de que cumpla a pesar de sus promesas. Salimos a las 17 con una luna muy pequeña y la marcha fue fatigosa y dejando mucho rastro por el cañón donde estábamos, que no tiene casas cerca, pero sí sembradíos de papa regados por acequias del mismo arroyo.

A las 2 paramos a descansar, pues ya era inútil seguir avanzando. El Chino se convierte en una verdadera carga cuando hay que caminar de noche.

El Ejército dio una rara información sobre la presencia de 250 hombres en Serrano para impedir el paso de los cercados en número de 37 dando la zona de nuestro refugio entre el río Acero y el Oro. La noticia parece diversionista.

DOCUMENTOS[4]

Comunicado No. 1 al Pueblo boliviano

Frente a la mentira reaccionaria, la verdad revolucionaria

El grupo de gorilas usurpadores, tras asesinar a obreros y preparar el terreno para la entrega total de nuestras riquezas al imperialismo norteamericano, se burló del pueblo en una farsa comicial. Cuando llega la hora de la verdad y el pueblo se alza en armas, respondiendo a la usurpación armada con la lucha armada, pretende seguir su torneo de mentiras.

En la madrugada del 23/3, fuerzas de la 4ta. división, con acantonamiento en Camiri, en número aproximado de 35 hombres al mando del mayor Hernán Plata Ríos se internaron en territorio guerrillero por el cauce del río Ñacahuasu. El grupo íntegro cayó en una emboscada tendida por nuestras fuerzas. Como resultado de la acción, quedaron en nuestro poder 25 armas de todo tipo, incluyendo 3 morteros de 60 mm. con su dotación de obuses, abundante parque y equipo. Las bajas enemigas fueron: 7 muertos, entre ellos un teniente, y 14 prisioneros, 5 de los cuales resultaron heridos en el choque, siendo atendidos por nuestro servicio sanitario con la mayor eficiencia que permiten nuestros medios.

Todos los prisioneros fueron puestos en libertad previa explicación de los ideales de nuestro movimiento.

La lista de bajas enemigas es la siguiente:

Muertos: Pedro Romero, Rubén Amenazaga, Juan Alvarado, Cecilio Márquez, Amador Almasán, Santiago Gallardo y el delator y guía del Ejército, apellidado Vargas.

Prisioneros: Mayor Hernán Plata Ríos, cap. Eugenio Silva, soldados Edgar Torrico Panoso, Lido Machicado Toledo, Gabriel Durán Escobar, Armando Martínez Sánchez, Felipe Bravo Siles, Juan Ramón Martínez, Leoncio Espinosa Posada, Miguel Rivero, Eleuterio Sánchez, Adalberto Martínez, Eduardo Rivera y Guido Terceros. Los cinco últimamente nombrados resultaron heridos. Al hacer pública la primera acción de guerra establecemos lo que será norma de nuestro Ejército: la verdad revolucionaria. Nuestros hechos demostraron la justeza de nuestras palabras. Lamentamos la sangre inocente derramada por los soldados caídos, pero con morteros y ametralladoras no se hacen pacíficos viaductos como afirman los fantoches de uniformes galonados, pretendiendo crearnos la leyenda de vulgares asesinos. Tampoco hubo ni habrá un solo campesino que pueda quejarse de nuestro trato y de la forma de obtener abastecimiento salvo los que, traicionando su clase, se presten a servir de guías o delatores.

Están abiertas las hostilidades. En comunicados futuros fijaremos nítidamente nuestra posición revolucionaria, hoy hacemos un llamado a obreros, campesinos, intelectuales; a todos los que sientan que ha llegado la hora de responder a la violencia con la violencia y de rescatar un país vendido en tajadas a los monopolios yanquis y elevar el nivel de vida de nuestro pueblo, cada día más hambreado.

EJERCITO DE LIBERACIÓN NACIONAL DE BOLIVIA

Comunicado No. 2 al Pueblo boliviano

Frente a la mentira reaccionaria, la verdad revolucionaria

El día 10/4/67 en horas de la mañana cayó en una emboscada la patrulla enemiga conducida por el Teniente Luis Saavedra Arombal e integrada en su mayoría por soldados del CITE. En el encuentro murió el citado oficial y los soldados Ángel Flores y Zenón Prada Mendieta y resultó herido el guía Ignacio Husarima del regimiento Boquerón, hecho prisionero junto con otros 5 soldados y un suboficial. 4 soldados lograron escapar, llevando la noticia a la base de la compañía del Mayor Sánchez Castro, el que, reforzado con 60 hombres de una unidad vecina, avanzó en auxilio de sus compañeros, siendo sorprendido por otra emboscada que costó la vida al Tte. Hugo Ayala, al suboficial Raúl Camejo y a los soldados José Vijabriel, Marcelo Maldonado, Jaime Sanabria y dos más no identificados por nosotros.

En esta acción fueron, heridos los soldados Armando Quiroga, Alberto Carvajal, Fredy Alove, Justo Cervantes y Bernabé Mandejara, aprisionados junto con el Comandante de la Compañía, Mayor Rubén Sánchez Castro y 16 soldados más.

Siguiendo una norma del ELN, curamos los heridos con nuestros escasos medios y pusimos en libertad a todos los prisioneros, previa explicación de los objetivos de nuestra lucha revolucionaria.

Las pérdidas del ejército enemigo se resumen así: 10 muertos, entre ellos dos tenientes, y 30 prisioneros, incluyendo al Mayor Sánchez Castro, de los cuales 6 resultaron heridos. El botín de guerra es proporcional a las bajas enemigas e incluye un mortero de 60 mm., fusiles ametralladoras, fusiles y carabinas M-1, y subametralladoras. Todas las armas con su munición.

En nuestro campo debemos lamentar una baja, disparidad de pérdidas comprensible si se tiene en cuenta que en todos los combates hemos elegido el momento y lugar de desencadenarlo y que los jerarcas del Ejército boliviano están enviando soldados bisoños, casi niños, al matadero, mientras ellos inventan partes en La Paz y luego se dan golpes de pecho en funerales demagógicos, ocultando el que son los verdaderos culpables de que la sangre corra en Bolivia. Ahora se quitan la máscara y comienzan a llamar "asesores" norteamericanos; así se inició la guerra de Viet Nam que desangra a ese pueblo heroico y pone en peligro la paz del mundo. No sabemos cuantos "asesores" enviarán contra nosotros (sabremos hacerles frente), pero alertamos al pueblo sobre los peligros de esa acción iniciada por los militares entreguistas.

Hacemos un llamado a los jóvenes reclutas para que sigan las siguientes instrucciones: al iniciarse el combate tiren el arma a un lado y llévense las manos a la cabeza permaneciendo quietos en el punto donde el fuego los sorprendiera; nunca avancen al frente de la columna en marchas de aproximación a zonas de combate; obliguen a los oficiales que los incitan a combatir a que ocupen esta posición de extremo peligro. Contra la vanguardia tiraremos siempre a matar. Por mucho que nos duela ver correr la sangre de inocentes reclutas, es una imperiosa necesidad de la guerra.

EJERCITO DE LIBERACIÓN NACIONAL DE BOLIVIA

Comunicado No. 3 al Pueblo boliviano

Frente a la mentira reaccionaria, la verdad revolucionaria

El día 8 de mayo, en la zona guerrillera de Ñacahuasu, fueron emboscadas tropas de una compañía mixta al mando del subteniente Henry Laredo. En la acción resultaron muertos el citado oficial y los alumnos de la escuela de clases Román Arroyo Flores y Luis Peláez y prisioneros los siguientes soldados:

José Camacho Rojas, Reg. Bolívar; Néstor Cuentas, Reg. Bolívar; Waldo Veizaga, Esc. de clases; Hugo Soto Lora, Esc. de clases; Max Torres León, Esc. de clases; Roger Rojas Toledo, Reg. Braun; Javier Mayan Corella, Reg. Braun; Néstor Sánchez Cuéllar, Reg. Braun.

Los dos últimos, heridos al no responder al alto cuando se los interceptó en una operación previa. Como siempre, se les dejó en libertad tras explicarles los alcances y fines de nuestra lucha. Se capturaron 7 carabinas M-l y 4 fusiles máuser. Nuestras fuerzas salieron indemnes.

Son frecuentes los comunicados del ejército represivo en que anuncian muertes guerrilleras; mezclando cierta verdad sobre sus bajas reconocidas con fantasía sobre las nuestras y, desesperado en su impotencia, recurriendo a mentiras o ensañándose con periodistas que, por sus características ideológicas, son adversarios naturales del régimen, imputándoles todos los males que sufre.

Dejamos expresa constancia de que el ELN de Bolivia es el único responsable de la lucha armada en que encabeza a su pueblo y que no podrá acabar sino con la victoria definitiva, oportunidad en que sabremos cobrar todos los crímenes que se cometan en el curso de la guerra, independientemente de las medidas de represalia que el mando de nuestro Ejército juzgue oportuno tomar ante cualquier vandalismo de las fuerzas represivas.

ELN DE BOLIVIA

Comunicado No. 4 al Pueblo boliviano

Frente a la mentira reaccionaria, la verdad revolucionaria

En recientes partes, el Ejército ha reconocido algunas de sus bajas, sufridas en choques de avanzadas, adjudicándonos, como es su costumbre, una buena cantidad de muertos que nunca exhibe. Aunque nos faltan informes de algunas patrullas, podemos asegurar que nuestras bajas son muy reducidas y que no sufrimos ninguna en las recientes acciones reconocidas por el Ejército.

Inti Peredo, efectivamente, es miembro de la Jefatura de nuestro Ejército, donde ocupa el cargo de Comisario Político y bajo su mando estuvieron recientes acciones. Goza de buena salud y no ha sido tocado por las balas enemigas; el infundio de su muerte es ejemplo palpable de las mentiras absurdas que riega el Ejército en su impotencia para luchar contra nuestras fuerzas.

En cuanto a los anuncios sobre la presencia de supuestos combatientes de otros países americanos, por razones de secreto militar y de nuestro lema, el de la verdad revolucionaria, no daremos cifras, aclarando solamente que cualquier ciudadano que acepte nuestro programa mínimo, conducente a la liberación de Bolivia, es aceptado en las filas revolucionarias con iguales derechos y deberes que los combatientes bolivianos los que constituyen, naturalmente, la inmensa mayoría de nuestro movimiento. Todo hombre que luche con las armas en la mano por la libertad de nuestra Patria merece, y recibe, el honroso título de boliviano, independientemente del lugar donde haya nacido. Así interpretamos el auténtico internacionalismo revolucionario.

ELN DE BOLIVIA

Comunicado No. 5 a los mineros de Bolivia

Compañeros:

Una vez más corre la sangre proletaria en nuestras minas. En una explotación varias veces secular, se ha alternado la succión de la sangre esclava del minero con su derramamiento cuando tanta injusticia produce el estallido de protesta; esa repetición cíclica.

En los últimos tiempos se rompió transitoriamente el ritmo y los obreros insurrectos fueron el factor fundamental del triunfo del 9 de abril. Ese acontecimiento trajo la esperanza de que se abría un nuevo horizonte y de que, por fin, los obreros serían dueños de su propio destino, pero la mecánica del mundo imperialista enseñó, a los que quisieron ver, que en materia de revolución social no hay soluciones a medias; o se toma todo el poder o se pierden los avances logrados con tanto sacrificio y tanta sangre.

A las milicias armadas del proletariado minero, único factor de fuerza en la primera hora, se fueron agregando milicias de otros sectores de la clase obrera de desclasados y de campesinos, cuyos integrantes no supieron ver la comunidad esencial de intereses y entraron en conflicto, manejados por la demagogia antipopular y, por fin, reapareció el ejército profesional, con piel de cordero y garras de lobo. Y ese Ejército, pequeño y preterido al principio, se transformó en el brazo armado contra el proletariado y en el cómplice más seguro del imperialismo; por eso, le dieron el visto bueno al golpe de Estado castrense.

Ahora estamos recuperándonos de una derrota provocada por la repetición de errores tácticos de la clase obrera y preparando al país, pacientemente, para una revolución profunda que transforme de raíz el sistema.

No se debe insistir en tácticas falsas; heroicas, sí, pero estériles, que sumen en un baño de sangre al proletariado y ralean sus filas, privándonos de sus más combativos elementos.

En largos meses de lucha, las guerrillas han convulsionado al país, le han producido gran cantidad de bajas al Ejército y lo han desmoralizado, sin sufrir, casi, pérdidas; en una confrontación de pocas horas, ese mismo Ejército queda dueño del campo y se pavonea sobre los cadáveres proletarios. De victoria a derrota va la diferencia entre la táctica justa y la errónea.

Compañero minero: no prestes nuevamente oídos a los falsos apóstoles de la lucha de masas que interpretan ésta como un avance compacto y frontal del pueblo contra las armas opresoras. ¡Aprendamos de la realidad! Contra las ametralladoras no valen los pechos heroicos; contra las modernas armas de demolición, no valen las barricadas, por bien construidas que estén. La lucha de masas de los países subdesarrollados, con gran base campesina y extensos territorios, debe desarrollarla una pequeña vanguardia móvil, la guerrilla, asentada en el seno del pueblo; que irá adquiriendo fuerza a costillas del ejército enemigo y catalizará el fervor revolucionario de las masas hasta crear la situación revolucionaria en la que el poder estatal se derrumbará de un solo golpe, bien asestado y en el momento oportuno.

Entiéndase bien; no llamamos a la inactividad total, sino recomendamos no comprometer fuerzas en acciones que no garanticen el éxito, pero la presión de las masas trabajadoras debe ejercerse continuamente contra el gobierno pues ésta es una lucha de clases, sin frentes limitados. Dondequiera que esté un proletario, tiene la obligación de luchar en la medida de sus fuerzas contra el enemigo común.

Compañero minero: las guerrillas del ELN te esperan con los brazos abiertos y te invitan, a unirte a los trabajadores del subsuelo que están luchando a nuestro lado. Aquí reconstruiremos la alianza obrero campesina que fue rota por la demagogia antipopular, aquí convertiremos la derrota en triunfo y el llanto de las viudas proletarias en un himno de victoria. Te esperamos.

ELN

INSTRUCCIONES PARA LOS CUADROS DESTINADOS AL TRABAJO URBANO[5]

La formación de una red de apoyo del carácter de la que queremos formar debe guiarse por una serie de normas cuya generalización haremos.

La acción será fundamentalmente clandestina, pero alternará con ciertos tipos de trabajo en que será necesario el contacto con individuos o entidades que obligará a salir a la superficie a ciertos cuadros. Esto obliga a ser muy estricto en la compartimentación, aislando cada uno de los frentes en que se trabaje.

Los cuadros deben regirse estrictamente a la línea general de conducta ordenada por la jefatura del Ejército a través de los centros dirigentes pero tendrán entera libertad en la forma práctica de llevar a cabo esa línea.

Para poder cumplir las difíciles tareas asignadas, y sobrevivir, el cuadro clandestino debe tener muy desarrolladas las cualidades siguientes: disciplina, hermetismo, disimulo, autocontrol y sangre fría y practicar métodos de trabajo que los pongan a cubierto de contingencias inesperadas.

Todos los compañeros que hagan trabajos semipúblicos tendrán un escalón superior clandestino que les impartirá las instrucciones y controlarán su trabajo.

En lo posible, tanto el jefe de la red como los distintos encargados tendrán una sola función y los contactos horizontales se harán a través del jefe. Los cargos mínimos para una red ya organizada son los siguientes:

El Jefe

– Un encargado de abastecimientos.

—Un encargado de Transporte.
—Un encargado de Información.
—Un encargado de Finanzas.
—Un encargado de Acción Urbana.
—Un encargado de atender a los simpatizantes.

Al desarrollarse, precisará un encargado de comunicaciones, dependiente, en general, del jefe.

El jefe recibirá las instrucciones de la dirección del ejército y las pondrá en práctica a través de los diferentes encargados. Debe ser conocido solo de este pequeño núcleo dirigente para evitar poner en peligro a toda la red con su eventual captura. Si los encargados se conocieran entre sí, de todas maneras su trabajo será conocido del uno para el otro y cualquier cambio no será comunicado.

Se tomarán medidas para que la detención de un miembro importante de la red provoquen el cambio de domicilio o de métodos de contacto del Jefe y de todos aquellos que lo conocieran.

El encargado de abastecimientos tendrá por tarea el abastecer al Ejército, pero su tarea es organizativa: a partir del centro irá creando redes menores de apoyo que lleguen a los confines del ELN ya sea una organización puramente campesina, ya con ayuda de comerciantes u otros individuos u organizaciones que presten su concurso.

El encargado de transporte se ocupará de trasladar los abastecimientos desde los centros de acopios hasta los puntos en que lo tomen las redes menores o directamente hasta el territorio liberado, según sea el caso.

Estos compañeros deben trabajar bajo mantos sólidos por ejemplo, organizando pequeñas empresas comerciales que los pongan a cubierto de sospechas de las autoridades represivas cuando se haga público la magnitud y los fines del movimiento.

El encargado de la información centralizará toda la información militar y política recibida mediante los contactos adecuados (en acción semipública de contacto con simpatizantes del Ejército o el gobierno, lo que hace particularmente peligroso el cargo). Todo el material recogido será remitido al encargado de información de nuestro Ejército. Este encargado estará sujeto a una doble jefatura; la del jefe de la red y la de nuestro servicio de inteligencia.

El encargado de finanzas debe controlar los gastos de la Organización. Este compañero debe tener una clara visión de lo importante que es su función, pues el cuadro clandestino, a pesar de estar sujeto a muchos peligros y expuesto a una muerte oscura, por el hecho de vivir en la ciudad no pasa por las penalidades físicas del guerrillero y se puede acostumbrar a manejar con despreocupación las cantidades de abastecimientos y de dinero que pase por sus manos corriendo el riesgo de que su estatura revolucionaria decrezca en contacto permanente con fuentes de tentación. El encargado de finanzas debe analizar hasta el último peso gastado, evitando que se entregue un solo centavo sin causa justificada. Además, será el encargado de administrar el dinero producto de colectas o impuestos y organizar su cobro.

El encargado de finanzas está bajo las órdenes del jefe de la red pero será también su inspector en lo referente a los gastos. De todo esto se desprende que el encargado de finanzas debe ser ideológicamente muy firme.

La tarea de los encargados de acción urbana se extiende a todo lo que sea acción armada en la ciudad: supresión de algún delator, de algún connotado torturador o un jerarca del régimen, secuestro de alguna persona con el fin de obtener rescate; el sabotaje a algunos centros de actividad económica del país, etcétera.

Todas las acciones serán ordenadas por el Jefe de la red; este compañero no podrá actuar por iniciativa propia, salvo casos de extraordinaria urgencia.

El encargado de los simpatizantes tendrá las funciones más públicas dentro de la red y estará en contacto con elementos poco firmes, esos que lavan su conciencia entregando sumas de dinero o haciendo aportes que no lo comprometan. Son gente con las que se puede trabajar, pero sin olvidar nunca que su apoyo estará condicionado por el peligro que pueda correr y proceder en consecuencia, tratando de convertirlos lentamente en militantes activos e incitándolos a que hagan aportes sustanciales al movimiento, no sólo de dinero, sino también de medicamentos, escondites, informaciones, etcétera.

En este tipo de red hay gente que debe trabajar muy unida; por ejemplo, el encargado de transporte está orgánicamente unido al de abastecimientos que será su jefe inmediato; el encargado de los simpatizantes dependerá de finanzas; acción e información actuarán en directo contacto con el jefe de la red.

Las redes estarán sujetas a la inspección de cuadros enviados directamente por el Ejército, los que no tienen función ejecutiva, sino que verificarán que se cumplan las instrucciones y normas dictadas al mismo.

Las redes deberán "caminar" al encuentro del Ejército, en la forma siguiente:

La jefatura superior da órdenes al jefe de la red; éste se encarga de organizarla en las ciudades importantes; de éstas parten ramales hacia los pueblos y de allí a aldeas o casas de campesinos que entrarán en contacto con nuestro Ejército y donde se producirá la entrega física de abastecimientos, dinero o información.

A medida que la zona de influencia de nuestro Ejército avance, avanzarán hacia la ciudad los puntos de contacto y crecerá proporcionalmente el área de control directo de éste; en un largo proceso que tendrá altibajos y cuyo desarrollo, como el de toda esta guerra, se mide en años.

La jefatura de la red residirá en la capital; de allí se organizarán en las ciudades que por el momento son más importantes para nosotros: Cochabamba, Santa Cruz, Sucre, Camiri, es decir, el rectángulo que engloba nuestra zona de operaciones. Los responsables de estas cuatro ciudades deben ser cuadros probados en la medida de lo posible; ellos se encargarán de una organización similar, pero más simplificada. Abastecimientos y transportes bajo una dirección; finanzas y los simpatizantes bajo otra; una tercera acción urbana y se puede suprimir información, encargándose el jefe local de ella. La acción urbana irá ligándose más al Ejército a medida que se acerca a su territorio la ciudad de que se trate; hasta transformarse en guerrillas suburbanas, dependientes de la jefatura militar.

No se debe descuidar tampoco el desarrollo de la red en ciudades hoy alejadas de nuestro campo de acción, donde se debe requerir el apoyo de la población y prepararse con tiempo para futuras acciones. Oruro y Potosí pertenecen a este tipo y son las más importantes.

Particular atención hay que prestarle a los puntos fronterizos. Villazón y Tarija para contactos y abastecimientos desde la Argentina;

Santa Cruz para el Brasil; Huaqui o algún otro lugar de la frontera peruana; algún punto de la frontera chilena.

Para la organización de la red de Abastecimientos sería conveniente contar con militantes firmes que ejercieran desde antes un oficio similar a la actividad que se le pide ahora.

Por ejemplo: un dueño de almacén que organizará los abastecimientos o participará en esta sección de la red; un dueño de alguna empresa de transporte que organizará esta rama, etcétera.

En caso de no lograrse esto, debe tratarse de ir formando el aparato con paciencia; sin violentar los acontecimientos, evitando así que por instalar un puesto de avanzada sin la suficiente garantía, se pierda éste y comprometa otros más.

Se deben organizar las fábricas o negocios siguientes:

Almacenes de víveres (La Paz, Cochabamba, Santa Cruz, Camiri)

Empresas de transporte (La Paz-Santa Cruz; Santa Cruz-Camiri; La Paz-Sucre; Sucre-Camiri)

Zapaterías (La Paz, Santa Cruz, Camiri, Cochabamba)

Confecciones (ídem)

Taller Mecánico (La Paz, Santa Cruz)

Tierras (Chapare-Caranavi)

Los dos primeros permitirían el acopio y traslado de abastecimientos sin llamar la atención y englobados en ellos implementos de guerra. Las zapaterías y confecciones podrían realizar la doble tarea de comprar sin llamar la atención y fabricar para nosotros. El taller haría lo mismo en su ramo con los implementos bélicos y las tierras nos servirían de base de apoyo en eventuales traslados y para que sus colonos comenzaran la propaganda entre los campesinos.

Es conveniente recalcar una vez más la firmeza ideológica que deben tener estos cuadros, recibiendo del movimiento revolucionario sólo lo estrictamente indispensable a sus necesidades y entregando todo su tiempo y también su libertad o su vida si llega el caso.

Sólo así lograremos la formación efectiva de la red necesaria para consumar nuestros ambiciosos planes: la liberación total de Bolivia.

SELECCIÓN DE LECTURAS[6]

NOMS	TÉLÉPHONE
3/65 A Retrato de un artista adolescente	J. Joyce
4 La pequeña edad	Luis Spota
Cuestiones fundamentales del Marxismo	Plejanov
Reynaldo González - [illegible]	
El robo del cochino	Abelardo
La casa vieja	Estorino
¿Quién quiere comprar un pueblo?	A. Lizarraga
¿Dónde van los cefalomos?	Ángel Arango
En Granada, tras las huellas de García Lorca	Claude Couffon
Ensayos	Baldomero Sanín Cano
Acerca del capital	Varios autores
África biografía del Colonialismo	J.A. Benítez
Teatro	Ibsen
África, el león despierta	Jack Woddis
Escritos económicos varios	Marx-Engels
Estrategia militar	M. Sokolovski
Stalingrado	H. Schroeter

Africa, Hoja 1

Africa, Hoja 2

Africa, Hoja 3

Libreta Cuba-África: Hoja 1
3/65

Retrato de un artista adolescente	J. Joyce
La pequeña edad	Luis Spota
Cuestiones fundamentales del marxismo	Pleyanov
Miel sobre hojuelas	Reynaldo González
El robo del cochino	Abelardo Estorino
La casa vieja	Abelardo Estorino
¿Quién quiere comprar un pueblo?	A. Lizarraga
¿Dónde van los cefalamos?	Ángel Arango
En Granada, tras las huellas de García Lorca	Claude Conffon
Ensayos	Baldomero Savín Cano
Acerca del Capital	Varios autores
África, biografía del colonialismo	J. A. Benítez
Teatro	Ibsen
África, el león despierta	Jack Woodis
Escritos económicos varios	Marx - Engels
Estrategia militar	M. Sokolowski
Stalingrado	H. Schoreter

Libreta Cuba-África: Hoja 2
7/65

El gobierno invisible	
Patrice Lumumba, campeón de la libertad	
Historia de la Antigüedad	Mishulin
Geografía Económica	Puchkov
Historia de la Edad Media	Kosminsky

8/65

Obras Escogidas T. IV	Mao Tsé Tung
Obras Completas T. IV	Martí
Obras Completas T. 33	Lenin
Obras Completas T. 32	Lenin
Obras Completas T. V	Martí
Obras Escogidas T. II	Lenin

Historia de los tiempos modernos	M. Efimov
9/65	
Los Doce Césares	Suetonio
Los problemas de la dialéctica en el Capital	Rosental
Historia de la época Contemporánea	J. Vostov y Zukov
10/65	
La Iliada	Homero
La Odisea	Homero
Manual de Historia Universal T. II	Luis Suárez Fernández
Edad Antigua-Edad Media	
11/65	
La ciudad del diablo amarillo	Gorki
¿Quién ayudó a Hitler?	I. Maiski
Brasil, siglo XX	R. Foco
El batallón de Belvedere	Chas
Historia de la Filosofía T. I	Hegel
486 días de lucha	Azcórate y Sandoval
Le Congo depui la colonization Belga jusqui e la independence	
México insurgente	John Reed
Los principios fundamentales de la dirección de la guerra	Karl von Clausewitz
Nous, les negres	J. Baldwin, Malcolm X, M. L. King
EL guerrillero y su trascendencia	F. Solano Costa
Desembarco en Normandía	
Cualquier corsario	J. Onetti
La noche de los asesinos	J. Triana
Aurora Roja	Pío Baroja
Babitt	Sinclair Lewis
8/66	
Vida de Miguel Ángel	G. Papini

La Isla	J. Goytisolo
El Circo	J. Goytisolo
Dante vivo	Papini
La Resaca	J. Goytisolo
Hamlet	Shakespeare
Carlos Marx	Mhering
Contribución a la crítica de la economía política	Marx
La Ciudad	C. Richter
Así de grande	Edna Ferber
Informe de la misión militar a la R.D., V.	
Paradiso	J. Lezama Lima
Julio César	Shakespeare
Cuentos completos	O. J. Cardona
Nuevos Cuentos Cubanos	
Santa Juana	B. Shaw
Los perros hambrientos	Ciro Alegría
La llamada de la Tierra	Adrien Bertsond
La ideología alemana	Marx - Engels
Federico Engels	E. Stepanova
Los años duros	Jesús Dios
Poesía de paso	Enrique Lihn
Reflejos de un ojo dorado	Carson Mc. Cullens
Reineke el zorro	Goethe
Las ceremonias del verano	Marta Traba

9/66

Atrás de las líneas enemigas	
Asesinato por anticipado	A. Correa
Correspondencia	Marx - Engels
El sol poniente	
El libro fantástico de Day	
Rashomon	R. A. Kutawa
Orlando	V. Wolf

10/66

Memorias de un mambí	M. Piedra
Por Marx	Althuser

Plan de lecturas – Bolivia

La historia como hazaña de la libertad – B. Croce
Los orígenes del hombre americano – P. Rivet
Memorias de guerra – general De Gaulle
Memorias – Churchil
Fenomenología del Espíritu – Hegel
Le neveu de Rameau – Diderot
La revolución permanente – Trotsky
Nuestros banqueros en Bolivia – Margarita Alexander Marsh
El lazarillo de ciegos caminantes – Concolocorvo
Descripción de Bolivia – La Paz 1946
El hombre Americano – A. D´Orbigny
Viaje a la América Meridional – Buenos Aires
El pensamiento vivo de Bolívar – Fombona
Aluvión de fuego – Oscar Cerruto
El dictador suicida – Augusto Céspedes
La Guerra de 1879 – Alberto Gutiérrez
El Iténez salvaje La Paz – Luis Leigue Castedo
Tupac Amaru, el rebelde – Boleslao Lewin
El indoamericanismo y el problema social en las Américas – Alejandro Lipschutz
Internacionalismo y nacionalismo – Liu Shao Chi
Sobre el proyecto de constitución de la R. P. China
Informe de la misión conjunta de las Naciones Unidas y organismos especializados para el estudio de los problemas de las poblaciones indígenas andinas, O.I.T. Ginebra 1953
Monografía estadística de la población indígenas de Bolivia – Jorge Pando Gutiérrez
Historia económica de Bolivia – Luis Peñaloza
Socavones de angustia – Fernando Ramírez Velarde
La cuestión nacional y el Leninismo – Stalin
El marxismo y el problema nacional y colonial
Petróleo en Bolivia
Historia del colonialismo – J. Arnault
Teoría general del estado – Carré de Malberg
Diccionario de sociología – Fairchild Pratt

Heráclito, exposición y fragmentos — Luis Forie
El materialismo histórico en F. Engels — R. Mondolfo
Nacionalismo y socialismo en A Latina
Contribución a la critica de la filosofía del derecho de Hegel — Marx
Ludwig Feurbach y el fin de la filosofía clásica alemana — Engels
El desarrollo del capitalismo en Rusia — Lenin
Materialismo y empirocriticismo — Lenin
Acerca de algunas particularidades del desarrollo histórico del marxismo
Cuadernos filosóficos — Lenin
Cuestiones de leninismo — Stalin
La ciencia de la historia — John D. Bernal
Lógica — Aristóteles
Antología filosófica (La filosofía Griega) — José Gaos
Los presocráticos. Fragmentos filosóficos de los presocráticos — García Bacca
De la naturaleza de las cosas — Tito Lucrecio Caro
El filósofo autodidacto — Abuchafar
De la causa, principio y uno —Giordano Bruno
El príncipe – *Obras políticas* — Maquiavelo

11-66

El embajador — Morris West
Orient Express — Graham Greene
En la ciudad — William Faulkner
La legión de los condenados — Luen Hassel
Romancero Gitano — García Lorca
Cantos de vida y Esperanza — Rubén Darío
La lámpara maravillosa — Del Valle Inclan
El pensamiento de los profetas — Israel Matuk
Raza de bronce — Alcides Arguedas
Misiones secretas — Otto Scorzeny
El cuento boliviano — Selección
La Cartuja de Parma — Stendhal
La física del siglo XX — Jordan
La vida es linda, hermano — N. Hikmet
Humillados y ofendidos — F. Dostoiewski
El proceso de Nuremberg — J. J. Heydeker y J. Leeb
La candidatura de Rojas — Armando Chirveches

Tiempo arriba — Alfredo Gravina
Memorias — Mariscal Mongomery
La guerra de las republiquetas — Bartolomé Mitre
Los marxistas — C. Wright Mills
La villa imperial de Potosí — Brocha Gorda (Julio Lucas Jaimes)
Pancho Villa — I. Lavretski
La Luftwaffe — Cajus Bekker
La organización política — C. D. H. Cole
De Gaulle — Edward Ashcroft

12/66
La Nueva Clase — Milovan Djilas
El joven Hegel y los problemas de la sociedad capitalista — G. Lukaks
Juan de la Rosa — Nataniel Rodríguez (sic, por Aguirre)
Dialéctica de la naturaleza — Engels
Historia de la Revolución Rusa I — Trotsky

1/67
Categorías del materialismo dialéctico — Rosental y Staks (sic)
Sobre el problema nacional y colonial de Bolivia — Jorge Ovando
Fundamentos biológicos de la cirugía — Clínicas Quirúrgicas de Norteamérica
Política y partidos en Bolivia — Mario Rolón
La compuerta N° 12 y otros cuentos — B. Lillo

2/67
La sociedad primitiva — Lewis H. Morgan
Historia de la Revolución Rusa II — Trotsky
Historia de la Filosofía I — Dynnik
Breve historia de la revolución mexicana I — Jesús Silva
Breve historia de la revolución mexicana II — Jesús Silva Hertzog Anestesia.
Clínicas Quirúrgicas de Norteamérica

3/67
La cultura de los Inkas — Jesús Lara
Todos los fuegos el fuego — Julio Cortázar
Revolución en la Revolución — Regis Debray
La insurrección de Tupac Amaru — Boleslao Lewin

Socavones de Angustia — Fernando Ramírez Velarde

4/67

Idioma nativo y analfabetismo — Gualberto Pedrazas J.
La economía argentina — Aldo Ferrer
En torno a la práctica — Mao Tse Tung
Aguafuertes porteños — Roberto Artl
Costumbres y curiosidades de los aymaras — M. L. Valda de J. Freire
Las 60 familias norteamericanas — Ferdinand Lundberg

5/67

Historia económica de Bolivia I — Luis Peñaloza
La psicología en las fuerzas armadas — Charles Chardenois

7/67

Historia económica de Bolivia II — Luis Peñaloza
Elogio de la locura — Erasmo

8/67

Del acto al pensamiento — Henri Wallon

9/67

Fuerzas secretas — F. O. Nietzsche

NOTAS

1. Al igual que en *Pasajes de la guerra revolucionaria* referido a Cuba, Che reconstruye su experiencia congolesa a partir de su Diario de campaña y lo convierte en *Pasajes de la guerra: Congo.*

   Estos Pasajes fueron escritos con posterioridad a su salida del Congo, entre diciembre de 1965 y marzo de 1966, durante su estancia en Tanzania.

   En el libro resume una experiencia de extraordinario valor documental e histórico, aunque no se hubiera alcanzado el triunfo.

   Para la presente antología se seleccionaron unas breves páginas del Epílogo en las que se asevera que en el contexto del momento, América Latina es la región con mejores condiciones para iniciar la lucha de liberación de los pueblos.

2. Conocido mundialmente como el *Mensaje a la Tricontinental* aunque su verdadero título es *Crear dos, tres... muchos Viet Nam es la consigna* fue redactado por Che durante su entrenamiento militar en la región de Pinar del Río, Cuba, en víspera de su partida para Bolivia en 1966.

   Para muchos estudiosos de su obra, el Mensaje es considerado su testamento político por su contenido y proyección. Es un texto en el que Che sintetiza sus tesis tercermundistas basadas en la lucha de liberación de los pueblos y la eliminación de las fuerzas imperialistas, mediante el apoyo y solidaridad de las fuerzas progresistas.

   Califica a América como el continente olvidado y a quien corresponde desempeñar el papel de ser el segundo o tercer Viet Nam.

3. Ultimo de los diarios escritos por Che, en especial este posee un singular valor, no porque registra sus acciones combativas finales, sino porque encierra en sí mismo páginas de extraordinario significado para todo el que quiera adentrarse en la historia reciente de América Latina.

   En pequeños párrafos, con ese estilo conciso y sintético que lo caracterizaba, anota los acontecimientos desde su llegada al Campamento de Ñancahusú el 7 de noviembre de 1967 hasta el 7 de octubre, víspera de su apresamiento. Se decidió en la selección que se presenta incorporar explicaciones y acontecimientos que tienen que ver con criterios generales y problemas coyunturales como son los conflictos generados por la dirección del Partido Comunista Boliviano y en particular con su secretario general, Mario Monje, al que Che calificara de traidores. Así mismo, valora las actitudes y declaraciones de Regis Debray (el francés en el Diario) y de Ciro Bustos (el Pelao, argentino) y de igual forma, los criterios emitidos a partir de las declaraciones irrespetuosas hechas por checos y húngaros, quienes califican a Che de Bakunin e irresponsable, evidenciándose de esta manera, la polémica existente entre las posiciones tradicionales de los partidos comunistas promoscovitas y los que abogaban por la lucha armada como la solución definitiva.

   Por la importancia en cuanto a su contenido, se incorporaron los resúmenes mensuales, al igual que los últimos días de octubre.

4. Excepto el Comunicado 1, confeccionado el 27 de marzo como consigna Che en el Diario y que fuera publicado en el periódico *Prensa Libre* en Cochabamba el 1° de mayo, el resto nunca apareció en la prensa por múltiples razones que impidieron que llegaran a manos de la prensa.

   Todos están encabezados con un subtítulo "Frente a la mentira reaccionaria la verdad revolucionaria" y firmados por Ejército de Liberación Nacional de Bolivia.

5. El 22 de enero Che escribe en el Diario que escribió una instrucción para los cuadros urbanos, por la necesidad que se tenía de constituir una red de apoyo que garantizara un mejor funcionamiento a la guerrilla.

Circunstancias imprevistas como la desactivación de Tania (Tamara Bunke) y otros factores impidieron su divulgación y por consiguiente no cumplió la función para lo que fue concebido.

6. Selección inédita de lecturas realizadas tanto en Cuba como en el Congo y Bolivia, que cierran el ciclo de una vida que tuvo como premisa la superación y el estudio permanente como condición ineludible para alcanzar la plena integralidad.

   Interesante resulta observar la vuelta a los inicios en sus estudios filosóficos, lo que permite aseverar que aquellos Cuadernos de juventud no fueron elaborados por simple casualidad, sino que son el sustrato básico del que se nutrió para alcanzar una sólida preparación que lo elevara al más alto nivel intelectual, con el propósito esencial de contribuir con su esfuerzo y ejemplo a la plena liberación de los pueblos.

LA REVOLUCION CUBANA

45 grandes momentos

Editado por Julio García Luis

En esta historia documental, por primera vez aparecen reunidos 45 grandes momentos del proceso que transformó a la cómoda posesión neocolonial de Estados Unidos, hasta los años 50, en abanderada de la revolución y el socialismo.

276 páginas, ISBN 1-920888-08-X

CON EL ESPIRITU DE MAESTROS AMBULANTES

La campaña de alfabetización cubana, 1961

Editado por Alexandra Keeble

Este libro presenta un récord gráfico de la campaña de alfabetización, donde se vincula el tema central con imágenes.

60 páginas (texto en español y inglés), ISBN 1-876175-39-7

CHILE: EL OTRO 11 DE SEPTIEMBRE

Editado por Pilar Aguilera y Ricardo Fredes

Una antología acerca del 11 de septiembre de 1973 que incluye trabajos de Ariel Dorfman, Salvador Allende, Víctor Jara, Joan Jara, Beatriz Allende, Mario Benedetti y Fidel Castro.

"No es la primera vez. Para mí y para millones de otros seres humanos el Once de Septiembre viene siendo hace vientiocho años una fecha de duelo." —Ariel Dorfman

88 páginas, ISBN 1-876175-72-9

LA GUERRA DE EEUU CONTRA CUBA

Por José Ramón Fernández y José Pérez Fernández

La historia de la humanidad, nunca conoció, antes del diferendo Estados Unidos-Cuba, de otro ejemplo en las relaciones internacionales que compilara tan alto número de agresiones por parte de una nación poderosa en todos los terrenos, contra un país pequeño, pobre y subdesarrollado.

97 páginas, ISBN 1-876175-40-0

CHE GUEVARA PRESENTE

Una antología mínima

Por Ernesto Che Guevara

Editado por María del Carmen Ariet García y David Deutschmann

Una antología de escritos y discursos que recorre la vida y obra de una de las más importantes personalidades contemporáneas: Ernesto Che Guevara. *Che Guevara Presente* nos muestra al Che por el Che, recoge trabajos cumbres de su pensamiento y obra, y permite al lector acercarse a un Che culto e incisivo, irónico y apasionado, terrenal y teórico revolucionario, es decir, vivo.

460 páginas, ISBN 1-876175-93-1

NOTAS DE VIAJE

Diario en motocicleta

Por Ernesto Che Guevara, Prólogo por Aleida Guevara

Vívido y entretenido diario de viaje del Joven Che. Esta nueva edición incluye fotografías inéditas tomadas por Ernesto a los 23 años, durante su travesía por el continente, y está presentada con un tierno prólogo de Aleida Guevara, quien ofrece una perpectiva distinta de su padre, el hombre y el icono de millones de personas.

168 páginas, ISBN 1-920888-12-8

CHE EN LA MEMORIA DE FIDEL CASTRO

Editado por David Deutschmann

Prólogo por Jesús Montané

Por primera vez Fidel Castro habla con sinceridad y afecto de su relación con Ernesto Che Guevara.

174 páginas, ISBN 1-875284-83-4

FIDEL EN LA MEMORIA DEL JOVEN QUE ES

Editado por Deborah Shnookal y Pedro Alvarez Tabio

Este libro recoge, por primera vez en un solo volumen, los excepcionales testimonios que en contados ocasiones el propio Fidel ha dado sobre su niñez y juventud.

180 páginas, ISBN 1-920888-19-5

CHE DESDE LA MEMORIA

Los dejo ahora conmigo mismo: el que fui

Por Ernesto Che Guevara

Che desde la memoria es una visión intimista y humana del hombre más allá del icono; es una extraordinaria fuente histórica que conjuga fotografías y textos de Che Guevara convertidos en testimonio y memoria de su reflexiva mirada sobre la vida y el mundo. Cartas, poemas, narraciones, páginas de sus diarios, artículos de prensa y fotos tomadas por él mismo, nos permitirán conocer su vida, sus proyectos y sus sueños.

305 páginas, ISBN 1-876175-89-3

JUSTICIA GLOBAL

Liberación y socialismo

Por Ernesto Che Guevara

Editado por María del Carmen Ariet García

Estos trabajos escritos por Ernesto Che Guevara, que constituyen verdaderos clásicos, nos presentan una visión revolucionaria de un mundo diferente en el cual la solidaridad humana, la ética y el entendimiento reemplazan a la explotación y agresión imperialista.

78 páginas, ISBN 1-876175-46-7

PUNTA DEL ESTE

Proyecto alternativo de desarrollo para América Latina

Por Ernesto Che Guevara

Editado por María del Carmen Ariet García y Javier Salado

"Voy a explicar, además, por qué esta Conferencia es política, porque todas la Conferencias económicas son políticas; peor, es además política porque está concebida contra Cuba, y está concebida contra el ejemplo que Cuba significa en todo el continente americano".

—Intervención del Comandante Che Guevara ante el Consejo Interamericano Económico y Social de la OEA (CIES) el 8 de agosto de 1961

244 páginas, ISBN 1-876175-65-6

ACERCA DE OCEAN PRESS

Estamos en el mundo para cambiarlo

Ocean Press es una editorial independiente y progresista con una serie única de libros de América Latina y en particular Cuba, que incluye títulos que contribuyen a la lucha social. Nuestros libros reflejan la política de hoy y los hechos históricos que han contribuido a los cambios sociales. Queremos reflejar la época en que vivimos.

Nuestra nueva serie *Vidas Rebeldes,* es una colección excepcional de memorias de renombrados luchadores por la justicia social en el mundo. Pretendemos retomar hechos históricos para contribuir a la memoria colectiva de hoy. Como el importante libro *Chile: El Otro 11 de Septiembre*, que sirve como testimonio para jamás olvidar los hechos que ocurrieron en 1973.

La obra y pensamiento de Ernesto Che Guevara forman parte de un proyecto único en conjunto con el Centro de Estudios Che Guevara (La Habana). Los libros tienen la intencion de presentarnos la obra de Che por el Che que permite al lector acercarse a un Che culto, irónico, apasionado y testimoniante – es decir, vivo.

Fundada en 1989, Ocean Press es una editorial con base en Melbourne, Australia y tiene oficinas en Nueva York, Oakland y La Habana. Los libros de Ocean Press se distribuyen a nivel internacional.

ACERCA DEL CENTRO DE ESTUDIOS CHE GUEVARA

El Centro de Estudios Che Guevara es la Institución encargada de impulsar el estudio y conocimiento del Pensamiento, la Vida y la Obra del Comandante Ernesto Che Guevara, tanto dentro como fuera de Cuba, por la trascendencia de su legado teórico-práctico, ético y la vigencia y actualidad en el mundo globalizado de hoy.

Se encuentra ubicado en la antigua casa donde viviera Che con su familia, desde 1962 hasta su salida definitiva de Cuba.

e-mail info@oceanbooks.com.au
www.oceanbooks.com.au

Centro de Estudios
CHE GUEVARA